武則天

果遲◎著

六宮粉黛無顏色
萬國衣冠拜冕旒

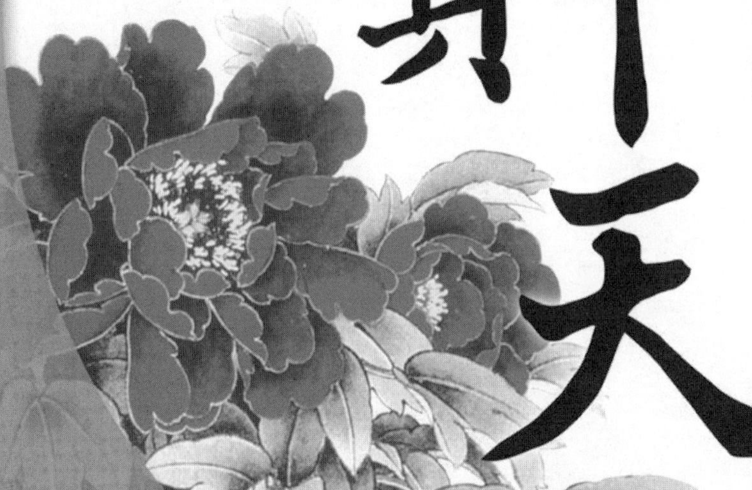

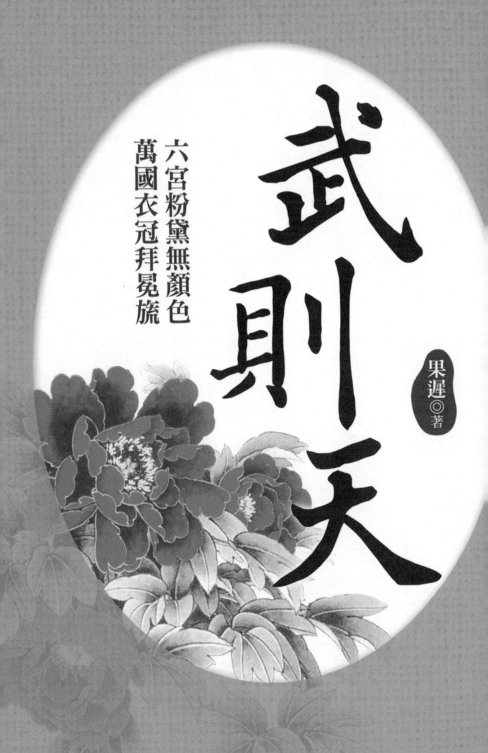

目錄

【代序】因為是女的

我想，當今世界，不知道「嫦娥奔月」的，大概就不是中國人，但不知道「夸父追日」的卻有不少。小時候看《山海經》連環畫，看到「夸父追日」一章，只見一個黑大漢，打個赤膊，鬍子碴碴、大汗淋漓去追太陽，跑得口渴，雖把渭河與涇河的水都喝乾了，最後仍被渴死，覺得太沒意思了，趕緊翻過去；後來，又看到了「嫦娥奔月」，不但人漂亮，而且，一吃不死藥，竟然懷抱兔子，升到了月亮上，那裡有廣寒宮、桂花樹，嫦娥不但可和懷中寵物逗樂子，還有我們吳家人為她修剪樹枝——頓時懷抱不平，覺得人與人的不同，連做神仙也是兩種待遇。不由罵娘說，媽媽的，做女人真好。

後來，世事見多了，漸漸明白，女人也不全是弱勢群體，她們與男人之間，但凡動嘴不動手、鬥智不鬥狠時，好運氣還常常偏向女人，且凡事都比男人更能吸引眼球，就是當皇帝，女皇帝也比男皇帝鋒頭足，做得再不好，後人也原諒她，武則天就是顯著例子。

要說，這個女人並沒有什麼，硬要說有什麼，無非是長得漂亮，且較常人多一份機遇。可到了後人嘴裡，就如何、如何的了不得，直說到她是婦女解放運動的先驅、法家的代表人物，連後世一些惡婆娘，居然還想學她，只可惜任你如何逞能，卻永遠做不到她那一步，只好拿她裝個幌子，意淫一番。

其實，她有什麼過人之處？不錯，她確實博通經史，才思敏捷，看她留下的那一手「飛白體」字，很是耐看的，可這也沒什麼呀，會寫字、書讀得好的男人太多了，至於後來當了皇帝，把百千鬚眉踩在腳下，算是狠狠地揚了一回眉、吐了一口氣，但那也不過是她的運氣好罷了。

據史載，武則天攬權是從代李治批奏疏起的，到後來才漸入堂奧，再後來乾脆李治坐簾前，她坐簾後，李治稱「天皇」，她便稱「天后」，於是，「二聖並尊」，於是，「李」治的江山成了「武」治——古往今來，但凡權臣篡位都是這麼來的，如曹操、王莽之流，她算是跟在後面，一步一個腳印，之所以能成功，只是佔了天時。若把她放到宋朝或更後一點的明朝、清朝，就說她能攬權，比慈禧太后還能幹，也絕做不成皇帝，但放在唐朝就終於成了。

初唐時，儒學正處於轉型期——由漢儒轉向宋儒，孔夫子還未行大運，他頭上那些嚇人的大帽子是後人層層加碼的，這以前，雖也有人為他「上尊號」，但最親不過「尼父」，最高不過「宣尼公」，也不是普天之下都有文廟——直到唐初，李淵拚命與老子拉關係時，為表示公正，才在京城國子監旁建文廟，孔夫子得跟在周公後面，混一片冷刀頭肉吃。

試想，當孔夫子連一片刀頭肉也難混到時，打他的招牌混官做的徒子徒孫們，還能去「攻乎異端」嗎？「牝雞司晨」就讓她去「司」，「公雞」們頂禮膜拜就是。

因為沒有禮教的條條框框，唐代婦女生活得無拘無束，據《顏氏家訓》記載，初唐習俗，尚保留南北朝時代鮮卑人的遺風，鮮卑婦女在家中地位高，不但主內，且也主外，可以坐著車子為家庭利益去交結官府，至於夫死改嫁，更是由你——唐時的公主，再嫁的就不少，像武則天的親生女兒太平公主，除嫁了兩次，還養小白臉，正因如此，李治做出亂倫、廢后等有悖倫理綱常的事時，朝堂上居然就沒人能阻止得了，甚至有大臣還為李治辯護，說田舍郎多收了幾斛麥子也要換個老婆，當皇帝的換個老婆算什麼？顧命大臣李勣更是公開說，「此陛下家事也，何必更問外人？」

身為天子，表率萬民，李治淫亂後宮，子娶父妾，這事若放在後來，可就不是「家事」了，李治再執拗，武則天再凶狠，也奈何不了悠悠之口，到時天下洶洶，眾口嘖嘖，上綱上線，眾叛親離，「二聖」還能「並尊」？

武則天恨透了曾經阻止她當政的李唐舊臣勳戚，用一個殺字對付，甚至一連弄死兩個兒子都不手軟，殺盡對手後，先弄出個萬民上書，歌功頌德，然後，活生生把個「李唐」換成「武周」。其實，不過一場鬧劇而已，硬要說「革命」，也是革李唐的命，李治承貞觀餘緒，並無大惡政，到後期，凡事都由你作主了，還要革什麼命？再說，你一人當皇帝，天下婦女遭作踐的仍遭作踐，與「婦女解放」有什麼關係；當政後確有所改革，不過，那是把衙門改得女性化，像中書省、門下省，改成鸞台、鳳閣；且頻頻地改年號，貞觀大帝二十三年天下才一個年號，她心血來潮，一年可改幾個年號，自顯慶五年直改到死，換了整整三十個年號；她也確實大刀闊斧，破除漢魏以來的門戶之見，大膽起用寒士，但目的只不過用來對抗李唐舊臣。

另外，改字也是她的「革命行動」，全憑個人愛好或忌諱去改，她聖諱「武明空」，因怕別人犯諱，於是，新造一個「曌」字，把明空二字疊起來，這倒無可厚非，但有些字改得實在不敢恭維，據《宣和書譜》所載，她一共改了十九個字，像把「天」改成「丙」，這還有些像篆書的天；把「人」改成「生」字頭上加一橫，勉強去想也行，是人無論長短都是一生唄；但「星」改成個圓圈，「日」改成圓圈內加一個乙，簡直就匪夷所思了。

武周雖乏善可陳，但有一件事，確實得歸功於武則天，那就是「性解放」，「性解放」一詞，本是越戰時由美國青年首創，說「不要作戰，要做愛。」可武則天的「性解放」，純粹為個人恣淫縱欲——李治還活著時，她的御榻上便出現了御醫的藥箱，李治死後，薛懷義那顆禿頭，更堂而皇之在那裡聳動，直到晚年，滿頭華髮的她，還下詔徵天下美男供奉內廷，一班無恥之徒，公然上書，向這個齒髮搖落的老婦誇耀自己陽物偉岸，非花和尚薛懷義可比，不信可當場驗看——朝堂之上，就成了一個配種場，這不但是一般男皇帝做不到的，就是現代美國青年也自歎弗如。

然而，女皇帝儘管自我解放到至極，卻無法「把尿尿得高些」，大臣李昭德一句話：「自古有侄為天子而為姑立廟乎？」便把女皇帝嗆得目瞪口呆翻白眼——雖然革命，卻革不了傳統；雖然解放，卻解不開萬世不易的宗法制度。想到自己九泉之下，仍只能去李家子孫那裡討要吃喝，武家子侄無義務為姑奶奶供應免費的午餐，女皇帝終於沒轍了，只好仍復立李顯為太子，李顯當過皇帝再當太子，算是「荒天下之大唐」。

女皇帝不甘心，還想和兩個小白臉「合煉雙修」，無奈「修」到頭了——左右發動了「玄武門政變」，這次「政變」比她的前夫李世民發動的玄武門政變更完美，除殺了她的兩個性夥伴，再未傷及他人，眼見「武周革命」革不下去了，她不得不下詔：「去帝號，稱聖母皇太后」。於是，武周的開國之君，亡國後又回到李家，仍復做李治的媳婦兒；於是，辛辛苦苦幾十年，一夜回到革命前。

平心而論，武周之世，前有貞觀，後有開元，作為兩大盛世的過渡，武則天的功業，前不能與貞觀比，後不能與開元比，她的所謂政績，很多男皇帝比她做得好；她的所謂暴行、淫亂，有的男皇帝比她更甚，就說重用酷吏，鼓勵告密，實行特務政治，慘殺讀書人，秦始皇下手更狠；就說她大興土木，建明堂、鑄九鼎，勞民傷財，虛耗國力，隋煬帝也更富創意。所以，切不可高看她，在中國歷史上，數百個帝王中，她只是一個極平常的皇帝，無論好壞，都不拔尖。然而，直到今天，每搬演皇帝戲，就數她出鏡率最高，這事說穿了，無非就因她是個女人！

第一章 重返皇宮

1

時維九月，長安城在瑟瑟秋風中抖落最後的風華。

一輛宮車，兩名內監、兩名宮娥，神不知鬼不覺地就把先帝才人武氏從感業寺接進了大內……

事在大唐永徽二年（西元六五一年）。

早已知情的掖庭令趕到皇后所居的仁壽殿，請皇后示下：新進宮的武氏安置何處？

王皇后沉吟良久，遲疑地說：「就在南內為她找一處地方吧。」

皇城居長安的中軸線北端，分三大塊——朱雀門北面的大片宮殿稱西內，以太極宮為中心，是天子正衙，大朝和節日接見百官的所在；與之相連但地處東北角的一片宮殿為東內，以大明宮為中心，擁有大片配殿和宮室，還有一個大花園，環繞著龍首池和太液池，那裡在太宗時，原是供太上皇養老的地方；而南內在遠離皇城的東南面，在通化門與春明門之間，地處長安市區，與太極宮所在的西內隔了勝業、崇仁兩片街區，以龍池為中心，經龍首渠水道可通東內的龍首池和太液池，而陸路有夾城相通，那是專供皇帝往來的專用通道，交通很是方便。南內以興慶宮為主建築，周圍也有一大片宮苑，在那裡登樓，可眺望街景，傾聽市聲。這以前，武氏便居住此宮，但只是五品才人，眼下掖庭令給她送來的，是內庭正三品的服飾，奚官局也為她配置了八名宮娥，這已是正三品婕妤的待遇。

不等安頓好，武氏便去仁壽殿謝恩。

武氏明空本是先帝才人，一度侍奉神武的貞觀大帝，說起來，是當今皇帝的後母。

皇帝的后妃，除皇后外，其餘的妾在制度上屬於內官，共分八個等級，即四妃、九嬪、九婕妤、九美人、九才人、二十七寶林、二十七御女、二十七采女。武明空二次進宮，由正五品才人上升為正三品婕妤，婕妤拜見皇后一點也不能草率，尤其是初見，必是冠服大禮參拜。

王皇后倒很是寬仁大度，她笑盈盈地揚起手，示意左右宮娥扶武婕妤起來，又讓她坐在自己身邊，並拉著她的手，問起感業寺的生活。武婕妤一一作答，態度從容，口齒伶俐，還帶幾分靦腆。

王皇后對武婕妤的第一印象很好。宮中規矩，雖無煩贅言，但王皇后還是多說了幾句，武氏點頭稱是。告辭後，王皇后望著她那嫋嫋婷婷的背影連連點頭，又向西宮苑——蕭淑妃居住的地方——發出無言的冷笑。

王皇后成心要給皇帝一個驚喜，事先沒有奏明皇帝。一直在和大臣們議事的皇帝直到下午才得知消息，果然喜不自禁，急匆匆趕來相見。

才進門，皇帝立刻張開雙臂，把拜伏在地的武婕妤拉起來，上下左右仔細地將她打量一遍，並沒有鬆手，說：「唉，翠微宮一別，就是兩年——」

武婕妤抬眼一望——院子裡，內監、宮娥，排兩行雁陣，在望著他們，站得稍遠的，還掩著嘴在吃吃地笑，忙將自己的手抽回，且低聲提醒道：「陛下！」

皇帝卻一點也不在乎，再次挽起她的手，一邊往裡走，一邊說：「怕什麼，從今往後，我們再也不必偷偷摸摸了！」

進到裡間，武婕妤將皇帝捺坐在龍椅上。皇帝雖然坐下來，卻仍未鬆開那緊緊握住的纖纖玉手，又向四周掃了一眼，說：「不行，她怎麼讓你住這裡呢？這太委屈你了，朕要改封你！」

武婕妤說：「皇后大恩大德，臣妾永世難忘，眼下只要能朝朝夕夕陪伴皇上，就是臣妾如天之福了，皇上若再加恩，只怕臣妾受之不起。」

皇帝卻仍一個勁地搖頭：「你以為她真有這麼賢慧嗎？可別太天真了！」

武婕妤抬起頭，盈盈秋水一瞥，「皇后對臣妾可是一片真心。」說著，又湊近來，在皇上耳邊低語說：「臣妾看得出來，自從那次皇上和她來感業寺上香，問答之際，她一下便看出了我們的關係，如今她不計較，且有心成全，不管怎麼說，這是一片好心，十分難得。」

皇帝聞言，只無言地撇了撇嘴，又撫著武婕妤的髮鬟，好半晌才說：「不說她了，我們說些別的。哦，對了，朕好久沒有聽你唱歌了，今天，為慶祝我們重新聚首，你該為朕清歌一曲。」

武婕妤一顫，目光如水，泛起漪漣，望著皇上淺淺一笑，不再稱陛下，而是喚著皇上的乳名說：「阿治，你還記得我的歌，眼下還想聽？」

「記得，太記得了，聽到你的歌聲，朕立刻回憶起以往的歲月。先帝在含風殿養病，朕卻和你在偏殿那個小閣子裡調情。小閣子裡靜悄悄的，微風輕拂，連一根髮簪掉地的聲音也能聽到，我們都提心吊膽，怕得要命。其實，先帝那時身染重病，根本管不到這些了。呵呵，那情景，朕一回憶起來，就像還在眼前呢。」

武媚好一下羞紅了臉，朝四周望一眼，輕輕地將皇帝一推，說：「去，還有臉說。」

這一推其實是一拉，兩個動作是相連的，這樣，皇帝反倒挨得更近了，兩張臉幾乎緊貼著，皇帝趁勢挽住她的脖子，且一個勁地央求道：「唱吧唱吧，朕都等不及了。」

重回舊地，武媚好感慨良多。此時此刻，她確實想唱歌，唱什麼呢？有傾，只見她輕輕地咳了一下，然後便嬌鶯宛轉，低低地唱了起來：

看朱成碧思紛紛，憔悴支離為憶君。
不信比來長下淚，開箱驗取石榴裙。

皇帝用手指在几上敲著，且隨著歌聲進入那個想像中的境界。

一曲方終，皇帝仍未盡興，笑著拍手說：「好，好，這歌朕尚未聽過呢，叫什麼名字來著？」

「曲名《如意娘》，詞和曲都是臣妾所作，讓皇上見笑了。」

聽說武媚好懂音律，皇帝再次叫好，且念著歌詞說：「好一個『開箱驗取石榴裙』！媚娘，這是你在感業寺中思念朕時寫下的嗎？」

武媚好不直接回答，卻追問道：「什麼什麼，陛下剛才叫臣妾什麼？」

皇帝嘻皮笑臉地說：「朕叫你媚娘，武媚娘，怎麼，你不高興叫這個名字？」

武婕妤收斂起笑容，低聲嗔道：「你怎麼能這麼叫臣妾呢？這『武媚娘』三字可不是陛下能叫的。」

皇帝涎著臉皮，有些像無賴似的笑著：「朕明白，這是先帝對你的稱呼，可眼下先帝的所有都歸朕了，自然也包括你。」

武媚娘的臉更紅了，水盈盈的大眼睛裡，春意盎然，目光肆無忌憚地在皇帝身上掃來掃去，就像能看穿五臟六腑似的——這個男人，也是個皇帝，可是，他能和自己心目中那個聖天子偉丈夫合二為一嗎？

皇帝早憋不住了，見媚娘的雙眼在自己身上睃來睃去，如同得到了訊號，雙手立刻就伸了過來，先是捧著媚娘的臉忘情地親，後又移到胸前，再往後，便將她放倒，俐落地撩起衣裙，俯身上來，竟在那一片雪峰玉谷間狠勁地舐著，親吮著……

媚娘當然早有準備，她半推半就地躺下來。當皇帝上來時，她的身子輕微地顫動，眼睛往外噴出火焰，呼吸也急促起來，思維則緊跟著皇帝的動作，在深入，在回憶，也在比較，她好想找到那久違的、一直縈繫於心的奇妙感受。開始，她似乎找到了，且一度進入那如醉如癡的夢幻之中，但這美好的感受一瞬即逝——皇帝唇紅齒白，風度翩翩，似畫中人物，令所有女人動心；但皇帝肉酥骨軟，身上缺少粗獷有力的陽剛之氣，不是她心目中的偉丈夫。皇帝很愛慕她，以平等的地位待她，但她卻更喜歡躺在一個居高臨下的、不可一世的、深具征服魅力的男人身下，寧可被他割碎吃掉，也無怨無悔。於是，當皇帝高潮迭起時，她卻總像欠缺什麼。

面對身下心儀已久的女人，皇帝的衝動來得快也去得快。精力虛耗的他，其實更像一個有貪心而無好胃口的鄙夫，面對美食，行動是那麼顢頇，那麼遲緩。更可悲的是此人並無自知之明，以為自己在這種事上也是天下第一的男人，所以，他仍像對自己的臣下一樣，目空一切，不顧他人感受。

事畢，尚未下馬，他便得意地捏著她的鼻子，說：「小媚娘，你終於領教到了朕的功夫，昔日的夢，朕今日為你圓了！」

媚娘顯得無情無緒，只勉強地笑了笑，半是嘲諷半是調侃地說：「就完了？」

皇帝不由一怔。這以前，他和其他妃嬪們做這事時，也要這麼問的，每回總可得到許多讚美之詞，不是「謝陛下的雨露之恩」便是「陛下虎躍龍騰，臣妾真是受恩匪淺」……

然而，今天身下這個女人卻口氣不同，竟然說了句「就完了」。不完了還要怎的？皇帝想發火，但轉念一想，這話答得多妙啊，這分明是盼望能得到君王的長久寵愛，盼望能朝朝暮暮，雨露承恩。他想，她太委屈了，朕一定要滿足她。

想到這裡，他想有所表示，於是用左手支頭，斜倚在媚娘的身邊，貪婪的目光兀自在玉體橫陳的媚娘身上留連，不一會兒，像是有了新話題：「媚娘，朕覺得你很像一個人。」

「誰？」

「文德順聖皇后。」

文德順聖皇后，這可是先帝的原配、當今皇帝的親生母親長孫氏！長孫氏生前母儀天下，慈德昭彰，逝後先帝隆褒，不再立后。這「文德順聖」四字，便是先帝親謚。她雖在媚娘進宮前便已逝世，但媚娘卻從別人口中多次聽到過對這位皇后懿德的稱誦，因而對她追慕不已。不過，皇帝眼下正和自己做愛，怎麼想到親生母親身上去了呢？想到此，不由有些噁心，臉上也立刻嚴肅起來，說：「看你都想到哪裡去了！」

皇帝仍是涎著臉笑著，說：「是的，你真的像。」

媚娘不想和皇帝討論這個無聊的話題，只微微地歎了一口氣。

皇帝餘興未盡，仍一個勁地纏著要和媚娘談風月，談情愛，且用憐憫的口吻，問起她這些年來一人守著蕭寺古剎的荒涼歲月。媚娘不由煩了，乃將倚在自己身邊的皇帝往懷中拉了拉，柔和地說：「阿治，你睡一會吧，看把你累的。」

皇帝順從地躺下來，與媚娘頭並頭，腳疊腳，又將她放在胸前的右手拉上來，做了自己的枕頭，還把媚娘的乳頭，噙在嘴中，像孩子似的發嗲撒嬌，並用濃濃的鼻音說：「啾啾啾，朕依你的，可朕要這麼睡，好不好？」

媚娘歎了一口氣，只好將皇帝緊緊地攬在自己的臂彎裡，像哄孩子似的說：「好吧，你就這麼睡，好好地恢復元氣，明天早晨才能精神飽滿地接見臣下。我看先帝每一次見臣下時，都精神抖擻，頭腦清醒，思維不亂。」

皇帝可不想學先帝，就是想學也學不來。乍見媚娘，他太興奮了，哪有心思去想明天的事。但經此折騰，他確實太累了，腦袋一遇上媚娘柔軟的臂彎，就像小船駛進了平靜的港灣，立刻安穩下來，於是，剛才嘴裡還唧唧噥噥的他，只一會兒便響起了均勻的鼾聲……

媚娘早已意興闌珊，想抽出自己的乳頭，可她的身子向後移動一點，睡夢中的皇帝的頭便自動跟上來，總是不鬆口。望著睡在自己懷中發嗲的皇帝，她不由得想，這個人雖只比自己小四歲，卻像小了二十歲，睡在自己女人的臂彎裡，卻把這個女人想像成自己的母親，真是不可思議！

他為什麼是這樣呢？

唉，可憐的阿治，身為皇帝，什麼也不缺少，唯一缺的可能就是親情。宮中人際關係冷漠，太子身分未確立之前，相互猜忌，甚至骨肉相殘；及長便要分府，所謂晨昏定省只是走過場，縱是母子，又怎能像民間的母子一樣，日日承歡膝下？更何況阿治是幼年喪母——長孫皇后死時他還不到十歲，大概記憶中的母親，正是自己這個年齡，這個模樣罷。難怪他望見自己，竟然想到了母親……

想到這裡，她不由抿嘴一笑——自己曾經是阿治的後母，阿治也曾經是自己的晚輩，他既然戀母，自己就不能扮演長孫皇后嗎？

然而，王皇后一道懿旨，他們之間的關係便顛倒了——本是兒皇帝，竟變成了夫皇帝，多荒唐啊！

縱然如此，可也不能小看這個戀母的小男人，他是能讓自己脫出苦海的「慈航普渡」。有他的一句話，勝過自己在佛前念一萬遍阿彌陀經，沒有他，自己便只能長伴黃卷青燈，那還不如死呢。

想到此，她不由有幾分慶幸，幾分悲傷——剛才唱過的《如意娘》，又在自己耳邊迴響……

唱著唱著，迷茫的眼裡，便再次浮現出那個人的身影來——高大偉岸，龍行虎步，不但在戰場上所向披靡，在朝堂上縱橫捭闔，來到後宮脂粉堆裡，也一樣指揮倜儻，旁若無人，那雄渾豪邁之氣，簡直能傾倒世上所有的女人。而她在他那裡，曾經有過一次不尋常的承恩，且給她留下了至死不忘的印象。

一晃十多年，為了能找回那場景，那感覺，她幾乎夜夜做夢，可機會卻一瞬即逝，再不重來。

深宮禁苑，勝似囚籠，為排遣心事，她才寫下這首《如意娘》。今天，阿治會錯意了，以為是為他而歌。

這個小男人！

2

大唐貞觀十二年，與皇帝患難相隨的文德順聖皇后崩於仁壽宮，這事於秉性剛強的貞觀大帝是一個不小的打擊，為此，他近半年都心情鬱鬱。

做臣子的為讓皇帝開心，有人竟出了徵歌選美的點子。

自二十七歲登基，貞觀大帝便以天下為己任，焚膏繼晷，兀兀窮年，一心就想把國家治好。宰相房玄齡說得好，天下如大器，一安難傾，一傾難安。從諫如流的貞觀大帝記在心中，能不朝乾夕惕？可眼下心境確實不好，聽臣下一說，竟一時沉吟不語。

故皇后的哥哥、中書令長孫無忌向皇帝推薦已故功臣武士彠之次女，說此女才色無雙，可備後宮佳選。

其他臣子也不甘示弱，紛紛向貞觀大帝推薦自己心中的美女。

貞觀大帝終於點頭了。就這樣，才十三歲的武明空，便首次登上了宮中來迎的小型宮車。

當內監來府中宣旨時，跪在紅氍毹上接旨的母親雖不敢哭，卻也愁蹙雙眉——後宮從來是女人的怨鄉，多少豆蔻年華的少女進宮，等於進了囚籠，得蒙雨露之恩的又才幾個？女兒此去，縱不受排擠，遭迫害、深宮獨處卻是肯定的。可自從丈夫去世，親族疏慢，她一個婦人能有什麼辦法？

明空卻胸有成竹地勸母親說：「木已成舟，傷懷何益？再說，孩兒此去焉知非福！」說過便從容上車。

在他人口中才色俱佳的武明空面聖時，太宗文皇帝並沒有多看她一眼——一同獲選的有五名大家閨秀，她們站成一排，低頭恭請聖安。御座上的皇帝此時興趣早又轉移到國事上來了——他正準備親征高麗，似乎已忘記了選美的事。見五個女人在向他跪拜，只點點頭，便揮手讓她們退下，後來，傳旨給明空的封號，僅只是五品才人，這還是看在武士彠當初毀家紓難、助高祖起兵的份上。

深宮歲月悠悠，一晃就是三年多。多少個黃昏落日，多少個獨宿佳人！景陽鐘鼓催人老，梧桐落葉誰來掃？廊下鸚哥歎，階前綠苔生，看到的，聽到的，無不令人傷心感懷。早熟而又豐姿綽約的武才人，一直未蒙皇帝召幸。有時，黃昏將近，她也曾獨立階前，隔著宮牆，望見一隊隊的內監宮娥從宮院的巷道中走過，皇帝端坐在龍輦上，閉目養神，如一尊臥虎，「臥虎」雖無專寵，可就是不曾在她居住的院子前停一停，嗅一嗅；有時，貞觀大帝也會突發雅興，於是，笙簫嗚咽，琴瑟嚶嚀，陣陣細樂，從龍首池方向傳來，聽得武才人神思恍惚，不知今夕何夕。

進宮已數年了，隨眾妃嬪侍宴的時候雖多，單獨侍寢的機會絕無——後宮粉黛三千，武才人一枝獨秀，若是個好色之君，留意風月的天子，日日在後宮留連，在石榴裙下混日子，何難從百花叢中將她挑出？叵耐那李世民偏偏不重女色重江山……

一曲《如意娘》，道不盡心中的悲苦，她想起離家時，母親那一份擔憂——四十六歲才結婚的母親，已把人生參悟透了，她的擔心不謂無因。

人呵，人！胸中縱有千步萬步妙棋，也要一步一步走來；縱能拿得出雷霆霹靂手段，也須一個施展的平台。可她的平台在哪裡？眾多的妃嬪，翠袖紅裳，蝶舞鶯歌，就像多寶格中的青銅小擺設，皇帝偶然看見，才會拿在手中把玩一下，不然，縱是黴得起了冬瓜灰，也無人理睬。古往今來的皇宮內苑中，多少妙齡女子獨宿深宮，遺恨終生，她只不過是其中一個！

不甘心，不認命，人生的悲劇，眼看就要鑄成了。不想就在她快要絕望時，機會終於來了……

大唐貞觀十五年，皇帝命兵部尚書李勣為朔州道行軍大總管，未幾，與薛延陀戰於諸真水，大破之。這一仗唐軍斬獲頗多，單馬匹就達數千。李勣知馬上天子愛駿馬，紅旗報捷時，從中精選了十匹良駒，送到京師，供天子駕馭。

皇帝一時高興，便帶著大隊禁軍，也帶了不少後宮佳麗，一同去光化門北禁苑廣場點驗。

薛延陀屬鐵勒部，地處塞北，本產名馬，上貢的十匹，自然是千中選一。果然，當御馬監將這十匹駿馬牽上來時，左右禁軍，一齊喝采。

皇帝仔細看過這十匹駿馬，面上露出欣喜之色。半生征戰的他，《馬經》讀得爛熟，一一比較後，指著其中一匹青鬃馬說：「好，好一匹『獅子驄』！十匹千里駒，以此馬為上。」

獅子驄俗稱「菊花青」，是一種長著青色長鬃毛的駿馬，隋文帝時代，朝廷曾從西域獲得一匹，文帝視若珍寶，不想後來天下大亂，此馬也流失民間，待貞觀天子當政，記起此馬，下旨尋找，可惜找回時，此馬已老，貞觀大帝為此嗟歎不已，想不到今天，竟又得到一匹。當下喜出望外，繞著此馬走了一圈，一時心血來潮，袞袍一甩，露出一身黃金鎖子甲，腿一抬，便要親自試馬。

這一下，可慌了左右大臣，新貢之馬，尚不知習性，萬一有個閃失，這可是天大的責任。於是，眾臣紛紛上前攔阻。

「這算什麼，朕半生征戰，什麼烈馬沒騎過？就不信此馬不服朕的駕馭！」

老臣魏徵諫道：「有道是善游者溺，善騎者墮。這些年陛下勞形案牘，馬術未免有所荒疏，可不能輕試。」

御馬監也上前諫道：「此馬十分頑劣，初來生地，與群馬並繫御廄，它不吃不喝，又踢又咬，已連傷數人，陛下萬萬不可輕試。」

貞觀大帝聞言止步，卻示意身邊的右武衛將軍李大亮上。

李大亮行武出身，騎術十分了得。接旨後，立刻接過轡繩，用手在馬背上拍了拍。馬回頭望了新主人一眼，打了一個響鼻，似是對主人的承認。李大亮於是為它披上鞍韉，牽著它在廣場上遛了兩個圈，然後趁其不備，猛地躍上馬背。不想此馬頑劣，見有人上來，先故作馴順，可才走了半個圈，突然一下躍起，前蹄騰空，後腿直立，李大亮不曾提防，竟坐不穩征鞍，一下被甩下馬背。

接下來，陸續上去三人，個個都是好騎手，可不是被甩下馬背，就是一個滾翻，馬在上，人在下，折腿斷胳膊。

貞觀大帝見狀，好不焦躁，說：「此馬性子如此暴烈，何人才能馴得？」

眾將一個個你望著我，我望著他，竟無人應對。

不想就在這時，身後傳出一個嬌滴滴的聲音：「不就是一匹『菊花青』嗎，要馴服有何難哉？」

貞觀大帝聞言，不由回頭瞟了一眼——聲音出自後宮佳麗叢中，說話的是一張生面孔。他不怒不惱，倒是懷著幾分好奇心，說：「你是何人？」

那小女子閃身出列，拜伏在地，回奏道：「臣妾武氏，為興慶宮五品才人。」

皇帝掃她的冠服一眼，略閉一閉眼睛，終於記起她就是武士彠的女兒，於是說：「小女子偏偏喜歡說大話，但不知你有何手段，能馴此烈馬。」

武明空不卑不亢，口齒伶俐：「陛下賜臣妾三件物事，臣妾便能將它馴服。」

皇帝仍然微睨雙目，很不屑地說：「哪三件？」

武明空奏道：「一鐵鞭，二鐵檛，三匕首。鐵鞭擊之不服，則以鐵檛檛其頭，再不服，則以匕首斷其喉，有此三物，天下無不馴之烈馬！」

貞觀大帝聞言，如空谷足音，且驚且喜，看她時，不再是用眼角來瞧了，而是目光如電，迅速將眼前的麗人掃了一眼——武才人不但光豔照人，且柔媚中不乏英武之氣。更奇的是她竟敢於大庭廣眾之中，從容應對，且出語驚人，這可不是後宮常見的庸脂俗粉，分明是一位有膽有識的巾幗英豪。

於是，烈馬不讓她馴了——當天夜裡，貞觀大帝卻要親自來馴這匹「菊花青」……

3

興慶宮的一間小配殿裡，皇帝似是從天而降。

四年來，武才人時刻在盼望著這天，可乍見眼前景象，她又有些不相信自己的眼睛——千真萬確，面前確實站著神武的貞觀大帝，且用那如炬的目光緊盯著她。

「你叫什麼？」

「臣妾武氏。」

「朕問你入宮前的名字。」

「武明空。」

「唔，這個名字不好，有些像尼姑。武士彠怎麼給你取這樣的名字呢？」

「稟陛下，這名字是臣妾之母楊氏取的，楊氏十歲喪父，為贖罪愆，皈依蓮座，一心向佛。」

「嗯，這就怪不得了，不過，既已進宮，再叫明空便不相宜，朕為你另取一個好不好？」

「若蒙陛下賜名，不啻天降之福！」

「你姓武，長相又柔中帶剛，不如就叫武媚娘好了——《武媚娘》本是一支曲名，為立部武曲，你該聽宮人唱過。」

武媚娘先謝過皇上賜名，又低聲回奏說：「稟皇上，臣妾也會唱這支曲子。」

「何不唱一回？」

武媚娘唱過《武媚娘》，貞觀大帝便鼓掌嘉許。接著，她又唱了好幾支曲子，每次都得到了讚賞。

這才是真正的初見，顯得十分隨意。因武媚娘口齒伶俐，貞觀大帝很開心，問過一些瑣事後，又說：「你原來見識過馴馬？」

武媚娘說：「臣妾從未見過馴馬。」

皇帝說：「那你怎麼說得頭頭是道？」

武媚娘說：「臣妾以為，馴馬亦如馴人，能為我用則罷；不為我用，縱是斷風追日的駿馬，亦必殺之。」

皇帝不點頭，也不搖頭，只問：「順我者昌，逆我者亡？」

武媚娘會意地微笑，說：「此話只可意會不可言傳，陛下又何必說穿？」

皇帝一聽此言，再次把目光盯在她的身上，足足看了半天。接下來，他又與媚娘說了一些時政，這本不宜與妃嬪們談的，但今日貞觀大帝興之所至，竟然無所顧忌。不料武媚娘竟然成竹在胸，有問有答，一副治大國若烹小鮮——可不是小心翼翼，如履薄冰，而是指揮若定，遊刃有餘的神態。

皇帝不由長長地吁了一口氣，說：「媚娘，所幸你只是個女子，不然，朕一定要將你——」說著，手在頸下狠狠地一拖，做了個「殺」的手勢。

武媚娘不由一怔，說：「是臣妾失言，致使陛下動怒？」

皇帝寬厚地笑了笑，一手將她攬在懷中：「說到哪裡去了，你的見識遠在他人之上，身為女子，更加不凡，讓朕有驟遇知音之感，哪裡捨得殺你呢？你畢竟只是個小女子啊！」

接下來，進宮四年，巴望了四年的武才人，終於澤被大唐天子的雨露深恩——御榻上，十七歲的武才人，與四十五歲的貞觀大帝各使出了平生手段。

在皇帝眼中，今晚要征服的，可不是平日常見的後宮麗人，而是天生慧根，智珠在握，能壓天下男子一頭的奇女子。自己半生征戰，多少豪傑授首，可要把一個巾幗英豪完全征服在自己身下，可是破天荒第一遭，能不使出平生手段？

而在武媚娘眼中，自己終於得幸於天下第一人，他可不是一般的父業子承的玉面公子，而是一刀一槍殺出來的馬上皇帝，是讓普天下的梟雄都要俯首認輸的真龍天子，是四夷擁戴的「天可汗」，自己得與「真龍天子」合巹，算是雲從龍，風從虎，哪怕是初上戰場，也不能讓他小看。

這一場惡戰，直戰至天柱摧頹，天河倒灌，這才雲開雨霽，各自收兵。御榻上，整暇有序的貞觀大帝，以手支頤，取俯瞰的姿勢，再次緊盯身邊的對手，像在研究，又像在欣賞——媚娘戰罷，意猶未盡，目光灼灼，如一隻靈巧的小狸貓，對接一眼，色授魂與，大有捲土重來之意。但貞觀大帝一念才動，便立刻警醒，只說：「殆矣！吾老矣，竟不敵一小女子。」

伶牙俐齒的武媚娘立刻恭維道：「皇上神武，披堅執銳，臣妾莫敢攖其鋒！」

話雖委婉，卻大有挑戰之意。貞觀大帝只得轉移話題：「奇怪，這以前，朕竟沒有發現你，要是早十年、二十年你就在朕身邊，那該多好！」

媚娘微微歎息說：「只恨臣妾未能早生，無福見皇上年少！」

貞觀大帝不由感動了，捧著她的臉，仔細端詳，又在她眉間比劃著，再次從內心發出感歎：「可惜了啊，這眉宇、這眼神，若生在男人身上，便是帝王之相，或者，就是另一個朕。——是的，大唐自朕之後，應該還要出現一個貞觀大帝！」

從皇帝進宮後與自己一席對話中，武才人已窺見到了什麼，眼下不能不有所警惕了。她雙眼定睛望著皇上，小心應對說：「陛下取笑了，帝王之相應該是生在男子身上的，小女子一身俗骨，何來龍虎之姿？」

皇帝搖頭說：「面相之術，朕平日也曾悉心揣摩，不然，如何能網羅天下英雄？」

誰是天下英雄？英雄也能出現在脂粉堆裡嗎？武才人不敢再接下去了，因為再接下去，就要涉及到一些敏感話題，面對雄猜霸氣的貞觀大帝，她不敢稍有疏忽。

可皇帝卻興趣正濃，說：「上天有眼，總算讓朕發現了你，不然，悔之晚矣。」

武才人聽著喜不自禁，心想，皇上終於將我從百花叢中分辨出來了，說這話，分明是一種暗示，是預訂佳期，看來，自己將擅專房之寵了。

自文德皇后薨後，皇上不是再未立后嗎？若成為昭陽殿裡第一人，又會是什麼滋味？

第二章 潛龍勿用

4

武媚娘錯了。

第二天傍晚，就在她回味無窮，正準備再次接駕，再次領略神武的貞觀大帝那油然作雲，沛然作雨的大手筆時，皇帝卻沒有再來。她以為皇帝是要養精蓄銳，以利再戰，心想皇帝畢竟是望五之年了，果然精力不支。不想第三天仍杳如黃鶴，正納悶時，隨侍在側的宮娥阿玉說：「辰初二刻，皇上駕幸九成宮。」

九成宮在長安以西數百里的麟遊縣，那是避暑的地方，眼下已是深秋，還去那裡做什麼？

「胡說！」

「不是胡說，是聽阿香說的。她的主子楊賢妃帶著十四皇子隨駕，所以，一大早阿香就跟奴才告別來著。」

這怎麼可能呢？是奏對不稱旨，還是服侍不周？難道前天晚間皇上的話不是暗示，不是要續訂後約？

不是的！她立刻否定了自己的猜測。看得出來，當時皇帝對自己十分滿意，甚至相見恨晚，還自歎弗如。啊，對了，在奏對時，他還說是得遇知音呢！至於說什麼再出一個貞觀大帝，那自然是戲言。那麼，皇帝為什麼就這樣走了呢？御榻上雨露承恩，餘溫尚在，前晚是那麼受寵的人，才隔一天，怎麼連隨駕的資格也沒有呢？

一定是國有大事，或是為難的事，皇帝要找一個清靜的地方好好地思考，或者，是有意迷惑別人——她只能這樣自寬自解。

果然，皇帝駕幸九成宮不久，令人震顫的消息，即不斷從那裡傳出。先是說齊王李佑因造反伏誅；接著，更有驚心動魄的消息傳來——因圖謀不軌，太子李承乾被廢為庶人，貞觀大帝赫然震怒，窮究餘黨，漢王李元昌、前兵部尚書侯君集伏誅。之後儲位空虛，一向並不起眼的晉王李治，竟然被立為皇太子；最後，魏王李泰作為捲入逆謀的另一方被降為東萊郡王。

朝廷政局翻新，皇帝乾綱獨斷，諸事畢至，經緯萬端，又哪有閒心惦念才得一幸的武媚娘？

好容易將皇帝盼回西京，可皇帝似乎真的把她忘了，天天坐著步輦從門前經過，卻從未停一停，望一望。雄心勃勃的武媚娘，竟遇上深藏不露的貞觀大帝，面對這曠世難逢的奇女子，他竟能置而不御，謹守涯岸。

若從未吃過楊梅，望見梅子，口中或許不乏酸味，武媚娘可是已嘗過楊梅的人，所謂「沒有這顆楊梅口不酸」。

重重疊疊的宮牆，上上下下的台階。何所謂深宮呵！可憐的武媚娘，走不盡的環形路，唱不完的如意娘。——她又回到過去深居永巷，獨賦長門的生活中，引頸而望，藍天白雲；馳目騁懷，徒增傷感。深深庭院，瑟瑟秋風，孤衾獨宿的妙齡女子，又豈止一個武媚娘？

唉，何時又有一匹獅子驄來馴呢？

沒有男人的女人，就像沒有蜜蜂的花，徒有顏色，沒有活力。一晃又是五年。這期間，貞觀大帝終於再次發動了對高麗的戰爭，漸近遲暮的他，總以為自己餘勇可沽，能取得前代皇帝沒有取得的功績。但幾經苦戰，他那一線餘暉，最終沒能照臨平壤城，只得偃旗息鼓，悄悄罷兵。

待媚娘再見天子時，貞觀大帝已臥病翠微宮的含風殿了。

翠微宮也是夏宮，建在終南山下。時已暮秋，北風奇涼，雖臣下催請，皇帝卻無意回到皇城的太極殿來。這天，媚娘奉詔，坐宮車匆匆趕到，隨侍的太子李治已迎候在宮門口，眼望媚娘，口中稱敕：「皇上有旨：著武才人一人隨侍含風殿！」

呵，我的皇上，終於想起媚娘了！

媚娘耳聽口諭，急不可耐，乃三步併作兩步，隨太子去見聖駕。

李治直到把武才人送到父親養病的寢宮的內室門外，看她掀簾進去，自己才躬身退下……

5

才交五十的貞觀大帝，登基也才二十二年，本應是紅日中天，春秋鼎盛，不想風疾纏身，久難擺脫，加之五年前的宮廷劇變，骨肉相殘；出師不利，羞見臣下——精神上的打擊，更勝肉體上的折磨，他一下老多了。入秋後，病情加劇，一人獨坐時，總被一種奇思怪念所困擾，心中常常湧上一種莫名的焦躁和不安。

情緒，天子的情緒，每一閃念，便關係千萬黎民的身家性命，可不是小事！

不過，此番他的焦慮，已不再放在出師遠征上，不再是高麗那桀驁不馴、屢拒天兵的丞相泉蓋蘇文，此時，他的心思已完全放在國內，放在朝中，放在如何延續大唐的千秋大業上。

那天，焦躁和不安又出現了，這是直太史李淳風的一道封奏引起的。李淳風在封奏中，向皇帝報告了最近的天象，這是他的職責。不料竟一下勾起皇帝的心事，才看了兩行，便扔下奏章，背著手在殿中踱起方步來。

「又是太白晝見，又是太白晝見，一月之中，一連兩度出現，這究竟要預示什麼呢？」

太白，又稱金星或啟明星，它是光亮僅次於太陽和月亮的一顆行星，本應在日出後便隱去，若白天也能看到，這可不是好兆頭，按通常的說法，當主兵戈。

一提到兵戈，半生征戰的皇帝渾身熱血就立刻躁動了，但這躁動才維持了一會兒便又平靜下來——三十多年前，天下大亂，一十八路反王，六十四處煙塵，矛頭雖都指向那荒淫無道的隋帝楊廣，心中想的卻是洛陽宮中的寶座。李密、竇建德、王世充、劉武周輩，皆一世梟雄，盤踞一方，稱王稱帝。才十六歲的李世民，早把天下大勢及這班草莽英雄入木三分地看透了，乃背著父親積極作起兵反隋的準備。憑著他過人的計謀與鐵血手段，短短幾年，便橫掃中原，各路英雄，煙消火滅。

彈指之間，便是貞觀二十二年，經過父子兩代三十餘年的征討與整治，大唐已是河清海晏，天下承平。要說兵戈，除了遼在遼左的高麗尚未征服，早已眼前不見烽燧，耳邊不聞金鼓——有的只是俯首貼耳的臣民，有的只是一片鶯歌燕舞的太平景象。

兵戈之兆，從何說起？

「唉，還是明裡的敵人好對付。」深思中的皇帝，終於悟出一條真理，可暗藏的對手在哪裡呢？

貞觀大帝在殿上徘徊，眼中盡是疑雲！

李淳風的封奏其實只是一個由頭，太白晝見只是從一個側面證實了早已流傳於民間的謠傳：唐三世以後，女主武王代有天下。

民謠、天象，可都是天意！想當初，天下大亂，擾攘紛紛，萬民無不仰望昊天，盼望那命世真主。有民謠說：李氏當為天子。

李氏當為天子。姓李的千千萬萬，究竟是哪個李家？這時，大家都看好受瓦崗豪帥翟讓推戴的李密。李密出身關隴望族，曾祖李弼為西魏八柱國之一，祖、父都為隋之重臣，李密幼時便處處表現不凡，眼下又為勢力最強的瓦崗軍首領，移檄討隋，中原震動。以李密代隋帝楊廣，似是上應謠讖，下合民情。不想李密原是杆銀樣蠟頭槍，放著大好形勢不利用，卻在緊要關頭，去向隋朝的越王楊侗稱臣，後又附唐、叛唐，終於斃命熊耳山。

當李密被傳首京師，號令午門時，肉眼凡胎的草民才恍然大悟——李密的祖上雖官至八柱國，可還有一個姓李的，其先祖也官至八柱國，這就是膝下有一窩虎子、自太原起兵、百戰百勝、眼下已佔據西京長安的李淵。

這真是造化弄人，李密，不過是歷史星空偶然劃過的一顆流星；李唐，才是朗朗河漢中的皎皎明月。

眼下，冥冥中的造物主又給世人留下一個難以破解的謎——不但兩次太白晝見，且謠諑紛傳：唐三世以後，女主武王代有天下。

「三世」不就在朕的兒子手上嗎？

望一眼隨侍在側的太子李治：面如冠玉，齒白唇紅，舉手投足，有的是天潢貴冑的富貴氣，卻看不出半點一代雄主的虎氣。從這種人手中奪江山，還不就像街頭的流氓無賴用糖人兒從小孩手上換玉佩？想到此，貞觀大帝不由五內翻騰……

這天，李淳風又上奏章了，貞觀大帝耐心看完手中的奏章，立刻宣本人上殿。

「太白晝見，自然不是好兆頭，加之民謠說，三代後，女主武王代有天下。可朕就是不明白，不就是一個女人麼，怎麼能奪朕的天下呢？」皇帝似是在自言自語。

李淳風顯得有些惶惶不安，俯伏在地，諄諄奏道：「臣夜觀天象，俯察歷數，其人早已在陛下宮中，為親屬，三十年後王天下，且殺陛下子孫殆盡。陛下既已垂詢，微臣豈敢壅於上聞？」

貞觀大帝鐵青著臉，手拍御案，狠狠地說：「將宮中疑似者盡殺之，何如？」

李淳風連連磕頭，諫道：「萬歲，有道是天命不可違。其人既應運而生，必能不死，陛下不過徒殺無辜。」

貞觀大帝說：「難道只能聽之任之？」

李淳風說：「據微臣揣度，既然眼下已在宮中，三十年後，此人已老，或有慈心，為禍將淺。

陛下若將其殺死，上天必生一壯者，那時肆其怨毒，臣只恐陛下子孫無噍類矣！」
話雖這麼說，予智予雄的貞觀大帝畢竟不甘心，昨天，還是傳旨將一個叫李君羨的大臣斬首。
就在眾人莫名其妙時，貞觀大帝那雙警惕的眼睛又盯上了另一個人……

6

「媚娘，朕一直在惦記著你呢。」倚枕而坐的貞觀大帝，望著豐盈妙曼、款款而至的武才人，招手讓她近前，自己則將頭靠在身邊御榻上，用略帶歉意的口氣說，「閒得無聊，想找人說說話，叵耐這班蠢牛木馬，朕指著天上的月亮，她們竟認做樹上掛一個銅盆！」
媚娘聞言，再也抑制不住感情了，立刻撲在皇帝懷中，眼淚如泉，噴湧而出，哽咽著說：「陛下既惦念臣妾，何一幸即忘，深恩不再？」
貞觀大帝輕輕地撫著她的臉，欣賞著，就像撫摸一朵即將被揉碎的花，慨然歎道：「一之為甚，豈可再乎？」
皇帝臨幸自己的妃嬪，就像每天穿衣吃飯一樣，理所當然，何來此說？媚娘不解其意，說：「皇上寓意深遠，臣妾實難領會，皇上何不明示？」
貞觀大帝臉上不由露出詭祕的微笑，說：「你可記得，朕曾經說過，你若是男身，朕必親手將你除之？」
媚娘一驚，抬頭一望，皇帝雖然病體支離，氣息不暢，但就如病虎，眉宇之間，仍隱然藏著一股殺氣。心一緊，索性糊塗裝到底：「聖明天子，不殺無罪之弱女子。」

「不然。」貞觀大帝毫不掩飾地說：「昨天，前左武衛將軍、華州刺史李君羨被押赴市曹斬首，你可聽說此事？」

媚娘心頭一顫，說：「臣妾長在深宮，規行矩步，從不預聞朝中政事。李君羨伏誅，諒是罪有應得！」

貞觀大帝沉吟良久，連連歎息：「說起來，李君羨應是其罪未彰，不過，朕非殺他不可！」

媚娘說：「既然其罪未彰，殺之恐有累聖德！」

貞觀大帝含笑望著她，用略帶神祕的口吻說：「兩次太白晝見的事，你可聽說？」

媚娘說：「臣妾適才已奏明皇上，自入選宮中，以備臨幸，從不交通外廷，太白晝見，更是聞所未聞。」

貞觀大帝憂心忡忡地說：「這事可不是兒戲。」

媚娘說：「有道是，天道有常，不為堯存，不為桀亡。就說這太白晝見的事，無非是一種常見的天象，陛下將其比附到人事上，是否牽強？」

貞觀大帝卻連連搖頭，說：「不然，聯想到近日京師謠諑紛傳，朕更是輾轉反側，夜不能寐。」

「京師謠言都說些什麼？」

貞觀大帝雙目炯炯地逼視著她，幾乎是一字一頓：「說我唐三世之後，女主武王，將代有天下。」

「這——這與李君羨何關？」

「哼，他原籍武安縣，官拜左武衛將軍，爵封武連縣公，一連三武，倒還罷了，更該殺的是他還有一個乳名叫武娘。你想想，武娘，不就是女主嗎？」

此時的武媚娘，懷中有如小鹿亂撞，卻仍不動聲色地說：「這麼說，李君羨伏誅，謠讖已破，陛下可高枕無憂了。」

「不，因為還有一個更合符契的，就在宮中。」

「誰？」

「近在眼前。」

媚娘正色道：「陛下休要拿臣妾取笑。小女子命薄春冰，身輕秋葉，得充下陳，已是非分，何敢再存奢想？篡逆一說，更是風馬牛不相及。」

貞觀大帝又連連搖頭，說：「朕自北廣場一見，便看出你的不凡，不但口才器度遠勝男子，更可怕的是你有膽有識，不是平庸的男子所能及的。古人說，人有利器，必生殺心。你可是手握利器之人。為此，朕才不敢寵你，尤其怕你懷上龍種，一旦懷上龍種，必弄權後宮，那時，朕有何面目見列祖列宗？愛之卻又棄之，這也是朕有意保全之意，你可體會得朕的苦心？」

一幸即遭冷落的答案，終於從貞觀大帝口中閒閒道出了，想起那次「龍戰」時，貞觀大帝尚有餘興，可他卻一戰便休，答案原來全在這裡頭，媚娘終於明白了。面對咄咄逼人的貞觀大帝，不由冷笑著說：「臣妾以為，陛下乃恢宏大度之英主，想不到也與天下俗人無異。您數十年征戰，能掃盡陰霾，擊敗天下梟雄，居然相信無稽之言，認定一個弱女子能篡奪江山，這不是天大的笑話？難道這就是陛下的自信？有道是：大勇不忮。陛下今日既生殺心，臣妾自無生理，只恐臣妾死後，陛下將被天下人恥笑！」

說著，也不管皇帝尚在沉吟，當即滾下御榻，恨恨地說：「陛下既懷疑臣妾，臣妾只能一死以報陛下。」邊說邊去拔床頭寶劍。

半生征戰的貞觀大帝，眼快手快，手輕輕一拂，立刻擋住媚娘，說：「別急，朕尚有未盡之言。」

媚娘說：「多言無益，小女子微賤之軀，何必忍死須臾，徒增陛下百年隱憂？」

貞觀大帝爽朗地一笑，說：「放心，剛才不是說了嗎，你若是男身，朕必親手將你除之，可你畢竟是個女子啊！螞蟻還能搬動磨盤？」

「陛下不是相信天意嗎？只要天意在我武家，螞蟻或許還能搬動泰山！」

予智予雄的貞觀大帝，其實尚在猶豫，眼下被小女子一激，胸中立刻湧上一種目空一切的豪邁之氣，好一個大勇不忮，朕是有大智大勇的人，怎能害怕一弱女子？想到此，不由胸中一寬，竟胸有成竹地說：「放心，朕不會殺你，不過，朕不殺你，並非朕有意放你一馬，而是朕諒你做不到，個中原因，留待你日後慢慢咀嚼。」

接下來，為緩和氣氛，他不再和心愛的妃子談心驚肉跳的話題了。酷愛書法的他，知道武才人也能寫一手好字，於是，扶病下床，搬出珍藏的王羲之《蘭亭集序》真跡，以及歐陽詢、虞世南等人的摹品，放在一起欣賞、比較——半生戎馬的貞觀大帝，說起文章翰墨也是十分內行的，擘畫指陳，頭頭是道。

然而，智者千慮，必有一失。就在貞觀大帝輾轉病榻，日見衰頹之際，武才人已和太子眉目傳情，有如乾柴烈火了……

一個女人要徹底地改變自己的命運，還能靠什麼？

7

自那次談話之後，貞觀大帝就一直將媚娘留在身邊，如對摯友，只談文學、書法，不再言及政治，更不曾再來一次肌膚之親。有時京城有奏報到來，貞觀大帝批閱時，也不避她，反常向她討主意，直到後來終於一病不起，龍馭賓天。

回想往事，歷歷如昨，她痛恨貞觀大帝的無情，卻又在心中為這位既能識人，又能克己的皇帝暗暗喝采。

真不愧千古一帝啊！

「皇上醒了，昨夜睡得可好？」見皇帝睜眼醒來，媚娘問道。李治這一覺睡得真安逸，直到五更才醒。他睜開眼睛，發現媚娘正在看他，不由喜孜孜地說：「朕做了一個很好的夢。」

「夢見什麼了？」

「夢見登泰山封禪，告成功於天！」

「這真是一個很好的夢，阿治，這是天帝在暗示你，眼下五湖浪靜，四海波平，你是應該舉行大的慶典了，比方說，封禪泰山！」

「是嗎，這真是上天的意思？」

「不然，何來此夢？」

接下來，媚娘便向皇帝說起歷史上的封禪及個中細節，飽讀史籍的她，娓娓而談，頭頭是道——封禪，那都是歷史上有大成就的皇帝才能做到的事，如秦始皇，如漢武帝。

皇帝立刻興奮了，他死死地盯著媚娘，發現媚娘仍光著身子，想起自己睡覺的姿勢，不由有幾分歉意，說：「媚娘，難道昨晚朕就睡在你的手肘上？」

媚娘臉微微一紅，白他一眼說：「這還用問嗎？阿治，難道你每天都要這麼睡嗎？看，把我的手臂都枕麻了。」

皇帝否認說：「不，這還是第一次，不知怎的，朕一摟住你，便覺得安逸，就像小雞依偎在母雞的翅膀下一樣安心、舒適。」

「你和那些人在一起的時候沒有這感覺嗎？」

皇帝明白「那些人」是指誰，忙搖頭說：「不，那些人一個個都想討好朕，在朕面前，就像朕在你面前，因此，朕只有施與，沒有索取，朕也就感受不到快樂。」

媚娘對這話很受用，可心中高興，口中卻微微歎了一口氣，說：「臣妾算什麼呢？難得陛下不忘舊情，得了夙願，可一宵之聚，焉能長久？」

皇帝不由動情地說：「媚娘，你不要這麼說，朕和你的感情可不比一般，朕一定不會讓你受冷遇，朕還想要和你共用坐江山的快樂呢！」

媚娘說：「阿治，你這是忽發奇想嗎？我不過一女流，怎麼能和你共用坐江山的快樂呢？那是只有你才能享受的，別人連想也不敢想。」

皇帝卻把嘴湊上來，低聲在心愛的妃子面前訴苦衷：「雖是才想起，可也不是沒有理由。自先帝升遐，朝中便屢出大事，為房遺愛謀反一案，一下殺了三位親王，一個郡王，三個公主，三位駙馬。須知荊王是朕的親叔叔，濮王和吳王更是朕的親哥哥，朕本有心赦免，可長孫舅舅就是不肯，說罪已至死，就是皇帝也不能法外施仁。他這麼一說，其他大臣也跟著說，就這樣，朕眼睜睜地看著親人們上刑場，那血淋淋的場面，朕一想來就害怕。自這以後，朕對處理政務十分憚煩，甚至一看見奏章就害怕，怕又是什麼人謀反。」

說著，便喋喋不休地向愛妃說起了房遺愛一案的內幕：房遺愛一案，是因一樁小事引起的。自恃父親房玄齡為從龍舊臣，厥功最偉，加之本人又是駙馬，房遺愛從小就驕奢淫逸，膽大妄為，他曾參與李泰奪嫡的陰謀，但先帝看在故去的老臣房玄齡及女兒高陽公主的份上，並未追究他。俗話說，妻賢夫禍少，可高陽公主也不是省油的燈，不但招搖，恣睢跋扈，且狼狠羊貪，不擇手段。於是，先帝一死，大禍接踵而至——高陽公主原想奪長房梁國公的爵位，乃告長兄對自己無禮，不想此事交有司一審，竟然審出謀反逆案，原告一下成了被告。皇帝開始還抱息事寧人的態度，可舅舅長孫無忌不依。長孫無忌這以前就與房玄齡不睦，後來，房遺愛又屢次沖犯他，於是藉此興起大獄，讓問官細細推敲，相互攀扯，一下扯亂一簍麻，不但坐實了房遺愛與李泰的謀反案，又扯出吳王李恪一案。長孫無忌窮追猛打，挖樹盤根，索性把原先一些與自己有過節的皇親國戚統統牽連進去，於是一案審出兩案，三位親王、一個郡王、三位公主、三個駙馬、一個宰相及另外好幾個親貴大臣全牽扯上了，長孫無忌屬意主審官員，將一干人犯統統問成死罪，且眼下仍沒有罷手之意。須知這可不是皇帝的本意。

媚娘耐心聽皇帝說完，歎息說：「阿治，你的心太仁了，古人說，仁不掌政，慈不掌兵。像房遺愛，父親房玄齡本是玄武門之變的功臣，先帝將愛女高陽公主嫁他，這是多大的恩寵，可他居然謀反，這可不是一般的逆案，還不該殺他一千刀嗎？」

皇帝歎息說：「加刃於親人之頸，朕看著總是不忍。還是你說得到做得到，你有這個本領。朕親耳聽先帝誇過你，說男人有的見識你都有，你比一般的男子漢還要強，剛才聽你說起封禪，朕不由又記起先帝的話了，別的女人能和你比嗎？」

聽皇帝如此一說，秉性不讓鬚眉的武媚娘不由怦然心動，乃試探地說：「阿治，你真的這樣想過嗎？可是臣妾不過一區區婕妤，地位低下，你若如此看重我，別人會說閒話的。」

皇帝沉吟半晌，說：「當然，朕想過，這事急不得，要慢慢來，第一，要先取得親貴大臣的支持。第二麼……」

皇帝說著，故意欲言又止。媚娘急了，說：「第二是什麼呢？」

皇帝望她狡猾地一笑，說：「這第二麼──你自己也要有所表示呀！」

武媚娘一頭霧水，說：「我要有所表示？我能有什麼表示呢？」

皇帝不由拍了拍她那白玉一般的小肚子，提醒說：「你的表示不是在這裡嗎。」

武媚娘臉一紅，手戳著皇帝的鼻尖說：「阿治，你又來了，你真壞，我不理你！」口說「不理」，身子卻欲拒還迎……

第三章 漸入佳境

8

要說，媚娘的肚皮還真是爭氣，皇帝說過這話不久，她便發現自己的身體有些反常，仔細一想，不對，這分明是懷上了。

於是，她馬上想起和先帝那一場龍戰，雖殺得天昏地暗，日月無光，可自己終究沒有懷上先帝的龍種。是先帝調和雨露，引而不發，哪怕是床笫之間也暗藏鬼神不測之機，還是冥冥之中的造物主有意安排的呢？

「要是那次懷上了，或者，自己果然得擅專房之寵，那麼，身為雄猜之主的貞觀大帝，臨終時說不定要效漢武帝殺鉤弋夫人的故事，那麼，自己不就成了交配後，被配偶活活吃掉的螳螂嗎？」

想到這裡，她不由有幾分後怕。

皇帝得知媚娘懷上了的消息，一時喜不自禁，進宮後，一上來就撩媚娘的衣裙，要看肚子有什麼變化，媚娘不由按住他，說：「阿治，你不要搗亂，這還是七字沒一橫，八字沒一撇的事呢！」

皇帝說：「不，御醫秦鳴鶴說是喜脈。再說，朕相信你，你有這個能耐，而且，朕敢預言，你懷的一定是個兒子，朕才三個兒子，都庸碌無為，你生下的一定比他們都聰明。」

聽著這話，很有迴旋空間——皇后無出，皇帝雖有三個兒子，卻都是庶出。庶出可以立長，也可以立賢，這中間是有文章可作的，哪怕就是已被立為太子，也是可以廢黜的，自古歷來，廢太子的事多得很，先太子李承乾就是。聽到這裡，媚娘既高興，又緊張。不由深情地望皇帝一眼，試探地問道：「太子李忠不是已八歲了嗎，我看這孩子很是可愛的。」

皇帝搖搖頭說：「不行，這孩子太儒弱，學習也很懶散。」說著，皇帝眼中生出無限希望的光，望著面前的媚娘說，「李忠的生母劉氏原是宮女，寒素之家，遑論閥閱？所以，她就是生下李忠，朕也沒有加封她。你可不同了，你父親是開國功臣，母親又是弘農楊氏，這是關中數一數二的名門望族，與隋朝皇室是本家，當初嫁與你父親武士彠時，還是高皇帝指婚的，這是誰也不能比的。進宮這麼久了，又懷上了孩子，朕還沒有任何表示呢，這不行，朕要加封你的父兄，抬高你家族的地位和名望，造就更大的聲勢，這樣，我們的孩子將來就在朝廷上有了羽翼。」

皇帝的話是越說越明顯了，而且，是稱「我們的孩子」，這是武媚娘最喜歡聽的，也高興皇帝能先一步想到。可是，她的父親武士彠早已逝世，而那幾個同父異母的哥哥，她一提起就恨，眼下皇帝要加封他們，這讓她既感動又不甘心，猶豫了半天尚未回答。皇帝卻又催她了，說：「昨天，朕親自查看了你們武氏家族的譜牒，你的兩個親哥哥武元慶和武元爽，都是以門蔭而登仕版，一個現任右衛郎將，一個僅任安州司戶參軍，這太低了，朕要將他們都提上來，出任顯職。」

武媚娘陷入深深的矛盾中——自從父親逝世，母親帶著她們三姐妹生活，身為後母，又不是長房，因而常受前妻所生的兩個兒子及長房幾個侄子的欺負，有時連衣食都難以為繼。眼下自己受寵，皇帝卻要加封元慶兄弟，他們算什麼？可皇帝這麼做，是為了未來的兒子，她能反對嗎？左右是親，血濃於水，媚娘心境，進退維谷。權衡再三，她終於說：「陛下加封他們不如加恩臣妾的父母，因為元慶和元爽無功於國家，若僅僅因為我的緣故而得到超擢，只恐難以服眾。」

皇帝把她的並不熱心看成了謙讓，忙說：「你別急，你的父母朕是肯定要加封的，但這只能增加家庭的榮耀，於實際無補。你怕招人議論這是你的謙虛，你的賢德，朕卻不能也不忍心薄待你的兄長，再說，他們雖然無功，但也無過，加恩外戚，這是有特例可循的，皇帝也有這個權力。」

武媚娘不好再反對了，只好轉移話題，說起她最關心的一件事：「阿治，先不說這些了，我進宮已有些時日了，朝廷的大臣們就沒有一點議論？」

皇帝知道媚娘的心事，卻不以為意地說：「這倒不必擔心，朝廷與宮廷畢竟內外有別，臣子們能管朕的私事嗎？」

媚娘閒閒言道：「不過——還是穩妥一些為好，所謂悠悠之口難防，何況你是皇帝，我是妃子，更是處在眾目睽睽之下！」

皇帝不覺沉吟，在房中踱了幾個來回，終於說：「你放心，若有人說三道四，朕自有話回覆他們。」

媚娘不放心，說：「如何回覆？」

皇帝雖有些羞於啟齒，但還是說出口了，因為兩個都是當事人：「不就因為你一度是先帝的人嗎？這樣的事，朕既不是肇始，也不曾造極，而是有例可循——前朝隋煬帝不就納父親隋文帝最寵幸的陳氏為妃嗎？」

一聽皇帝說得這麼露骨，這麼直接，武媚娘又急又羞，可事關重大，她不得不糾正，忙說：「若這樣說，豈不是自比荒淫無恥的亡國昏君？」

「那——那就讓朕效法匈奴、突厥的風俗，父死子娶後母。」

媚娘仍一個勁搖頭，說：「效法夷狄，自甘下流，更不堪矣！」

皇帝沒轍了，說：「這不是那不是，你有什麼妙說？」

武媚娘一雙玉臂纏著皇帝的頸，用自己的臉輕柔地熨著皇帝的臉，又在他的紗帽上撫弄著，就像小孩搓弄一個小泥人，又呵氣如蘭，在皇帝耳邊輕輕地吹風：「阿治，我的陛下，你聰明一世，糊塗一時。就這麼一樁小事，竟把自己比昏君，比夷狄，那怎麼可以？我問你，漢朝孝元皇后的故事，你可記得？」

皇帝摸著後腦勺，想了半天，卻想不起漢朝有什麼孝元皇后，只好仍請教媚娘。武媚娘笑著提醒說：「孝元皇后不就是漢元帝之妃，漢成帝之母嗎？」

說著，就給皇帝說起這孝元皇后的故事——名王政君，本是宣帝後宮家人子，當時元帝尚是太子，因愛妃司馬良娣猝死，太子悲傷，宣帝為安慰太子，乃將王政君賜予太子，後來便生了漢成帝。

武媚娘說完這典故，又娓娓言道：「父死子娶父妾固然於禮不合，可父親還在生前，就把自己的身邊人賜與兒子，這卻是古今常有的事。現成的典故，你怎麼就不能借用呢？」

皇帝正為這事犯愁，剛才這麼說，只是為了安慰媚娘，眼下得媚娘提醒，一時豁然開朗，高興不已，馬上說：「怎麼著，先帝對你的誇獎還真不虛，朕就沒有你的主意多。」

說著，皇帝興頭上來了，決定帶愛妃出去走走。他說：「媚娘，朕和你一道去外面走走吧，一來天氣漸熱，去外面避一避暑氣，於你肚子裡的孩子有益，二來呢，索性讓天下人都知道你是朕跟前最受寵的人！」

想起自己已懷著孩子，每天仍要去仁壽殿跟王皇后請安，媚娘便氣不打一處出了，她想離開這裡，離皇后遠遠的，皇帝此說，正合她意，於是說：「去哪裡呢，去東都洛陽？」

皇帝搖搖頭，說：「洛陽太遠，你懷著孩子，不宜奔波。再說，房遺愛一案還未了結，天天有臣子奏報案情進展呢。我們就去翠微宮吧，那裡是值得我們回味的地方，因為朕就是在含風殿和你——」

皇帝此說，確實在理，何況媚娘也有舊地重遊之意，於是，點頭認可。

9

鑾駕來在翠微宮。

迎候的內監和宮娥，一仍三年前的舊制。宮車緩緩駛入，車中人不禁左顧右盼。深宮蓼落，御道蜿蜒，重睹舊物，思緒綿綿。尤其是看到班中幾個熟悉的宮娥，兩鬢漸白，衰老正向她們招手——真是造化弄人啊，想想自己，媚娘心中更有說不出的感慨。

皇帝卻不管不顧。綿綿絮絮，和愛妃津津樂道的，卻是當年在含風殿偏殿調情的往事，只能意會，不可言傳，那一份偷出來的樂，那種敢想而不敢動的急迫心情，也只有當事人才能領會得。

隨著一步步進入內殿，兩旁的景物越來越熟悉，也更使人思緒無窮，此刻媚娘心中想的，已不是皇帝能想像的了。那就是她看到眼前一切，立刻感覺到神武的貞觀大帝的存在，正帶著那種無堅不摧、無往不勝的雄風虎氣，一步步向她走來……

想起先帝臨終前，望她時那種變幻莫測的目光，更想起他那隱隱潛伏殺機的話，她不由產生一種驚恐，想往後退。可轉念一想，時至今日，還怕什麼？難道一個大活人還怕死鬼？

想到此，她勇敢地向前邁開大步。終於，她和皇帝同時跨進了含風殿正殿。

自先帝在此升遐，皇帝忙於即位後的大事，已有很長的時間未來這裡了，含風殿地上金磚長了一層白色黴苔，殿中陳設一如先帝在世之日，稍不同的是大殿正面多了一副先帝的遺容。

這張肖像出自將作大匠、工部尚書閻立本之手，畫上的貞觀大帝身著袞袍，戴無憂冠，束玉帶，高昂著頭，那兩道濃眉下，雙目仍炯炯如電，正迎著進殿來的兒子和武氏。

一接觸到先帝的目光，媚娘再次一驚，本能地顫抖了一下，但立刻鎮靜下來，且亦如初次面君那樣——目光灼灼地與之對接。

人有利器，必生殺心。你可是手握利器之人！

貞觀大帝的話，又在耳邊迴響。她想，先帝為什麼要向她說這樣的話呢？能慧眼識英雄的貞觀大帝難道真的看出自己身上潛藏著什麼？難道自己真的天生反骨？

武媚娘一時浮想聯翩……

先帝當年已懷疑到自己，卻沒有殺自己，並說，個中原因，留待你日後慢慢咀嚼。聰明的武媚娘，當時尚沒有想那麼遠，待貞觀大帝山陵崩塌，遺詔天語煌煌：她們這些一度服侍過先帝、且有名號而又未懷上龍種的妃嬪統統被迫出家，不是去道觀，便是去尼庵。每日守著黃卷青燈，望著簷前細雨，鐘鼓聲聲，花月盡化青煙去；木魚橐橐，無聊歲月數將來——直到這時，她才真的咀嚼到先帝的用意了。

一個地位低下的女子，從權力中心貶至尼庵，就如小泥鰍被扣在碗中，還能翻出什麼大浪？這樣，本是鐵腕冰容的貞觀大帝，既可不露痕跡地消滅對手，又可在後世史官筆下博得仁慈寬厚的好名聲。

想想當時情景，一邊在和自己進行一場淋漓酣暢的「龍戰」，且盡情享受難得的快樂，一邊卻早早地將後事安排——好毒辣的一招啊！

難道後宮佳麗三千，真的就是祭壇上的犧牲，一經你貞觀大帝下箸，他人便不能染指？這不是暴殄天物嗎？我武媚娘可不能就這麼做你的殉葬品哩，蕭寺古剎，黃卷青燈，那樣的日子固然清靜，可我畢竟是一個風華正茂的俏女人呵！俏女人能沒有男人相伴嗎？更何況我同時還是一個不讓鬚眉的女中豪傑，還有多少事要等我來做，就說你親自選定的太子，李唐皇朝的第三世李治，這樣孱弱無為的人，能繼承你的事業嗎？就說你親自託孤的顧命大臣，長孫無忌難道還不是野心家嗎？若沒有我輔佐在阿治的身邊，能不出現外戚干政、大權旁落的局面嗎？

前人土地後人耕，天道循環不可論。

心狠手辣的貞觀大帝，數十年南征北戰，掃盡陰霾，可惜天不假其年，才交五十，便撒手去了，閃下錦繡般的江山，讓兒子享受；還有我這方妙不可言的沃土，耕雲播雨，全讓兒子代勞，眼下且已撒下了龍種，你不敢為的，兒子敢為，你吝嗇不給的，兒子卻十分慷慨，看來，你兒子才是錯把月亮當銅盆的蠢牛木馬哩！

「九泉之下看到這一切，其滋味又是如何？李世民呀李世民，虎父犬子，你奈何不了天意！」

想到這裡，武媚娘不由向畫上的貞觀大帝發出無言的冷笑！

10

武媚娘的擔心並不多餘——貞觀大帝所託付的顧命大臣們早已盯上了她。

王皇后將先帝的武才人祕密從感業寺載回後宮的消息，才幾天便傳到外廷，傳入大臣們的耳中。

此時的文武百官，注意力仍集中在房遺愛的身上，聽到皇帝的誹聞後，他們不想多事，只把那探詢的目光，投向皇帝的親舅舅、官至中書令、銜至太尉的長孫無忌。

長孫無忌本是北魏首領拓跋氏後裔，因是宗室之長，遂改姓長孫。他與房玄齡同為「玄武門政變」的主謀，從龍舊臣，且是國戚，所以，深得太宗文皇帝信任。不過，貞觀時代，能人輩出，房玄齡、杜如晦、魏徵、馬周，一個個都是極得皇帝信任的股肱之臣，長孫無忌身處這班巨星之中，還排不到最前面。可惜這班老臣在太宗生前，便一個個像樹葉一樣凋落，他才漸漸顯山露水，待馬周一死，無論資歷還是官階，長孫無忌便是無可爭議的首相了。

貞觀末年，最困擾太宗文皇帝的事，就是皇儲的確立。太子李承乾原本是長子，為長孫皇后所生，因生於承乾殿，便名「承乾」，太宗對這個兒子寄託了全部希望，不想承乾不走正道，種種劣行，為太宗所惡。此時，濮王李泰乘虛而入，極獲父皇歡心，李承乾不甘心，從而演出骨肉相殘的慘劇。在這一場宮廷內鬥中，獲漁翁之利最多的便是長孫無忌——太宗最後竟聽從他的主意，李承乾和李泰同時被貶斥，而原本無緣皇儲之選的晉王李治，被立為太子。

無忌與晉王有此淵源，晉王即位後，他成了說一不二的人物。

眼下，無忌明知大臣們想就此事看他的態度，他卻顯得無動於衷——房遺愛一案尚未了結，他不願轉移自己的注意力，所以，當眾人議論紛紛之際，他卻一直裝聾子，不過問更不表態。

不想接下來的事卻更讓人詫異。

——這天早朝，大臣們候在朝房，直等到紅日東升，才見一個小內監匆匆出來傳旨，說皇帝帶著武婕妤駕幸翠微宮，有重要奏報可直接送那裡，一般性事務可交太尉處理。

眼下皇帝年紀輕輕，執政才兩年，便不理朝政了，無忌是先帝的託孤重臣，能聽之任之嗎？而且，皇帝究竟是因那個武才人的緣故羞見臣下，還是被這個先帝小妾迷住了心竅呢！

長孫無忌心中有氣，但權衡利弊之後，還是決定隱忍不發。眾目睽睽，他只搖了搖頭，用漫不經心的口吻向眾臣解釋說：「近來政務也是太繁雜了一些，皇上畢竟年輕。」

說著，不再理睬眾人，邁著八字步，慢騰騰地往回走。

回到相府，已任祕書監的兒子長孫沖已候在堂中——原來房遺愛一案尚未了結，父子倆想尋個沒人打擾的地方去密談，而這才是他們最關切的話題，稍一不慎，有可能為自己一家留下後患，至於皇帝愛上先帝的妃子，這只能說明皇帝好色而又不明事理，而一個不明事理的皇帝不正是自己需要的嗎？

那麼去哪裡商議呢？終南山下有他們一處莊園，既好玩，又可避暑，還可打獵，而狩獵是單獨行動的最好藉口。

所以，他還在車中思前想後時，長孫沖已先一步騎馬到家，並做好了所有準備。等他到回府，二話不說，立刻帶著一班隨從，架鷹牽狗，直奔終南山。父子邊打獵邊議房遺愛一案的最後判決。

——爬過一道山嶺，眼前是一坦平陽的大道，長孫沖按轡徐行，回望一眼，見隨從有意落在後邊，乃乘機向父親陳述自己探得的情況。

原來外間輿論洶洶，都說長孫無忌刻薄寡恩，欲藉此誅求異己，長孫沖聽在耳中，不由為父親擔心。眼下山中只父子二人，長孫沖於是勸諫道：「爹，還是就此結案算了，再誅求下去，會牽扯出更多的無辜，那時，會有更多的人說您的不是。」

無忌問道：「你在外面，都聽哪些人說了些什麼？」

長孫沖說：「哪些人？連褚遂良都搖頭呢，說應該適可而止了！」

一聽連褚遂良也這樣說，無忌不由感到事態的嚴重。

太宗尚居藩邸時，褚遂良便是秦王府鎧曹參軍，太宗臨終，他與無忌一道承顧命。連遺詔也是褚遂良執筆。眼下褚遂良為尚書左僕射。唐承隋制，中央三省制衡，中書省和門下省掌出旨權，尚書省掌行政權。因太宗在高祖時，曾任職尚書令，太宗登基後，便不再設尚書令，尚書左右僕射便是宰相，所以，褚遂良算得與無忌為比肩人物。眼下無忌聽說連褚遂良也搖頭，不由連連冷笑，且惡恨恨地說：「是嗎，褚遂良也這麼說，哼！他就是個乾淨人？他不是也利用此案，把與自己不睦的人牽扯進去好幾個嗎？居然也來當好人，真是笑話！」

長孫沖想了想，說：「爹，外廷都傳得沸沸揚揚，說皇帝把先帝才人弄進宮，這種有違朝廷紀綱的事，只有您能出頭，您若出頭，一來可改變眾臣對您的看法，證明您秉公辦事，守正不阿，連皇帝有錯也敢出面糾正；二來麼，這也是您立威的好時機呀！」

無忌想了想，雖認定這主意不錯，卻仍搖頭，說：「兒子，你還是太嫩了一些，看水不能看三尺深的人，是做不得大臣的。你剛才不是說，有人對你老子有議論嗎？你想想，在這個節骨眼上，你老子能說皇上不高興的話？眾臣算什麼，輿論畢竟不能與皇帝的好惡比。」

長孫沖一怔，說：「但大家都說，這個先帝才人不簡單，若不及早清除，有可能弄權後宮，那時，您豈不多個對手？」

無忌胸有成竹地說：「不忙，你老子不說，會有人說的。到時說不定一塊石子能打下兩隻鳥呢！」

長孫沖仔細把父親這話一思量，終於明白他的所指，不由深有感慨地說：「唉，爹為了皇上，苦苦與這麼多人為仇，可皇上呢，卻想做好人，上次主案辦成那樣，已是鐵證如山了，可奏報上去後，皇帝卻遲遲不肯劃刑，且淚流滿面地代犯人求情。而這回有關江夏、宇文附逆的事，雖滿朝文武都清楚，他們平日與吳王往來密切，但有關附逆並參與密謀的證據卻不很多，加之這李道宗是高祖的兄弟行，當今皇帝的叔祖，若奏報上去，皇帝肯定會批駁——侄孫子怎麼能判斬叔祖呢？」

無忌聽了，一時沉吟不語。

長孫沖又說：「皇帝真是太心慈耳軟了，簡直就是一個梁武帝轉世，只配去當和尚，還是貞觀大帝、天可汗的兒子呢！」

無忌不由抿嘴微笑，說：「也不然，伺候軟耳朵皇帝比伺候一個精明的皇帝要容易得多，像太宗文皇帝，你爹與他不但是至親，且是他無話不談的心腹，可你爹在他身邊二十餘年，哪天不是誠惶誠恐地過？可眼下這個皇帝只要你順他一分，他便可順你十分，所以，你爹事事都放開手腳，根本就不用瞻前顧後，這也是你爹在先帝面前苦爭，要立他的理由。」

「可此番逆案的最後了結，還得經過他那支御筆呀？」

正說著，一隻野兔出現在前面的灌木叢中，無忌馬上挽起了手中的弓，說：「不要急，你老子會有辦法的。」

11

直到第三天才回城，進府才卸下行裝，便見尚書右僕射褚遂良、侍中來濟、同中書門下三品李勣、中書令柳奭一同走了進來。

長孫無忌一見，忙一一和他們打招呼。先把客人讓到大廳坐下，又把探詢的目光，在四人臉上逡巡，褚遂良、來濟面色凝重，柳奭卻有些惴惴不安，只有李勣談笑風生，若無其事。

長孫無忌很清楚他們一行的目的——面前這幾人，與自己並無利害衝突，但政見卻略有不同，正想著如何應對，褚遂良卻憋不住了，劈面就說：「我們幾人一連來府上兩次，今天總算把你等到了，輔機兄真好雅興！」

輔機是無忌的表字。

無忌故意眉頭一皺，沒好氣地說：「我清楚，你們是為李道宗和宇文節的事來的，此二人明明是李恪死黨，反跡已露，鐵證如山，可有人偏偏要為他們說情，其實，我與二人也素無個人恩怨，皇上若有意法外施恩，我也樂得順水推舟。不過，登善，我也要提醒你，李泰最恨的應不是我。」

登善是褚遂良的字。無忌這話意思很明瞭，無非是褚遂良一句話，就把李泰這太子位子給踹了，可眼下卻又想做好人，在背後說風涼話。不想話才出口，褚遂良卻大搖其頭，說：「非也非也，輔機兄不要誤會，我並不願為他們說項，既已定讞，就按原議好了，該殺該流，一如原議。只是，我們此行是另有大事相告。」

無忌仍然裝佯，說：「還有什麼大事呢？」

褚遂良很嚴肅地望著他，作古正經地說：「鄙人聽說京師最近又有童謠，很是耐人尋味的，太尉就不想聽聽？」

無忌說：「什麼童謠，值得你們這麼煞有介事？」

褚遂良於是念童謠：「燕燕尾涎涎，張公子，時相見。木門倉琅根，燕飛來，啄皇孫，皇孫死，燕啄矢。」

長孫無忌不由莫明其妙。他也記得確有這麼一首童謠，但不是聽人說的，是書上看到的。想了半天才記起，不由笑著說：「登善，你開什麼玩笑，這哪是眼下的童謠，這是《漢書．五行志》上的，說的是趙飛燕，此女為炎漢禍水。你欺我記性沒你好，故意來糊弄我嗎？」

褚遂良說：「不錯，這的確是《漢書》上的，不過，趙飛燕的故事，今日卻又重演了，她不禍漢卻來禍唐，你能等閒視之？」

無忌說：「登善，你總愛有事沒事，憂心忡忡，好像天就要塌下來似的。」說著，嘴向眾人一翹，「他們也是你邀來的？」

來濟忙否認說：「這倒未必。輔公，自揪出房逆一黨後，朝廷政局，漸趨祥和，不想平地裡冒出個女人，看來勢，似乎比趙飛燕更可怕，我公未必就沒有絲毫察覺？」

二人的話越說越明顯——皆指向眼下已擅寵專房的武才人，無忌卻輕鬆地笑了笑，又朝柳奭癟了癟嘴，說：「嗨，就為了這麼一件破事，竟扯上燕啄皇孫，柳老弟，這事你應該最清楚。你跟他們說說。」

柳奭如何說呢？他就是王皇后的親舅舅，武才人進宮的事，他自然最清楚，可他如何啟齒呢？難道把王皇后與蕭淑妃爭寵，有意尋個幫手的事說出來？所以，褚遂良來邀他時，他便顧慮重重，坐在那裡，半天也不願開口。眼下被逼，只好說：「其實，這事，這事——確不是什麼大事，皇后固然有些做得不妥，可也是投皇帝之所好，皇帝年輕，吃著碗裡，瞧著鍋裡……唉，怎麼說呢，總之，宮闈緋聞，哪朝哪代沒有？」

聽柳奭這麼一說，無忌不由贊同地點頭，馬上說：「依老弟之意——」

柳奭望褚遂良一眼，吞吞吐吐地說：「這事——依小弟看，我們還是少管為妙。」

一直不曾開口的李勣也附和說：「是的，那天登善和我說時，我便是這個態度——明知投鼠忌器，何必窮根究底？」

武才人本是先帝侍妾，與當今皇上名份上是母子。但這事要大也大得，要小也小得，因為自古至今，後宮就是大醬缸，淫父妾，姦母婢，上烝下報，什麼醜聞沒出過？就像聰明神武的太宗文皇帝，打天下、治天下自是沒得說的，可說及個人私德，卻也充不得正經人——他不但殺了自己的哥哥建成和弟弟元吉，就是幾個並未參與其謀的嫡親侄子，也做一鍋煮了。這還罷了，更不堪的是將弟媳納為妃嬪，其寵幸度還遠勝他妃，這事除了他本人可能在弟媳身上騰雲駕霧時，眼前會出現弟弟李元吉的影子，作為臣子，又有誰出來說不是？遇到這些宮闈醜事，外間雖沸沸揚揚，做臣子的最好辦法就是充耳不聞。不然，不但當今皇帝面子上下不來，且也是揚先帝之醜。眼下聽李勣一說，無忌不由贊同地點頭，說：「的確，事涉宮闈，做臣子的如何啟齒？懋功兄言之成理。」

來濟一怔，一時無言可說。但褚遂良似是料到長孫無忌會有此說，馬上堵他道：「這就是我們今日造府的目的——這事還只有太尉開得這個口。」

無忌說：「登善兄，你我同為一殿之臣，當初先帝臨終託孤，你我可是同聆遺囑，啊，對了，連這遺詔也是你起草的呢，今日又分什麼彼此呢？我管得的事，未必你就管不得？更何況我行將退養林下，就有大事，也得讓你們上前。」

褚遂良說：「不錯，你我確同聆先帝遺囑，受恩深重，可中間也有個先後親疏之分。別人再怎麼受信賴，也不能跟你比，因為你是國舅，既親且貴，外甥幃薄不修，做舅舅的若隱忍不言，他人何能置喙？有道是疏不間親！」

褚遂良這話義正詞嚴，不容反駁，可長孫無忌沉吟半晌，還是讓他找到了藉口，於是輕輕地搖了搖頭，說：「登善兄，按說，皇上這事確有些不妥。不過，幃薄不修畢竟只算得小節，再說，皇后這麼多年未誕皇子，這也是皇帝心有旁騖的原因。你我皆為輔弼之臣，應該是抓大政，若連宮闈小節也喋喋不休，這不是小題大作嗎？」

褚遂良說：「哼，小題大作，太尉可記得當年北廣場馴馬，武才人初露鋒芒，連太宗文皇帝也不敢小覷？這以後，又是太白晝見，又是閭巷謠讖，謂女主武王，當代唐有天下。這些難道不能引起我們的警醒？有道是臣弒其君，子弒其父，非一朝一夕之故也。」

無忌卻仍不以為意，說：「什麼謠讖，早已應了，再說，任她如何有能耐，畢竟只是個女人，何況出身寒門，名位低下，且大皇帝四歲。皇帝是在我等眼皮下長大的，他的性格誰不清楚，凡事愛得快，丟得也快，眼下不過是好奇，久而必生厭惡，後宮粉黛三千，才色俱佳的多的是，武才人一個中年婦人，能有什麼大作為？登善兄不要危言聳聽！」

李勣也說：「太尉言之有理，二位確實過慮了。燕啄皇孫之際已是漢末，漢成帝昏懦，朝中除了專權的外戚，又有誰稱得炎漢的中流砥柱？這怎麼能與我大唐眼下形勢相提並論？這不是自己看不起自己麼？」

又是「小題大作」，又是「危言聳聽」，兩頂大帽子一壓，縱是能言善辯的褚遂良也說不下去了，何況還加上一個李勣從中唱反調？

告辭出來，李勣和柳奭往另一個方向。褚遂良與來濟一路，他邊走邊搖頭，對來濟說：「哼，無忌為保位固寵，竟然對這等事充耳不聞，算了，他不管我來管！」

來濟想了想，說：「事關皇上私德，太尉能出面最好。眼下既然連太尉也不想說，我公若貿然進諫，只怕皇上惱怒，於我公不利！」

褚遂良毫不在乎地說：「我若對此隱忍不言，百年之後，有何面目見先帝於地下？」

褚遂良果然說到做到，回家後，認真寫了一篇表章，就「聖德」含蓄地提出批評，並引用《淮南子》上的話說：「日月欲明，浮雲蓋之；河水欲清，沙石穢之；人性欲平，嗜欲害之。」

這篇文章因較含蓄，皇帝閱後，有些不明究竟。拿回後宮，與武婕妤同看，說：「這個褚遂良，就是好掉書袋，好好的，說什麼浮雲、沙石？」

不想武婕妤看後，連連冷笑，說：「什麼浮雲、沙石，這是含沙射影。皇上不是愛鬥雞和擊鞠嗎？一起鬥雞、擊鞠的不多是皇室貴族嗎？於是，他說成你周圍全是小人，皇上被小人包圍，逞其私欲，玩物喪志。這個褚遂良，這麼肆無忌憚，眼中還有皇上嗎？」

說著，引經據典，為皇帝細說一番，又說：「阿治，你還說要與我共用坐江山的福呢，你看，你只在生活上稍稍隨便一些，臣子們便要說閒話，拿別人比沙石、比浮雲，還能和一個女人共坐江山？」

皇帝不由把奏章往地下一丟，惡恨恨地說：「哼，他以為是顧命之臣，朕就沒法奈何他了！」

說著，就又翻看第二份奏章，這份奏章是長孫無忌上的。皇帝本有些緊張，怕舅舅也是說這事，急忙看了看題頭，卻是有關江夏王謀逆一案的善後事宜，緊張著的心不由鬆弛下來，心想，既是舅舅辦的，有什麼不放心的呢，於是，看也不看，立刻批了個「可」字。

武婕妤接著看了一遍，說：「他是顧命大臣，長孫無忌不也是嗎，且是陛下的親舅舅哩，這事做長輩的不說，他倒要說，這個褚遂良，就他的鼻子長！」

皇帝聽了，更加生氣。

不久，從西北邊疆傳來軍報，因後方糧草供應不繼，致使對突厥的戰爭受到影響，突厥首領沙缽羅可汗因此得以遠遁。皇帝清楚，這事是褚遂良的失誤，宰相合議時，好幾個人都為褚遂良開脫。恰在這時，侍御使李乾佑上書皇帝，說這事是褚遂良的責任。

皇帝覽奏，大筆一揮，將褚遂良貶為同州刺使。

褚遂良被貶，眾人心裡都清楚為什麼，從此對皇上的私生活更不敢輕易置喙了。

——這事才過兩月，直太史李淳風再次奏報太白晝見的天象。眾人都有些惴惴不安，紛紛猜測。

不久，江南睦州出了個叫陳碩真的奇女子，不但天生麗質，且秉性剛強，因不滿豪強兼併，遂自稱「文佳皇帝」，與妹夫一道，起兵反唐，一連攻下許多州縣。雖不到半年功夫，就被刺史崔義玄迅速鎮壓，但人們事過多年才看出，這其實是女主代唐的開場鑼鼓。

第四章 初露鋒芒

12

一晃就是五年。

媚娘的肚皮真爭氣，進宮五年，竟然一口氣跟皇帝生了四胎，齊嶄嶄四個兒子。皇帝為自己子孫繁衍而興奮，媚娘還才產頭胎，他便進封媚娘為昭儀，昭儀為九嬪之首；眼下，又封媚娘為宸妃。宸妃，為四妃之首，正一品，其地位僅次於皇后。不久，她又為皇上產一公主，四子一女，個個長得可愛。皇帝喜出望外，於是，在公主滿月之日，舉行一場賽會，以示慶祝。

這是一個秋高氣爽的日子，仍是在光化門外北禁苑廣場，皇帝舉行的是擊鞠賽。

擊鞠、蹴球，都屬於球類運動，球以皮革為之，蹴者，用腳踢也，相傳創自黃帝，為軍中習武之戲，至漢唐始進入宮廷。比賽時，預先在廣場的一端豎兩木柱，絡網於上為球門，參賽人員分為兩方，每邊人數為七人，先是爭搶革球，爭到後便蹴球擊門，以多寡為勝負，勝方可得獎賞，而擊鞠則改在馬上，用球杖擊打革球破門。

太宗文皇帝最喜這項遊戲，認為是強身健體之方。李治即位後，發揚光大，不時在皇宮內或廣場上舉行，興致好時，還親自下場。

今天這擊鞠之賽，一如往日，一方是皇室成員，另一方則是武姓子弟，皇帝則率領一班后妃、親貴及閒散大臣在台上觀看。

說起武家，在長安城中雖也算得有頭有臉，但自武士彠死後，便日見式微——論門第，他們祖上幾代都只是佐雜之官，武士彠不過是木材商人，後來雖散家財助高祖起兵，為開國功臣，官做到荊州都督、工部尚書，但人死茶涼，幾個子侄靠祖蔭混個閒差，在達官顯宦、皇親國戚雲集的帝都，根本算不得什麼。不想眼下出了一個女兒，受皇帝恩寵，尤其是產下皇子李弘後，武家地位迅速上升，父親武士彠被追贈并州都督，仍健在的母親楊氏也被加封為應國夫人，武姓子弟都跟著沾光，兩個同父異母的哥哥元慶、元爽及堂兄唯良、懷運皆有升擢，侄子承嗣、三思、攸宜等也蒙恩賞了官職。今天，他們居然作為參戰的一方，與皇室成員對壘。

剛開始，皇室成員尚未把武家人放在眼中。因為在以往，他們都獨享勝利——另一方或是達官貴人，或為武衛軍、金吾衛的軍官，他們是不敢使出十分手段，與這班龍子龍孫一爭高下的，所以，只要有皇室成員參加，每場都是他們獲勝，而另一方則成了陪練。

今天，皇室成員們以為也不過如此。

球賽一開始，以皇帝的哥哥、越王李貞為首，左有太子李忠，右有曹王李明——都是皇室嫡系，各揚著手中的球杖，催馬直奔球場中心的球，緊跟在後的，不是皇叔就是御弟。才一下，太子李忠便將球控制在自己的球杖下了，撥弄兩下，傳與叔叔李明，李明瞅準球門，閃身彎腰，猛地一擊，那球就直奔球門，為皇室穩拿一分，看台上的王皇后和其他皇室成員一齊喝采。

緊接著，球又被紀王奪得，紀王名李慎，為太宗第十六子，雖才十九歲，可他的騎術高明，騎一匹小矮馬，動作敏捷，出手極快。眼下這球本由武承嗣傳來，滾在武三思馬下，三思正要擊入球門，卻被他瞅個空檔，縱馬從斜刺裡穿出。三思尚在猶豫，他卻不管不顧，反身一個海底撈月，竟然活生生地從三思手中將球奪去，且狠狠地一擊，球又一次破門而入。

這一來，看台上的人又一次喝起采來，王皇后更是興高采烈。

眼看著武氏一連產下四個皇子，今年又產下公主，一生無出的王皇后，眼睛開始發紅發亮——蕭淑妃雖已黯然失色，可代之擅專房之寵的竟不是自己而是武宸妃，想想當初的良苦用心，不是前門拒狼，後門進虎嗎？

王皇后祖籍并州——魏晉南北朝時代，最講究門第，至唐初，仍十分注重。山東（係崤山或華山以東）計有王、崔、盧、李、鄭五大姓，關中以韋、裴、柳、薛、楊、杜為六大姓。因此，王皇后娘家這「太原王」算是數一數二的名門望族。祖父王思政，曾任北魏尚書左僕射，從祖母為高祖李淵胞妹同安公主，同安公主因為這個從孫女婉淑，乃言於侄子、太宗文皇帝，由文皇帝聘為兒媳。按說，這樣的婚姻有相當基礎，不幸的是王皇后一生無出——李治與之結婚數年，如耕石田，徒費種子，沒有收穫，這事在民間都是犯了七出之條的，受冷落也就理所當然了。

皇后只能氣在胸中，滿腹衷腸，無人可訴。故一直想找機會，殺一殺這個武宸妃的傲氣，但礙於皇帝寵她，後宮佳麗一個個無不不唯武宸妃馬首是瞻，她縱然是六宮主宰，又有什麼辦法？今天機會終於有了，武家子弟，連連敗北，李家人終於可為她出一口怨氣。

於是，在紀王拿下第二分後，她一邊叫好，一邊令賞紀王御酒三杯。

陪在皇帝身邊的武宸妃不由焦躁起來——這場賽事是為公主安排的，武家人若不拿它幾分，自己不太沒面子了嗎？

她往左右看一眼，身邊的皇帝竟然笑得眼睛瞇成一條縫，而另幾個妃子也一個個興高采烈，好像是在看她的笑話。於是冷笑一聲，將身後一個宮女招攏來，低聲耳語幾句，宮女忙跳下看台，來到場外的武攸宜身邊，說：「宸妃傳諭你們：不必畏首畏尾，要狠狠地打，為宸妃爭氣，為小公主添彩。打贏了有獎，若打輸了，就別來見我！」

武攸宜一聽這話，立刻將年紀較大的堂叔武元慶換下來，又向三思、承嗣等人使了個眼色，於是，他們立刻變被動為主動，狠狠地對戰起來。

太子李忠雖年紀最小，但身為皇儲，眼中除了皇帝，還有何人？而李貞、李明等王也都是才十八、九歲的青年，仗著是天潢貴胄，從來不把別人放在眼裡，不知承嗣、三思兄弟年紀不但要比他們大，就是馬術，也要遠勝這班龍子龍孫，開先他們只是循慣例，讓他們一馬，眼下得到宸妃的暗示，於是，一個個放膽上前，才幾個回合，便一連攻進三個球。

太子李忠一見，不由急了，竟然不顧一切，在場上橫衝直撞起來，一個球本是被武三思控制著，正要攻進，他竟橫馬過來，攔腰截住，武三思見太子擋住了球門，便輕輕將腰一閃，迅速將球傳與左邊的攸宜，由他從左邊攻進。這裡太子眼睜睜見他將球傳走，不由惱火，擊球不著，便使杖向三思頭上擊來，三思聽得耳後忽忽風聲，頭一偏，這一棍便擊在背上，打得他火起，一時忘了身後是皇太子，竟然也回手一杖，向太子頭上掃去，竟把太子的襆頭掃落在地，額上也劃了一道紅印。

這一下，滿場譁然，不但場上的人驚呆了，就是場外的人一時也亂了方寸。反應最快的是東宮侍衛，立刻跳上來七八個武士，當場將武三思拉下馬，捆縛起來；武氏其他幾個子侄也慌了神，一齊拜伏在地請罪；太子右庶子、禮部尚書許敬宗把這一切看在眼中，煞有介事地上前啟奏道：「武三思竟然傷及皇儲，形同謀反，請皇上將其明正典刑！」

皇帝正看在興頭上，不意場上發生變故，看到眼前的一幕，他有些惱火，出於本能，他點點頭，正要下旨，不想身邊突然傳來一聲咳嗽聲，回頭一望，只見武宸妃雙目炯炯，正緊緊地盯著自己。他一下慌了神，舉著的手立刻降低了高度，且往右邊一揮，音調也低了許多，說：「小孩子家，場上失手，不算一回事，快快將三思鬆綁！」

一聽「不算一回事」，太子李忠首先不依不饒。眼看三思被綁，他正要上來撲他幾棍，出一口惡氣，不想父皇卻將他放了，這眼中還有我太子嗎？不由馬上跑到台下，大聲說：「父皇，你怎麼饒了武三思？」

越王李貞也跟在侄子身後大聲質問皇帝說：「皇上，你看著武家人欺我們李家人，怎麼不管？」

曹王李明也說：「皇上，武氏子弟太猖狂了！杖掃太子，這不是要謀反嗎？」

紀王李慎也跟著附和：「是的，這太不像話了！」

太子生母劉氏只是一個地位低下的嬪，雖生了太子，並不得寵，今天在台上坐在距皇帝遠遠的地方，眼下她雖心痛兒子，卻不敢出頭為兒子說話。可她不說話，還有說得上話的人，這就是皇后。

——王皇后早把這一切看在眼中。李忠雖不是他的親生，但名義上她是李忠的嫡母，且上場擊鞠，代表的是皇室，她剛才本想藉此掃一掃武家的威風，可眼下三思打了太子，若不處分，那宸妃不更猖狂嗎。想到此，她也不看皇帝的眼色，卻大聲說：「越王、曹王之言都有理，武家人也是太猖狂了！」

有皇后在前面擋著，劉嬪膽子也大了些，忙哭著說：「皇上請看，太子頭上在冒血花呢，他還是個孩子，三思比他大一圈！」

皇帝雖不願當眾駁皇后的面子，可劉嬪的面子便顧不得了，見她插話，馬上眼一瞪，大聲呵斥說：「朕在台上看得清楚，是忠兒先動手。擊鞠本是遊戲，上得場來，又分什麼上下尊卑呢，若顧及這些，人人都讓著太子，這樣的擊鞠又有什麼看頭！」

說著，回望媚娘一眼，連連揮手，讓衛士快快鬆綁，且賜武三思御酒三杯，為其壓驚……

13

皇帝在北廣場看擊鞠，長孫無忌等大臣並未隨駕，但武三思用球棍回擊太子的事卻立刻傳到長孫無忌的耳中。這一回，無忌再也不能無動於衷了——皇后、太子、曹王、越王、紀王及劉妃共六人加在一起，竟不敵武宸妃冷冷地一瞥，這武宸妃真不可小覷啊！而且，武三思不受責罰，反得御酒三杯的賞賜；太子挨了打，卻受斥責。且不說皇帝的父愛已蕩然無存，就是天下臣民說起這事，也肯定要問，金鑾殿上坐著的究竟是李家人還是武家人呢？

於是，很多大臣，紛紛上疏，對武氏家族提出彈劾。長孫無忌雖未立刻上疏，但想起這事的影響，身為顧命重臣的他，不由背翦雙手在書房中徘徊，連晚飯也顧不上吃……

其實，皇帝並不喜歡太子，作為國舅的長孫無忌早看出苗頭。

皇帝立儲，本有規矩，循規蹈矩，才無爭執。這規矩就是：有嫡立嫡，無嫡以長。這中間，前一句展現子以母貴——因是皇后所生，便是無可爭議的太子；後一句則是母因子貴——本是一般的妃嬪，因兒子被立為太子，待太子即位，必上生母以太后的尊號。

王皇后既然無出，皇帝立儲只能「無嫡以長」，立長子李忠為太子，李忠為劉嬪所生，可這些年來，劉嬪雖然兒子被立為太子，卻沒有半點「母因子貴」的跡象——皇帝並沒有對她加封，嬪還是嬪，遠不及武氏，由尼姑而婕妤，由婕妤而宸妃。她生的四個兒子，李弘才一歲，立刻被封為代王；李賢也是才一歲便被封為潞王，接下來，老三和老四也個個封王。尤其值得玩味的是，皇帝為武后生的第一個兒子取名李弘，這可是大有來頭的。因為還在南北朝時代，民間便有謠傳，說「老君當治」、「李弘當出」。後來，便有許多心懷不軌之人，借「李弘」之名起事。現在，「老君當治」已是應了，李家終於坐了江山，而且，這「當治」的「治」正是當今聖諱；接下來，這「李弘當出」不又出了嗎？皇帝為兒子取名「弘」，分明是想再次上應謠讖。

草蛇灰線，伏脈千里。皇帝廢長立幼之心，分明已露端倪！

長孫無忌想到這裡，不由記起四年前，褚遂良那「燕啄皇孫」的警告。褚遂良、來濟真有先見之明啊！可當初就因房遺愛一案，欲求得皇帝的妥協，竟然就讓這「禍水」進了宮！於是，果真應了兒子那句話：從此多一個對手！

這一來，他倒是立刻就懷念起褚遂良來，有他在，這樣的事絕不會出現，但褚遂良眼下在同州，能不能將他召回呢？

正徘徊猶豫，只見一個內監匆匆趕來宣旨：「皇上和宸妃將親臨太尉府，看望國舅爺。」

皇帝要來看舅舅？長孫無忌有點不相信自己的耳朵。

皇帝幼年喪母，長孫無忌可憐這個孤苦伶仃的外甥，常將他接到府中，親自教他讀書，所以，這以前晉王出入國舅府不是新聞，就像自己早上起來，穿衣吃飯上朝一樣，是每天的必修課。可眼下皇帝以萬乘之尊，乘著夜色來看望一個臣子，這就是非同小可的大事了。

所以，傳旨的內監尚未轉身，長孫無忌趕緊就做準備——敞開中門，地上鋪上跪迎聖駕的紅氍毹，準備御座，自己得換上公服，親自趕到府門口迎駕。啊，對了，隨駕的還有宸妃，那麼，自己的夫人也應該一同出迎才合規矩。

他尚未將這些準備做完，就聽得府外一片喧嚷聲。此時，中門和大門都已洞開，他站在堂上一望，只見崇仁坊及對面平康里已車馬塞途，擺滿法駕鹵簿。兩廊站的全是穿紅色衣甲的朱雀門禁軍——原來皇帝一行是緊隨傳旨的內監之後就動了身，崇仁坊就在皇城左手邊，出景風門或安上門過一條御街就是。太宗與長孫無忌是郎舅，當初為方便往來，特將崇仁坊隋代皇室的大片宅第賜與他。這裡屬禁區，距皇宮最近，皇帝若來他家，中間沒有多少時間讓他準備。才換上公服，只見皇帝攜著武宸妃的手，已笑盈盈地走進大門，直入二門，才幾步就到了眼前。

「阿舅，舅母呢？」皇帝遠遠地望著長孫無忌，不等他下跪行大禮，便讓兩名內監將他扶住，自己先拱一拱手，向舅舅行了家人之禮，且用很隨意的口吻問起了無忌的夫人——皇帝的舅母。

一邊的武宸妃也跟著斂衽行禮。接著，皇帝不等舅舅回話，倒像個主人，口中嚷著去看舅母，便拉著武宸妃穿過大廳，旁若無人地筆直到後堂來。

長孫無忌無法，只好跟著進來。

這時，手忙腳亂的長孫夫人，終於也快速地換上了冠服，才走出來，便在上房門口接住了皇帝。

武宸妃向長孫夫人斂衽行禮，慌得夫人要下拜還禮，可皇帝卻拉住舅母，讓她立著，受了宸妃的一禮。

「宸妃，快快見過朕的舅母！」

於是，皇帝就在長孫府的上房坐下來，長孫無忌和夫人要正式大禮參拜，卻被皇帝按住了，說：「阿舅，快別這樣，這裡本是朕常來常往的地方，以前可從沒這麼客氣過！」

一邊的武宸妃也伶牙俐齒地補充說：「太尉不必客氣了，本是一家人嘛，上朝是君臣，下殿是甥舅，今天只是甥舅之間敘家常，儘管隨意些。」

這一來，長孫夫婦雖仍有些手足無措，卻遵命在皇帝下首坐下來，武宸妃於是親密地拉著夫人的手，挨著她坐在另一邊。

無忌偷眼瞧皇帝，皇帝衣著很隨便，穿玄色便服，戴淺黃色樸頭，著軟底靴，這是休閒時的裝束；而武宸妃也沒有刻意打扮，雖珠翠繞頭，卻淺施脂粉，穿的也是宮中常服，見無忌在望她，她也報以很隨和的笑。

五年來，無忌已不只一次見過宸妃了，此番卻感慨不已。心想，這女人氣質雖好，說話也很有分寸，像是有教養的大家閨秀，但畢竟已是三十好幾的人了，自己的外甥如何會迷上她的呢？

這時，皇帝問候過舅父、舅母的起居，便又問起表兄弟。無忌有十二個兒子，眼下大多守候在上房門外的過道上，排在前面的大哥長孫沖聞旨，立刻帶著八個弟弟從外面進來，他們都因父親的緣故，以門蔭出仕，官居清要，眼下站成一排，向皇帝行大禮。

皇帝起眼一望，花團錦簇，冠蓋如林，一邊嘖嘖稱羨，一邊又歎了一口氣，說：「阿舅真好福氣，居然膝下虎子成群，且個個氣宇軒昂，將來肯定能光前裕後，克紹箕裘。」

無忌尚未回話，一邊的武宸妃卻數了數說：「聽說太尉有虎子十二，怎麼這裡只看到九人呢？」

無忌終於有回話的機會了，忙說：「宸妃娘娘真細心，微臣確有犬子十二個，那三個尚在沖幼，未習禮儀，恐不便面聖。」

皇帝點點頭，尚不懂舅舅為什麼這麼說，武宸妃卻一下明白了，且立刻看出個中有可乘之機，忙向皇上使個眼色，說：「想必是因沖幼，尚未敘官，不便面聖。」

聲音雖低，就在近處的無忌卻聽得清清楚楚。自皇帝一行進府，無忌便在肚內尋思，想揣摸他們的來意，此時不由警惕地望了宸妃一眼——三個兒子是小妾生的，確實都未補官，心愛的小妾幾次在他面前嗷嗷嘈嘈，說他不盡力，可九個兒子都因門蔭出仕，再要開口，自己都有些汗顏。這個武宸妃，不但心細，且很有心機，一下就看出自己所求未足、有意難宣的心理。她為什麼要這樣做呢？有此一想，心不由提起來，口中不能不謙虛，只說：「皇上待臣，恩重如山，微臣生生世世都感激不盡，分外之想，豈敢再有？」

皇帝這才明白過來，忙說：「啊，原來三個表弟尚未敘官，這是朕的疏漏，阿舅休怪，朕一定補過。」

說著，當場拜這三個表弟為朝散大夫——進士出身的讀書人，敘官都要從九品開始，而朝散大夫為正五品，有唐一代，官至五品便已進入大官的行列了，三、五歲的小孩子，一下躋身顯宦，要在平日，無忌能不笑顏逐開？可眼下他卻心事更沉了。一邊謝恩，一邊卻像吞了鉤的魚，只想如何擺脫。果然，皇帝瞥了舅母一眼，接著又長長地歎了一口氣，說：「還是舅舅好福氣，這是別人難以比擬的。」

無忌心想，皇帝這是第二次稱讚自己有福氣了。車軲轆話，轉著說，但不知怎樣轉到正題上去。因瞧見皇帝頭上的襆頭，不由又想起擊鞠場上的風波——武家得勢太快，且來勢凶猛，簡直就讓人措手不及！

這裡武宸妃小鳥依人般將頭倚在無忌夫人肩頭上，笑盈盈地說：「太尉多子多福，太尉夫人可是立下了大功的。皇上隆褒，可不能拉下夫人，夫人，您說是嗎？」

無忌夫人肚子裡沒有丈夫那麼多的彎彎腸子，所以，她對宸妃這個親密態度很受用，眼下聽著更舒服，忙說：「謝謝宸妃娘娘誇獎，宸妃娘娘不是也一連為皇上誕下四個麟兒嗎，要說，宸妃娘娘也為國家、為社稷立了大功！」

皇帝馬上點頭，說：「舅母這話不錯，武宸妃不但婉淑，且天生宜男之相，朕與皇后結婚已十七年了，卻未誕下半子，宸妃才五年，竟連舉四子，弘兒才三四歲時，就可看出比大哥聰明，有主意，朕已預言：此子將來要遠勝其兄。」

無忌眼見皇帝和宸妃步步進逼，一時難於應對，不由冷冷地瞥了夫人一眼，說：「皇上和宸妃娘娘駕臨臣家，微臣感恩匪淺，特備酒餚，欲與皇上、宸妃娘娘盡一席之歡，不知皇上、宸妃娘娘肯賞臉否？」

皇帝尚未點頭，武宸妃卻說：「皇上有大事要借重太尉，正好邊飲邊談。」

無忌當下在府中擺上盛宴，夫婦二人及長孫沖，陪皇帝和宸妃暢飲。席間，武宸妃借花獻佛，連連向無忌夫婦敬酒，酒酣耳熱之際，又說：「本宮常聽皇上誇獎太尉，說當年若不是舅父的擁立，眼下便仍居藩邸。太尉擁立之功，不啻再造；太尉今日領袖百僚，德高望重，一身繫皇室安危，務望太尉不要辜負先帝託孤之重，再接再厲，砥柱中流，屏障皇室。」

皇帝也跟著說：「此言極是。當年先帝每有疑難，都由阿舅一言而決，眼下朕有大事相託，還望阿舅一如其舊，勇挑重擔。」

話說到這份上，無忌不能再裝佯了——身為國舅，就是先帝當政之日，也對自己十分尊敬，眼下武宸妃只不過一妃嬪，身分不尷不尬，居然平起平坐，且搶在皇帝前面說話，這讓他十分反感，但礙於皇帝的面子，只好說：「皇上和宸妃娘娘之意，微臣明白。據微臣悉心揣測，皇上自秉政以來，事事都能遵從先帝遺訓，但凡國有大事，從不一意孤行，必與宰相及在事之臣仔細商榷，能行則行，不能行則止。今日只要皇上仍不改初衷，嚴於律己，寬於待人，時時想到以天下為己任，臣下自然鞠躬盡瘁，盡心輔弼，那時，君臣同心同德，還怕不能把先帝創下的基業發揚光大？」

這話很難讓皇帝接茬。因為他要辦的事，正是要反先帝之道而行，若放在朝堂上讓大臣公議，必難通過，所以，他才來求「阿舅」通融，只要這個「阿舅」不從中作梗，別人便不好置喙。不料無忌軟中帶硬，且以「事事都能遵從先帝遺訓」為前提，這就讓他無法啟齒了。可皇帝雖然遲鈍，宸妃卻反應極快，馬上笑著說：「太尉此言，擲地有聲，真不愧先帝顧命之臣。不過——」宸妃說到這裡，舉杯向無忌敬酒，又與無忌夫人碰杯，待無忌勉強舉杯，她又說，「皇上御極已六年矣，先帝舊政，固然當遵，但除舊布新，敦風化俗，不也是當務之急麼，不然，又何以百尺竿頭，更進一步呢？」

皇帝得宸妃這麼一提示，馬上有話說了：「是的，早在御極之初，朕便有革新之志，朝中雖有阿舅等重臣襄助，叵耐內助乏力，終不能暢行其志。」

無忌見皇帝直接把「內助」問題提出了，他不想正面接招——畢竟才蒙皇恩懋賞，一下也拉不下面子，於是連連舉杯說：「皇上有革新之志，這真是大好事，微臣一定極盡棉薄，為皇上效勞，不過——茲事體大，且更從容。」

說著，就用閒聊的語氣，舉出太宗朝幾件未了之大事——高麗一直不曾臣服，就是吐蕃、突厥也仍有擾邊的事，之所以出現這局面，與朝廷不能慎選邊臣，撫綏四夷有關。這話題是真正的國家大事，皇帝要想「百尺竿頭，更進一步」，便需從這上面去一一「除舊布新」。

說到邊關，全是宸妃不熟悉的事，想插嘴一時也插不上。

接下來，無忌仗著三朝老臣，又是皇帝長輩，明知皇帝的興趣並不在此，但料定皇帝不能把他的話頭打斷。一邊侃侃而談，為皇上指陳剖畫，一邊乘興舉杯痛飲，還一一與皇上、宸妃碰杯。宸妃還想尋找插嘴的機會，可隨著酒意上來，無忌說著說著，吐詞竟不俐落了……

望著醉眼朦朧、口中含含糊糊，頭已像小雞啄米的「阿舅」，皇帝很覺掃興。按說，無忌縱是三朝老臣，又是皇帝的親舅舅，但畢竟也是臣子，臣子當著皇帝的面打瞌睡，這是失儀的行為。可皇帝容忍了，武宸妃也顯得很有耐心，仍是笑容可掬的與無忌夫人說悄悄話，待無忌醉了，她又體貼地招呼邊上立著的內監扶太尉去休息，然後才和皇帝起身告辭。

14

第二天清晨，無忌的酒早醒了，想起昨晚宴會上的對話，不由浮想聯翩。

眼下情形，昭然若揭，儘管自己不情願，但活生生的事實擺在面前——這個武宸妃已是自己的新對手。而且，以她的地位，還不能用常用的辦法來對付，因為她躲在皇帝身後，且時時與皇帝在一起，明刀暗槍都傷不著她，想想褚遂良的警告，當時不能未雨綢繆，今日果真騎虎難下。

這時，長孫沖前來請安了——昨晚席間，他一直在留意父親和皇帝的談話。眼下笑嘻嘻地向父親道喜說：「爹，看來，我家真是福澤綿長，皇恩永沐。」

無忌眼一瞪，罵道：「畜牲，難道你也想來看老子的笑話？」

長孫沖挺無辜地說：「爹，您難道看不出來嗎，皇帝已有廢后之意了，昨晚席上所言，句句都是奔這個目的來的，且分明有借重您的意思。當年弄武才人進宮，眾目睽睽，眾口嘖嘖，褚遂良就此諫帝，他那篇奏章原稿兒子後來讀過，只是綿裡裹針，稍稍帶刺，皇帝就不受用了，藉故將他貶出京城。眼下呢，要廢后立后，這可是大事，因為廢后之後，緊接著便是廢太子，這肯定會遭到眾臣反對。當今皇上就是您一句話立的，您可是一言九鼎，若是您能於此時幫皇上說句話，要什麼好處有什麼好處。否則，還是當年那句話──您可多了一個對手！」

一聽皇帝有廢后、廢太子之意，無忌尚未開口，夫人馬上說：「廢后自然是要立武宸妃，我看這武宸妃雖然容貌出眾，伶牙俐齒，但皇后畢竟沒有大的過失，且是與皇上共過患難的，怎麼能輕易廢得？這事只怕不妥罷！」

無忌點點頭，又長長地歎口氣說：「夫人尚有所不知，你看這武宸妃昨晚在我家的種種作派，這可不是一般女子能做得到的。要知道，還在先帝當政時，我便從先帝口中聽過對她的讚揚，說巾幗不讓鬚眉。至先帝晚年，兩次出現太白晝見，先帝便有及早將其除之，以免弄權後宮之意。當時我想，一個弱女子，無權無位，憑什麼去弄權呢？先帝大概是病糊塗了。所以，並不以此為意，就是後來皇帝將她重新弄進宮，褚遂良等人如臨大敵、斥為禍水時，我也沒有當回事，不想先帝確實巨眼識人，而褚遂良等人也不是無因。一時大意，幾年懈怠，終於養成氣候了。看來，當年褚遂良被貶，我在一邊看著是失策呢！」

長孫沖不由憂心忡忡地說：「爹，您何必這麼迂呢？這事既是壞事，也是好事。不就是要廢皇后嗎？就是民間普通百姓，也常有出妻之事，合則留，不合則出，天經地義。何況這王皇后一生無出，本就犯了七出之條，你若贊成這事，不啻有二次擁立之功，就像昨晚，皇帝一口氣就拜三個弟弟顯官，接下來還會有報答。有道是：來而不往，非禮也。何況送您人情的是皇帝和未來的皇后，您若無報答，怎麼能對得起皇帝？還有一層，您既然知道這姓武的女人不簡單，為什麼又要與她作對呢？兒子還聽人說，眼下這武宸妃極得皇帝信用，皇帝憚於政務，遇事拿不出主意，她卻很有見地，為此，皇帝常常將奏章帶到興慶宮，與她一起同看，她說什麼，皇帝就批什麼，弄權後宮，早已成事實，您今天不賣這個人情，可想過由此而產生的後果？」

這一來，無忌更顯得無情無緒，惴惴不安——當政二十多年，難道連這一點厲害也看不出來？兒子不是危言聳聽，而是說的實情，不過他始終只看到眼前，卻看不到將來，皇帝懦弱，皇后當政，接下來便會引進娘家人，漢朝末年外戚專權的局面不就是這麼形成的嗎？眼下武氏族人紛紛出仕，就是武承嗣、武三思等晚輩也是咄咄逼人，若讓其得逞，自己當政二十餘年，不是白費心機了嗎？

於是，他斥退兒子，一人繞室徘徊，左思右想，覺得要防範於未然，必須多找幾個幫手，而褚遂良正是上上之選。

可局勢的發展，卻不容他歧路彷徨。下午，他才想出召回褚遂良的理由——自褚遂良走後，尚書省連換幾個宰相都不稱職，尤其是缺乏理財之人，以致這幾年國庫都是入不敷出，若不將褚遂良召回，朝廷開支將更難以為繼。

奏章寫好，正要拜發，不想就在這時，武宸妃的母親，已故好友武士彠的繼室、應國夫人楊氏前來拜府。

同在一朝為官，這以前武士彠與無忌往來密切，但武士彠一死，這種往來就少多了。今天楊氏貿然造府，無忌立刻明白所為何事，反覆權衡，遲疑半晌，乃吩咐夫人出來相見，自己卻託病不出。

楊氏果然是為女兒之事前來請託的，而讓無忌沒料到的是，楊氏竟然帶來特重的禮品——金銀寶器各一車，綾綿十車。

丈夫為宦二十餘年，位至太尉，所受人情關說不少，但一次收到如此厚重的禮物，且是公開送來，這在無忌夫人還是破天荒之舉，所以，一見禮單，當時眼睛就發直了。尚未做出收與不收的表示，送禮來的下人就把東西直接抬到大堂上。

望著整車的金銀彩緞，上面全是內庫封條，連搬運的人也是內監充任，無忌夫人明白，這其實是誰送的。昨晚賜官，今天又賜帛，縱是皇帝顧念老臣，縱是甥舅情深，這賞賜也顯得濫。想起個中用意，夫人不由焦躁不安，但面對近在咫尺的楊氏，那一張面帶諂媚的笑臉，她不能不強裝笑臉，摒退下人，將其請入密室。接下來，兩個女人促膝交談。

「夫人如此重禮，實在受之有愧。」

「應得的酬勞，姊姊只管受之。」楊氏說著，露出一臉神祕的笑，悄聲說，「昨晚皇上和宸妃拜府，姊姊可知來意？」

「想是皇上顧念三朝老臣。」

「不然，實是有大事相託。」無忌夫人一怔，尚未答話。楊氏卻又湊近前來，壓低聲音說，「因皇后無出，皇上早有廢棄之意，皇上與宸妃造府，本意是想借重太尉——皇上不日便有廢后的詔書發出，想太尉玉成其事。不料太尉帶酒，言不及義，其實，宸妃早看出來，太尉是在虛應故事。」

無忌事先已告訴夫人，該說什麼，不該說什麼。不想事發突然，有兩種情況出乎意料——一是沒料到會有重禮公開送來；二是沒料到楊氏會開門見山，說得如此露骨，且直指丈夫推託。夫人一時亂了方寸，但這緊張和慌亂，只是一時，無忌夫人也是見過世面的人，終於從亂絲中理出頭緒，遲疑地說：「非是太尉推託，而是確有難言之隱。」

任。」

楊氏說：「既然出自聖意，太尉有什麼難處呢？」

無忌夫人吞吞吐吐，好半天才說：「據我所知，此事個中關礙甚多，太尉一人承擔不起責任。」

楊氏不由追問道：「有興有廢，本是常事，再說，聖意已決，何來關礙？」

無忌夫人只好說：「皇后已失歡於皇上，太尉早已看出來，不過，王皇后出自名門，且是同安公主的從孫女，當初立為晉王妃，係由先帝作主，眼下除了無出，再無大的過失，若輕易廢之，將何以上慰先帝，下對臣民？再說，自先帝安厝昭陵後，太尉便在陵邊為自己營建墓地，想將來陪伴先皇。眼下早萌退志，正想向皇上乞還骸骨，國有大事，皇上應該商諸御前各親貴大臣，或可或否，取決於宰相合議。太尉老矣，想的只是如何向先帝交代，只要各輔弼大臣都無異議，太尉也絕不多言。」

——無忌左右權衡，終於認定：這事若讓宰相合議，一定是會被駁回的，既然如此，自己也犯不著做壞人。而這番話，就是他教夫人說的。此言一出，雖然委婉，卻義正詞嚴，更無通融餘地，令楊氏再也開口不得……

15

應國夫人攜金銀彩緞上門請託，幣重言甘，竟遭拒絕，得知這消息，皇帝又氣又急，對身邊眼巴巴等消息的武宸妃說：「阿舅竟然半點也不肯通融，他怎麼能這樣做呢，既要得朕的厚禮，又不

替朕分憂——世上哪有吞餌不上鉤的魚？」

武宸妃卻不嗔不怒，且仍笑容可掬，說：「阿治不急，世上確有吞餌不上鉤的魚，不過，既已吞餌，縱是不上鉤，他的好日子也不長了，要知道，皇上家的好處，做臣子的能白得嗎？」

皇帝點點頭，卻又深情地看著宸妃，說：「朕不願你受委屈，想盡快改變你的處境，可這個阿舅——」

武宸妃笑盈盈地說：「他雖是皇上的舅舅，可畢竟是皇上的臣子，皇帝能奈何臣子，臣子豈能奈何皇帝？」

皇帝說：「朝中大政由宰相合議，這是皇祖、先帝的規矩，而且，中書、門下兩省，有封駁朕旨意之權，此事若阿舅不為朕先容，到時朕縱有特旨，亦出不了朝廷，更不能頒行天下。」

武宸妃卻連連冷笑，且漫不經心地說：「哪有這樣的事，我就不信三省的堂官，能是鐵板一塊。」

皇帝想了想，不由屈指數道：「阿舅的態度已很明瞭——一個勁地往宰相們身上推，可幾個宰相都是看他眼色的，呶，中書令柳奭為王皇后舅父，自然是要維護外甥女的；另外，門下侍中韓瑗、同中書門下三品來濟，都是阿舅一手引進的，一向唯阿舅馬首是瞻，只有一個李勣，他是先帝特意為朕物色的，與這幾人淵源也不太深，但只怕勢單力孤，寡不敵眾。」

武宸妃卻用不屑的口吻說：「不要急，相權雖重，畢竟是皇上給的。趙孟所貴，趙孟能賤之。」

皇帝連連搖頭，且告誡說：「罷免宰相不是小事，一旦罰不當罪，便會引起政局動盪，上下不

安。」

武宸妃想了想，又把案上一疊奏章翻了翻，說：「唔，昨天好像有個中書舍人上表彈劾中書令柳奭，說他貪墨，皇上難道不想查究？」

皇帝接過那份奏章看了一眼，不屑地扔在一邊，說：「此人說柳奭在作太子舍人時，負責陵工監督，工程草率，致使地宮有滲漏之事，後來雖把滲漏處理好了，但柳奭有貪污之嫌。說是這樣說了，只是這所謂貪污係出自個人揣測，舉不出實證，再說，事發在數年前，就是事出有因，畢竟時過境遷，又怎麼能去深究？」

武宸妃冷笑說：「阿治你真糊塗。雖然時過境遷，畢竟事出有因，更何況事關先帝陵寢，又如何懈怠得？」

說著，也不等皇帝表態，馬上提筆，在那份奏章上批了一行字：著御史徹查，務必窮根究底。不想這一徹查，還真的查出了明堂。

原來上這道彈章的，為中書舍人李義府。說起這李義府，也是有來頭的，他是饒陽人，受馬周賞識，一度出任過監察御史，後又任太子舍人，至永徽元年才改中書舍人。此人官雖不顯，卻曾受先帝賞識，人不但聰明，詩也與同中書門下三品的來濟齊名，時人謂之「來李」。據說，當初太宗曾以御苑為題，令其賦詩，他隨口詠來，其中「上林許多樹，不借一枝棲」之句，深得太宗讚賞，且說：吾將全樹與汝，豈唯一枝？可他雖見好於先帝，卻不待見先帝的大舅子長孫無忌。此番無忌要將他貶為越王府長史，這可是個閒散官，半點油水也無。有人向李義府透露了這個消息，他一氣，索性一不做二不休，破罐子破摔，雖奈何不了太尉，但可拿頂頭上司出氣。上了這道彈章，

原本是蟑螂鬧人不死，卻可讓你噁心之意。不想這彈章卻被武宸妃看中，居然真的派人查究——負責陵園的官員為省錢，確有以少報多、敷衍塞責的事。不久，負責此事的監察御史將調查結果報上來，主罪落在具體經手的官員身上，柳奭只是失察，最多也就是個瀆職。

皇帝看了奏報，對一邊的武宸妃說：「柳奭並無貪污事實，而這失察照例只是罰俸。從輕不過停薪半年，從重也不超過一年。」

武宸妃看過奏報，冷笑說：「失察？既然下面貪污，他作為主管長官，能不得好處？這種上下勾結、欺君罔上之輩，還能讓他作宰相？」

皇帝遲疑地說：「阿舅若出面說情呢？」

宸妃冷笑著說：「哼，他不是一口一聲先帝嗎，有人在先帝的事上敷衍塞責，他若敢出面講情，你便可堂之皇之地責他口是心非！」

皇帝不由點頭，但想起自己還是晉王時，柳奭便侍候自己，一時心有不忍，可在武宸妃咄咄逼人的追問下，竟想不出為他開脫的理由。結果，在武宸妃的堅持下，中書令柳奭被貶為遂州刺史。

柳奭被貶，無忌果然不好說情，可他卻乘機上了一道奏章，說朝中缺少理財之臣，幾年下來國庫屢有虧空，再說，褚遂良身為顧命大臣，不宜久貶，請皇上開恩，將其召回。

皇帝也正為這事著急，想起褚遂良在朝時的種種好處，尤其是在褚遂良的指導下，自己書法大有長進，於是，立刻批准召回褚遂良。

第五章 辣手設局

16

皇帝有廢后之意，只是私下向舅舅透露，外間很難與聞。眼下柳奭為王皇后舅父，竟然為一件小事被貶，這可是一石擊起千重浪，不但朝野上下，一片譁然，就是深居昭陽、不聞政務的王皇后也惶恐了，她的母親魏國夫人柳氏也著了忙，母女商量半天，竟弄不明白外面究竟發生了什麼事。

不想就在這時，武宸妃頻頻來東宮請安，言語之間，表示了極大的關懷，又說，大臣中，本有南派北派之爭，彼此為仇，見縫插針。此番可能是舅父大人平日不留神，得罪了什麼人，今天果然遭到了報復。因事關先帝陵寢，且中間關係到一個孝字，皇上礙於公論，一時難以保全。不過，等風聲息了，皇上一定還會將舅父大人召回。

王皇后聽著這話很是暖心，竟然對武宸妃感激不盡。於是，這一段日子，王皇后便也頻頻來南苑，有事沒事，找武宸妃攀近乎。

這天，她又來了，遠遠地望見武宸妃坐在軟榻上，教才五歲多的代王李弘識字，大概是李弘有錯，宸妃打了他的手心，李弘正小聲啜泣。王皇后雖無子，但她喜歡小孩，且最喜歡李弘，常把他帶到自己的宮中逗樂，李弘也很親她。眼下見李弘在哭，不由招呼道：「代王，怎麼啦？」

武宸妃見皇后來了，忙起身行禮。王皇后緊走幾步，一把扶住她，親切地叫道：「妹妹，你不是身子不適嗎，就免了這俗套吧。」

可武宸妃還是下來，跟皇后請安，待皇后坐定，又拉她坐，她才在邊上坐下，吩咐身邊的宮女阿靈把李弘帶出去玩。李弘一走，她就指著他的背影搖頭說：「一個字老師教了三遍，回宮後仍記不住，沒法子，只得嚴一點！」

皇后說：「代王還小，你也別太性急了。」

宸妃輕輕地歎口氣，對面前這個小自己六歲的皇后說：「姐姐，人只知我五年舉四男的榮耀，卻不知妹妹心裡有好苦，李賢近來常鬧病，而小公主卻愛哭，李弘又還讓我操心，我每天的頭都是暈糊糊的，找不到東西南北。」

皇后說：「能為兒女操心是好事，像我——」說著，不由長長地歎了一口氣。

宸妃看在眼中，竟然也跟著歎口氣，說：「姐姐，你的苦處，妹妹很清楚，要不，你就把李賢帶在身邊，讓他天天陪你好了！」

皇后搖頭說：「謝謝，李賢太小，恐怕還離不開母親。」

宸妃停了半晌，說：「姐姐，妹妹有件事早想問你，但又不好開口。」

皇后說：「有什麼事，你只管說，我能做到的，一定幫你。」

宸妃說：「這事與妹妹無關，是有關姐姐的。」

皇后不由納悶，說：「關我什麼事？」

宸妃湊近前，吞吞吐吐好半天才說：「姐姐，你和皇上在一起十多年了，至今仍，仍——唉，可想過其他辦法？」

皇后從宸妃的神態中，終於明白是要問什麼了，這可是一個最令她傷心的話題！要在平日，是任何人都不能在她面前提起的，眼下武宸妃卻提出了。可以看得出來，宸妃還有話說，於是，她低低地說：「怎麼沒有想過主意呢，太醫院的方子，也不知換了多少，我母親魏國夫人還在外面為我找過走方郎中，什麼祖傳祕方都試遍了……」

是的，為了能早誕麟兒，王皇后不但吃盡御醫開的藥、遍試民間驗方，就連一些身為皇后不能去試的法子也在母親的幫助下試了——比方說，把張仙觀裡泥菩薩的「雀兒」部位偷偷刨一些粉末泡水喝，可就是無效。

宸妃說：「可有效應？」

皇后不由紅暈上頤，聲音也更低了：「你說呢？」

武宸妃又歎了一口氣，挺內行地說：「妹妹還在外頭時，便聽老人說過，什麼男人無子真無子，女人無子生女子。若姐姐真的命中無子，那也應該生個公主什麼的呀。」

王皇后急忙說：「可我卻連公主也不曾有一個呀？」

武宸妃疑疑惑惑地朝她上上下下看一眼，說：「這，這，這中間——莫非有什麼陰錯陽差之事？」

皇后說：「有什麼陰錯陽差呢？」

武宸妃說：「這個，妹妹也是道聽塗說，具體是什麼也說不上來。不過——」

皇后急了，央求說：「妹妹，有什麼就一併告訴姐姐罷，」

武宸妃見皇后緊問，又神祕兮兮湊上來，說：「妹妹我也是聽來的，又沒有試驗過，不知靈不靈——」

皇后見果然問出玄機，哪容錯過，忙一個勁地央求，非讓她說出不可。武宸妃被逼急了，只好說：「要想生兒子，必先有個準備，就像母雞下蛋必先叨巢一般。」

王皇后出身名門世家，打從娘肚子裡出來，受的是三從四德的正規教育，經史子集雖比不上武宸妃，但劉向的七卷《列女傳》、班昭的七篇《女誡》，自是讀得滾瓜爛熟，就是自己的婆婆長孫皇后著的十卷《女則》，也早已倒背如流，唯獨沒有聽過這樣的野狐禪。眼下一聽這話，覺得十分新鮮，想起武宸妃五年舉四男，一定是這麼做過，更加不放鬆，一定要她說出如何去「叨巢」。

武宸妃於是湊在她耳邊，說起悄悄話：「叨巢」是民間俗語，指初次下蛋的母雞將要生蛋時，必頻頻往巢中叨草，而主人看到這情況，便要放一個雞蛋在巢中，稱為「引巢蛋」。其實，人畜一般同，想生小孩，便要剪一撮小兒的胎髮，藏於私處，這樣才能起催生作用。

皇后一聽，茅塞頓開。心想，誰說武宸妃想當皇后呢，她對我還是不壞的，不然，這樣的祕訣也不會告訴我。當下千恩萬謝，告別武宸妃，便要回去，如法炮製。武宸妃又叫住她，說：「好姐姐，看你急的，就這麼回去，又去哪裡弄小兒胎髮？再說，這種事也不可支使旁人的。」

皇后這才記起自己確實是太急了。宸妃於是又在她耳邊嘀嘀咕咕半天，又指了指睡在一邊的潞王李賢。

王皇后不由笑顏逐開，終於滿意離去……

17

下朝後，皇帝又直奔南苑興慶宮。

這天他的心情特別好。在慈恩寺譯經的高僧玄奘已多次向他提出請求，請他為大慈恩寺御撰一篇碑文。大慈恩寺是皇帝為逝世的母親文德皇后祈冥福而建，而玄奘又是遠赴印度取經的高僧，所請應無不准。今天，他趁著有興致，下朝後，乃將召回朝的尚書右僕射褚遂良留下，陪他在無極殿寫字。

有唐一代，因貞觀大帝對書聖王羲之的傾倒，朝野上下，早興起一股書法熱，前有歐陽詢、虞世南，今有褚遂良，都是一代名家，當今皇帝與武宸妃也迷戀書法，常在一起作飛白大字。眼下褚遂良終於被召回，皇帝很高興，在褚遂良的指導下，一氣呵成《大慈恩寺碑》，碑文作行書，另以飛白體寫碑額，通篇圓轉流利，銀鉤睿藻，深得二王神韻。

褚遂良一邊看了，不禁連連叫好。

皇帝高興，首先想到的便是將碑文拿去給武宸妃看。他昨晚睡在西苑，怕宸妃生氣，所以，很想有一件不平常的事，博宸妃一笑。不想來至興慶宮，卻見心愛的妃子淚眼盈盈，坐在那裡發呆，皇帝不由詫異，立刻上前扶住宸妃的肩，撫慰說：「朕不過偶然去西苑一次，你就不高興啦？」

武宸妃手一拂，將皇帝的手擋開，說：「臣妾願皇上從此以後，常去後宮各處走走，讓大家高興，才可求個清吉平安呢。」

皇帝說：「這是什麼意思，難道朕來你這裡，便不保清吉平安啦？」

不想武宸妃竟然淚流滿面，直挺挺地跪下來，說：「不錯，臣妾正是此意。皇上之於臣妾，自是深恩厚澤，豐沛龐然，臣妾已知足矣。但請從今往後，雨露均施，以免旁人嫉妒，從而災梨禍棗，平地波瀾。」

皇帝急於知道答案，忙將宸妃拉起來，連連追問其究竟。武宸妃指了指睡在榻上的潞王，哽咽著說：「李賢受人暗算了。」

皇帝大驚，說：「不是好好的嗎，怎麼被暗算啦？」

武宸妃說：「前天還好好的，不想半晚突然說胡話，且嚷頭痛，我摸他的額頭，還發燒哩。急傳御醫把脈，可御醫看過，卻疑疑惑惑的，說好像不是病。」

皇帝說：「不是病是什麼？」

武宸妃說：「上午我母親來看過了，說這是被人下蠱了，她已去馬神廟找丘巫婆配藥，她說，這丘巫婆最善巫術，也只有她有禳解巫蠱的藥。」

皇帝說：「賢兒被人下蠱，有什麼跡象，你可不要瞎猜，耽誤了醫治？」

武宸妃不由將皇帝拉近前，讓他看熟睡中的潞王。潞王才四歲多，正是髫齡，一頭稀稀疏疏的淺髮，還挽不成髻，平日是讓它自然披散，要到冬日才戴帽子，眼下還是初秋，卻早早地裹了一塊帕子。武宸妃揭開帕子，指著一處讓皇帝看。皇帝一看，潞王頭上胎髮，竟然被人剪去一大撮，眼下就像老人謝頂一般，露出一片白頭皮。

見此情形，皇帝一下呆住了。

——小兒丟失頂上胎髮，這可不是小事。且不說身體髮膚受之父母，不敢毀傷，而髡鉗為重刑之一，就是流行的巫蠱，或有關鬼魅的傳說，也無不以對象的髮爪和精液為道具。東漢應劭撰《風俗通義》，上面談到鬼魅食人，如何先髡人髮而吸人精，再一步步將人致死，則更是活靈活現。所以，就是民間，也無不愛重親人的髮爪，胎髮或指甲剪下後，必以火焚之，深埋地下。生恐落入不懷好意的人手上，被他暗算。眼下愛子分明也遇到了類似的事。

想到此，皇帝怒不可遏，竟要將掖庭令傳來，讓他查出這可惡的下蠱之人。不想武宸妃雖然傷心，卻不亂方寸，她一邊阻止皇帝宣召，一邊說：「皇上千萬要冷靜，這事若張揚出去，下蠱之人知道其術被你禳解，必再施妖法，那時豈不防不勝防？」

皇帝說：「難道就這麼算了？」

武宸妃說：「有道是冤有頭，債有主——此事分明是針對臣妾來的，只要能解蠱，賢兒不被暗算，皇上就是暫時忍一忍，又有何妨。」

皇帝卻仍怒氣未消，說：「針對你來的，那不過是爭恩奪寵唄，爭恩奪寵，四歲童子何辜？再說，絕朕的子嗣，乃謀逆大案，非滅族不可。」

宸妃長長地歎了一口氣，說：「木秀於林，風必摧之。誰讓臣妾一人受恩深重，且又連連舉男呢？深宮之內多怨女，眼下誰不眼紅？我已想了很久，看來，此人本意只是想暗算臣妾，想讓臣妾過得不安逸，賢兒因此遭受池魚之殃。此人既然動了此念頭，必然費盡心機，皇上切不可操之過急，更不能張揚，只能慢慢留意，找到證據，才好從根子上拔除。」

皇帝連連點頭。商量了半天，竟把和武宸妃討論書法的事也忘了……

18

為求子嗣，王皇后已是費盡心機，而這回可是最後的希望了——她按武宸妃的主意，私下一一布置好後，便盼皇上哪天能駕幸仁壽宮。

這以前，雖然蕭淑妃得寵，可皇帝念結髮之情，也不時來仁壽宮走走，自從武宸妃入宮，皇上便很少來仁壽宮了。她想，雖然有了求子祕招，也得有皇上配合，不然，哪怕是膏腴沃土，沒有耕耘，又何來收穫？

可皇帝卻一連數日，不來仁壽宮。她仔細留意，發現皇上近來並不是天天都住興慶宮，而是其他宮院都去，難道連武宸妃也失寵了？她終於忍不住了，這天上午，又來南苑尋武宸妃，想從她口中了解一些皇帝的近況。

南苑裡靜悄悄的，武宸妃住的屋子裡，只門口有兩名宮女在玩拋石子的遊戲，見了王皇后，正要去通報，王皇后卻搖一搖手，說：「免了，我只和你們的主子說說話。」

說著，便筆直走進來，見宸妃不在堂上，又去內室，不想內室也沒人，她想，一定是在小公主的房間，於是，便又尋到小公主住的嬰兒間來。

不想嬰兒間也是靜悄悄的，兩個乳娘都不在，但見小公主躺在搖籃內，睡得正香，一個老嫗遠遠地坐在門口打盹。

皇后無子，卻忒愛嬰兒，見小公主睡容憨態可掬，不由俯下身子，用自己的額頭在她額頭上輕輕地挨了挨。

就在這時，那個老嫗醒了，見了皇后，忙跪下請安，皇后忙搖頭，又指了指嬰兒，示意她不要吵醒了小公主。老嫗見狀，便垂手立於一邊，待皇后一走，她見公主仍在熟睡，便又自個打盹了。

這裡武宸妃其實沒有走遠，她的寢宮正對龍池邊的小花園，她就在園中小亭子裡，看兩個地位低下的才人下棋，遠遠地瞅見皇后來了，不久又走了。靈機一動，便托言更衣，輕輕地回了自己的寢宮，只見老嫗仍在打盹，女兒也睡得正香。想到機會難得，她不由把手伸向女兒的脖子，幾番猶豫，終於狠心猛掐公主，可憐小公主只掙扎幾下，便不動了……

不一會，她終於悄悄從後門溜出來，抹去臉上淚痕，回望嬰兒間方向，默默地說，怪不得娘下狠手，宮中爭鬥，不是你死，就是我亡，娘也是沒辦法之舉。才能了大事，怕留痕跡在外人眼中，棋不能去看了，便去西苑蕭淑妃那裡閒聊，直到正午才回來。

不想一進大門，只見堂上跪了成排的宮女，連公主的兩個乳母及服伺公主的老嫗都在，一個個無不戰戰兢兢，磕頭如搗蒜，而皇帝正大發雷霆，並用腳踢兩名宮女。她一見，不由急步上前，跪下道：「皇上息怒，是臣妾不好，沒有調教好奴才，要治罪就唯臣妾是問好了。」

皇帝急忙將宸妃拉起來，說：「不關你的事，媚娘，你千萬不要傷心，朕一定會為愛女報仇！」

宸妃故作驚奇，說：「什麼，為愛女報仇，這話從何說起？」

皇帝這才細說從頭。原來他下朝後，駕幸興慶宮看望宸妃，宸妃不在，卻見小公主睡在搖籃內，便來親小公主，不想走近一看，小公主竟然死在搖籃內，口角流出鮮血，舌頭伸出老長，這分明是被掐死的。

宸妃一聽小公主死了，不由三步併作兩步，直奔嬰兒間，見了公主屍體，竟然發出一聲怪叫，接著便嚎啕大哭起來。

皇帝跟進來安慰武宸妃，武宸妃見皇上進來，便要將頭往牆上撞。皇帝費了九牛二虎之力，總算將武宸妃安撫下來，但她雖不尋死覓活了，卻長一聲短一聲地哀歎、抹淚。

皇帝低聲盤問宸妃，上午去了哪裡？宸妃哽咽著說，是蕭淑妃著人請她去下棋。皇帝又去堂上審問宮人。據門口的兩個宮女說，上午只皇后來過這裡。

這時，負責看視公主的老媼也作證說，她一直沒有離開嬰兒間，只見皇后來過一趟，且低下頭，似是在公主臉上做什麼，之後再沒有來其他人。

聽到宮女們攀上了皇后，武宸妃趕緊走出來。這時的皇帝已失去理智，氣咻咻地，嘴中不知嚷什麼，卻從架上抽出寶劍，要親自去殺掉王皇后和蕭淑妃。武宸妃一見，趕緊上前跪下，說：「皇上切不可孟浪。皇后為國母，職掌昭陽，統率六宮，堪與皇上比肩，就是有罪，也須宣示臣下，並謁太廟，告之列祖列宗，才可處置，不然，臣妾只恐皇上難以向天下人交代！」

皇帝怒不可遏，回頭望著宸妃，咬牙切齒地說：「這賤人因自己無出，便處處嫉妒別人，這回一定是因柳奭被貶，那賤人疑上你了，居然拿出如此卑劣手段。殺朕愛女，朕豈能輕饒！」

武宸妃想了想，立刻反駁說：「皇后雖然無子，平日卻也笑臉團團，似是面慈心善之人，至於說她嫉妒，臣妾可就不解了，臣妾不就是由她作主才得皇上恩遇的嗎，臣妾一直在叨念她的好處，豈能因一件不相干的事而下毒手？再說，這事出自宮人之口，誰能保證不是這班人為推卸責任，故意賴上皇后的呢？若是那樣，皇上豈不又冤枉了好人？」

皇帝聽宸妃如此一說，雖然丟下了寶劍，卻死死地盯著公主的屍體，那眼淚，竟像斷了線的珠子，刷刷刷地直往下掉……

19

因為宸妃已吩咐，所以，小公主的夭折，外面並不知情，王皇后仍一個心思盼望皇上駕臨，想讓皇上為自己播下龍種。

這天傍晚，突然喜從天降——皇帝竟施施然來到東內仁壽宮。

王皇后忙跪迎聖駕。皇帝並未像平日樣，親自拉她起來，只拋下一句不冷不熱的「起來吧」，便逕直來至內室。

王皇后有些詫異，但也並不為意。她已多日連皇帝的背影也未見過了，眼下皇帝終於來了。來了就好，以往是自己辜負了皇上，這一回，經武宸妃調教，她的「仔星」發旺了，她已像一隻老母雞，學會「叨巢」了，奇蹟肯定會出現的，春風化雨催桃李，枯樹也能吐嫩芽——她一定不會辜負皇上。

於是，她把皇上讓到御座上坐了，自己陪坐一邊，親切地詢問皇上起居。

他們畢竟是結髮夫妻，二人有過許多共患難的經歷。那時，皇帝還居藩邸，稱晉王。太子未定，上面三個哥哥爭立，都不擇手段，明的暗的，招數不斷。晉王生性懦怯，夾在三者之間，生恐遭受池魚之殃。為此，常向她吐露心中的恐懼，她也總安慰皇帝，並設法讓皇上取悅父皇。那段日子，真是風雨同舟，肝膽相照，皇后至今仍留戀那日子。眼下，她盡量讓自己的音調更柔和，顯出綿綿不盡的情意，從而喚起皇帝對過去的回憶。

皇帝早已失去了往日的柔情，或者，認為往事不堪回憶，回話時哼哼哈哈，顯得毫無興趣。

皇后看在眼中，心想，皇上只怕是累了。於是，吩咐擺宴，想讓皇上暢飲幾杯，然後才能慢慢振作起「龍馬精神」。

不想皇帝突然一擺手，說：「免了罷，酒從歡樂飲，歌向笑臉吟。汝以為朕是來尋歡作樂的麼？」

皇后一驚——皇帝久未臨幸仁壽殿，今日怎麼見面是這個態度？她趕緊離座跪下來，低聲奏道：「皇上政務操勞，心力交瘁，是臣妾未能體察聖意，侍奉不周。」

皇帝冷笑一聲，說：「哼，只是侍奉不周嗎？朕問汝，汝那老母柳氏，可經常出入禁苑？」

王皇后不知皇帝此話是何用意，她雖不在意皇帝稱自己為「汝」，卻在意對母親的稱呼。心想，皇上每次提到我母親，總是口稱「魏國夫人」，今日為何直呼姓氏？但母親確實經常來宮中，這是誰都知道的。母親身為國夫人，來往宮中看望女兒，又不是什麼錯，怕什麼呢？於是點頭承認：「稟皇上，臣妾之母魏國夫人確經常來看望臣妾，這也是母女之情，關顧之意，別無他事。」

皇帝又連連冷笑說：「關顧，她關顧得可寬哩。朕問汝，柳氏除了來後宮，可還經常去道觀尼庵，與一班師姑巫婆交往密切？」

這又是一個莫名其妙的問題，她因不摸底，只好如實答道：「是的，臣妾之母信佛，常去尼庵為亡父祈求冥福；另外，她也去道觀的，那是，那是——那是聽信他人之言，去張仙觀為臣妾求子。」

「求子？哼！」皇帝見她回話時吞吞吐吐，更加疑慮重重，說：「求子，朕問汝，柳氏去張仙觀究竟是求子呢，還是整蠱呢？」

一聽「整蠱」二字出自皇帝口中，王皇后不由大驚，忙否認說：「不，不，不，臣妾之母從不與聞巫蠱之事，望皇上明察！」

皇帝卻不聽她辯白。像是某種猜測終於被證實了，他顯得急躁不安起來，乃起身翦著手在房中踱方步，後來，乾脆警惕地四處觀望，像是這房中藏有刺客一般，又對一些犄角旮旯及房中的小擺設仔細研究、翻看，好像要尋出賊贓似的。

皇后更加莫名其妙，皇帝沒有叫起，她不敢起來，跪在地上，眼睛追隨著皇帝，皇帝偶然回頭盯她一眼，她因害怕，又趕緊低頭，這情形，更讓皇帝生疑。

突然，皇帝像是得到了某種啟發，幾步走到御榻前，猛地掀開床墊，只見床單下正中地方有一個薄薄的小包，他揀起小包，打開一看，包內竟然有一小撮幼童的胎髮——分明是潞王頭上的，而小包的位置，正是皇后睡下時屁股的位置。

有了這個包，可稱是人贓俱獲了，這些天的疑團，也迎刃而解。自己沒有了生育，就用這種手段報復他人，這還算是人嗎？

想到此，皇帝心中那火苗一下就竄上來了，轉過身，只見皇后還挺無辜地跪在那裡，不由猛地上來，飛起一腳，正踢在皇后胸膛上，皇后慘叫一聲，立刻倒地，外面伺候的內監、宮女聞聲跑進來，只見皇后手捂胸口，跪伏在地下悲啼，皇帝氣仍未消，見她們來了，忙下旨道：「宣掖庭令聽旨！」

掖庭令三步併作兩步趕來了，皇帝也不說原因，只指著皇后說：「王氏無禮，著貶往掖庭局蠶房養蠶，沒有朕的旨意，不許回宮！」

掖庭令見皇帝在盛怒中，不敢多問，忙招手讓兩名內監上來，將仍在地下抽泣的皇后扶起，往外就走。

可憐王皇后不明不白地挨了一窩心腳，又被貶去養蠶，卻始終不明白自己究竟錯在哪裡。

接著，皇帝又下旨，將蕭淑妃也一併貶斥，就連寡居的魏國夫人也被褫奪封號，不許她再出入後宮。

第六章 廢后風波

20

宮中發生巨變，消息尚未傳開，卻立即為一人所探知——這些日子，此人一直把目光盯在宮內，他與掖庭令張年勝是同鄉，有事沒事便往張家走，張年勝把他看成好友，今日終於把這事先透露給他。

此人就是中書舍人李義府。

一道奏章竟然歪打正著，自己不但未受申斥，未被貶謫，且活生生扳倒了一個宰相，而且這宰相還不比一般，背後竟是當朝國母。這真是一石激起千重浪——滿朝文武不得不對李義府刮目相看，就是長孫無忌，也不再貶他去越王府了。

見此情形，李義府突然省悟——皇后舅舅這麼輕易被人扳倒，一定是皇后失寵。宮中后妃的榮枯，其實與朝中大臣進退息息相關。而皇后失寵，最受益的恐怕是武宸妃，聽人說，眼下但凡有大事，皇帝都與武宸妃商量，連奏章都讓武宸妃看，以武宸妃的是非為是非。由此及彼，未來朝中政局的走向便不難看出了。自己出身寒門，要想聞達，非得有奧援不可，既然武宸妃能左右政局，自己可不能失去這個好機會。

「上林許多樹，不借一枝棲。」其實，出身寒門的他，那時是無枝可棲，眼下，武宸妃這棵大樹正缺一隻能察言觀色的好鳥呢——他，終於認定了自己的主攻方向，並策劃起輝煌燦爛的未來。

果然，今天終於讓他盼到廢后的消息了，這與柳奭的倒台相差不到兩個月。想一想，自己那一道彈章上得是何等及時啊，簡直就是鬼使神差呢！

李義府喜出望外，急於實現自己的下一步計畫。心想，雖有那一道彈章引路，那只是在皇帝那裡留了一個名字而已，要讓皇帝看重自己，時時記住自己，那彈章還份量太輕，得有新的動作。於是，決定去找一個人，這就是他的好友、現任禮部尚書的許敬宗。

太子右庶子、禮部尚書許敬宗家住皇城西面的布政坊，是李義府常來常往的地方，就是許府家人也認得他，所以，這天他直接走到了許敬宗的書房，從敞開的視窗望去，只見許敬宗正背翦雙手在徘徊，一副心事沉沉的樣子，李義府立刻大聲喊著許敬宗的表字說：「慎之，你好安逸，整日閉門讀書，對外邊的事不聞不問，真是不知有漢，遑論魏晉！」

許敬宗這些日子過得很不自在，眼下一見李義府，趕緊迎了出來，喚著李義府的字說：「仁眩兄，正想找你呢！」

外面說話不便，二人攜手進來，坐定後，李義府問許敬宗找自己何事？許敬宗試探地說：「仁兄一篇彈章，扳倒一個鐵帽子宰相，真是筆挾風雷，驚天動地！眼下誰不想攀交仁兄呢？」

李義府得意地一笑，胸有成竹地說：「這不算什麼，柳奭只不過是代人受過，當了一回靶子，小弟本意並不是搞他。」

許敬宗吃驚地說：「中書令位極人臣，更何況還是王皇后的親舅舅，你一下就將他扳翻，難道還不夠意？」

李義府搖搖頭說：「不然，仁兄未必看不出，柳奭敢欺君罔上，能是偶然？」

許敬宗一下呆住了——自從擊鞠場上，武三思棒擊太子反受恩賜後，他便看出苗頭了：這麼多天潢貴胄、龍子龍孫加在一起，竟贏不得武宸妃冷冷的一瞥，還有什麼比這更能說明問題的呢？明眼人見微知著，自己卻如此不知機，當時竟糊裡糊塗地上奏皇帝，要殺武三思。回到家中，他連腸子都悔青了，眼看後宮就要掀起漫天風暴了，自己居然昏睡不醒，把寶去押到太子身上，這不是睜著眼睛上沉船嗎？一旦武氏當道，要擺布自己這太子右庶子算什麼回事？

他不敢再往下想了，只想著怎樣採取補救之方。

此刻，李義府笑容可掬地望著他，且直奔主題：「慎之老弟，這大局還看不出來嗎？柳奭一倒，廢后便是早晚的事，幕後那女人已是呼之欲出了。」

許敬宗雖承認這是事實，卻仍用懷疑的口吻說：「可能嗎？皇后出自關中名門望族，又是先帝選定的，茲事體大，廢之談何容易？起碼太尉那裡就有一道很難邁過的檻兒。」

李義府又是陰陰地一笑，說：「要說難，也確實是難；要說易，卻也容易，只要皇上打定了主意，便沒有辦不成的事。太尉雖尊，不也是皇上的臣子嗎？他就敢拊逆鱗？他若不識時務，一定沒有好下場。我敢說，他若走麥城，保證人人拍手稱快！」

許敬宗不由點頭讚許：「要說，這幾年太尉也確實是驕橫跋扈了些，就因房遺愛一案，不但大肆屠戮，且廣為株連，幾乎把與自己有過節的人全清除了，這怎麼能得人心呢？」

李義府不由連連點頭：「就是這話，所以，長孫無忌已到了天怨人怒的地步了。有道是水滿則溢，月滿則虧。古往今來，大權獨攬、驕橫跋扈的權臣也不少了，不是報在生前，就是報在死後，像漢朝的霍光——」

許敬宗若有所思地說：「不過，話要說回來，長孫無忌以顧命之臣，皇上親舅，位高權重，根深柢固，他人若沒有翻天覆地的手段，只怕也是蚍蜉撼大樹。須知由權臣而皇帝的也不少，像王莽、曹操、司馬炎。」

李義府搖頭笑了，笑得讓人發冷，且閒閒說道：「無忌莽夫，眼睛只盯著金銀珠玉，胸中又哪有天下？只知用人唯親，又哪能招賢納士，身邊連褚遂良那樣有資歷、有主意的人，也不知拉攏，來濟、于志寧等德高望重的老臣，也與他貌合神離，這又豈能比王莽、曹操？小弟斷定，這種人只能橫行於一時，絕不能永久。而且，他不倒台，有違天意！」

聽他說得這麼肯定，許敬宗不由對李義府的到來產生了懷疑，他上上下下地打量李義府，疑疑惑惑地說：「仁兄今日光臨寒舍，莫非是聽到了什麼消息？」

李義府這才神祕地一笑，說：「怎麼說呢，小弟是來送富貴與仁兄的，可以說，是一潑天的大富貴，且一世受用不盡呢。」

許敬宗大吃一驚，忙細細盤問，李義府於是把打聽到的事，略略向他透露了一些。許敬宗不信地說：「廢后是何等大事，怎麼不見旨意？」

李義府說：「小弟才得知消息，馬上就來告訴你，據小弟揣測，旨意不日就會頒布，廢后立后，能不詔告天下？」

許敬宗說：「莫非這武宸妃果有班婕妤之才，周褒姒的貌，蘇妲己的手段？」

李義府點頭說：「老兄台，何所謂天生尤物？這武宸妃就是。據我所知，她是連太宗文皇帝在世時，也對她佩服不已的。眼下論年紀，她比皇上大了四歲，且是先帝才人，說起來該是殘花敗柳。後宮佳麗成群，皇上卻對她情有獨鍾。我想，她若沒有妲己、褒姒、西施、趙飛燕那亡國敗家的容貌和手段，是迷不住當今皇上的。可笑長孫無忌輕敵，仍擺起個舅舅派頭，不知已是禍起蕭牆。一旦宸妃掌政，我只怕他好漢難打脫身拳哩」。

許敬宗不得不承認他說的有道理，說：「仁兄今日來此，不會是只透露消息，沒有其他目的罷？」

李義府說：「皇上眼下極思廢后、立后，只是一時難以啟齒，且怕長孫無忌從中作梗，未免有意難宣。你我這些年一直受無忌壓制，坐冷板凳，我是險些遭貶，你呢，也是數年俸滿未遷，要想翻身，眼下不正是機會嗎？你若能想皇上之所想，說皇上之不敢說，為武宸妃聲援，不但能結好武宸妃，且正好藉此出一口惡氣。一石二鳥，何樂不為？」

許敬宗雖壯其言，但仍有點擔心，李義府又說：「仁兄，怕什麼？長孫無忌讓你當到尚書，已是到頂了，你出身寒門，想拜相是絕不可能的。小弟我已看準了，這事只有好處，絕沒有風險。你想想，皇上正是找不到由頭的時候，這奏章一上，便是雪中送炭，武宸妃能不感激，皇上能不報答？當初我毫無把握，還敢去捋柳奭的虎鬚呢！」

許敬宗前前後後都想過了，覺得主意確實不錯，他也決定和他一道幹。但還是說：「仁兄確有見地。不過，你我既立身於朝，能不看重個人名節？若別人說你『聞風希旨』，仁兄將何以自辯？」

李義府見自己把話說到這份上，許敬宗還猶猶豫豫，立刻起身往外走，口中說：「既然仁兄愛惜羽毛，瞻前顧後，那就隨你的意願吧，我找別人去。」

許敬宗哪肯放過這機會呢，只不過說說罷了，見他要走，忙一把拉住他……

21

由許敬宗、李義府聯銜的表章終於送達皇帝案頭上了，皇帝閱奏之餘，真不啻大旱得甘霖，喜出望外。

正如李義府所說，皇帝要廢后，卻想由下至上，由臣子首先發難，自己有了藉口才好便宜行事。不想這裡果然有「廢王氏、立宸妃」的奏章，句句都是自己想說的話，心想，就是肚子裡的蛔蟲，也不會這樣快啊！

皇帝激動之餘，本想立刻提筆，將這道奏章批轉與宰相看，讓他們去合議，但回頭一想，若是讓宰相們合議，一旦遭他們封駁，事情就沒有迴旋餘地了，不如先私下個別交談，他們礙於面子，一定不好反對，到時再下詔書，便一帆風順了。

這天，下朝之後，他獨將門下侍中韓瑗留下來——先帝當政時代，韓瑗曾任太子屬官，與皇帝關係不同一般，皇帝想先用溫情說動韓瑗，然後再慢慢對付別的大臣。於是，在兩儀殿一間小閣子裡，君臣面對面坐下，如朋友談心。

「伯玉，你今年春秋幾何？」皇帝很親切地問韓瑗，且稱表字而不稱名，明顯地有籠絡之意。

韓瑗不知皇帝的用意，老老實實回答說：「臣今年癡長六十有七，為皇上盡忠的日子不會很長了。」

皇帝又說：「你共有幾個兒子，現居何職？」

韓瑗說：「微臣犬子二人，長子韓代以門蔭拜官，現為同州府參軍，次子韓修卻沒有多大的長進。」

「沒有長進」自然是謙詞，是客氣話，皇帝一聽就懂。忙說：「卿次子尚未拜官，朕何不曾聽說？」

皇帝突然單獨將自己留下，韓瑗便在肚內尋思——宮中早隱隱約約傳出皇后失寵的消息了，接著，皇帝又與武宸妃夜訪太尉府，無忌三個兒子同日拜受顯職，各種消息，接踵而至，今日皇帝顯然又要授自己次子官職，韓瑗豈能不明白個中用意？於是，他趁皇帝賜官的話尚未出口，趕緊奏道：「皇上不知，微臣次子生性倔強，恥大哥由門蔭出身，雖得顯宦，卻是靠父輩的力量。所以，他早揚言，一定要憑個人筆下功夫，以詩賦或明經來博個進士及第，微臣尊重他的志向，便也不想勉強他。」

一句話便巧妙地將皇帝的嘴堵住了，皇帝不意韓瑗這麼不識抬舉。怔了怔，又歎口氣說：「伯玉，你在外面可聽到什麼流言，比方說有關宮中的？」

韓瑗想了想，說：「臣立身於朝，只知有公論，從不信流言。再說，朝廷是朝廷，後宮是後宮，內外有別，身為臣子，應知避嫌，不該說的絕不能說，不該知道的絕不打聽。」

皇帝又一怔，只好點頭說：「當然，當然——不過，信不信由你，流言總會有的，再說，退一步看，民謠也可觀風俗，知得失，朕很想知道眼下民間有什麼說法，你何不試說一二？」

韓瑗想了想，故意說：「近日太白晝見，有民謠說，當主小人干政——」

韓瑗話未說完，皇帝馬上搖手制止他說下去，說：「太白晝見為常見的天象，何必附會國事？」

韓瑗又說：「那麼，近日外間議論紛紛，都說王皇后已失陛下之歡，皇上有易后之念，臣認為此說實在荒誕不經——」

皇帝終於從韓瑗口中聽到自己想聽的話了，喜不自禁，不待他說完馬上接言說：「唔，有意思，對此卿有何看法？」

不想韓瑗接著說：「微臣剛才已說了，這是小人妄猜，無恥瀾言，荒誕不經，實在不足一駁。」

皇帝不高興地說：「何以不足一駁？」

韓瑗說：「古人言：王者立后，配天地，象日月，匹夫匹婦，尚知相擇，何況皇上？今王皇后不但出身名門，四德俱備，且是先皇所選，追隨皇上十有餘年，患難與共，皇上怎麼會有廢后之想？這若不是無恥梟小妄揣聖意，便是別有用心之人，故意造作謠言，有污聖德。所以，微臣想奏明皇上，追查造作謠言之人，予以嚴懲，並宣示天下……」

皇帝沒想到接著說下來，會是這話。但他還是從韓瑗話中尋出了漏洞，不由搖搖頭，再次打斷韓瑗說：「伯玉，你且住。適才你說匹夫匹婦，尚知相擇，可見這『擇』是因人而擇。再說，你說王皇后四德俱備，此言不實。朕與她結婚十有餘年，卻不曾為朕誕育皇子，這不是已犯七出之條麼？」

韓瑗見皇帝摳字眼，他可不怕，立刻奏對道：「臣所謂四德者，德、言、貌、工也，皇后雖無出，卻不忝婦德。且陛下已有皇子七人，皇后撫之如己出，皇后雖非生母，卻為諸皇子嫡母。所以，皇上不能以無出責皇后，更不能以此廢皇后。」

皇帝連連碰壁，一時開口不得，於是揮揮手，讓韓瑗退下。

接著，他又召見中書令來濟。這回皇帝記起開先的教訓，也不拐彎抹角了，見面就把李義府、許敬宗的奏章親手遞與他看，並說：「這篇奏章立意新穎，見解獨到，深獲朕心，但不知卿意然否？」

來濟已從韓瑗口中得知皇帝的用意了，就在去兩儀殿途中，把想說的話細細考慮了一番，眼下接過奏章匆匆看過，果然是說廢后之事，想不到這樣的事竟然有臣子為皇帝先容，實令人驚訝。他詩名雖與李義府並稱，卻很厭惡李義府的為人，眼下見奏章由他與許敬宗聯銜，不由憤怒，而皇帝居然認為「立意新穎」、「見解獨到」，且「深合朕心」，再也忍不住了，雙手抖著，奉還奏章，跪奏道：「皇上，這，這，這等文字，臣，實在不忍卒讀，」

皇帝不解地說：「李義府、許敬宗也是先朝老臣，況且，李義府曾不畏權貴，彈劾柳奭，為朕鋤奸去惡；此番又仗義執言，直指宮中弊端，朕閱之字字如甘霖，卿何不忍卒讀？」

來濟連連搖頭，奏道：「皇上如此看重李義府的文章，可知李義府之為人？」

皇帝說：「不太清楚，只知他的詩作與卿齊名，且曾受先帝褒獎。」

來濟說：「臣與李義府相交有年，素知其秉性，此人平日笑臉團團，可嘴甜心狠，陰柔害物，人稱『李貓』，太尉不喜此人，有意將其貶逐，他於是破罐破扔，才上書彈劾柳奭，不想僥倖為皇上看中，他因此變本加厲，專意刺探，揣摸上意，聞風希旨，此番上表，顯是莠言亂政，離間帝后。孟夫子說得好，長君之惡其罪小，逢君之惡其罪大。臣以為，李、許所奏，正是逢君之惡，請皇上速將這等文字公之於眾，並將許、李斥退，方顯我皇上親賢臣遠小人之意。」

皇帝對來濟所言，本不受用，眼下見「逢君之惡」的話都從來濟口中出來，臉上更不好看了，不由說：「卿秉性雖稱剛直，卻未免不知變通。眼下朕不罪你，你可退下好好反省。」

來濟還要再辯，不想皇帝連連揮手說：「卿且退，靜候旨意！」

22

皇帝接連兩次碰壁，心下十分著惱，但事情已說出去了，也就顧不得了，才轉過身，立刻召見尚書左右僕射于志寧和褚遂良。

四年的逐臣生活，並沒有改變褚遂良的性格，此番才回來，便趕上朝中發生大變局。想起四年前，自己那「燕啄皇孫」的警告，長孫無忌若能曲突徙薪，將事態控制在萌發之初，哪會出現今天這局面？

所以，此番被召回，他明知是長孫無忌出力進言，卻並沒有感謝之意，更未去太尉府單獨見無忌。

隨著柳奭被貶，武氏奪嫡之心已暴露無遺，長孫無忌無動於衷，且連得皇帝殊恩懋賞——三子同日拜授顯職。聽別人這麼一介紹，褚遂良更氣了，曾想過要聯合諸大臣，當面去質問無忌，問他何以見先帝於地下？可沒等機會到來，宮中果然發生大變了，果然連召兩宰相商量廢后了。褚遂良恨長孫無忌為一己私利，不顧大局，時至今日，噬臍無及。他想，一旦發生篡逆之事，自己身為顧命之臣，有何面目見先帝於地下？所以，皇帝就是不召見他，他也準備上疏抗爭，既然召見，自然不能不作出堅決的表示。

這裡皇帝也做了啃硬骨頭的打算——于志寧是太宗朝有名的諍臣，眼下他官至尚書左僕射，皇帝估計他對廢后之事一定會拚命反對。至於褚遂良，皇帝卻認定他不會像上次那樣傻了，四年逐臣生涯，能不從中吸取教訓？

二人進入兩儀殿，跪安畢，皇帝賜坐，然後閒閒言道：「二位為兩朝老臣，先帝寄託之殷，自不待說。今朕恰有疑難之事，望二位能為朕解惑析疑。」

二人唯唯，靜等下文。

皇帝接著便侃侃而談，只說王皇后嫉妒，不堪國母之任；接著，便誇獎武宸妃，開頭並引用漢朝的典故，說宸妃婉淑，先帝乃仿王政君故事，特賜與朕，今連誕四皇子，有功於國，宜正位六宮……

這裡皇帝尚未說完，褚遂良便連連搖頭，且發出陣陣冷笑。皇帝瞧在眼中，不覺掃興，停住話頭，問道：「登善卿，朕話未說完，你為何就搖頭，且冷笑不止？」

褚遂良離座，拜伏於地，說：「微臣奏對如不稱旨，請皇上恕臣唐突之罪！」

皇帝沒料到褚遂良倔脾氣死不悔改，自己才開了個頭，便遭遇他的冷笑，眼下明白他說出來的一定不是好話，但事已至此，也不好阻止，只沒好氣地說：「有什麼話，你儘管說好了，朕這不是在請教嗎。」

褚遂良連連磕頭，說：「啟稟皇上，微臣以為皇上那王政君的比喻極不恰當，且也兆頭不好！」

皇帝一怔，說：「有什麼不恰當之處，又有什麼不好的兆頭？」

褚遂良說：「皇上既然以王政君比武宸妃，想必熟知王政君的故事？」

皇帝理直氣壯地說：「王政君不就是漢元帝之妃，漢成帝之母麼？」

褚遂良話已說到這份上，還有什麼保留？於是索性抖落包袱，大膽奏道：「皇上，王政君確係元帝之妃，成帝之母，不過，微臣還要提醒皇上，她還是逆臣王莽的姑母，當初若不是王政君引進外戚，逆臣王莽何能篡漢？皇上今將武宸妃比之為王政君，可曾料到有朝一日，將發生篡逆之事？一旦逆臣逼幼帝交出傳國玉璽，武宸妃還能效王政君故事，當庭痛斥王莽麼？」

皇帝一聞此言，一下呆坐在御座上，半天也開口不得——四年前的故事又在眼前浮現，那回這個褚遂良還只是含沙射影，比武氏為小人，這回卻直指她為篡逆，世上怎麼會有如此桀驁不馴的臣子呢？想到此，他立刻扳起臉，用很嚴厲的口吻說：「褚遂良，你，你，你這分明是牽強附會，朕不過借用漢朝故事，說明武宸妃歸朕，名正言順，到此為止，哪能一比再比，你，你究竟是何居心?!」

看到皇帝已是惱羞成怒了，于志寧嚇得在座位上微微顫抖，不能出聲——不錯，在貞觀大帝之時，他確實是個敢諫之臣，可那是明白貞觀大帝有肚量，能容人。眼前這皇帝卻遠不能和父親比，他又哪敢去捋虎鬚呢？可褚遂良卻無所畏懼，一邊磕頭，一邊奏對道：「皇上，漢宣帝賜太子以王政君時，政君身分為家人子。家人子也者，普通宮女也，以前不曾受漢宣帝臨幸，放出宮隨便嫁人都是可以的；而武宸妃為先帝才人，這已是內庭五品女官，天下人盡知，若立為皇后，皇上豈能掩盡天下人耳目？」

褚遂良這話可謂絲毫未留餘地，作為臣子，是有些過頭了。不過，當臣子能這麼說，也是由太宗文皇帝培養出來的，所謂以銅為鏡，可正衣冠，以人為鏡，可明得失。於是，鼓勵大臣們犯顏直諫。須知當面聽批評意見，是要有涵養功夫的，以貞觀大帝那樣的英主，尚產生過要殺魏徵這個鄉巴佬的念頭，兒子就更不堪了。

這裡褚遂良話一出口，皇帝不由面紅耳赤，氣得在御座上連連發抖，卻想不出斥責褚遂良的話。不想武宸妃此時正立於屏風後，立刻站出來大聲說：「褚遂良出言無狀，無人臣之禮，可將此獠撲殺之！」

皇帝仍在猶豫，不想褚遂良卻將手中朝笏放在丹階上，且連連磕頭，以致出血，並奏道：「微臣私下揣測，以王政君比武宸妃不似陛下口吻，分明有人從中撥弄，此人急於奪嫡，無意中暴露出狼子野心，微臣以為，就憑這『王政君』三字，斷不能讓其私欲得逞！」

武宸妃不由急了，大聲斥責說：「此獠如此肆無忌憚，大放厥詞，眼中還有君父嗎？皇上還猶豫什麼？」

皇帝不由揮手讓內監將褚遂良挾持出殿，褚遂良雖被強行拖出，卻一邊掙扎，一邊大聲喊道：

「朕下不聽臣議，禍亂的日子已不遠了！」

皇帝不意兩次碰壁後，還要碰這個硬釘子，不由心煩意亂，不僅連連揮手，還狠狠地頓足，卻不知說什麼。

不想就在此時，太尉長孫無忌求見。

23

褚遂良在皇帝面前苦苦爭諫之際，外面朝房內李義府與許敬宗卻在大放厥詞，說田舍郎多收了十斛麥子，也要換妻子，天子以萬乘之尊，怎麼就不可廢后立后？

這議論一出，滿朝文武，有說對的，也有說不該的，一時亂成一鍋粥。見此情形，長孫無忌再也不能沉默了。

他是皇帝廢后的最早知情者，但「與人者常傲人；受人者常畏人。」三個兒子同日受封，已屬分外，而應國夫人上門請託，禮品之豐，更是言人人殊，懋賞隆恩，所為何事，無忌能不心知肚明？所謂眾目睽睽，眾口嘖嘖，無忌又豈能做到問心無愧？無忌之所以為褚遂良說項，讓皇帝召回褚遂良，就是讓褚遂良說自己不便說的話，做自己不便做的事，褚遂良也是顧命之臣，他說話與自己一樣有份量，而自己站在後排，一旦皇帝不能接受，事情也不至不可收拾。

所以，當皇帝為廢后之事分別召見左右輔弼，韓瑗、來濟當面頂撞的消息傳來時，無忌便在考慮何以自處。眼下，褚遂良犯顏直諫、竟拊逆鱗的事迅速傳到外間，大臣們都在為褚遂良擔心——盛怒中的皇帝，有可能將褚遂良殺害。消息傳來，無忌明白，迫在眉睫的危機已把自己逼到了風口浪尖，若再沉默，不但要受百官指責，失去人心，且去掉褚遂良，也等於自己失去一個最有力的幫手了。於是，他立刻喝退李義府與許敬宗，又赴兩儀殿請見。

太尉進殿，褚遂良已被挾持出殿，盛怒中的皇帝仍未稍許收斂，他賜舅舅坐後，便指著褚遂良的背影說：「褚遂良無人臣之禮，朕非殺了他不可！」

無忌見皇帝臉也氣歪了，嘴唇不但發烏，且連連哆嗦，忙示意皇帝息怒，又說：「稟皇上，褚遂良為顧命之臣，身負先帝重託，縱是有罪，也不宜加刑。」

于志寧此時才緩過一口氣，面色也漸漸恢復正常。見太尉發話，皇帝氣色稍稍有所緩和，趕緊於一邊說：「褚遂良雖奏對不稱旨，但其人素來耿直，望皇上念其一片赤心，赦其小過。」

此時此刻，皇帝不但恨極了褚遂良，且怕舅舅接著又說出類似的話來，到時自己更加不堪，於是，一邊喘氣一邊咬牙切齒地說：「哼，好個『一片赤心』，如此無禮，眼中又哪有國家社稷，又哪還有朕？這樣的逆臣若不嚴譴，朕何以君臨天下？」

無忌見皇上氣成這樣，生恐他立刻將褚遂良殺害，不由長長地歎了一口氣，離座從容奏道：「主賢則臣直。這是先帝為鼓勵微臣直言時，親口對微臣說的。所謂孝子不諛其親，忠臣不諂其君。皇上試想，皇上若是隋煬帝那樣剛愎自用的無道昏君，褚遂良敢直陳皇上得失嗎？」

皇帝聽他如此一說，這才緩過一口氣來，示意舅舅坐下，口中仍說：「不是朕不能容忍老臣，只怪褚遂良以老賣老，目中無朕。」

長孫無忌不由又長長地歎口氣，搖頭說：「皇上若說褚遂良目中無皇上，臣可不敢苟同。」

皇帝不以為然地望著無忌，說：「舅舅不信嗎？舅舅何不問問于志寧，看他適才說的什麼話？」

于志寧勉強點頭說：「是，是——不錯，褚遂良的奏對確有欠推敲，太唐突。」

無忌冷冷地瞥了于志寧一眼，說：「褚遂良之所以敢直言，就因為陛下能納諫。當年魏徵諫先帝，有『自古上書，率多激切，若不激切，則不能起人主之心』一句，先帝因此大受啟發，從此，廣開言路，且不以言詞激烈而治人罪。今日褚遂良若因言獲罪，豈不有違先帝遺訓，從此讓天下箝口？」

長孫無忌一連數次抬出「先帝」聖訓，皇帝這才不作聲，可仍把頭偏在一邊，佯佯不睬。

無忌又侃侃而談，追憶當年立儲時，褚遂良對皇帝的忠誠——先帝本意是立魏王李泰，後又想立吳王李恪，是他和褚遂良苦苦諍諫，才打消了先帝的念頭。

皇帝聽舅舅說起往事，這才低頭無語。無忌見皇帝的火氣漸消，看樣子不會再殺褚遂良了，也就見好就收，和于志寧一齊告退。

——不想二人才走到南牙，皇帝即有手諭發出，略謂：褚遂良出言無狀，無人臣之禮，著貶為潭州都督。

24

褚遂良雖被斥逐，御座上的皇帝心中卻仍怒氣難平。武宸妃慢慢走出來，靠著御座，撫著皇帝的肩說：「阿治，快不要氣成這樣。」

皇帝自我解嘲地說：「真沒有料到這個褚遂良，一手字寫出來是那麼圓轉流暢，為人卻如此桀驁不馴。不得已，朕將他貶到潭州去了。」

武宸妃卻惡恨恨地說：「褚遂良愚頑不化，本已貶斥，最可恨的是那個長孫無忌，得了皇上的殊恩懋賞，不但不為皇上說話，卻將這條瘋狗召回來，使其狂吠不已。」

皇帝為無忌開脫說：「難得阿舅態度模稜，這也就可以了，須知朕最怕的，是阿舅出面阻止呢。」

武昭冷笑著說：「時至今日，還一口一聲阿舅阿舅的，可別忘了，你是君，他是臣，他有罪，皇家的寶刀就不鋒利了嗎？」

皇帝一怔，忙說：「這個──長孫，長孫無忌今天並沒有就廢立的事說半句，這情形，你是在場聽到的，他不過是怕朕要殺褚遂良，才……」

武宸妃不等皇帝說完，竟打斷他的話：「無忌沒有說什麼？哼，他搖鵝毛扇哩！皇上眼中有這個舅舅，可這個舅舅眼中哪有皇上？不是他在後面撐腰，韓瑗、來濟敢苦苦諍諫？褚遂良敢出言無狀？」

皇帝被武宸妃厲聲質問，一時開口不得。宸妃並不糾纏此事，見皇帝低頭無語，便在御座邊傍皇帝坐下，一邊翻看案上的奏章，一邊問皇帝說：「阿治，你一連召見了四個宰相，一個太尉，可還有一個開府儀同三司知政事的李勣沒來，此人無論地位、聲望皆不在長孫無忌之下，怎麼可遺漏他呢？」

皇帝說：「朕本要召見他的，可自從廢后的消息傳出後，他便告假，說舊創突然復發。」

宸妃若有所思地說：「不早不遲，怎麼偏偏在這個時候『舊創復發』呢，只怕是有意置身事外罷？」

皇帝於是第二次在宸妃面前說起這個李勣——本是圖畫凌煙閣的功臣之一，姓徐，與衛國公李靖齊名。高祖因其功大，特賜姓李，封英國公。當年太宗立自己為太子後，私下曾對自己說過：文臣有長孫無忌、褚遂良，朕也就可以放心了，美中不足的是這二人都不知兵，而李勣能征慣戰，足資輔佐，但其人重利輕義，我兒無恩於他，恐不能為我兒所駕馭，朕今將他貶斥，待朕百年之後，汝可將其召回，酬以高位，他必感恩圖報。

——貞觀末年，太宗見自己身體越來越壞，知不久於人世了，乃毅然作出決定：時任門下侍中的李勣，突然無原無故被貶為疊州都督，至自己即皇帝位，記起先帝遺言，才將李勣召回，並再度拜相。

武宸妃此番聽得較認真，一聽貞觀大帝還有這麼個安排，不由興趣盎然，且笑顏逐開地說：「原來還有這段故事，這不正好印證了我的猜測嗎？」

說著，也不管皇帝還雲裡霧裡，立刻吩咐速備鑾駕，並拉著皇帝的手說：「阿治，李勣為開國元勳，既然舊創復發，我們應去探視！」

皇帝突然降臨英國公府，李勣似乎並不意外。他雖是告的病假，卻未臥病在床，甚至連太醫也未請，而是在府中後園和家人較射——後世小說家將李勣說成個搖鵝毛扇的軍師，所謂「牛鼻子道人徐茂公」，其實，他是個武將。待內監前來宣旨，說皇帝即將駕臨，這才匆匆脫下箭衣，換上袍服，又令家人做好迎駕的準備。像上次降臨太尉府一樣，皇帝也是和武宸妃攜手而進。

「微臣李勣恭迎聖駕！」

望著紅光滿面、精神煥發的李勣，皇帝不由和武宸妃相視一笑。皇帝扶起拜伏在地的功臣，說：「聽說英國公舊創復發，朕心中很是不安，卿為開國元勳，朕倚賴正殷，豈能有絲毫閃失？今日特地和宸妃前來探視，公玉體既然無大礙，朕也就放心了。」

說著，便和武宸妃攜手進入大廳，在正中坐下，又賜李勣坐下說話。李勣謝恩在下首坐了。

皇帝望一眼武宸妃，閒閒言道：「朕常和宸妃說起英國公當年的戰功，尤其是為竇建德所陷，身在危城，情勢緊急，卻對朝廷矢志不二，因此得蒙高祖孝皇帝、太宗文皇帝器重，圖畫凌煙閣，可算是有唐以來，莫大的榮寵了。可惜先帝晚年，聽信小人讒構，讓卿一度受了委屈，為此，朕一直下懷難安，真不知如何補救。」

提起往事，李勣一時感慨萬千——當年追隨先帝，出生入死，先帝甚至將自己比做「長城」，可後來先帝怕自己在他兒子面前不盡心，竟然父子做戲，一個打，一個摸——讓兒子白得人情。經歷過雲譎波詭、出生入死的他，還看不出來？可這正是帝王的所謂控馭之方，自己就是心裡清楚也只能裝佯。眼下皇帝又來賣乖了，他做出感激涕零的樣子，說：「皇上天恩，微臣雖粉身碎骨，也不能報答萬一。」

一邊的武宸妃豈能放過機會？馬上接言說：「英國公身為三朝老臣，一向對皇上忠心耿耿，皇上也早看在眼中，且經常叨念。」

李勣說：「宸妃娘娘過獎了。皇上於臣有天高地厚之恩，但有驅使，微臣效犬馬之勞，是應盡的本份，只是——」

李勣欲言又止，早被武宸妃看在眼中，再次接言說：「英國公身居相府，名尊位崇，莫非還有難言之隱？」

李勣既料定皇帝和武宸妃會來，且把他們的來意看得清清楚楚，話說到這份上，覺得漸入佳境了，於是微微歎息說：「臣一介武夫，秉性直來直去，可宰相事業是水磨功夫，臣雖有心做好，卻自覺遠不如太尉及褚遂良等人。」

皇帝說：「不然，朕就喜歡直來直去之人，太尉和褚遂良愛惜羽毛，未免糾纏小節，不顧大局，朕因此很是失望，今日將褚遂良貶斥，也是不得已為之。」

李勣連連點頭說：「何嘗不是。書生報國，靠建言立名，難免無事找事，標新立異。臣平日側身其間，很難說到一起，就有不同之見，也不能犯眾怒。所以，只能隨波逐流，這是臣最不堪忍受的。」

武宸妃聽出了話外之音，馬上說：「眼下皇上立志改革，去舊圖新，外廷議論紛紛，英國公可有不同之見？」

皇帝也跟著說：「今日樞府諸公應對，都言不及義，朕想，卿獨立不群，應有與眾不同之見。」

說著，便再次向李勣說起廢后之事，無非是皇后嫉妒，且無子，不堪國母之任，武宸妃有功社稷，宜正位六宮。

李勣待皇上說完，說：「皇上心思，微臣十分清楚。不過——廢立之舉，區區小事，皇上何必商及中樞，動這麼大的手腳？」

皇帝吃了一驚，說：「此事鬧得朝野上下，議論紛紛，群臣中，甚至有不惜一死而爭諫者，卿何謂小事？」

李勣笑了笑，說：「皇后雖為國母，統率六宮，不過，說到底只是陛下正妻，立與出，乃陛下家事，又何預外臣？」

此言一出，皇帝與武宸妃立刻恍然大悟，似乎一天的烏雲，就這麼一下散開了。

是啊，皇后地位雖尊，仍不過是皇帝的正妻罷了，合則留，不合則去，家庭內務，與外臣何干何涉，為什麼要取得宰相同意？就如民間百姓出妻，也不必驚官動府一樣。

想到這裡，皇帝與宸妃恍然大悟，且立刻喜形於色……

25

皇帝回宮，立即繞開宰相，發出一道明發上諭：王皇后、蕭淑妃謀行鴆毒，廢為庶人；其母及兄弟一併除名，流放嶺南。

接著，又下一道詔旨，說得很是冠冕堂皇：

武氏門著勳庸，地華纓黻，往以才行選入後庭，譽重椒闈，德光蘭掖，朕昔在儲貳，特荷先慈，常得侍從，弗離朝夕，宮壼之內，恆自飭躬，嬪嬙之間，未曾迕目，聖情鑑悉，每垂賞歎，遂以武氏賜朕，事同政君，可立為皇后。

詔書說到武宸妃的從前，雖著實誇獎了一番，但具體用詞，卻含含糊糊，且仍用王政君典故，此時褚遂良被逐，眾臣緘口，長孫無忌顯然無計可施了，竟眼睜睜地望著武宸妃登上皇后的寶座。

立后的儀式，皇帝辦得十分隆重。冊立的那天，長安城裡沸騰了，不但坊間紮起了彩牌樓，家家戶戶，懸燈披紅，大男小女齊湧至太廟前大道兩側，觀看乘車來此告廟的帝后；皇帝命于志寧贊儀，李勣奉皇后玉璽賜武氏，再命群臣及四夷酋長於肅義門朝拜皇后，內外命婦一同入謁。

這都是以前立后時所沒有的排場，就是王皇后，他與李治結婚時，李治只是一普通皇子，更無法與眼下的武皇后比。

接著，皇帝頒詔，追贈已死的皇后之父武士彠為司徒，爵周國公，謚忠孝，配食高祖廟；皇后之母楊氏被再封代國夫人，食千戶。

武宸妃終於變成武皇后了，望著前來祝賀並向她恭行大禮的四妃、九嬪及眾才人、美人，望著擺在面前的皇后的衮冕，她不由心醉了。

吉辰到了，在眾女官的簇擁下，她將自己刻意打扮了一番，皇帝更是高興，親手拿起銅鏡，為她忙前忙後地照，又喜孜孜地立在一邊看她著裝，然後挽著她的手，先在後宮接受命婦的拜見，又去外廷接受百官及四夷酋長的朝賀。

法駕鹵薄前導，御林大隊扈從，九重城闕，千騎萬乘，來到長安街上，大道兩邊，響起了百姓的歡呼聲，車上，皇帝把臉湊上來，輕輕地挨著皇后的臉，說：「媚娘，終於盼到這天了。」

武皇后展顏笑了，且也把臉挨過來，緊貼著皇帝的臉，說：「阿治，大臣中怎麼少了一個人呢？還有，命婦中間也少了一個人。」

皇帝明白她是說誰，忙說：「長孫無忌夫婦告假了，說身體不舒服，不舒服就不舒服吧，只要他不來攔阻，我們就由他去！」

武后連連冷笑說：「哼，皇上大喜的日子，他居然藉故不來，是身體不舒服，還是心裡不舒服？這是做臣子應該的嗎？」

皇帝望她一眼，怯怯地說：「此番對文武百官的犒賞，朕從名單上劃掉他！」

武后卻寬仁地笑了，說：「阿治，你太天真了，就像小孩過家家玩，不但睚眥必報，且這麼急不可耐，非報在眼前不可，須知後頭日子長著呢。再說，立后為國之大慶，覃恩普敷，大赦天下，這是連罪囚都能得到的好處，怎能獨缺太尉？」

皇帝狠狠地說：「參與慶典的百官中，不是也獨缺太尉嗎？」

武后卻很大度地說：「這沒什麼，他畢竟是皇上親舅，雖無禮於皇上，皇上不必為小事去計較！」

皇帝明白，武后這話另有深意，怯怯地望武后一眼，低頭不作聲。

一行終於來至太廟。

此時的太廟前，已是人頭攢動，香煙燎繞。鼓樂聲中，皇帝牽武后之手下了上繪彩羽的車，這時文武百官，雁陣兩行，整整齊齊排列在太廟前，待帝后的宮車到達，眾臣一齊拜伏請安，萬歲之聲不絕，皇帝和武后在眾人的注目之下，一步步走進太廟，並走向享堂。

寬敞的享堂內，莊嚴肅穆，神龕上陳列李唐列祖列宗神主及高祖、太宗畫像，鼓樂奏過，奉禮郎前引，贊禮官陪侍兩旁，在司儀的禮讚聲中，皇帝和武后親手焚香，三跪九拜。禮畢，又在神主前一一默禱。

武后又一次站立在太宗畫像前。畫上的貞觀大帝，容顏依舊，不因歲月的流逝而衰老，也不因人事的突變而皺眉，仍是那麼英俊魁梧，渾身似蘊含著超人的力量。那一雙能洞透他人五腑六臟的眼神，正緊緊盯著下面向他禮拜的兒子和武氏，像是微笑著讚許，又像是滿含憤怒。

皇帝一接觸到父親那冷峻的目光，立刻低下了頭。大概是心虛，嘴中念念有詞，撲騰跪下，三跪九叩首，顯得十分虔誠，十分恐懼。

武皇后卻不然，她並沒立即跟著下拜，而是高昂著頭，毫不畏懼地迎著太宗那威嚴的目光，嘴角邊浮起一絲陰冷的微笑。心中在說，久違了，我的貞觀大帝，昔日的武媚娘又來了，且是以皇后的身分，你看到了嗎，螞蟻正把磨盤拱開了一條好寬好寬的縫啊！

正自鳴得意，不想就在這時，享堂內突然平地颳起一股冷風，灰塵隨即撲面而來，直吹得堂上之人心寒骨冷，雙目流淚，直吹得供桌上香燭無焰，半滅半明，昏暗中，經幢嘩嘩，似是有人在冷笑。

皇帝心慌，大喊來人，武皇后也心虛起來，緊緊地抱住皇帝。待眾侍衛上前，來攙扶帝后時，這風卻捲過享堂，又轉往別處。

皇帝見狀，急忙拉著武皇后的手，匆匆走了出來……

第七章 以退為進

26

皇帝枕著她的手臂，噙著她的乳頭，就像嬰兒躺在母親懷中，才一會兒便發出均勻的鼾聲，可皇后卻久久難以成眠。

執掌昭陽、母儀天下的滋味已嘗過了，如此爾爾，夫復何求？

這些日子，她把前後《漢書》中的《五行志》又熟讀了一遍，且對照李淳風編寫的《隋書》中的律曆、天文、五行諸篇仔細研究了一番，特別看了這些書中關於太白晝見的有關記載。這以前，她認定太白晝見只是一種常見的天象，有人附會到人事，其實是無稽之談，眼下她卻由此而發生聯想，且出心往神馳，走火入魔。

漢儒董仲舒說：「天亦有喜怒之氣，哀樂之心。」又說，「國家將有失道之敗，而天乃先出災害以譴責告之；凡人不知自省，上天又出怪異以警懼之；尚不知變，而傷敗乃至。」

是這麼回事嗎？

自己以一個弱女子，雖是官宦門第出身，卻遠不能與王皇后比，且以先帝小妾，遁入空門，這處境與皇后寶座，相差何止十萬八千里，貞觀大帝其所以不殺我，就是料定螞蟻搬不動磨盤，想出頭除非是奇蹟，不料奇蹟還真的發生了，若不是天助，簡直就不敢想像。

既然天命在我，我又何必退讓？

正想入非非，不料就在這時，窗下忽然又捲起一股旋風，將羅幃輕輕掀起，直向她面上撲來，讓她感到透骨的涼意，竟連打了幾個寒噤。但她終於鎮定下來，心想，他又來了，我得挺住。於是，氣守丹田，不亂方寸，雙目定睛朝前望去，果然，她真的看見了神武的貞觀大帝，與太廟中畫像的穿戴一般無二，身著袞冕，英姿勃勃，雙目炯炯有神地盯著她，就像是兩把尖刀，要剜她的肉似的。

開始，她一接觸到他的目光，心中便不由自主地感到震撼，她想逃避，但理智告訴她，這是逃不掉的，只能勇敢地面對，於是，她昂起頭，迎上去，說：「這裡是兒子的私室，陛下意欲何為？是來看兒子的行樂圖嗎？」

太宗雙手抱胸，連連冷笑說：「這裡本是朕的宮室，朕怎麼不能來呢，朕是來看你行樂呢，不錯，確實是虎父犬子，所以，你就要弄他。可你也算不得英雄，因為你戲耍的，只是一個蠢材，一個不能斷奶的軟骨蟲，而不是真正的男子漢！」

武后也報以頻頻冷笑，且用嘲弄的口吻說：「不，我不是耍他，而是在耍陛下，我戰勝的也不是他，而是陛下，是心雄萬夫的天可汗。您還記得臥病翠微宮時，對我說的話嗎？太白晝見，天象示警，女主代唐，三世之後。這些分明是對我來的，您看出來了，卻不殺我，這不是您的仁慈，而是您的惡毒。您料定我只是一小女子，在弱肉強食的宮中，既無子嗣，且地位卑下，小泥鰍扣在碗中，翻不了大浪，雖有大志，卻有志難伸；雖有手段，卻無用武之地，我是永世不能出頭了。可誰能料到，人有千算，天只一算，冥冥中的造物主，才是最大的贏家，它讓我出頭，我便出頭了，簡直就不可思議。您以為長孫無忌之流能扶助幼主，可我只略施小計便將他們收拾了。您既然看出李勣是能被功名利祿驅使的人，卻要兒子重新啟用他，這是小兒伎倆，誰也看得出來。須知您能用功名利祿驅動他，我就不能用同樣的辦法讓他為我效力嗎？我的天可汗，你失策了！你雖有一雙大手，可顛倒乾坤，可你用同樣的一雙大手，寫出了人生的大敗筆。螞蟻真的不能搬動磨盤嗎？你等著，今生今世，我就為了收回您這句話，且看我一步一步做來！」

貞觀大帝氣得臉上的肉連連地抖著，但極力忍著，故示不屑地說：「好一隻想搬動磨盤的螞蟻，你能嗎？一個未見世面的女流，一個下賤卑劣的才人，你配嗎？」

武后用同樣驕傲的口吻說：「錯了，陛下，您不是一再誇獎我嗎，不是說我是不讓鬚眉的巾幗嗎？不是說我是手握利器之人嗎？可惜老天將我派做女兒身，因此，我的雄心被埋沒，我的能力被忽視，我從妃嬪走向皇后，比你從平民走向帝座更難。可我卻一步步趟過來了，顯得十分從容。眼下我已有了可供馳騁的疆場，能不縱馬狂奔嗎？天下事男人能的女人為什麼就不能呢？」

貞觀大帝氣急了，一手叉腰，一手戟指著她，狠狠地說：「淫婦，不要說了，是朕錯看了人，是那個長孫無忌誤朕，若不是他力主立李治，你也不可能得意。」

武后微笑著說：「我的陛下，不是長孫無忌誤您，是您自己誤了自己，能洞察宇宙玄機，扭轉乾坤的貞觀大帝，有時連普通人的智慧也不如，竟然選這麼一個軟骨蟲作自己的儲君，這樣沒底氣的男人怎麼能繼承您的事業呢？上天能允許普通人犯錯誤，可不允許偉人犯錯誤，您這不是賭個人命運，是拿著天下去賭，所謂乾坤一擲，萬不能悔。」

聽武氏侃侃而談，氣急敗壞的貞觀大帝終於冷靜下來，竟然仰天長歎說：「唉，是朕太自信了，須知金鑾殿上，是沒有倫理道德可言的，朕縱橫天下幾十年，獨來獨往，予取予求，萬不料身後竟留下這意想不到的結果！天意，天意，既然天意在彼，朕又何必多言哉！」

貞觀大帝怔怔地望著她，終於不說話了，他的身子在慢慢地後退，他的臉色在漸漸模糊，那一種英雄末路的淒涼，與烏江自刎的西楚霸王無異。武后看了，既愜意又可憐，既酸楚又痛快。須知他可是自己一生中最景仰的人啊，那一場罕世稀有的龍戰，至今不仍縈回在腦海中，終生都不會忘記的嗎？想到此，她誠懇地說：「可憐的陛下，您還是安心泉壤吧！有滅才有生，有亡才有興，世上哪有不敗的江山？世上又哪有萬世一系的帝國？」

……

27

醒過來的武后，再也睡不著了，想起夢中貞觀大帝的無奈，久久未能成眠。思想也如溜韁野馬，萬里馳騁，怎麼也靜不下來。

想起案上還有一疊奏章尚待處理，見皇帝睡得忒香，一時半會也不會醒，便披衣起來，來在外堂，翻看奏章。

奏章中，其中有一份是西台侍郎上官儀寫的，在這份奏章裡，上官儀論及海內人才，竟然認為朝廷只重門戶，不重真才實學的衡人標準有欠妥當，其中提到一個叫狄仁傑的小官，說此人不但志向高遠，且為人仁孝，特別難得的是他遇事很有主見，其中幾個例子都令人感動。

武后覺得上官儀這篇奏章正好與自己的見解不謀而合，為此，她不但決定要召狄仁傑進京，親自考察，且要予上官儀以表彰。

「啄、啄、啄、啄！衝，衝、衝，與朕衝！衝啊，飛起來了，飛起來了！咚咚咚咚、呼咚呼咚鏘！」

——就在武后全神貫注地考慮如何寫好這道諭旨時，內室正酣睡的皇帝忽然大叫起來，聲音興奮而急促，後面還夾雜著擊鼓的聲音。

武后不由大驚，忙丟下手中的筆要進去看動靜，這時，外間值夜的宮女也匆忙進來了，武后向她揚了揚手，示意退下，自己卻匆匆入內探望。

御榻上，錦被全被皇帝蹬到了地上，皇帝雖睡眼朦朧，卻已坐起來，武后忙上前搖他的肩膀，他終於清醒了，見武后穿著暖袍，記起她是和自己同睡的，誰知是哄著自己睡著後，又起來忙公事了，不由抱歉地說：「媚娘，真不好意思，吵著你了。」

武后見狀，驚疑地說：「阿治，你又在做夢嗎，你每天過得都十分輕鬆，怎麼晚上也做夢呢？」

皇帝興味盎然地說：「無憂無慮就不可以做夢嗎？朕夢見和越王在南內鬥雞呢，朕那隻『鐵喙』把越王的『金冠子』啄得鎩羽而歸，可『鐵喙』還緊追不捨，竟然跳起來追著啄，直啄得那畜牲毛衣散亂，眼睛流血還不甘休呢！」

「鐵喙」和「金冠子」都是宮中鬥雞的名字。皇帝是一個十分懶散的人，因為憚於政務，才千方百計地把武后扶上皇后的寶座，為的就是找一個替身。眼下萬事如意了，凡事有武后處理，於是，他把精力都放在遊戲上。這些日子，他更迷戀鬥雞了，天天和一班皇室成員在宮中鬥雞，白天玩不夠，睡夢裡居然還在想這事，這讓武后哭笑不得，只好說：「阿治，你真貪玩，白天玩一整天還不夠，晚上還夢見鬥雞！真是尋歡作樂尋到夢裡去了。」

皇帝卻不以為然，他伸開雙臂，打一個大大的哈欠，得意地說：「當皇帝的人，歡樂哪要自己去尋呢？它就像一個纏身鬼，天天纏著你呢。」

武后沒好氣地說：「你大小政務都不管，就不怕我弄權，將李家的江山不露形跡地篡奪了？」

皇帝挺自信地說：「不會的，朕命好，因為朕是天之驕子，所以，上天賜予朕一個好父親，為朕選用許多賢臣；又為朕選取了一個好媳婦，大小事全為朕想到了，不用吩咐就辦了，太平天子不都是這麼當的嗎？」

武后說：「只顧當你的太平天子，就不怕塌天了？」

皇帝笑著拉著她的手往床上拖，直到她重新脫衣躺在自己身邊，也不挪動身子，卻順勢躺在她懷中，捫弄著她的乳頭說：「媚娘，放心吧，賴皇天垂佑，列祖列宗的厚澤深恩，我李唐福澤綿長，海靜河清，哪會塌天呢？你是李家的媳婦，十指怎麼會往外彎呢？大事不用朕擔心，因為有這麼多賢臣輔佐；一般政務，有你在，諒不致荒廢，那麼，朕不放心地享樂又做什麼？假如朕事事過問，你會高興嗎？」

武后內心對這句話十分受用，口中仍說：「看你說的，我不過是看你身體不好，代你看一看奏章，可你不識好人心，竟好像我是一個愛攬權的人似的。」

皇帝寬容地一笑，說：「得了，別說了，誰不知你是個能幹媳婦兒呢？批閱奏章，是代朕操勞，朕放心你，就是所有處治，也全是朕真實意思的展現。」

武皇后這才抿嘴一笑。

自把武氏扶上皇后寶座，他便完全從繁瑣的政務中解脫出來，初一、十五是上大朝的日子，他雖照例上朝和大臣們見面，有時退下來，也和宰相們議一議政事，但奏疏的批閱，須皇帝拿主意的大事，他都帶回後宮，交武后代勞。武后不但遇事有主意，就是一手字也寫得很漂亮，批語常常一針見血，因此頗獲外廷好評，多數臣子不知這是簾中人代勞，只認作皇帝英明果斷，心生畏懼，不敢蒙混，皇帝知道後，也就更加放心。但意想不到的事，也就發生了——因武后勇挑重擔，處理政務，不憚煩難，大事一竿子插到底，不知不覺間，一件本是以皇帝名義批示的事，皇帝卻連首尾也不清楚，無形中，被皇后大包大攬了。權力的喪失，在潛移默化中，皇帝卻不警覺，他相信自己的眼力，認為皇后是最信得過的人，有她代勞，自己完全可以縱情遊樂。

想到這些，皇帝又伸了一個懶腰，順便問起她晚上看奏章有何心得？她於是說起了上官儀，說起了狄仁傑，說眼下朝廷以門戶高低為衡才標準不合理，它不但阻塞了賢才報效國家之門，且容易養成豪門和權臣，這樣，勢必危及皇權，所以，她想大大的整頓吏治，徹底拋棄門戶觀念，真正做到去舊圖新。皇帝想了想，說：「媚娘何必這麼認真呢，門戶之見，自東漢時便已形成，父皇為此曾重修氏族志，可就在重修氏族志時，我們李家也險些排不到前面，你想一下將這規矩打破那是做不到的，一定會受到豪門的抵制。再說，昨天在朝堂上議政時，朕從阿舅的話語中已聽出來，外廷已清楚是你在代批奏章，他們雖不敢說牝雞司晨，但內心是很不服氣的，讓你當上皇后已是最大的讓步了，若還有出圈離格的舉動，他們會容忍嗎？到時抓住一件小事喋喋不休，朕還很難安撫住這班先帝老臣。就像這個狄仁傑，本非名門出身，又是新進，你若破格超擢，就會引起軒然大波，有道是多一事不如少一事，朕不想有大的建樹，就當個守成之君就夠了。」

武后卻不以為然，說：「阿治，守成之君就這麼容易做嗎？且不說時勢不同，境界各異，就說眼前的朝局，能容許你因循守舊嗎？」

皇帝不解地說：「眼前的朝局怎麼啦？」

武后冷笑著說：「阿治，你為人太老實，老實人怎麼能做皇帝呢？就說眼前，難道你看不出來，長孫無忌等人以顧命大臣自居，能讓我做皇后只是暫時讓步，其實，眼中根本就沒有你這個皇帝，須知先帝當年立法，讓三省相互制衡，本意就是不讓大權旁落。可眼下呢，長孫無忌、來濟、韓瑗朋比為奸，把持中書、門下、尚書三省，若他們不點頭，你的政令竟不能出朝堂，我們若讓這現象長期存在，那麼，究竟誰是皇帝呢？炎炎劉漢，終於滅亡，不就亡在外戚和宦官手上嗎？」

皇帝沉默了好一會，才遲疑地說：「這情況朕不是沒想過，可朕不想費精神，朕只把住一條，阿舅是絕不會篡位的。至於攬權，這情形由來已久，積重難返，只能慢慢地來，慢慢地等。」

武后卻不屑地說：「等，等，等到何年何月呢？」

皇帝說：「長孫無忌生性貪鄙，一個心思經營自己的府第，想的是為兒子孫子謀位置，我們不如遷就他一些，他畢竟是花甲之人了，還能活多久？他一死不就萬事大吉了？」

武后冷笑說：「阿治，你真的太天真了，他死了，還有十一個兒子，仗著父親的餘威，不會輕易受駕馭。我可不願等，雖不馬上大刀闊斧，也應未雨綢繆。還是那句話，他是臣子，你是皇帝，世上哪有皇帝去遷就臣子的道理？」

皇帝聽武后口氣不佳，不由急了，忙拉住她的手搖著，說：「媚娘，此番立后廢后，費了九牛二虎之力，最後只好繞開他才辦成，你千萬不要再招惹他了，他可厲害著呢。」

武后說：「厲害？就算他是一匹獅子驄吧，且看我來馴他！」

這以後，武后雖沒有立刻對上官儀提出褒獎，但她心中已記下了此人的名字，不久，她用皇帝的名義，陸續任命了一大批出身寒門的新進之士，先是拜李義府為中書侍郎，同中書門下三品，賞男爵，不久又直升中書令；許敬宗則拜侍中——這尚在人們的意料之中，因為皇后的廢立，這二人奔走效力，功勞最大。但像閻立本、閻立德兄弟及姜恪、孫處約、李安期等人，多為寒族，也一個個身登高位，參與密勿，卻是他人想也不曾想過的。

接著，武后又招攬一大批年輕的學士，雖未進入政府，卻在北宮門口設衙署辦公，每天的工作就是評議朝政，指陳時弊，並可直接向皇帝上書。這一來，北門學士讓手握實權的大臣們如芒刺在背。

一切都在有條不紊地進行，所有的結果也都在武后的意料之中。她明白，自己的施政方針是有悖常規的，眾人之所以沒有立刻大譁，或者上書諫阻，其實是冷眼旁觀，就像在擂台上對陣的雙方，眼下正在走圈子，打量對手，冷不防便要突然出手，拿出讓皇帝難堪的一招，置自己於死地，她能讓對手從容喘息、突然出手嗎？

28

長孫無忌確實在冷眼旁觀——自從皇帝廢黜王皇后而立武宸妃之後，失望之餘，他便以纂修國史為名，一人躲在家中，不與皇帝見面。這並不違反常規，因為他早已辭去中書令一職，眼下只領太尉銜，並沒有具體職事，加之他又是國史館總纂，計畫要完成武德、貞觀兩朝的《國史》八十卷，梁、陳、周、齊、隋《五代史志》三十卷和《顯慶新禮》一百三十卷。這可是一項巨大的工程，自古至今，盛世修史，皇帝沒有理由阻止他，也樂得不與他見面，省得無端生閒氣。

可是國運如斯，他能靜下心來嗎？

先帝親自選定的兒媳被廢了，先帝指定的顧命大臣被貶竄邊遠地區，貞觀末年，那可怕的預言分明在一步一步變成現實，自己身負先帝的重託，就這麼聽之任之？

為此，他常常半夜不睡，一人繞室彷徨，外面的消息，便由每天仍在正常上朝的兒子長孫沖說與他知道。

武后一下起用大批新人，眾人驚訝之餘，便都圓睜雙眼，等著看她的進一步動作，在眾人心中，武后接下來，便會要重用娘家人了，她的兩個同父異母的哥哥：武元慶、武元爽都是以門蔭出仕，只任中級散官。她晉封宸妃後，皇帝特許加恩，元慶從右衛郎將遷司宗少卿；元爽從安州司戶參軍遷內府少監。另外兩個堂兄：武唯良、武懷運一個從始州長史遷司衛少卿，一個從瀛州長史遷淄州刺史。這已是由散官轉入職事官了，眼下武氏既為皇后，能不再次超拔自己的親人？

憂國老臣甚至為即將出現的外戚干政在擔心了。

可讓眾人大感吃驚的事出現了——武后在加封大批新進後，竟然親自上書皇帝，自請將武氏幾個哥哥統統貶謫，唯良、懷運、元慶、元爽竟然都貶到了邊遠的地方，這等於無罪而遭流放。

聽了兒子的報告，無忌對這個女人是再次刮目相看了——為了顯示自己的公正，為了有進一步的作為而堵眾人之口，區區私利又算什麼？以細行而妨大節，乃智者所不為，小女子志在天下！

這天黃昏，無忌正在後苑散步，忽然，角門吱呀一聲，閃出一個人影，走到無忌跟前，納頭便拜。

無忌吃了一驚，仔細一看，膝下這人正是十四歲的皇太子李忠，他是由貼心家奴張先帶進來的。沒有帶跟隨，一身寒素，見無忌認出他，不由抱住無忌雙腿，嚎啕大哭。無忌心中明白太子的目的，忙將他扶起來，帶到內室，細細盤問，李忠這才說明來意，原來他是奉母親劉嬪之命，前來向太尉求教的。

冊立的大典舉行過後，武氏一門，自是闔家歡喜。然而，有炎炎之樂者，必有戚戚之憂者——看到昔日統率六宮的王皇后被關到廢院，和她為伴的是一度擅寵專房的蕭淑妃，二人像一對好鬥的雞，在籠外鬥得毛衣散落，兩敗俱傷後，竟被關進同一個籠子，每日食粗糲，衣布衣，蓬頭垢面，卻不忘怒目相向。

看到這一切，身為皇太子之母的劉嬪害怕極了。

武后終於順利地進入皇后居住的仁壽宮，坐到皇后的寶座上了，皇帝且讓她代批代拆臣下的奏章，武氏於是口含天憲，手書敕文，儼然自己就是皇帝。這個女人下一步目標是什麼，明眼人誰不明白？

劉嬪身為普通的宮嬪，既不是名門出身，又不是天姿國色，鬼使神差，居然被時為太子的李治臨幸，一夕之歡，就懷上龍種，這雖不是太宗的長孫，卻是太子所出。更令人欣喜的是正位六宮的王皇后一直無出。四年前，時為中書令的柳奭經過深思熟慮，又商之於太尉等大臣，決定勸皇上立長子李忠為太子，其所以讓柳奭看中的，又是劉嬪的卑微出身——娘家門庭寒素，外面缺少奧援，就是有朝一日李忠當了皇帝，也不會出現外戚專權、壓迫王皇后的局面。

當李忠被冊立之日，眾妃嬪無不恭維劉嬪，說她是有福之人，雖無爭寵奪嫡之心，上天卻把一個皇太子送到她懷中，這真是無福跑爛鞋，有福自然來。

可這高興才過了幾年，半空中殺出一個武明空，由婕妤而宸妃，由宸妃而皇后，一路斬關奪隘，銳不可當，當冊封新皇后的樂章終於在宮中奏響時，劉嬪傻眼了。

放眼四顧，柳奭被逐，王皇后被廢，褚遂良再度被貶，經常在她面前獻媚討好的宮嬪們，都躲得遠遠的，就是那班平日趨前向後的太子屬官也不再追隨左右了，膽小的甚至棄官而去。閃下她這個毫無主見的弱女子，和才十四歲的兒子，被推到了眈眈虎視的武后面前。恐怖的事件雖未發生，恐怖的氛圍已經形成。宮廷慘劇，骨肉相殘，這例子實在太多了，皇祖太宗就是從兄弟的屍體堆中站起來的——劉嬪害怕了，無知的小女人似乎從錦繡綺羅叢中，看到包著糖衣的毒藥，在重重疊疊的宮牆內，嗅到了血腥氣——那只能是自己和兒子的血啊！

那麼，何以求生？

小女子左思右想，終於讓她想到了長孫無忌，他不但是皇帝的親舅舅，是位高權重的太尉，還是當時冊立太子的主持人。她想，眼下除了太尉，還有何人能作他們母子的保護人呢？

「兒啊，你去吧，一定要想方設法見到舅爺爺，把我們娘倆的心裡話告訴舅爺爺，舅爺爺會告訴你自處之方的。」望著似乎在一夜之間成熟起來的皇太子，劉嬪淚眼盈盈地與兒子話別。

眼下太子撲騰跪倒在無忌跟前，哭訴道：「舅爺爺救我！」

看到哭成淚人的皇太子，無忌是三分傷心七分愧疚——皇帝把先帝才人迎進宮，自己以元勳重臣，面對這有違朝廷紀綱之事，未能和褚遂良一道，決然地、毅然地阻止，這在史官的筆下是縱容，是同謀。

時至今日，鍋裡不爭碗裡爭，又有什麼意義？

眼下，不用太子哭訴，無忌也看到了太子的危險處境，這些日子，他閉門謝客，苦苦思謀的也是這事。可是，他既然未能阻止武氏的冊立，又有什麼辦法阻止接下來必然發生的變故呢？有嫡立嫡，無嫡才立長，這本是世世相傳的法規，其關鍵就在於王皇后的廢黜和武氏的冊立啊！武氏既已正位東宮，接下來是肯定要廢太子了。一葉尚可知秋，何況山雨滿樓？她不是沒讀過史藉的人，她不是沒有野心的人，她不是做不出的人，能利用的能不利用嗎？皇帝才七個兒子，她一人就生了四個，眼下她擅專房之寵，其他妃嬪都沒有受孕的機會了。她不但手腕強，而且肚皮也爭氣，既然如此，還有什麼商量的餘地呢？

無忌來來回回不知走了幾個圈子，最後仰天長歎一聲，撫著李忠的頭說：「孩子，你的處境我清楚，因為這關係到你們父子之情，我就是想幫你也使用上力，說不上話，為求自保，你只能效法前人，你知道吳太伯的故事嗎？」

太子茫然地搖頭，他天資歷魯鈍，不會讀書，對典籍知之甚少，眼下在恐怖中，更無從想別的。無忌又問道：「那麼，後漢劉強的故事應該知道罷？」

見太子又一次搖頭，無忌只好耐下性子和他談歷史了——太伯本是周太王長子，太王欲立幼子季歷為世子，礙於長幼之序，有意難宣；太伯深體父意，便和弟弟仲雍一同避於江南的三吳之地，且斷髮紋身，改從當地習俗，後來便成為吳姓的始祖，史稱吳太伯。

太子終於明白太尉的用意了，無非就是一個讓字，但母親要他來找太尉，是為了保住這太子的地位來的，怎麼能把太子讓了？想到此，不由說：「您是說，我應該讓位於李弘。可是，太伯是未立之前相讓的，我不是已立為太子了嗎？」

無忌點點頭，又長歎一聲說：「這就要和你說說東漢的劉強了。」

劉強本是漢光武帝劉秀的長子，因是郭皇后所生，被立為太子。不想後來郭皇后失歡於光武帝，被廢黜，劉強不自安，就數度上表請免太子，光武帝雖從其請，但覺得劉強係無過失而被廢，於是，將劉強的奏章宣示群臣，並封劉強為東海恭王，不但宮室壯麗，且食邑也較他王豐厚。說完歷史，無忌默然良久，說：「孩子，你要知道，你得封太子，本屬分外，因為你畢竟不是嫡出。眼下你若退讓，或可保得性命，若不讓，你可有性命之虞。看看王皇后、蕭淑妃罷，舅爺爺可不是嚇唬你啊！」

十四歲的李忠，自從得封太子，已嘗到當皇儲的甜頭了，眼下來向太尉問計，不料得到的良策竟是退讓，他已明白這是唯一的自救之方，可是，他怎忍心讓出皇儲之位呢？當下當著太尉，一邊哭一邊罵，武氏的祖宗八代被罵得狗血淋頭……

29

長孫無忌含淚送別李忠，回到房中，立刻將兒子長孫沖喚來，問道：「近日朝臣中，有什麼新的動靜？」

長孫沖想了想，搖頭道：「您是說李義府、許敬宗那班人嗎？他們眼下既想保位固寵，又不願樹敵太多，所以，行事十分詭祕，兒子還一直弄不清他們在做什麼，至於其他人，大多持觀望態度，都想看看那女人有什麼新舉動。」

無忌說：「就沒有人上書談太子的廢立？」

長孫沖一怔，頭立刻點得像小雞啄米，說：「有，有，有，交頭接耳，議論的居多，上表的還沒聽說，畢竟茲事體大，誰不愛惜羽毛？」

無忌冷笑一聲，說：「哼，愛惜羽毛？當今世界，人心澆漓，虛名與富貴，孰輕孰重？再說，皇帝的心思早不在李忠身上了，想保他簡直是不可能的事。」

長孫沖遲疑地說：「那，現在還看不出半點苗頭。」

無忌不信地搖了搖頭，說：「大事是不放在人前說的。李義府是小人，就不說了。許敬宗呢，多年宦海升沉，趨避有方，逢迎有道，太子的廢立，予這等人可是大好機會，他若三緘其口，可就奇了怪了。」

長孫沖一想，覺得也是，便沒有再反駁父親。無忌在室中徘徊了一陣，抬起頭，終於做出一個大膽的決定。他對長孫沖說：「湊熱鬧的事，他人做得出，老子又何嘗做不出？你去代你老子草一篇奏章吧，題目是請廢太子李忠，立皇后元子為皇儲。」

長孫沖大吃一驚，說：「爹——你！」

無忌也不解釋，只不耐煩地一揮手，說：「要你寫，你就寫！怎麼，文字荒疏了？」

長孫沖終於明白父親的意思了，趕緊退下草疏。

無忌這回還是沒說錯，自武后確立後，那一班功名之士、見利忘義之徒便盯上太子李忠了，庶子當廢，嫡子當立，從表面看，這本是既合常情又循法理的事，眾人誰看不出這步棋呢？不過，正如長孫沖所說，茲事體大——響頭炮的人有可能被人目為聞風希旨、落井下石。所以，這事眾臣做得較隱祕，像李義府、許敬宗等人是祕密上表章，而大多數人則是利用面君的機會，當面向皇帝提出來。

這些天，武后已看了不少這類奏章，皇帝自廢黜皇后，便沒有保全李忠之意，不過，這回他不想自己開口，而是希望別人提出來，李義府和許敬宗聯銜的密摺才遞上來，又一連收到另兩份奏章，且讓武后大感意外——一份是太子李忠的，他竟然主動提出：自己才德淺薄，不孚眾望，請免太子；一份是太尉長孫無忌的，也是請廢庶立嫡，改立李弘為太子。

武后看過，沉思良久，乃將奏章帶回太極宮，準備與皇帝商量，不想皇帝已去鬥雞坊鬥雞，只好令內侍將皇帝請回來。

皇帝今天興致極濃，他又贏了。他那隻「鐵喙」，嘴上包了鑌鐵的尖喙，爪上也套上了精緻的鐵勾，上場時，一連打敗了諸王的好幾隻雞，本以為殺遍天下無對手，不想遇上了紀王李慎的「玉麒麟」，「玉麒麟」是紀王從江南花高價購得，這畜牲渾身純白，個頭高大，冠子血紅，嘴上、爪上，也一樣穿盔戴甲，顯得很是威武。幾個回合下來，「鐵喙」竟然被它啄得鮮血淋漓，毛衣散落。皇帝為此很是懊惱，好在他還有一隻「小狸貓」，「小狸貓」毛衣純黑，個頭也小，卻十分靈活，能巧妙地避開對手的爪牙，冷不防從背面偷襲。「玉麒麟」戰敗了皇帝的「鐵喙」，十分猖狂，昂首挺胸，似乎老子天下第一，所以，當皇帝將「小狸貓」放出來時，它還不用正眼打量它，不料幾個回合下來，它竟未能傷對手半根毫毛，且一個不留神，被「小狸貓」從後面飛上脊樑，猛地一口，竟然被啄瞎了一隻眼睛，「小狸貓」還不甘心，又把握機會，一連幾下猛啄，直到「玉麒麟」倒地而死，終於為皇帝報了一箭之仇。

皇帝在興頭上，正想下重彩向眾王挑戰，不想一個內監上來，說皇后有急事，請皇上擺駕太極宮。

眼下，縱情遊樂的皇帝，最怕的就是怕皇后藉政事來打攪他，像今天，鬥雞正鬥在興頭上，卻被皇后攪了局。

回到太極宮，武后只一眼就瞧出皇帝心有旁騖，也不管他，只把奏章一遞，說：「皇上，你也看看，有道是奇文共欣賞啊！」

皇帝接過奏章，尚未看便說：「奏章都是官樣文章，縱是好，也不過是詞藻華麗一些，你看過、批過便罷，還要將朕請回來做什麼？」

武后冷笑著不答，皇帝見她面色凝重，只好收攏放心，低頭細看。面上一份是李忠的，皇帝看完後竟然也有動於衷，微微歎息說：「忠兒還是識大體、知天命，該嘉獎。」

武后說：「還有吶。」

皇帝又看第二篇。第二篇是舅舅的，心立刻懸起來。不想這回舅舅不是跟他為難，竟是在迎合他，左說易庶，右說立嫡，侃侃而談，娓娓動聽，心想皇后將朕請來，竟然是為這事，不由將奏章一扔，說：「這不都是你所希望看到的嗎？人家已服了哩！你心血來潮，就褒獎幾句，領了這個情；不高興時，批個『知道了』不就得了，還告訴朕幹嘛？」

武后把玩著皇帝擲回的奏章，沉思良久，說：「你就是這麼看的？」

皇帝說：「不是這麼看又該怎麼看？這上面不是寫得清清楚楚嗎？主張廢李忠，立李弘，難得阿舅態度轉變，也難得他公開帶頭上這個表章，為百官表率，依朕說，你也應該好好地褒獎他。」

武后冷笑一聲，說：「關鍵就在『難得』二字上，要知道，當初不但連賜他三個兒子官位，還送他整車的金銀珠寶，不是也未曾買動他嗎？」

皇帝不解地說：「媚娘，難道你還懷疑阿舅有假嗎？你的疑心好重啊！」

武后沒有立刻接言，卻仍在沉思著——自己雖成功地登上了皇后的寶座，但並不等於能一直成功地走下去，來日方長啊！長孫無忌以三朝老臣，玄武門政變的主謀之一，赫然一怒，皇室的親王、郡王，公主、駙馬都被送上西市砍頭，這樣的權臣，會輕易地向一個地位低下的武才人低頭嗎？權力之爭無道義可言，無親情可言，有時，忍耐和等待也是一種謀略，才起於青萍之末，接著便驟雨狂飆……

其實，古往今來，歷史上的皇帝無不與「鬥」字關聯，不與外人鬥，便與親人鬥，就是他不鬥別人，別人也會要鬥他。可貞觀大帝的兒子卻不同，他不鬥人，而是鬥雞。眼下他雖在和皇后說話，心卻仍在鬥雞坊，見皇后不作聲，以為沒有自己的事了。便說：「媚娘，不要整天都憂心忡忡呵！陰謀，陰謀，天下哪有那麼多的陰謀？既然忠兒主動請免太子，這是好事，免得後世史官說朕為父不慈，他這一辭，便是你好我好，大家都好。你馬上准其所請，再尋一個富庶之地封他，多予他財帛。然後，當眾宣布，立弘兒為皇儲，這儀式就在近日辦。這樣，一切都順理成章，萬事大吉。」

武后仍在沉思，沒有接言。

皇帝可不願就這麼耗下去。他那「小狸貓」眼下由身邊的內監抱著，準備接著和越王的「金鷂子」鬥，要等皇帝到了才開場。於是說：「媚娘，我們去看鬥雞好了，朕的『小狸貓』可真厲害，已將紀王的『玉麒麟』收拾了，正準備鬥越王的『金鷂子』呢！」

武后不由一皺眉頭，說：「玩物喪志！」

皇帝可不管喪不喪志，仍興致勃勃地說：「你不去朕可要走了。」說著，轉身便想開溜，不想才走了兩步，武后卻又將他叫住，說：「阿治，你聽著，我想去東都。」

皇帝不由莫名其妙，說：「在這好好的，去東都幹什麼？」

武后說：「在長安這麼久，你也不生厭？東都不也可鬥雞嗎，再說，關中今年收成不怎麼好，明年可能會出現春荒，我們一走，各衙門官員及大隊禁軍跟著走，至少可帶走七八萬人，這就可減輕西京的壓力，洛陽漕運方便，眼下是十月，我們住到明年麥收再回來，我估計，到那時，這個毒瘡也灌頂了。」

皇帝可沒有去洛陽的打算，他不知武后口中的「毒瘡」具體指代什麼，但他看出武后要去東都的理由並不充分，他想說服她，只好走回來，在她身邊坐下，諄諄地勸說道：「媚娘，朕明白，你不放心的是阿舅，懷疑他這奏章沒安好心，這怎麼可能呢，阿舅對朕這個外甥可是一片赤心，他絕不會造反的，要知道，朕與他是血親啊！且是在他身邊長大的，他對朕比對長孫沖還好。」

武后不理睬皇帝的勸告，只冷冷地說：「舅舅喜歡外甥，對外甥好，這是人之常情。可對這個外甥媳婦兒，就不怎麼待見了。再說，皇城之內，也是不能以常情而論的。」

皇帝急了，說：「那你拿他怎麼樣？他說的不中聽，你氣，這還說得過去；中聽了你也氣，這不是無事找事嗎？總不能因他上了一個合你意的奏章，你反將他拿下，或削職為民吧？」

武后沒有立刻接言，好半天突然冷冷地拋出一句話，嚇了皇帝一跳。她說：「這不是合意不合意的事，一旦有假，這中間便是一個大陰謀，果真如此，對他的處分可不是削職為民，而是滅他的九族！貞觀大帝駕幸九成宮，終於促使李承乾的陰謀敗露，我們率性走得更遠一些！」

皇帝以為她這是在使意氣，便說：「呀，不說了，越說越不像話。」

說著，便立刻往外走，武后卻追上一句道：「鑾駕去東都，我這裡就傳旨令他們準備，擇日啟程！」

30

皇帝終於走了，帶著新冊立的武后，帶著新冊立的太子弘，翠華搖搖，旌旗獵獵，法駕鹵薄，直指洛陽。留下偌大的一座長安城，讓太尉長孫無忌偕韓瑗、來濟留守。

此番的廢立很是平靜——皇帝在接讀李忠和長孫無忌的奏章後，第二天早朝時，便令內侍當眾宣讀這兩份奏章，並著意把李忠及長孫無忌褒獎了一番，接著，一面宣詔立李弘為太子，一面改封李忠為梁王，領梁州都督；另兩個皇子：澤王李上金和許王李素節，一個被貶往益州，一個被貶往岐州。

帝后身邊，就剩下武后親生的太子李弘、潞王李賢、英王李顯、殷王李旭輪。

李忠學漢朝劉強，自降身分，讓出太子，可父皇予他的待遇卻遠不能和劉強比，封地並不是什麼「富庶之地」。那裡地處漢水上游，地瘠民貧，交通不便。詔書中且明確規定：克日之國，不許逗留京師。

與廢后的過程不同，此番原來那班反對廢后的人，都沒有出面反對廢太子，他們似乎早已料到了——王皇后一旦被廢黜，李忠的被廢是遲早的事，只是令他們稍稍詫異的是，皇帝廢立的由頭竟然是因長孫無忌的公開上書。

皇帝巡幸東都之日，廢太子李忠在送別鑾駕後也起程南下，原太子府屬官很少來送行，倒是韓瑗和來濟不避嫌疑，竟親自趕來道別。

李忠倉皇就道，心裡害怕得很，離城時看見城門口有許多禁軍，才十四歲的他竟然在車中嚇得發抖。

韓瑗和來濟明白，李忠的擔心不是沒來由——武后新立，炙手可熱，李忠雖主動讓出太子之位，但武后一定不會就此甘休，眼下四城禁軍都是李勣的舊部，萬一有什麼不測，身為京師留守，何以向天下人交代？來濟一度出任過兵部侍郎，翊衛軍中有很多軍官與他熟，而韓瑗與藍田縣令為知交，所以，他們直送到藍田，交代縣令派兵護送李忠後，才和李忠告別。

回城後，二人心裡很不平靜，思來想去，最令人不解的是長孫無忌的轉變。

——皇帝將他的表文當朝宣讀時，韓瑗聽得很認真。這篇表文，左說右說，引經據典，盡說庶子當廢，嫡子當立。雖多是拾起前人牙慧，可話從太尉口中出來，效果就不同了。皇帝笑容可掬，說太尉深明大義，無忌聽著，竟然面露得意之色，可作為好友，韓瑗都為他害羞。

長孫無忌可不是一般意義上的三朝老臣，想當年，尚是秦王的太宗文皇帝，受父親高皇帝猜疑，一度被貶為東都留守，作為左膀右臂的房玄齡、杜如晦被逐出秦王府，名將尉遲恭也被遣開，一時之間，謀臣戰將如雲蒸霞蔚的秦王集團，眼看就要被太子李建成分化瓦解。當時，眾人都勸秦王早作決斷，可秦王怕擔名聲，猶豫不決，就是長孫無忌出面，極力將秦王勸轉的。玄武門內的刀光劍影，終於為太宗除掉了兩個最凶狠的對手，成就了貞觀之治的大好局面，追原論始，怎麼能抹去長孫無忌？可眼下他竟然心甘情願地受一個女人擺布，眼睜睜地看著皇綱解紐。

「無忌太愛財了，看來，他是被賄賂糊住了嘴！」

韓瑗越想越氣，來濟卻不以為然。他認定長孫無忌會有驚人之舉，具體是什麼，一下猜不透，他說，作為玄武門政變主謀的長孫無忌，本是一個血性男兒，怎會甘心受一個女人的擺布呢？這不合乎他的性格。他說：「無忌固然貪婪，皇帝對他的賞賜，也確實超乎尋常。但應該說，他還有更看重的東西，這就是權力。眼下武氏與他已勢不兩立，不流血恐不能了事。我看這血光之災會在哪裡出現，若在西京，便是無忌的末日，若在東都，那可是好事。」

韓瑗聽來濟這麼一分析，也覺有理，他把疑團藏心中，取冷眼旁觀的態度。

光陰似箭，日月如梭，看看就到年底了，東西兩都，卻沒有什麼動靜。身在西京的韓瑗和來濟，自然把注意力放在東都，可從洛陽傳來的都是喜事、善事——武后信佛，在龍門山大鑿石洞，大造佛寺，石匠為逢迎皇后，所鑿的大佛竟與皇后酷似。帝后高興之餘，便在洛陽設無遮大會，請名僧講經，不但自己大把大把地撒銀子，且動員臣下效法——總之，眼下的東都，已是一片阿彌陀佛之聲，與所謂「血光之災」風馬牛不相及。

這天，韓瑗在中書省值房看西北邊鎮來的幾份報表，忽聽有旨，他放下手中東西，匆忙出來，剛走到太極殿，看見各留守衙門來了不少的人，眾人面面相覷，都不明白有什麼事，正猜測間，只見左肅政御史崔義玄大步跨入，手按佩劍，氣勢洶洶，左右跟隨的全是衣甲鮮明的武衛軍。崔義玄見班中有太子洗馬韋季方和御史李巢，突然臉色一沉，手一指，下令道：「拿下！」好幾個武衛軍撲上來，立刻將韋季方和李巢按著跪下，摘去官帽，脫下官服，反剪雙手，用繩索捆綁。韋、李二人一邊掙扎一邊大聲喊冤枉，崔義玄連連冷笑道：「冤與不冤，可不能由你們說！」

眾大臣不知發生了什麼事，接著又要抓什麼人，低頭俯首，戰戰兢兢。就在這時，遠處又傳來一陣皮靴著地的橐橐聲，接著，邊門閃出中書令李義府、侍中許敬宗。這二人是隨駕去了洛陽的，此時趕回，各捧文書，口中稱敕。大臣們明白上主菜了，一齊跪地山呼萬歲，於是，先由李義府宣旨。

李義府手中這道聖旨是對侍中韓瑗來的，說韓瑗與褚遂良、柳奭朋比為奸，非議朝政，「念其昔日襄贊之功，不忍刑誅，褚遂良貶為愛州刺史；韓瑗貶為振州刺史，柳奭流放嶺南。」

這道聖旨是對三個大臣的處罰，褚遂良、柳奭都是已貶之人，雖然這次貶得更遠，但人已不在京師，所以只有韓瑗一人聽宣，聖旨令他馬上交卸離京，不准逗留。

接著，又由許敬宗宣布第二道聖旨，這是針對太子洗馬韋季方、御史李巢的處分，說他們勾結大臣，圖謀不軌。這罪名當然比非議朝政要嚇人得多，處分也不是貶官，而是立即逮捕，關入大牢，交御史嚴訊。

李、許二人宣布完旨意，面向百官，咧嘴一笑，又拱了拱手，說聲打擾各位了。手一甩，便一前一後，押著韋、李二人走了出去，只留下崔義玄於一邊監視韓瑗辦交卸。

崔義玄就是在睦州鎮壓女皇帝陳碩真的刺史，因有功，去年升為左肅政御史。眼下他得意洋洋地立在一邊，百官中與他有交情的便笑著上來打招呼，順便想探一探口風。崔義玄卻紋絲不動，守口如瓶，問急了只說，此案由皇上直接交下來，由一司空、三宰相、一尚書共同主審，鄙人不過承辦差事而已。估計還有後命，相信水落石出之日，一定會讓諸君大吃一驚。

眼見韓瑗被貶，來濟自然吃驚不小。出仕就在刑部任職的他，熟悉朝章典故，更清楚辦案程序，但凡欽犯，哪一級的臣子，將由哪一級的人主審，都是有章可循的，如果涉案人是大官，審他的必然也地位相當。此案竟然直接交五大臣承辦，可知背景複雜，涉案的人地位高，說不定這將是繼房遺愛一案後的又一次大獄。

想到此，來濟不由為無忌擔心。此時無忌雖未在場，但長孫沖就立在來濟的旁邊，宣旨時，來濟睃了長孫沖一眼，只見他臉色一下變得寡白，頭低得幾乎抵著胸口。來濟見他太露怯，忙輕輕地踩了他的足尖一下，示意他冷靜，無奈長孫沖的手仍一個勁地抖著，來濟只好上前用身子遮住他。

好容易等到韓瑗辦完交卸走了，其實是由崔義玄押著走出去的，眾人這才鬆了一口氣。

來濟本想立刻去見太尉，回頭一想，此時去有什麼意義，就是告變，也是長孫沖能做到的，再說，既然韓瑗被牽連，說不定自己也被人盯上，那麼，再去太尉府不是要害更多人嗎？

想到此，便哪裡也不去，而是直接回府，到家才派僕人出去打探消息。到上燈時，派出去的幾個親信都回來了，帶回的情況卻令來濟心驚肉跳。

有人說，眼下除韋季方、李巢兩家外，另有好幾個大臣家都被抄查；還有消息說，原太子洗馬韋季方自李忠被廢後，便思謀為其報仇，且與柳奭的外甥李巢一拍即合，又由李巢引進一個同黨，這同黨是仁壽殿的內監，是原王皇后的貼心人，因王皇后無辜被廢，此內監便替她抱不平，於是，三人密謀，準備在帝后食中下毒，待帝后一死，他們便要擁立太子李忠為君。另外，據李義府的僕人透露，此案背後還有主謀，且是親貴大臣，但問及具體是誰時，他又閃鑠其詞，不肯細說。

來濟聽在心裡，不由心驚肉跳。想起這以前自己的判斷，自己對長孫無忌下的評語——他雖貪婪，但更看重權力，絕不會甘心受一個女人擺布，所謂「血光之災」原來就應在這裡。聽崔義玄口氣，此案有更深的背景，接下來肯定要追主謀，長孫無忌自然首當其衝，因為韋季方是無忌引薦的，就是這太子洗馬也是無忌向皇帝推薦的。來濟這麼一推理，不由為無忌捏一把汗。

「勾結大臣，圖謀不軌」。這可是要滅九族的，眼下連韓瑗也牽扯上了，韓瑗之後，緊接著肯定是自己，看來，武后要藉此興起大獄。自己身為大臣，該做的已做了，該盡的力也盡了，既然天意不可違，又何必再作無益的抗爭呢？

想到此，來濟的心反而平靜了。

第二天，他照舊入宮辦事。路過崇仁坊太尉府，他讓車夫慢些走，自己在車中向外面張望。情況果然很反常，原已漸趨冷落的太尉府，今天大門洞開，門前的人似乎多了起來，仔細一看，除了一些形跡可疑的閒漢，便是身著左武衛軍號衣的士兵。一個熟悉的廚子欲出門買菜，正向守門的交涉，看樣子是出不了大門。

來濟的心一下蹦到了口中。看來，事態的發展比意料中的要快，無忌被軟禁起來了。他實在看不下去了，連忙催車夫急走。

這一天，人雖在南牙坐著，卻一直無心做任何事，到中午時分，大臣們陸陸續續聚在一起，談的無一不是有關逆案的情況。

昨天，韋季方和李巢被捕後，立即被分別關進了詔獄。

皇帝本是指定司空李勣、中書令李義府、侍中許敬宗、辛茂將及新拜兵部尚書任雅相主審此案。李勣、辛茂將、任雅相目前仍隨駕在東都，所以只是掛名，真正負責審問的便是李義府和許敬宗。

李義府和許敬宗連夜提審二人，要他們承認謀反，且供出主使人。初審時口氣較客氣，李義府並以同鄉的關係，誘使韋季方說出真情，無奈二人異口同聲，說絕無此事，待李義府拋出那個同夥內監的親供，二人這才無話可說，但又一口咬定，自己只是為廢太子打抱不平，只想謀害皇后，並不想謀害皇帝，而且，背後並無主使。

李義府和許敬宗看夜色已深，便吩咐退堂，將人犯押下天明再審。不想半夜時分，巡視詔獄的獄監索元禮來至關押韋季方的地方，忽聽撲騰一聲，用燈一照，發現韋季方正用腰帶將自己掛在樑上，企圖自殺，只因這布腰帶不承重，將他墜下來。

索元禮不敢怠慢，乃派犯人陪著韋季方，連睡覺、吃飯都在邊上監視，又親自來向李義府報告。李義府於是和許敬宗商定，連夜草疏，上奏洛陽，報告情況，又整治刑具，準備嚴刑逼供。

來濟聽了，暗暗叫苦——韋季方、李巢都是文弱書生，之所以尋死，無非是一了百了，不連累他人。尋死不成，如何經受得大刑？到時只怕熬刑不住，聽任問官指使，信口誣攀，這一來，長孫無忌就危險了。

可形勢的發展不容來濟多想，傍晚，他準備下朝回府，就在這時，崔義玄再次出現在朝房，這回一繩子撒下來，卻是將來濟等好幾個平日與長孫無忌來往密切的大臣捆上，丟進了詔獄……

31

看到從西京送來的初審口供，皇帝的手不由抖了起來……

皇帝害怕見到的事，又一次出現了，這回受牽涉的雖不是親王、郡王，卻是當初在先帝面前苦苦力爭，極力主張立自己為帝的親舅舅。

這怎麼可能呢，阿舅怎麼會要毒死朕呢，這是連想也不會想到的。

可那天掖庭令的報告說得有鼻子有眼——起因是有人向掖庭令檢舉，說原上陽宮某內監幾次不經請假外出，這天又假說去看同鄉，回來後，偷偷摸摸將一個包藏於床下，別人問起時，神色有些不正常。掖庭令派人去這個內監房中搜查，竟發現布包內除了一些散碎金銀，便是一小包砒粉。這些金銀是這個內監拿不出的，而砒粉則更不能帶進禁苑。

於是這名內監被逮捕了，且立刻遭到嚴刑拷打。此人承受不住酷刑，終於供出了實情：這些日子，他外出是會見從京師偷偷趕來的太子洗馬韋季方和同鄉李巢，這毒藥的提供者也是李巢。李巢告訴他，他們是奉太尉之令潛來東都的，太尉說，只要將這毒藥伺機下在帝后的食品中，事成之後，李忠即位，不但許他封侯，還另賜食邑一千戶。

皇帝聞報大驚，馬上下旨追捕已返回西京的韋季方和李巢，並委派辛茂將及任雅相兩人審理此案。

這兩人一個為侍中，一個為尚書，平日以穩健著稱。皇帝清楚，韋季方和李巢確實是長孫無忌的親信，但這只是保舉不當，若說無忌有心謀害自己，那是不可能的，哪怕有內監的親供，也一定是刑訊逼供的結果。所以，他派出兩個最穩重、且與長孫無忌無厲害關係的官員主審，這樣或可以避免出錯。

不想武后不同意這種安排。她認為，事情真相未出來之前，任何結論都不宜下，而且，此事背後若有太尉插手，那他就不是一般的角色而應該是主謀。那麼，讓辛茂將、任雅相出任主審則份量太輕。於是，她改變了皇帝的安排，另派李義府、許敬宗為主審官，派李勣為監審官，而任雅相和辛茂將只算是陪審。

派定之後，武后親自召見二人，囑咐他們一定要嚴加審訊，不得徇私情；另外，韓瑗與來濟向來黨附長孫無忌，經常互通聲氣，此番絕不會置身事外，加之二人朝中黨羽甚多，為排除干擾，應先將他們拿下。

皇帝拗不過武后，只好依她。眼下，李義府、許敬宗果然審出武后所願意看到的結果了，看完奏報，皇帝大惑不解地說：「說韋季方要為忠兒打抱不平，這還可信，因為他原是太子屬官；說李巢欲為廢后報仇，這也有可能的，因為他與柳奭沾親；但說阿舅要置朕於死地，這卻萬萬不可能，朕對阿舅不薄，阿舅怎麼會要害朕呢，這一定是犯人熬不住酷刑胡說的。」

武后雙肩一聳，望著皇帝輕鬆地說：「那麼，李義府、許敬宗說假話了？」

皇帝弄不清武后的本意，只好說：「這個，朕也不敢輕易下這個斷語，只是據朕推測，親戚中除了舅舅最親，還有誰可比呢？再說，阿舅還在先帝陵邊為自己造墓，準備死後就葬昭陵，陪伴先帝呢，他若想篡位，百年之後，又有何面目去見先帝，去見自己的親姐姐？」

武后想了想，說：「的確，以常情而論，你說的有道理——長孫無忌若有心害皇上，當初不主張立你為太子就是了，何必多此一舉，反弄個大逆不道的罪名？」

皇帝見武后口氣鬆動了，趕緊說：「是嘛，是嘛，既然今日，何必當初？這是人之常情嘛。再說，阿舅為國之元勳，舉足輕重，對他的處治，不能單憑小人一面之詞，朕，朕——朕要李義府他們慎重其事。」

說著，提筆就要作批示。不想武后卻輕輕地按住他的手，問道：「阿治，你打算怎麼處治此事？」

皇帝遲疑地說：「朕——朕只不過不讓事情擴大，也不願案件拖延。所以，令他們迅速結案，到此為止，不必再糾纏下去。」

不想武后連聲冷笑著說：「阿治，只辦脅從，放過主凶，你將何以服眾？再說，縱虎歸山，虎反傷人，這後患你想過嗎？」

皇帝說：「你不也承認阿舅無心害朕嗎？除了甥舅無好親，這是人情之常。再說，朕是在舅舅家中長大的，阿舅若有心害朕，朕還能活到今天？」

武后等他說完，不由長長地歎口氣，說：「阿治，你怎麼老是用人之常情來對待權力之爭呢？我不只一次和你說過，權力之爭，不能以常情而論。這以前，長孫無忌確實不想害你，因為他要利用你掌控朝中大權；可眼下形勢不同了，他的親信被我一一剪除，他那太尉只是個空銜，並無實權，不能再左右朝廷政局了。所以，他非這樣做不可。不錯，民間確有『除了甥舅無好親』一說，可是，親兄弟不更比甥舅還親嗎？為什麼玄武門之變，齊王元吉企圖害死先帝呢？就說這以前，由長孫無忌主辦的房遺愛一案，這房遺愛不也是功臣之後，且是駙馬嗎？那一案還殺了好幾個親王、郡王，還有公主、駙馬，可笑的是，你竟然哭著求情，連長孫無忌也說你是婦人之仁。可見無忌是清楚國法無私的。此番他是知法犯法，自尋死路，既然如此，我們賜他一死他也怨不得你我。」

皇帝喃喃地說：「媚娘，你可想過，阿舅不但是三朝老臣，還是朕的親舅舅，若將他處死，別人會問，為什麼貞觀朝的忠臣，到了兒子手上就成了逆臣了呢？這究竟是臣子有罪，還是皇帝糊塗，或者是縱容他犯罪，然後藉機殺之？再說，這事落到史官筆下，又不知會作出一篇什麼文章出來呢！」

誰說皇帝不想事呢？他前瞻後顧，想得可多啊！武后不覺感慨系之，說：「阿治，你真不該生在帝王家啊！權力之爭，原本就是這麼回事，今天是你的忠臣，保不定後來就成了逆臣、叛臣，像侯君集，他不是在玄武門之變中，為先帝立了大功嗎？可才幾年，不就又以謀反罪被先帝殺了？古往今來，權力的圈子內，人人都是如此，厚顏無恥與翻臉無情是常用的兩手絕活，一旦好話說盡之日，大概也就是壞事做絕之時。阿治，先帝將江山交付與你，你可要多學多思啊！」

皇帝一怔，一時想不出話來反駁，只呆坐在御座上，木然地望著武后——直到這時，皇帝才發現，武后與他談到朝廷政務時，不知幾時變了口氣，不是商量，只是告訴，極不耐煩的通知，口氣且咄咄逼人；她稱呼他，不再是「皇上」、「臣妾」，而是「你、我，」似乎他們之間，不再是赫然、懍然的君臣關係，而只是一般的同僚。皇帝很憤怒，很想恢復到從前，但不知怎麼，這面皮就是拉不下來，而且，自己的目光一旦與武后對接，總是怯怯的，不敢相持，只一下便敗下陣來，皇帝終於明白，自己的君威已隨著權力的轉移而早就不在了，這一切都是自己造成的啊！

這裡武后卻沒有留意皇帝臉色的變化，仍滔滔不絕，大談古往今來，宮廷政變、骨肉相殘的往事，才說過隋煬帝親手掐死父親，又說到隋煬帝本人之死——她雖不便說，奪煬帝江山的高祖李淵，就是煬帝的嫡親表兄弟，但那個用彩帶勒死煬帝的，不就是煬帝的姻親宇文化及嗎？說到此，武后厲聲說：「阿治，你好好想想，為爭坐江山，連親生父親都要殺，又何況甥舅呢？」

皇帝不得不承認武后說的全是事實，但感情上卻怎麼也轉不過彎，待皇后說完，他長長地歎口氣說：「雖然如此，朕絕不忍親手加刃於阿舅。」

說完，那眼淚便像斷了線的珠子，撲簌簌地往下掉。武后想起皇帝為親人求情已不是第一次了，不由苦笑著為皇帝擦淚，又輕柔地說：「阿治，你的心太仁了，可惜國法條條，不能寬展，不然，你將何以治天下？」

皇帝淚眼汪汪地望著皇后，哽咽著說：「那照你說，朕的舅舅也難逃一死？」

皇后說：「不一定，這得看韋季方、李巢接下來的供述。不過——據我推測，長孫無忌前後形跡，很是可疑，最後成為本案的主謀是完全可能的。他也應該清楚，參與謀逆是十惡不赦，要滅九族。」

皇帝一聽要滅阿舅的九族，不由慌了，說：「媚娘，朕的媚娘，你就饒阿舅一回吧。」

皇后冷笑著說：「阿治，怎麼說你呢，你大概鬥雞鬥瘋了，每次把處理國家大事也當成了鬥雞，贏了哈哈一笑，輸了下回再來，這怎麼行呢？他都要你的命了，還一口一聲舅舅呢！跟著我說，他是罪臣長孫無忌！」

皇帝嘴張了張，就是不說。武后只好站起來，把御案上的筆提起，蘸滿朱墨，遞到皇帝手中，說：「寫吧，寫吧，就寫『字諭李義府、許敬宗知道：務必嚴厲查處，追出元凶，萬萬不可寬縱。』」

皇帝默然地聽著，雙眼滴溜溜地望著皇后，就是不接那支筆。皇后逼急了，他仍疑疑惑惑說：「媚娘，你說說，這事是否有先兆，或者說，你事先有察覺？」

皇后說：「何出此言？」

皇帝說：「本來嘛，我們在京師好好的，就說關中糧食歉收，也不是解決不了的大事，往年也是這樣，可你為什麼忽然想起要到洛陽來？肯定是你看出了什麼，於是，欲擒故縱。」

皇后微笑著說：「阿治，你其實並不糊塗，看來，你也是有懷疑，不然，怎麼和我想到一起了。」

皇帝說：「朕只是猜想，只是推測，你，你卻真的行動。」

皇后說：「什麼猜想、推測，你也不想想，長孫無忌自恃先帝舊臣，眼裡一直就沒有你這皇上，你親自上門請託，面對懋賞殊恩，他居然受之不疑，卻不為你說話。目無君上，還不該死？後來，廢后立后，他雖不出面反對，卻操縱韓瑗、來濟、褚遂良當面頂撞，褚遂良出言無狀，本是死罪，他卻攔在前頭，將其保下。可罷黜李忠時，他居然首先上奏，主動提出，這分明是欲蓋彌彰。我們雖然來在東都，其實我無時不在關注西京的動靜，就在他的左右，也不乏我的耳目，他以著書為由，閉門不出，暗中卻頻頻與其親信往來，我能不加意防範？」

皇帝聽到這裡，不由站起來，指著皇后說：「原來你是在設陷阱，阿舅或許並不想走這步路，是被你逼的！」

皇后不動聲色地冷笑著說：「什麼我逼的，你怎麼不說人無傷虎意，虎有害人心？如果一開始他就能順從你的意思，能走到今天這一步嗎？還是那句話，你是皇帝，他是臣子，如果想不到這層，那是他自己找死！」

皇帝終於明白，自己若再與皇后硬頂下去，舅舅一條老命更難保全了，而且，很可能誅連更廣。

想到此，他勉強接過了那支朱筆……

第八章 雄風掃地

32

日子一劃，又是幾年。

殷王李旭輪也四歲了。武后雖有四個親子，卻沒有一個女兒，想起高祖有十九個公主，太宗更有二十一個公主，武后便不無遺憾。她本有一個可愛的小公主，卻還在襁褓中，便被自己掐死了，想起當初情形，她雖遺憾，卻不後悔——幹大事的人，從來不顧小節，自己若不狠心，又哪有今日？她私下留意，皇帝其實也常叨念這事，蕭淑妃雖為皇帝生了兩個公主，但淑妃獲罪後，皇帝便不親近這兩個女兒，鑾駕東巡，兩個公主仍留在西京，武后私下授意掖庭令，將她們鎖禁。皇帝不知這些，私下常思念女兒，面上卻不敢有些許流露。

武后看在眼中，其實，她眼下也想女兒，皇帝不在身邊時，她常將公主昔日戴過的首飾、玩過的玩具翻出來，悄悄地看。不想也是天從人願，年初，她發現自己再次懷上了。已有孕娠經驗的武后，發現此番有些反常，這就是嘴中常翻酸水。她把這情況告訴母親，榮國夫人是明白皇后心事的，忙向女兒賀喜說，酸是好吉兆，因為民間有男鹹女酸之說。

一聽懷上的可能是女兒，武后也喜出望外，她把這消息告訴皇帝，皇帝也很高興，一邊傳旨讓太醫來為皇后把脈，一邊又傳諭宮中隱婆，預測產期。

待十月中旬，武后果然產下公主，當下樂壞了皇帝，立刻傳諭朝臣，免朝三日，滿月之日，朝臣爭著上表恭賀，皇帝高興，賜宴群臣。又為公主取名李令月，封號為太平。按以往規矩，公主得賜食邑三百戶，皇帝嫌三百太少，特旨增為兩千。

地位已逐步穩固的武皇后，這年終於衣錦還鄉，回到了并州老家。

并州本是李唐皇朝的發祥之地，當年許多從龍舊臣埋葬於此。所以，皇帝一到太原府，立即去祭祀那裡的功臣宿將墓地，參觀高祖舊居；皇后卻忙於接見老家文水縣的父老及命婦，賜宴、賜帛加勳級。

擾攘了整整兩個月，這才回到闊別已久的西京。一路風塵，皇帝顯得很疲勞，終於引發頭風，輾轉床榻，不能視朝，政務的處理只能完全由武后代勞。

武后對處理政務很有興趣，既然得到了皇帝的授權，於是當仁不讓，先還大事奏裁，小事立決，到後來，就是大事，也不讓皇帝知道——那支御筆，在她手上就像繡花針一般出神入化。

為了讓皇帝安心養病，她以太極宮內湫濕，不利皇帝養病為由，開始為皇帝擴建新宮。龍首原上的大明宮地勢較高，原是太宗修建給太上皇居住的暑宮，前有一大池名蓬萊池，適宜養病，於是，下旨將其修葺，改其名曰蓬萊宮，移皇帝於此宮中療養。

皇帝病了近三個月才下床，只覺四肢疲憊，渾身乏力。於是，常帶幾名內侍，順便也帶上太子李弘，信步在宮中遊走，活動筋骨。

李弘已八歲了，比起三個同母弟弟，李弘更斯文、更清秀，有些像個女孩兒。皇帝非常喜歡這個兒子，決定讓他監國——在一邊看父親或母后處理朝政，平日無事便帶上他，有時盤問功課，有時也給他談自己處理政務的體會，父子非常融洽。

這天黃昏，鬼使神差似的，在宮中閒步的他們，竟走到西內後邊一處極偏僻的庭院，這裡是宮中處理污物的地方，在掖庭後面，與皇城芳林門僅一牆之隔，是皇帝平日不來的地方。遠遠望去，這一帶花草凋敝，荒徑苔生，邊上有一小院，被荒草古樹所掩蔭，僅露出一道紅牆。

皇帝見如此荒涼，正要退出。不想就在這時，忽然聽到一個熟悉的聲音，在輕輕地吟唱，聲調很是悲戚，他傾耳一聽，原來是一首宮詞：

舊愛柏梁台，新寵昭陽殿。
守分辭芳輦，含情泣團扇。
一朝歌舞榮，夙昔詩書賤。
頹恩誠已矣，覆水難重薦。

皇帝終於聽出這是王皇后在輕吟，細聽歌詞，滿是淒婉哀怨之意——時間似流水，輕輕滑過，十餘年患難相隨，一朝拋棄，一晃數年，幾乎把這事忘了，她眼下還好嗎？於是，他走近來，卻見院門緊閉，上面掛一把大鐵鎖，旁邊一個小洞，像是傳遞東西之處。皇帝嘴向鐵鎖一翹，向身邊內監周力士說：「打開。」

周力士嚇得混身發抖，低頭說：「皇上，王蕭二氏自貶入此院，此院鑰匙便為掖庭令親自掌管，沒有皇后懿旨，誰也不能開門。」

皇帝說：「胡說，難道吃飯也不能出來？」

周力士膽怯地指了指旁邊那個小洞說：「吃的就從這小洞遞進去。」

皇帝低頭一看，門上這鐵鎖果然鏽跡斑斑，分明是很久未開過的樣子。皇帝急了，讓周力士砸門，力士找來一把鐵錘，戰戰兢兢，連砸幾下，才將鐵鎖砸開，皇帝走了進去，只覺一股穢氣迎面撲來，薰得皇帝倒退兩步，睜眼一看，只見幾椽偏廈，三間爛房，小間土炕草席上，坐兩個活鬼——分明是王皇后和蕭淑妃，蓬頭垢面，消瘦慘白，渾身破麻衣，比乞丐還不如，神情異常，與瘋子差不到哪裡去。

二人一見皇帝，立刻認了出來，且傷心地大哭。

皇帝見此情形，也不由惻然——和王皇后結婚時，自己還是親王，居藩邸。因為儲位之爭，兄弟暗鬥，皇帝怕受池魚之殃，夫妻常終日彷徨，心驚膽戰，那患難與共、悲喜相同的情景，又浮現在眼前，當時能料到今天這結局嗎？天堂與地獄，難道就因這一念之差？

李弘也認出了二人——王皇后未廢時，以嫡母的身分，對他們兄弟十分愛護，他領著弟弟去請安時，她常賜他們好玩的，好吃的，且拉在身邊，問長問短，撫摩著他們的頭，比自己母親還親還慈。不想幾年前，她竟突然從他們兄弟的視野中消失了，眼下見她們成了這個樣子，嚇得雙手發抖，眼淚竟不自覺地往下掉。

皇帝一時沒有辦法，見王皇后瑟縮著身子，似是很冷的樣子，只好脫下身上長袍，親手為王皇后披上，揮揮手，說：「你們等著，朕一定赦免你們。」

皇帝滿肚皮火氣，本想要找武后發洩，可回到上陽宮，只見武后正凝神批閱奏章，面對堆如山積的文件，她專心致志，半點也不敢懈怠。皇帝看著，心中很是感動。想起這些日子，自己疾病纏身，全靠她操勞政務，朝乾夕惕，宵衣旰食，把政務處理得井井有條，若換上別的女人，一萬個也頂不上她。於是，只好把這口氣忍了，悶悶地坐於一旁，不說話。

皇后看在眼中，動了動身子，仍未放下手中之筆，待把一堆奏章批完，這才走過來，伸手摸摸他的額頭說：「阿治，你臉色怎麼發白，今天去哪裡了？」

皇帝說：「不就是在西苑走了一圈嗎？」

皇后一聽，認真地看了看皇帝的臉色，盤問說：「都是些什麼人跟著，可是乘步輦？」

皇帝說：「乘什麼步輦，御醫不說要多活動嗎？就朕和弘兒，父子二人，還有御前幾個常侍跟著。」

皇后用關切的口吻說：「阿治，你病體才康復可不要到處亂走啊，這宮中本是刀光劍影之地，孤魂怨鬼何其多也，弘兒還是個孩子，傍晚天色陰霾，陽氣不旺，萬一撞上鬼魅妖物，不是要嚇著他嗎？」

皇帝長長地歎口氣說：「是啊，刀光劍影，骨肉相殘，孤魂怨鬼，處處皆是，可朕自認沒有對頭，弘兒更是天真無知的小孩，我們父子怕什麼？」

皇后疑疑惑惑地望他一眼，沒有作聲。倚在邊上，坐了半晌，見皇帝懶懶的躺在胡床上，半閉眼睛，誰也不睬的樣子，便拉一條褥子蓋在他腿上，並在他身上輕輕地拍著說：「你就早點睡吧，為不打擾你，我先移到偏殿去。」

說著，就抱起一疊未批完的奏章走了出來……

33

皇帝其實並沒有睡著，他一閉上眼睛，眼前立刻浮現出王皇后和蕭淑妃的影子，過去的六宮領袖，而今竟成罪囚，從狗洞中討生活。忽然，他記起自己當年對她們的處分：廢為庶人，移居別院。別院，應該還是住人的地方，怎麼變成了狗洞呢？

「守分辭芳輦，含情泣團扇」，「頹恩誠已矣，覆水難重薦」。他耳邊又響起王皇后的歌，他想，王皇后就是到了這一步，對朕也是怨而不怒呢，當初她為什麼要那樣不顧一切、做出傷天害理的事呢？

輾轉反側，久難成眠。偶然抬頭，瞥見偏殿燭影搖紅，有人在竊竊私語，他想，這是批閱完奏章的皇后在和宮女說話。也懶得起來，只在榻上翻來覆去地等著皇后，不知什麼時候才昏昏睡去……一覺醒來，已是紅日在窗了，想起昨天的承諾，說不定王皇后和蕭淑妃正在翹首企望。他趕緊起來，盥洗已畢，匆忙用過早膳，便仍然領著李弘、並帶著周力士往西內來。

此番周力士很積極，不像昨天那樣小心翼翼，畏首畏尾，帶著皇帝直奔後宮，逕往幽繫王皇后的偏院來。不想到了偏院，只見院門大開，草席上卻空空如也，除了兩隻破碗，一綹青絲，再也不見二人蹤影。

皇帝心焦，忙令周力士尋找，自己也到處查看，口中則連連呼喚王皇后和蕭淑妃的名字，可小院才多大的地方，一眼便可看穿，哪裡還有她們的影子？

想起昨晚武后在偏殿的竊竊私語，皇帝什麼都明白了——自己的探視，竟成了一道了結她們生命的催命陰符，想起過去的情份，五內俱焚；李弘也在到處尋找，失望之餘，竟撿起那一綹青絲，嚎啕大哭……

皇帝終於又病倒了，這回他不言不語，只靜靜地躺著，御醫把脈，脈濡而緩；瞧舌苔，苔厚而白。問起病症，只說胸悶頭暈，御醫便說無大礙，不過是腎火旺盛，水不生木，木鬱化火，生熱致病，宜用清熱躁濕之法，用藥以黃柏、蒼朮為主，佐以薑汁、牛膝，共開了七劑，並奏請皇上，靜心養氣。

御醫把脈時，武后一直坐在不遠處看著，待御醫一走，她又接過處方細看，然後冷笑說：「什麼水不生木，分明是西內那邊不清吉，遇上鬼魅了。」

皇帝把頭偏過一邊，不理不睬。

皇后瞧在眼中，並不計較，見皇帝嚷頭暈，就湊攏來，動手為皇帝按摩頭皮，十指尖尖，在皇帝額上輕輕掐捏，皇帝感到舒服，不知不覺就把頭轉過來。

皇后一邊為皇帝揉捏，一邊與皇帝講故事，皇后的故事多與鬼魅有關，且都是皇宮中的鬼。長安本是古都，秦漢以來，歷代爭戰，殺人盈城，皇宮更是最後的爭奪之地，每改朝換代，新皇帝入宮，哪回不是屍如山積？就是太平之日，宮妃們爭恩奪寵，暗中較量，不弄到宮門喋血，白練懸空的結局能收手嗎？儘管大殿上有鎮殿之神，鬼魅不得進入，但皇宮之大，何處不可遊蕩？所以，守夜的內監，獨宿的宮女，往往就有遇鬼或被鬼魘的事，而且，哪個宮女投繯，哪個內監賜死，往往事先有徵兆，老年宮女、內監們，無事時聚在一起，說起遇鬼的事，活靈活現，甚至白日見鬼——那是縊死多年的宮女拖著長長的舌頭，在宮中遊走呢。

皇帝膽小，最怕這些。當年讀《左傳》，老師說到齊襄公殺公子彭生，後來射獵郊外，遇一大野豬，「人立而啼」，是為公子彭生的冤魂時。他就嚇得直抖，一閉上眼睛，面前就是那血淋淋的場面。眼下聽皇后一說，果然覺得背上麻噤噤的，不由緊緊地摟住皇后，說：「冤魂就不能禳解嗎，朕想做一場大道場，超度古往今來所有的冤魂，讓他們早早投胎，再生人界，不要再在宮中作祟，嚇唬好人。」

皇后微笑著說：「阿治，你果然是仁人之心，冤魂之所以為冤，就是無法禳解的，也無法超度的。而且，只要有爭競，就會有敗走下風、含冤莫訴的，你哪能天天去為他們做道場呢？再說，世界原本就是物慾橫流的世界，人人處於爭競之中，這中間，自然就會有一部分人爭不過另一部分人，於是，活該倒楣。」

皇帝聽著，微微歎口氣，說：「朕明白，爭競之道，成者王侯敗者賊。所以，朕只想超度他們，從此後，活著的愉愉快快，死了的安安樂樂，這難道不好嗎？」

皇后冷笑著說：「阿治，看你都說些什麼，你究竟是要超度死人，還是想赦免活人呢？如果是後者，那你就是癡心妄想，這種人我是不會讓她們超生的！」

皇帝忽然爬起來，幽幽地說：「告訴朕，你究竟把她們弄到哪裡去了？」

皇后說：「什麼她們我們？」

皇帝說：「就是王皇后，還有蕭淑妃。」

皇后眼一瞪，說：「眼下宮中還有什麼王皇后、蕭淑妃，你病糊塗了吧？」

皇帝這才知道，自己一急，竟犯了皇后的忌諱，忙改口說：「就是廢后王氏、廢妃蕭氏。」

皇后瞪著皇帝，冷冷地說：「阿治，你果然還在想念這兩個妖婦，你忘了，她們是掐死我們的女兒，又還要害死李賢的仇人！這種人還能讓她們繼續活在世上，讓她們繼續來迷惑君王嗎？」

皇帝說：「這，這個事，好媚娘，當時處理時，是不是有些急躁呢，朕想，除了賢兒那一撮胎髮，再拿不出其他東西可資證明——」

皇后冷笑道：「你是說再無旁證嗎？晚了，昨晚我已下懿旨將她們磔死了，就用呂后對付戚夫人的辦法，讓她們死得很慘，下世投胎都四肢不全。」

皇帝一聽，雙手不由抖動起來，說：「真，真的嗎，你真做得出？」

皇后高聲說：「好啊，處分是你做出的，我不過幫你作個了結，你倒怪上我了。既然她們都是好人，我就是壞人了，那你就把我廢了吧，把弘兒也一道廢了吧，把太子的屬官也貶了吧，讓天下大亂，朝政大亂，讓你的臣子看你的笑話吧，讓他們說你是個反覆無常、賢愚不辨的昏君去吧！」

皇帝說：「你不要發火，朕不是這個意思。」

皇后說：「不是這個意思，是什麼意思？」

皇帝口中囁嚅著，聲音低得只有自己聽得見：「朕沒有重翻舊案之意，只不過有些——有些，不忍。」

皇后「哼」了一聲，說：「不忍？不忍的人只配去廟裡修行，不配在朝堂問政，我問你，古往今來，可有殺人手軟的皇帝？」

皇帝一時無話可說，只低頭不語。皇帝並非耳不聰，目不明，而是惡惡不能去，善善不能用——所謂想得到做不到。皇后見狀，冷笑一聲，翻身睡下。

34

皇帝前後病了大半年，待重新視朝，朝局已有了大的變化，不但過去長孫無忌的班底已被徹底撤換，就是宰相也換了好幾茬，皇帝記得有些事是武皇后曾與病中的他商量過的，有的卻是聞所未聞。皇帝仔細思量，覺得這些變動有的確實好，有的也無可無不可，既然已授權皇后，皇后做了也只能默認。

所幸的是此時邊陲卻頻頻傳來好消息，尤其是對高麗的戰爭正不斷地取得勝利。兩年前高麗丞相泉蓋蘇文病逝，他的三個兒子——嫡子泉男生和庶子泉男建、泉男產互鬥，泉男生派兒子泉獻誠投奔大唐求援，有他作嚮導，朝廷派司空李勣統大軍往攻，這一年竟然攻破平壤城，俘高麗國王高藏。

皇帝聞報，欣喜不已。

高麗偏居朝鮮半島一隅，藐視中原，拒不稱臣。自隋文帝時代高麗派兵攻遼西，中國與高麗之間便攻伐不斷，中國每次都無功而返，可以說隋煬帝末年，國內怨聲載道，就與征伐高麗有極大關係。待李唐皇朝建立，太宗也曾兩次御駕親征，直至晚年，戰猶未已。此番居然大獲全勝，這是足可告慰先帝於九泉的大喜事，能不讓朝野上下，大慶特慶？

紅旗報捷之日，群臣紛紛上表賀喜，又一齊勸進要為皇帝上尊號，皇帝採納群臣的建議，下旨由宰相合議，乃為高祖上尊號曰高祖神堯大聖大光孝皇帝；為太宗上尊號曰：太宗文武大聖大廣孝皇帝；加皇帝尊號曰：天皇大聖皇帝。

天皇大聖皇帝心喜，思前想後，不得不歸功武后，王皇后和蕭淑妃的慘死，雖在他心中留下難以彌合的創傷，但他回過頭來，又不得不佩服武后的果敢和魄力，她慧眼識人，也能大膽起用新人，在選將出師時，力排眾議，重用老將李勣，並瞅準時機，接受泉獻誠的投誠，最終破敵致勝。對於這些，皇帝自愧弗如。

這天下朝回宮，皇帝在武后面前殷勤獻了不少，晚上在皇后面前也極盡綢繆——病後的皇帝，自覺體力大不如前。後來，他找到一個貼心的御醫，讓他開了不少亢奮之藥，服後頗覺稱心，面對年已望四，卻依舊豐容盛鬋、婀娜多姿的武后，不由使盡平生手段。戰罷下馬，還旁若無人地說：「若不是偶染小恙，朕此番一定御駕親征，上得戰場，親操戈戟，親擂戰鼓，要讓高麗小鬼嘗嘗朕天皇大聖皇帝的厲害，說不定還弄幾個高麗美女來充實後宮！」

先天不足的皇帝，病了半年，更像一隻閹雞，冠子都倒了，泛白了，渾身上下，半點雄風也無，今天一反常態，竟撲楞著翅膀，擂鼓而攻。武后明白，這不過是焚林而獵，涸澤而漁，再而衰，三而竭，能逞什麼豪傑？果然，才開始接觸，他雖沒像以往那樣早洩，卻也疲癃殘疾，銀樣蠟槍頭。於是微笑著說：「得了吧，阿治，你一塊地也撂荒半年了，還想種大片的地？」

皇帝不意武后如此掃興，不由俯身勾著她的鼻子，連連刮著說：「怎麼，你還不服嗎？你敢說，朕戰你不過？」

武后不想糾纏，只好說：「服，服極了，皇上神威，真是攻無不克，所向披靡，卻也讓人望而生畏。」

皇帝從武后話中聽出了勉強，聽出了嘲諷，不由說：「不，你這不是真心話，你說說，朕變換招術，頻頻進攻，你難道不能從中體驗到朕的果敢和英銳？」

武后只想從這無聊的話題中解脫出來，於是說：「得了吧，阿治，我們何不換一個話題？」

皇帝說：「御榻之上，肌膚相親，你不說這個，還有什麼別的話題？」

武后說：「眼下你是天皇大聖帝了，可聽說過隋朝的二聖？」

皇帝一怔，沒有接茬。武后又說：「得了，獨孤皇后的妹妹，還是你的曾祖奶奶呢，你應該清楚。」

皇帝當然清楚，隋文帝的皇后獨孤氏，與高祖李淵的母親是親姊妹，她出身鮮卑貴族，文帝只有依靠她，才能招撫宇文氏等鮮卑貴族集團，所以，文帝經常讓獨孤皇后參與朝政，宮中因此有「二聖」之稱。可是，眼下武后怎麼忽然說到「二聖」呢，皇帝在沉吟，他不是不知獨孤皇后，而是不願接著談下去。

武后見皇上不說話，又說：「煬帝雖為亡國昏君，父親文帝卻不失為一代英主，這從他讓獨孤皇后分掌朝政一事上便可看出來，因為他實在少不了這個賢內助。」

皇帝更不想接茬了——他雖離不開武后，卻不想學隋文帝，公然在朝堂上，帝后並尊，稱「二聖」。於是，他再次岔開話題，說：「不說這些了，你剛才說朕一個女人也戰不下，你憑什麼說朕戰你不下呢？」

剛才已是雄風掃地的皇帝，憑藉著藥物的力量，眼下又蠢蠢欲動了。武后不由心煩，她不喜歡這種拖拖拉拉的作風，喜歡的是他父親那種披堅執銳、橫掃千軍的攻勢，望著眼前的皇帝，不由又想起他的父親，想起那一場刻骨銘心的龍戰，於是推託說：「得了吧，你這也算是戰？」

皇帝說：「怎麼不是戰，當年王皇后、蕭淑妃都甘拜下風，四妃九嬪更是不待朕上得馬來，便早已渾身酥軟，連說話都不俐落了，你憑什麼輕看？」

一聽皇帝又提起王皇后和蕭淑妃，武后更煩了，於是說：「別說了，要知道，凡事要有比較才能分高下，她們有何見識？又有何比較？」

皇帝一聽這話，一下呆了——要說，男性的自尊，莫過於雄起；男性的自卑，莫過於雌伏，就是公雞，在撲楞著翅膀走向母雞時，不是也要抖出昂首闊步、傲視天下的雄風嗎？何況還是君臨天下、心雄萬夫的天之驕子？眼下武后居然說他無能，這在耳聰目明的皇帝聽來，大概就是最損人、也最揭短的話了，不是男人，還是人嗎？凡人都可氣得上吊，皇帝能不氣？

一時之間，他憤怒到了極點，眼前電光石火，心中急管繁弦。他想，這個賤人，居然說出這等話，這不是拿我們父子作比較嗎？一邊沐浴著朕對她的雨露之恩，一邊竟還在想她的前夫，須知這前夫可不是別人啊！

有此一想，皇帝不由浮想聯翩，勾起舊仇新恨——為了她，自己蒙受外廷的非議；為了她，自己和親舅舅翻臉；為了她，父子骨肉分離；還是因為她，王皇后、蕭淑妃死於非命；由此及彼，疑雲頓生，那麼，小公主的死，對潞王的厭勝，究竟是否另有真相？

想到此，皇帝忽然覺得自己真蠢，這個女人比自己整整大了四歲，雖然每天刻意打扮，但鉛華畢竟蓋不住青春的流逝；人老珠黃，這可是上天的公平與公正，後苑百花盛開，千紅萬紫，為什麼要抱著著這株老梅不鬆手呢？

皇帝有此一想，不由怒火中燒，他忽地爬起來，往外就走。武后也自知失言，不由起身來拉他，可皇帝卻手一甩，將武后的手擋開，顧自走了出來。

35

第二天上朝，皇帝斥退眾臣，獨留上官儀於偏殿說話。

皇帝眼下已成了真正的孤家寡人，左輔右弼全是武后的人，放眼朝堂，誰也稱不上是他的股肱。

「利器在手，不可假人」。這可真是至理名言呵！皇帝直到這時才明白，自己對武后的放縱，最終將導致什麼，他好悔啊！

西台侍郎、同東西台三品上官儀，是武后臨朝超擢的一大批新進中，皇帝唯一熟悉的官員。他是貞觀初年中的進士，召為弘文館直學士，遷祕書郎，皇帝即位後，以上官儀工詩賦，且能寫一筆好字而擢祕書少監，至武后掌政，乃拜為宰相。

自甥舅翻臉，武后對長孫無忌一黨窮追猛打——此案拖了年餘，當時因皇帝死死擋在前面，所以，這班人只是統統貶斥，長孫無忌貶黔州，且以揚州都督的名義，享一品大臣俸祿。上路時，皇帝且派兵護送，所過州縣，都盛情接待；而褚遂良先貶潭州，後貶桂州。有大臣上奏，謂桂州為用兵之地，倚之恐謀不軌，於是再貶愛州；韓瑗貶振州；來濟僅僅是出守庭州。

這樣的處分，皇帝是留有餘地的，只要過幾年，國有喜慶，覃恩普敷，赦免是理所當然的事。不想才半年，自己病倒，皇后臨朝，對他們這撥人的處分便一再升級——許敬宗令御史親自趕赴黔州，對長孫無忌嚴加審訊，最後逼得無忌投繯自盡；他的子侄也一個個遭到株連，斬首的斬首，充軍的充軍；褚遂良在憂懼中病死；韓瑗病死後，還被開棺戮屍。

這些消息，皇帝是斷斷續續知道的，當他聽到舅舅的死訊時，竟然偷偷地哭了。眼下皇帝把帳統統算在武后身上，作為一個男子漢，他要整頓家風；作為一個皇帝，他要大振乾綱，要狠狠地處治這個妖婦，並平反冤獄。但是，去哪裡找可倚信的大臣作助手呢，李義府、許敬宗是武后的人，想來想去，只有這個上官儀與自己尚有些淵源，於是，他只好找上官儀。

上官儀不知皇帝為何面帶怒容，且單獨召見自己，他一邊邁著緩緩的腳步，走進蓬萊宮，一邊遠遠地觀察皇帝的臉色，皇帝見他走近，忙換上笑容，賜他坐下，然後喚著上官儀的表字說：「游韶，你坐吧。」

這裡是皇帝寢宮的外間，只有一張胡床，眼下就皇帝坐著，上官儀哪敢上胡床與皇帝平起平坐，皇帝客氣再三，他謝恩後，才遲疑地在胡床上坐了半邊屁股，然後隔著小几，呆呆地望著邊上的皇帝。皇帝長長地歎口氣說：「半年不曾視朝，朝中氣象大變，讓朕傷心透了。」

上官儀聞言不由愕然，口中漫應道：「皇后代皇上處理政務，凡事一秉公心，未違聖意，至少——至少也是大事無違。」

皇帝不由搖頭，說：「你不要這麼說，什麼大事無違？朕問你，長孫無忌、褚遂良皆為先帝舊臣，先帝臨終，並承顧命，就說他們言語有所唐突，也應是小過無掩大德，可為什麼會憑空出現韋季方、李巢投毒案，且辦得如此不留餘地？」

李忠為太子時，上官儀曾任太子諮議，對李忠是有感情的，但當時大勢已去，他只能眼睜睜地望著李忠被廢。今天，皇帝竟然提到長孫無忌，且大有不平之意，這讓他很意外。他明白，皇帝雖然懦弱，卻並不糊塗。只是——當初長孫無忌等人犯的是逆謀大案，處理都是皇帝親筆朱諭，眼下怎麼又這樣說呢？他不知皇帝葫蘆裡賣的什麼藥，仍然小心地回奏道：「據微臣所知，長孫無忌一案，開始便證據不足，韋季方等人有可能是受刑後誣攀太尉，所以，皇上給的處分只是貶斥，且讓無忌享一品大臣薪俸，不過，後來複審，卻審出了謀逆實證——」

皇帝連連搖手說：「什麼實證，這分明是許敬宗為迎合皇后，用嚴刑逼供逼出來的。朕始終不相信親舅舅要謀害親外甥！」

聽皇帝說出這樣的話，上官儀這才放了心，但一想起這事是武后一手操辦的，只要武后還是皇后，這案就很難推翻，於是離座下跪，連連磕頭道：「皇上聖明，長孫無忌一案，說起來個中確有文章，皇上雖有心為其辯冤，但其人已死，曲曲折折，其難其慎，翻起來實在不易。」

皇帝說：「你起來吧，朕明白你的意思。這案子是皇后一手辦的，要翻還不容易。不過，皇后是趁朕患病時，背著朕辦的，朕可不能為了皇后就不顧親情啊！」

上官儀終於聽到自己想聽的話了。他不但不起來，且膝行至皇帝面前，低聲奏道：「皇上聖明，微臣心中有千般委曲，想向皇上一一剖白，望皇上恕臣妄言之罪。」

皇帝說：「你說，就是有什麼犯諱的話，朕絕不責怪你！」

上官儀於是大哭道：「自皇上聖躬違和，大權旁落。小人得志，忠良被冤。究其原因，竟是亂自內起。皇上若想撥亂反正，可得動大手腳。」

皇帝點點頭，說：「朕明白，卿謂亂自內起，實指武氏，眼下黃鐘毀棄，瓦釜雷鳴，志士寒心，海內失望，種種不堪，皆因朕宮中有此妖婦也，眼下朕決心廢棄武氏，游韶以為可否？」

上官儀不意廢武后的話由皇帝口中道出，不由磕頭道：「皇上聖明，武氏面似慈祥，其實心比蛇蠍，殘害忠良，流毒宮闈，皇上若能忍痛割愛，則不但天下臣民皆額手稱慶，就是我太宗文皇帝也瞑目於九泉矣。」

皇帝連連點頭，說：「卿勿多言，今日將卿留下，就為此事，卿可為朕草擬廢后之詔！」

上官儀聽皇帝這麼說，一時喜不自禁，竟然一連磕了三個頭，起身便欲告退。皇帝卻一把拉住他，說：「游韶要去哪裡？」

上官儀說：「臣回南牙草詔。」

皇帝搖手說：「那裡人多嘴雜，恐有洩露。卿就於此處草詔最好，不然，誠恐夜長夢多。」

上官儀承命，這才起身，跟著皇帝，來到一處極僻靜的場所。這裡除了一張胡床和一小几，再無其他設施，上官儀只好坐在胡床上，於几上扶起御筆，皇帝就立於一邊，每念一句，他就寫一句。

不想就在這時，忽聽後面走廊上環佩叮咚，隔著花格門一看，只見走廊上一隊宮女前導，武后在眾宮女簇擁下，嫋嫋婷婷地走了過來。一見這情景，上官儀心中十分緊張，只把眼來瞧皇帝，皇帝卻像被人施了定身法，呆呆坐著，一動不動……

武后一步跨進來，先是指著上官儀怒聲喝道：「大膽上官儀，竟然傲倨御座，手執御筆，皇帝反居爾之下，上下尊卑何在？爾莫非想造反？」

上官儀一看，立刻發現自己確實失儀，不由走下來，拜伏於地，且謝罪道：「臣一時糊塗，不該妄踞御座，請皇上恕臣失儀之罪！」

本是威儀無限的皇帝，一見武后，就像蠟做的菩薩挨上了烈火，頓時就軟下來，嘴張了半天，才囁嚅著說：「得，得——得，是朕讓他坐的。」

武后卻不依不饒，仍戟指著上官儀，斥責道：「君臣之間，應循禮而行，所謂俯仰有容，周旋中矩。如此君不君，臣不臣的，成何體統？縱是出自上意，做臣子的豈能不顧尊卑？這不是什麼失儀，是大不敬罪。」

此言一出，皇帝和上官儀都無言可答。武后卻柳眉倒豎，大聲怒喝道：「來人，將上官儀押下去，聽候治罪！」

後面立刻湧出好幾個執戟禁軍，不容分說，竟然將上官儀抓起來，往外就走，上官儀身不由己，只眼望皇帝，說：「皇上，皇上，微臣死不足惜，皇上可要拿定主意！」

皇帝正要下旨放人，不想武后目光如電，虎視眈眈地橫掃過來，皇帝撞上，不由一怔，那靠壯陽藥扛起來的雄風，再次蔫了，竟像酸水浸泡過的蘿蔔一般，把頭軟瘩瘩地低下來，望也不敢望上官儀，訕訕地就要往後面走，可憐上官儀就這麼被衛士押了出去，關進了詔獄。

這裡武后身子雖立在原地未動，聲音卻清楚地傳過來：「皇上——」

皇帝的腿立刻像被磁石吸住了，立在原地，一動也不敢動，只低聲說：「朕，朕，朕要去後宮休息了。」

武后冷笑著上來，一把挽住皇帝的手，說：「詔書未竟，焉能半途而廢，臣妾不才，可代皇上草詔。」

皇帝只好回轉來。這時，眾宮女、侍衛一齊退下，小屋子裡僅帝后二人，武后把皇帝捺在胡床上坐了，自己立在一邊，拿起上官儀草寫的詔書，邊看邊冷笑不止。皇帝只好說：「這，這，雖這麼寫，也是不能用的，中書令、侍中，都，都是你的人，就憑上官儀，能將其頒行天下嗎？」

武后一邊看，一邊咬牙切齒地說：「哼，你也清楚不能頒行天下嗎？可你畢竟寫了，看，你竟然說我也『謀行鴆毒』哩，怎麼在你手中，竟然連出兩個『謀行鴆毒』的皇后呢？你真蠢，就是要往我身上潑髒水，也該安一個新罪名呀！實話告訴你，阿治，宮中都是我的人，包括你的左右，我若真想謀行鴆毒，你能活到今天？」

皇帝低聲說：「媚娘何必認真，這不過是朕嚇唬嚇唬你。」

武后說：「嚇唬？哼，君無戲言，可知你每一句話，每一個行動，都是要由史官記入起居注的。」說著，回頭吩咐貼身侍女說，「傳史官，把皇帝今天想嚇唬皇后的話也記下！」

皇帝趕緊用手勢制止欲轉身的侍女，又拉住武后，低聲說：「朕知你確實對朕忠心，可你不該小看朕！」

武后冷笑一聲，開口便數落皇帝，說著說著，就傷心了。一邊哭一邊自己拍打自己的胸膛，悔恨地說：「阿治，你真不識好歹，我是看你久病才癒，讓你愛惜身體，有意勸你節欲！可你卻把好心當成驢肝肺。你既知我忠心耿耿，為何又要把我廢了，你把我廢了，還有誰會像我這樣來關心你？王氏能嗎，還有那蕭氏能嗎？她們倒巴不得一下就吸空你的骨髓呢！」

皇帝終於架不住了，說：「好媚娘，算了，我們還是和好如初吧，朕其實也捨不得廢你！」

武后卻不依不饒，籐長長，葉蔓蔓，狠狠指斥：「哼，阿治，你好無情啊！你想想，我對你怎樣？為防外戚干政，我仿文德皇太后筆意，寫了《誡外戚》一文，教育武家的人不得覬覦朝政，我被立為皇后後，為避嫌疑，竟把幾個親哥哥都貶往偏遠之州任職；你說，我在你面前說過要將他們調回京嗎？你病了，我為你挑起千斤重擔，不但政務處理得井井有條，還親操廟算，決勝千里，終於取得對高麗的勝利，好容易盼到紅旗報捷，國王就擒，你卻翻臉無情，背著我便妄行廢立，你就這麼待人嗎？你就用這樣的行為言傳身教你的臣子嗎？想想，真的好寒心啊！」

要說，武后說的也是實情，皇帝終於感動得掉下淚來，說：「好媚娘，過去的就讓它過去吧，朕再也不會幹蠢事了。」

武后說：「不然，說不定哪天你心血來潮，又會萌生壞的念頭！」

皇帝不由發誓道：「皇天在上，從今往後，朕若再有對不起皇后之事，就遭天譴，五雷轟頂，永世不得翻身。」

直到皇帝發下毒誓，武后這才轉過臉來，說：「好，我信了，可我不明白，我們不是好好的嗎，你怎麼忽然就生此惡念呢？」

在皇后咄咄逼人的追問下，皇帝怯怯地望著皇后，嘴中不斷地囁嚅，猶豫再三，好半天終於吐出幾個字：「不，不，不關朕事，是，是，是上官儀教的——」

武后一聽這話，忙說：「好啊，我早就看出來了，我們本是恩愛夫妻，你怎麼會幹出這種翻臉無情的事呢，原來是有奸臣挑撥離間，上官儀逢君之惡，離間帝后，其目的不言而喻，這個上官儀，我要他不得好死！」

說著，當著皇帝的面，傳諭召見中書令李義府、侍中許敬宗、御史崔義玄，待他們進來，武后不等皇帝開口，竟說：「西台侍郎上官儀謀反，你們知道嗎？」

李義府一怔，望武后一眼，見武后正瞪著一雙杏眼在望他，馬上會意。說：「上官儀本為長孫無忌死黨，無忌獲譴，上官儀多次在朝臣中為其鳴冤，並暗中與逆臣褚遂良等通消息，種種逆謀，微臣早有所聞，只是尚未掌握證據，臣等只能引而不發。」

武后又說：「就只是上官儀謀逆嗎，背後豈無主謀？」

許敬宗明白了，趕緊說：「上官儀本是廢太子李忠死黨，李忠被貶，他心中不平，欲行謀逆，這本在情理之中，據臣看，此事李忠一定是主謀！」

武后微微一笑，回頭對皇帝說：「皇上，李忠忤逆，上官儀謀反，原來左右輔弼早有察覺，看來，並非臣妾在冤枉他。」

事情本是皇帝引起的，皇帝能不救上官儀？他將責任全推到上官儀身上，原想只將他斥責一番，頂多也就是貶到外地為官就算了，不料武后一下將中書令、侍中、御史都傳來，且以廢太子李忠為罪魁禍首，看這陣勢，兒子難免不以謀逆定罪了，皇帝明白這份量，他雖不痛惜上官儀，卻為自己的兒子李忠的生命擔憂。沉吟半晌，抬頭用商量的口吻說：「此事是否緩一緩呢？既然中書令拿不出證據，殺之恐群臣不服。」

武后說：「中書令拿來不出證據是指以前，眼下他居然離間帝后，且與廢太子內外呼應，共同構亂，不是活生生的證據嗎？有道是當斷不斷，反受其亂。這等人若不殺，那不是任由亂臣賊子橫行無忌嗎？」

皇帝無奈地說：「既然如此，那就依你的罷，不過，李忠——」

武后冷笑說：「如果殺上官儀而赦李忠，可是重罪輕罰，放縱主凶，那又如何向天下人交代？」

皇帝想到親生兒子也難逃一死，眼淚又要滾滾而下了，但在武后那嚴厲的目光逼視下，囁嚅了半天，終於說：「唉，李忠不知獨善其身，這也不能怪父親無情了。」

武后於是問階下三個大臣說：「皇上的旨意，你們可聽明白了？」

三大臣一齊點頭，說聽明白了。武后於是揮手讓他們退下。皇帝吁了一口氣，用懇求的口吻說：「好了，媚娘，你也累了，好好休息吧！」

武后惡狠狠地瞥他一眼，沒有再說什麼。

一場風波終於平息了，但武后並不滿足。在她一再要脅下，皇帝終於公開下旨，以自己多病為由，讓皇后贊襄政務——實際上就是讓武后臨朝聽政，殿上帝后並坐，在接見臣下時，武后也自稱為「朕」，而臣子們稱之為「二聖」，皇帝已稱為「天帝」，臣子們便上武皇后尊號為「天后」。

不過，武后最大的收穫，還是終於弄死了李忠，須知李忠等三兄弟的存在，是她最大的心病。

第九章 聚麀後宮

37

皇帝自知鬥不過武后，只能徹底認輸，他明白權力有如光陰，一旦失去，是再也收不回了。從此，他意志消沉，大小事情，不聞不問，除了大朝時，還親臨大殿，與武后一起接受大臣們的朝賀，表示自己是君臨天下的皇帝外，政務完全交與武后，自己樂得優哉遊哉，做一個富貴閒人。

醇酒婦人，是英雄的無奈。皇帝算不得英雄，命運給他的安排就是無所作為。這以前，他依賴武后，離開武后便睡不著。可那次武后在御榻上的話深深地刺傷了他，從此他不願再去武后的寢宮。後苑百花盛開，為什麼要抱著這株老梅不放手呢？你不敬重別人敬重——他從此天天廝混在脂粉隊裡，在石榴裙下討生活，百無聊賴的他，除了縱欲，除了在別的女人身上，找回他那男子漢的尊嚴，現實他那大振雄風的願望，別無他途……

武后對此並不在乎。自己既然要攬權，便不能不放縱皇帝，權與欲，亦如熊掌和魚，豈能兼得哉？

可她一想起廢后風波，仍不無後怕。皇帝骨酥肉軟，只有奶氣，沒有剛強，算不得偉丈夫，可就是這麼一個天天要含著乳頭才能入睡的軟骨頭男人，居然背著你將大臣找來，陰謀廢黜，若不是親信前來送信，自己及時趕到，詔書一旦當眾宣布，那不一切都完了嗎？

李勣說過的，廢后與立后是皇帝的家事，合則留，不合則去。王皇后就這麼不經宰相頒詔而直接由皇帝廢了。

想想王皇后、蕭淑妃的下場，她的心不由戰慄了，男人是多麼靠不住啊，哪怕他不會任用權術，像一頭蠢驢，可蠢驢也有發倔氣的時候，得時時有人看護，一旦離開自己的視線，便會有意想不到的事情發生，須知他畢竟是皇帝，有人就服這副假面具，時時在盯著他，他雖不會殺人，手中卻有一把利劍。

想到這些，她便多次更換皇帝的身邊人，不但新成立左右武衛軍，派自己的提拔的親信作大將軍和將軍，且從朝堂到內寢，連一個小太監也不放過，凡能有機會和皇帝說話的人，無一不是自己的心腹。

但就是這樣，她的日子過得仍不輕鬆。這天，正百無聊賴，思前想後，一個輕盈妙曼的女子從外面走了進來，人還在前面的碎石甬道上，一連串的歡聲笑語便傳到了堂上：「哎呀呀，我的皇后姨姨，御苑的牡丹開得這麼好，怎麼一人悶在屋子裡，不去賞花呀？」

武后望她笑了笑，突然扳起臉說：「哪像你這沒人管的浪女子，整日瘋瘋顛顛的到處跑，我不是告訴你了嗎，沒事不准隨便進宮來，我已吩咐羽林將軍李常清了，沒有我的宣召，不准你進宮，怎麼，他沒能攔住你？」

李常清是羽林軍的指揮，負責宮門的出入，自然是武后的親信。

誰知女子笑得更歡了，且不以為意地說：「哼，李常清一看見我，臉都笑歪了，一身就像沒有骨頭似的，能管住我嗎？我看，您要想管住我，只能吩咐那些石頭，在我面前，連馬駒子都要抽出那根騷鞭來，只有石頭才是無情物。」

武后不明白她說什麼，不由倒一句道：「什麼石頭？」

女子格格地笑著，向戶外走廊上呆呆立著的小內監一指，說：「呶，那不是嗎？這些個騸馬，光消耗草料，卻不能配種，皇后姨姨，真想像不出，這種沒有男歡女愛的日子，他們是怎麼過來的。」

武后一怔，叫著小女子的乳名說：「蘇蘇，看你都說些什麼，你以為你就是國色天香？」

女子往御榻上一歪，拉住她的手說：「怎麼不是呢，我的皇后姨姨，人家都說，武家的祖墳葬了美女穴，所以，一代要出一個絕色美女，上一代呢，就出了你，這一代呢，自然就是我了。」

武后冷笑一聲，說：「嗤——去你的，武家葬了美女穴關你屁事，你姓賀蘭，那是夷姓，夷女多是粗貨！」

女子笑著搖著武后的手，連連說：「就是的，就是的，我雖姓賀蘭，可我是武家人生的，俗話說：喊王母娘娘做姨媽——無非是想沾一點仙氣。您是我的親姨媽，您長得這麼俊，能不讓我沾一點仙氣？」

武后忍俊不禁，不覺撲嗤一笑。

——蘇蘇是她姐姐的女兒，姐姐早年嫁越王府功曹賀蘭安石為妻，賀蘭氏是鮮卑貴族，世為豪帥，賀蘭安石襲爵為應山縣開國男爵，因自己進封皇后，皇帝特許加恩，封她為韓國夫人，女兒出嫁之後，又封蘇蘇為魏國夫人。三年前，賀蘭安石病故，孀居的韓國夫人常來宮中看望妹妹，不知怎麼就和皇帝絆上了，因是自己的親姐姐，且比皇帝大了整整六歲，她料定姐姐不可能與自己爭寵，且也樂得多一個幫手，不料韓國夫人於去年病死。眼下魏國夫人又出現了，她才二十出頭，長得乖巧可愛，加之伶牙俐齒，武后很喜歡她的性格，便也常召她進宮來說話。不想皇帝又盯上了蘇蘇，幾經試探，竟然又與蘇蘇勾搭上了。她既恨皇帝為貪色不顧一切，也恨蘇蘇不自重。但礙著姨侄的名份，一時沒有發作而已。

姨侄倆鬧了半天，武后也煩了。她掙脫蘇蘇的手，說：「蘇蘇，你也說些正經的吧，我問你，可經常去看外祖母？還有，敏之老不做正經事，而且，越做越出格，你這個做姐姐的，應該好好管管。」

敏之就是蘇蘇的弟弟。武后將兩個同父異母的哥哥貶逐後，父親武士彠那周國公的爵位空著，於是，她讓賀蘭敏之改姓武，過繼為武士彠的孫子，並承襲周國公的爵位，眼下武敏之任職蘭台，那是纂修國史的地方，沒有真才實學可要被人恥笑，可敏之就是不爭氣，所以，武后才有此問。

不想蘇蘇操起手，擺出不管不顧的神態說：「得了，剛才還說我不是武家人，眼下又要我管武家事，外祖母健旺得很，她不是經常進宮麼，好不好，能不對您說？敏之那種人我才懶得管呢，他眼下又是祕書郎，又是國公爺，更重要的是，他還是皇上的雞官呢，專門去雞市尋公雞，每天陪著皇上調著唆公雞鬥架，一身雞屎臭，我能去管嗎？」

武后提高語氣說：「我說他不做好事，是另有所指，不是指他調唆皇帝鬥雞的事，你明白嗎？」

蘇蘇不由莫名其妙，說：「還有什麼事呢？」

武后猶豫了半天，說：「你未必看不出來嗎，比方說，在家中？」

蘇蘇仍是一個勁地搖頭。

武后不由皺一皺眉頭，幾次想開口，可到頭還是把要說的話嚥下了，只長長地歎了一口氣。

蘇蘇望武后一眼，詫異地說：「姨，您不高興啦？您眼下已是天后了，二聖臨朝，垂簾聽政，皇帝說了不上算，還要您一錘子定音，這事可是千古未有的大事，足可為天下女人揚眉吐氣，您還不滿足嗎？歎什麼歎的。」

武后白了她一眼，又歎了一口氣說：「蘇蘇，你年輕，不懂事，什麼千古未有，什麼揚眉吐氣，眼下朝中，大事頻仍，就是我眼前，也有許多大事未了，皇上將千斤重擔，全撂與我，憂心的事多著呢。」

蘇蘇有些不信地搖頭，又笑著說：「姨，我看你是杞人憂天，有什麼大事未了呢？朝中大事，我也知道一些的，據我所知，自高麗臣服後，可說得八方無事，四海波平，國阜民豐，四夷賓服；要說憂心，只怕是你自己的私事，哦，我猜著了，猜著了，一定是為了那事——」

說著，撲哧一笑，湊攏來，在武后耳邊悄悄地說：「我明白了，你眼前的大事，一定是那個，那個說不出口的事。」

武后不由又瞪她一眼——自蘇蘇進門，一語就說中了她的心事，她想，自己過的不也是內監宮女般的、沒有男歡女愛的生活嗎？可這話怎麼能跟別人說呢？

蘇蘇不甘休，跟著又湊上來，說：「姨，跟我說，是皇上不夠意思吧？唔，肯定是。我看皇上經常氣色不好，連平地走路都搖搖晃晃，像是夢遊。皇后姨姨，這是怎麼搞的呢？」

武后只好說：「皇上患風疾已非一日了，早朝時若起得急了點，便整天嚷頭痛呢。」

蘇蘇一邊聽她說，一邊抿著嘴微笑。武后望見，不由說：「蘇蘇你笑什麼？」

蘇蘇終於笑出聲來，說：「我的皇后姨，皇上只怕不是患風疾罷！」

武后說：「不是風疾是什麼？」

蘇蘇故作正經地說：「我看多半是傷於女色。後宮佳麗三千，他哪經得起車輪大戰？於是，上得龍床，疲癃殘疾，像條泥鰍，哪還是龍呢。」

蘇蘇說著，自己又忍不住地捂著臉，哈哈大笑起來。

武后想起蘇蘇與皇帝有染，眼下居然這樣說皇帝，直感到噁心，本想訓斥蘇蘇幾句，一時又不好啟齒，於是，一把推開她，說：「蘇蘇，別瘋了，說正經的吧，你今日來宮中，又是為什麼事，說吧？」

蘇蘇一怔，這才安靜下來，說：「難道沒有事就不能來嗎？」

武后胸有成竹地說：「哼，夜貓子進宅，無事不來。我還不清楚你嗎？」

原來蘇蘇經常進宮，每回都為人請託，不是謀差事，就是求升遷、挪位子，武后喜歡這個侄女，只要不是太離譜，都盡量滿足她。眼下蘇蘇果然是有事來的，不過，這回是為自己丈夫的事。

「您那侄女婿在戶部的時間也不短了，侍郎都做了兩年了，眼下尚書的位子不是空出來了嗎？」蘇蘇口沒遮攔慣了，加之又是在自己的姨媽面前，所以，直來直去。不想話才說完，武后立刻皺起了眉頭，沉吟半晌，搖頭說：「蘇蘇，這事只怕行不通。才做兩年侍郎便想尚書的位子，須知朝中還有十年俸滿而不遷的哩，這要看你的政績。」

蘇蘇滿以為只是小事一樁，萬沒料到竟遭拒絕，不由急了，說：「什麼政績，還不就是您一句話！」

武后說：「戶部職掌全國度支，是六部中最最要緊的衙門，前任尚書因黨附長孫無忌，所以，我把他貶到越州去了，眼下呢，尚書一職，的確出缺，不過——你那口子就不說別的，他不還有積案未消嗎？」

原來蘇蘇的丈夫裘迪先在戶部任侍郎時，仗著有武后撐腰，竟然利用自己經手漕運，侵吞了一大筆漕糧，此事雖不知真假，但既被同官揭發出來，武后便不能不查，在此時候，如果讓他升任尚書，那調查還能進行嗎？

剛才還有說有笑的姨媽，不料一談到公事，口氣立刻就變了。蘇蘇一怔，呆了片刻，立刻又恢復平靜，說：「我的皇后姨，這事不知是誰在嚼舌根子，我敢說，此人肯定是嫉妒，是無中生有，沒影的事，您也信？」

武后望著這個侄女，一本正經地說：「信不信，得看調查的結果。蘇蘇，你雖是我的至親，可行事還是收斂一些的好，你不見武元慶、武元爽都被我貶得遠遠的嗎？因為上頭有皇上，這江山仍然姓李。」

蘇蘇一怔，嘴翹得老高，說：「哼，你說姓李，可外頭都說姓武呢，都說簾外人不如簾內人呢，您既然為難，我不如乾脆找皇上。」

武后朝她上下打量著，想了想，說：「你去找皇上也好，凡屬我們武家的事，都是由他作的主，這回也一樣，只要他肯點頭，我這裡還不好說嗎？」

蘇蘇起身要走，可才站起來，緩緩地走到幃幕邊上，忽然回頭，望武后詭祕地一笑，說：「皇后姨，您真的讓我去找皇上，就不怕我勾引皇上？」

武后瞪她一眼，說：「那就看你的本事好了，你以為背著我做的那些，我就不知道嗎？」

蘇蘇裝做沒有聽懂後半句，仍然裝出一副老天真，說：「好，那您可不許說話不算數，來，我們拉勾。」

說著，也不管武后肯不肯，竟然強行拖出她的手，與她拉了勾。

38

武后與姨侄女說這些私房話時，表面上輕輕鬆鬆，其實，當時便留有心眼。她沒有急於任命，部裡就由兩個侍郎管事。

不久，久不視朝的皇帝，突然發出一道諭旨，任裘迪先為戶部尚書。

按說，像尚書一類高官的任命，是先要由宰相合議，再由皇帝任命的，可此番卻連中書省和門下省都不知道，而前兩天，尚書左僕射許圉師還在向她推薦另一人任戶部尚書。

這事不但反常，且有些不合慣例。因為皇帝久不視事，有關人事任命首尾不知。但她沒有攔阻這道詔命，下朝後她尋著皇帝，笑嘻嘻地問道：「我們武家人就這麼可愛嗎？老的少的，你不弄到手就不甘休？」

皇帝一怔，心虛地說：「怎麼，裘迪先是你們家的人？」

武后冷笑說：「這一問問得真蠢，除了說明你心懷鬼胎，還能說明什麼呢？」

皇帝嘻嘻笑著，自我解嘲：「媚娘，你不要得了好處還賣乖，朕對你家的人可算是有求必應，能做的盡量做了，還要如何？」

武后又冷笑一聲，說：「有求必應嗎？那是你有求於人家啊，我只是好笑，你真像個買賣人，烏紗跌價賣。」

皇帝訕訕地說：「朕可沒有求她，是她找上門的，不是你支使她來的嗎，怎麼又賴到朕頭上呢？」

武后卻不依不饒，狠狠地說：「我讓她來找你你就可以答應嗎？裘迪先身上貪污案未了，我正派索元禮在查核，這一來，如何繼續查下去呢？」

皇帝很不在意地說：「不就是一樁沒影的事嗎？就是有又如何，朕讓他賠補虧空下不為例就是。」

武后不由睜大眼睛，說：「你說得好輕巧，賠補了就沒事了，別人要是也跟著來呢？我跟你說，蘇蘇可是有夫之婦，還是國夫人，可不是她母親能比的。」

皇帝故作不解地問：「她母親韓國夫人不也是國夫人嗎？」

武后不由坐下來，又拉皇帝坐在自己身邊，沒好氣地說：「皇上，我跟你說，她母親雖也是國夫人，可丈夫歿了，沒人管了，所以，我睜一隻眼閉一隻眼，隨你亂來，蘇蘇可不同了，你好好想想。」

皇帝說：「想什麼？」

武后說：「怎麼，你真以為你是皇帝便可為所欲為？皇帝私通臣妻，而且串姦母女，這事傳到外廷像話嗎？再說，像蘇蘇那樣的女子，圓不合規，方不合矩，輕佻得很，後宮佳麗三千，你就找不到強如她的？」

在武后咄咄逼人的追問下，皇帝只能耍無賴了，他就勢往武后身上靠了靠，說：「媚娘，真如你說的，後宮佳麗三千，還沒有一個能與蘇蘇比的。武家人個個都俊，連賀蘭敏之都像女人一般，粉雕玉琢，膚若凝脂，而且，是他們自己投靠朕的，朕能拒絕嗎？」

武后一怔，糾正說：「不是賀蘭敏之，是武敏之。怎麼，粉雕玉琢，膚若凝脂？這麼說，敏之也成了你的孌童？」

皇帝嘻嘻笑著說：「對，對，對，是周國公武敏之，朕愛你們武家人，陽光雨露，遍灑武家，你也不高興？」

武后憤怒地說：「真骯髒，一家兩代三口，全被你拉上御榻了，這事若傳出去，落到江南那班衣冠士子口中，一定目為天大的醜聞。」

皇帝若無其事地說：「哼，江南士子，狗屁！我們這是江北，江南人保存漢人的文物典章，風俗習慣，我們李唐繼承的還是北朝傳統，鮮卑人的遺風，男女之間，沒有那麼多的溝溝壑壑，要不，你怎麼和朕——？」

皇帝用這種口吻說男女間事，且把他和皇后的過去也扯來打比方，不但自甘下流，且恬不知恥。武后不由憤怒了，狠狠地瞪皇帝一眼，說：「阿治，你想想，這像是萬乘天子說的話嗎？這不但在作踐我，且是在作踐你自己呢。難道你就以這種行為來做群臣的表率？」

皇帝不願招惹盛怒中的皇后，嘴唇咧了咧，轉身便往外走。武后無奈地望著他的背影，立刻傳諭武衛將軍李常清，沒有她的宣召，魏國夫人不得隨意放進宮來。

不想才過兩天，皇帝忽然向她提出，要再次駕幸東都，並決定在那裡久住。

這本是她先提出的——去年又是一個大旱年，西京物價騰貴，貞觀時代斗米只賣四錢，眼下一下竄到二百，官員們都吃緊，升斗小民，眼看只能餓斃道旁了。皇帝一走，能帶走文武百官，羽林軍馬，一下能減少好幾萬人口，可為米珠薪貴的長安城，減輕一點壓力。

當家人方知柴米貴，武后明白這點。所以，是她最先向皇帝提出要移駕東都。當時皇帝極不情願，說自己身體不適，不耐道路顛簸。可眼下卻突然要走。她也不知皇帝葫蘆裡賣的什麼藥，但既然是自己先提出的，便也無話可說，當下作出安排：讓太子李弘和已改封沛王的李賢擔任西京留守，文武百官隨駕，留守衙門只有極少的人，所有奏報改送東都。

一行七萬餘人，迤邐而行，這天下午，她們終於到達距洛陽不遠的新安驛。皇帝的車隊先一天出發，講好在新安驛等她們到後一同入城，可武后到達後，皇帝卻和魏國夫人一道，去逛函谷關了。

一聽蘇蘇公然與皇帝同遊，武后不由生氣，她問隨侍的侄子武敏之，敏之臉上露出曖昧的笑，故作不解地說：「鑾駕東行時，她不就隨駕了嗎，怎麼，天后不知道？」

武后直到這時才明白，皇帝突然改變主意的原因——他一直還在與蘇蘇往來。蘇蘇是個鬼點子極多的狐狸精，攛掇皇帝東巡，說不定就是因為西京門禁森嚴，而洛陽皇城雖大，畢竟是行宮，規矩相對要少得多，可以方便她自由出入。想到此，她把蘇蘇狠得牙癢癢的。

皇帝一行直到上燈時才返回驛站。他顯得很興奮，一見武后忙說：「媚娘，朕等你不及，只好先去遊函谷關了。」

武后沒好氣地說：「皇上龍馬精神，不知疲倦。」

皇帝沒覺出武后話中帶刺，仍自顧自道：「函谷關值得一看，此處古稱天險，當年諸侯合縱攻秦，就敗於此；後來劉邦入咸陽，也派兵守此以拒諸侯。朕久聞其名，今日乘興一遊，頓發思古之幽情，還做了一首詩呢——」

皇帝說著，就搖頭晃腦，要念自己做的五律：《遊函谷關》。不想武后嘴一癟，打斷了皇帝的話：「得了，我的皇上，此函關非彼函關，不要讓臣子們看笑話了。」

皇帝一怔，面皮立刻紅了——古函谷關在靈寶東北，那裡東起崤山，西至潼津，那才是楚、趙、韓、魏合縱攻秦之地，而地處新安東的函谷關，是西漢元鼎三年所建，故有「新函關」之名，後來為拒黃巾軍，乃置「八關」，新函關即為「八關」之首。皇帝為了在皇后面前逞能，竟一下說漏了嘴，不由訕訕地說：「管它新與舊呢，反正也差不遠。」

武后冷笑著說：「確實不太遠，才三百里嘛。」

皇帝見話不投機，再不多言，轉身走了出去。

武后本來有許多話，要找皇帝商量的——西京鬧糧荒，鑾駕東行，是為了減輕西京的壓力，可鑾駕才走，立刻有謠言傳出，謂皇帝是逐食皇帝。「逐食」，這可是用在乞丐身上的形容詞。武后聽了很生氣，她明白，鑾駕雖已離開西京，西京的糧荒仍不能忽視，宰相劉仁軌向她建議，可以從河西地區徵集一部份糧食周濟西京，這在麟德年間曾有過先例，那時，皇帝還關心政務，應該熟悉這情況。不料才提起，皇帝卻一個心思放到遊樂上了。

就在這時，只聽外面傳來一串銀鈴般的笑聲，接著，便是一聲嬌滴滴的聲音：「皇上，你可不許躲啊，你以為躲在皇后這裡就能脫身嗎？」

這分明是蘇蘇的聲音，她明知皇后就在裡面，可說話仍這麼大大咧咧，一點也不知藏羞，這分明是不把她這個皇后放在眼中。武后越想越氣，不由走了出來，見皇帝正和蘇蘇在拉拉扯扯，她於是立於階上，大聲喝止道：「魏國夫人，你不要胡鬧了，要知道，行在可不是教坊，豈能由著你胡作非為，且大聲浪笑！」

蘇蘇先是一怔，馬上又恢復那口沒遮攔的個性，嘴向皇帝一翹，說：「這有什麼，我們在遊函谷關時，皇帝竟然在車上偷了我一塊玉佩，我向他討，他說要到晚上才還我，可眼下又想耍賴呢！」

皇帝在車上竟然去偷她身上的佩飾，可見當時癲狂放肆到什麼程度。武后眉頭皺得更緊了，狠狠地白了皇帝一眼，用更加嚴肅的口氣對蘇蘇說：「裘氏，你可知御前失儀是什麼罪，闖宮又是什麼罪？」

在武后嚴厲的目光逼視下，魏國夫人那嘻嘻哈哈的態度才略有收斂，她站在那裡怔了片刻，狠狠地往地下啐了一口，這才悻悻地退下去。

這驛站是由一座大廟改建成的，廟雖大，畢竟住不下皇帝和他的妃嬪，所以，除了二聖，妃嬪們都挨挨擠擠，就是這樣，先來一天的皇帝仍把蘇蘇的住處，安排在不遠的左廂房。眼下，那裡又傳來蘇蘇的浪笑聲，聽得武后心煩意亂。她不由想，皇帝雖不跟自己翻臉，卻也料定自己拿他沒轍，甚至有意刺激自己；而蘇蘇這樣的浪女子更不知收斂，竟然有意幫助皇帝來氣她。

那麼，自己能容忍這種挑釁嗎？

39

鑾駕終於再次進入洛陽城，這距上次駕幸東都的時間隔了五年。

洛陽古稱雒邑，為成周古都，漢、魏、晉、北魏、隋，都曾在此地建都，隋末雖遭李密之亂，縱火焚毀了好幾處宮室，但大唐定鼎後，經太宗父子兩代修葺改造，眼下更趨繁榮。整座城市橫跨洛水，坐西北，朝東南，周遭七十餘里，在漢皇城之西十八里處，洛水中分，北岸是宮殿，南岸為商城，中間有三座木橋連接，其中連接皇城端門的一座很是寬大，名天津橋，城牆高大堅固，街道鱗次櫛比。因交通便利，商業發達，往來人口眾多，因此雄峙中原，為東方一大都會，與西京毫不遜色。

陽春三月，繁花似錦，隨著鑾駕的到來，達官貴人雲集，初三日為上巳節，這天，文人雅士，貴婦淑女，或乘遊船在洛水中留連，或三五成群在街頭閒逛，洛河兩岸，天津橋上，更是人頭攢動。茶館酒樓，不少文人墨客吟詩；教坊妓院，聲聲絲竹悅耳。

皇帝來洛陽的目的便是遊玩，大小政務既然都讓武后代勞了，自己樂得縱情遊樂，他帶著蘇蘇先是去龍門山看石窟。

龍門山雄峙伊水邊，兩山對峙，綠樹葱籠，遠望如城闕，故又名伊闕。這裡為中原佛教名勝地——早在北魏時便開鑿了數百個石窟。佛像就鑿在兩邊的懸崖峭壁上，高的達數丈，矮的才數寸，或坐或立，掩蔭在蒼松翠柏之間，其中傍石窟而建的寺院有好幾十座，進到裡面，香煙嫋嫋，鐘鼓之聲，不絕如縷。

他們雖不是第一次去那裡，但時過三年，新開鑿的石窟尚未看過，所以，開始便整天在龍門山留連。初三這天，更是乘坐龍舟在洛河中遊玩。

皇帝在陪都肆無忌憚，公然帶著蘇蘇出遊，武后對此十分反感，她一時拿這個嬉皮笑臉的姨侄女沒有辦法，只能暫時忍著，不露聲色，皇帝出遊，她不跟去，而是陪伴母親榮國夫人去白馬寺禮佛。

白馬寺地處洛水之濱，為東土第一古剎，位列伽藍首座，所謂「佛入中國，即從此始」。它自東漢永平七年創建，至今已有六百餘年，幾經興廢，歷盡滄桑。今天，因武后信佛，於白馬寺屢有佈施，亭台樓閣，已逐次在翻修，僧眾達數百人。

武后和母親來廟中隨喜，此廟最值一看的是天王殿，它是寺內第一重大殿，殿內貼金雕龍，富麗堂皇，佛龕內供有一座彌勒佛雕像。

按禪宗的說法，迦葉佛為過去佛，如來佛為當今佛，而這彌勒即未來佛。未來佛無憂無慮，總是笑口常開，寄託了佛子們對未來的無比嚮往，也因此，無論俗子凡夫，見了彌勒，都可產生一種親切感。

三年前，她和皇帝駕幸東都，母親及姐姐韓國夫人也隨鑾駕到了洛陽。為替死去的父親祈冥福，她不但在龍門山開鑿佛洞，建佛寺，還捐錢十萬在白馬寺設四部無遮大齋會，那一回，母女三人在白馬寺盤桓了好些日子。白天隨僧禮佛，廣為佈施，夜間母親另睡客房，姊妹聚一處，說不完的悄悄話。

榮國夫人自幼禮佛，於佛經鑽研較深。武后冰雪聰明，從小陪伴母親，算得家學淵源，可同胞姐姐韓國夫人卻是妍皮裹癡骨，對佛教一無所知，只知見一個菩薩作一個揖。所以，她們在散步時，常由武后向她講解佛經的一些基本常識。

這天，武后和她在天王殿四大天王像前散步，武后於是跟她介紹四大天王：東方持國天王手握琵琶；南方成長天王一手握傘，一手按妖；西方廣目天王一手握寶劍，一手持寶珠；北方多聞天王雙手把握一條大蛇——四樣物事，象徵風調雨順。

韓國夫人於三大天王像前都只稍作留連，但一到東方持國天王面前，雙眼即死死盯著，一眨也不眨，直到武后走過了，她仍留在原地，對著持國天王左看右看。

武后看在眼中，心中暗笑，回寢處的路上，她便笑著在姐姐耳邊悄語道：「怎麼，阿姊喜歡上持國天王這鳥大漢？」

不想韓國夫人竟然詭祕地一笑，且點頭說：「妹妹，還真被你猜對了，你說那個持國天王像誰？」

「像誰？」武后一怔，說，「偶像不過泥塑木雕，你怎能看出你熟悉的人？」

韓國夫人說：「是的，他確實像我熟悉的一個人。」

武后哈哈一笑：「誰？」

韓國夫人又極曖昧地笑了笑，說：「你願聽嗎？這可是一個天大的祕密，不許和別人講。」

回到寢處，得到武后承諾後，韓國夫人終於向妹妹說出了自己心中的祕密——原來她在洛陽養有一個小情人，此人名馮小寶，出生在一小商人之家，長得高大英俊，孔武有力。一說到他，韓國夫人就顯出無限的思慕之意，且湊在妹妹的耳邊，悄悄地說：「妹妹，小寶可真是難得的尤物，還才十七歲，你想想，十七歲的男人可是比頂花帶刺的黃瓜更鮮嫩，至於他的身材——嗯，就跟持國天王一般無二，真有那麼粗，那麼壯，尤其難得的是那行頭，偉岸，那可真正稱得上偉岸，真是人見人愛，皇上，嘿，那是沒法比的！」

武后聽著，不由想起姐姐還和皇上私通，既然私通皇上，又還有精力再養小情人，腳踩兩隻船，快樂年復年。想到此，不由上上下下將這個瘋瘋癲癲的姐姐認真地打量一番，說：「阿姊，你真行，姐夫故世後，你反倒活得更滋潤了。」

韓國夫人得意地說：「怎麼，要我出讓嗎？我手中可不止這一個哩。」

武后不覺怦然心動。

皇帝本是一個孱弱的癆病秧子，囊中羞澀，還要分潤多人，有什麼活力？她想，皇帝和她在床第之間，早已是虛應故事了，只不過他們之間，情與欲的消長，不但無損於自己的地位，且增進了自己對皇權的掌控，遺憾的是自己還是一個才四十幾歲的女人，血氣健旺，感情充沛，長夜漫漫，那一份彷徨與寂寞，那一份空虛和無聊，卻不是無限的權力能化解的。

稍一猶豫，馬上被姐姐察覺，忙一個勁地追問說：「如何，我把馮小寶讓給你如何？我的手上，小白臉有許多個，分一個給你，小菜一碟。」

武后狠狠地瞪她一眼，咬牙切齒地說：「你捨得？」

韓國夫人大度地笑著說：「自己的親妹妹面前，有什麼捨不得的，只要你敢，我馬上就安排你們見面，不就是一個男人嗎！」

說著便伏在妹妹耳邊，說起兩京貴婦人的風流韻事，誰誰養了小白臉，誰誰又與禁衛軍中的武官有染，皇室的公主、郡主們，更是肆無忌憚地養情人……

武后敢嗎？捫心自問，她還真沒有這膽子。她能戲耍皇帝於股掌之中，她能將貞觀大帝的元勳宿將一個個押赴市曹，砍下腦袋，卻從沒有在這種事上放縱過。皇帝對她已大不如前，但自己畢竟是母儀天下的國母，是金鑾殿上，二聖並尊的天后，就像那上面畫有皇帝徽號的金根車，皇帝置而不御，卻也不能讓別人御，這是她這個天后唯一不能踰越的門檻。

想到此，她不無遺憾地搖了搖頭。

不過，韓國夫人後來還是讓她見到了馮小寶，那是在公開場合——所謂四部無遮大會，就是無所遮攔，不分貧富、貴賤、愚智、善惡，平等對待，一體佈施。所以，當高僧登壇講經時，任何人都可來聽講，在韓國夫人的指示下，幃幕內聽講的武后，果然在聽眾中，看到了姐姐的情人，其實，不用姐姐指點，她也能認出馮小寶——他身材高大，模樣俊俏，一雙大眼很有神光，站在人群中，十分突出。

「果然是一頭好叫驢！」這是事後她跟姐姐下的評語。

今天舊地重遊，她不由又想起那個馮小寶，真是一個合格的面首，不但高大英俊，且雙目炯炯有神，他像誰呢？

40

就在皇帝帶著蘇蘇去北邙山看桃花那天，武后終於下定決心，將馮小寶祕密召進宮了——眼下，對手一個個被送上斷頭台，她的地位已堅如磐石，整日繃著的神經，也隨之放鬆，隨著注意力的轉移，氣血兩旺的她，在皇帝身上得不到滿足後，怎能不心思旁騖？

雖然如此，她仍不願落把柄在別人手中，什麼事都要做得乾乾淨淨，不留後患。這以前，韓國夫人要把馮小寶讓與她，她毅然拒絕了。雖是自己的親姐姐，但既然做了皇帝的情人，就不能不防她一著。

在唐朝，貴婦人養面首不是奇事，且不說西晉之後，北方夷狄統治中原兩百餘年，留下了不少胡人的遺風餘韻，男女偷情，司空見慣，就在南朝，那些自認為保存了漢族優良傳統的江南士子，無論宮廷民間，也一樣的放縱，面首的典故，即出自南朝劉宋宮廷，所謂「陛下六宮萬數，妾唯駙馬一人，事太不均。帝乃為公主置面首三十」。

至如今，此風更烈，太祖與太宗父子，名下嫡出庶出，各有公主十多個，天潢貴胄，丈夫本來就無法管她，所以，差不多每個公主都有一部風流豔史。但皇后要這麼做，可就要承擔風險了，這不單是皇帝不能戴綠頭巾，同時，還關係到皇室血統的純正。然而，像武后這樣血氣旺盛的女人，怎麼能沒有男人呢？自從見過馮小寶一次，她就不得不佩服姐姐的好眼力，這男人有著和貞觀大帝一樣的魅力，自那次見了一面，她便開始夢見他，有時把他和貞觀大帝合在一起想。

情欲本是興奮劑，它能使人醉，使人癡，使人忘記眼前的危險，哪怕是刀山火海，也要向前闖一闖。

她左右全是心腹人，有幾個還是她從感業寺帶進宮的，她平日對她們不薄，而且，這些人身家性命全攥在她手心，是不敢背叛她的。所以，她與其信任姐姐，不如依靠自己的心腹人。

馮小寶被祕密召進宮來。按照事先的約定，他裝扮成一個閹人，身上佩有出入宮禁的牙牌，由武后的心腹內監領著，坐宮車由德猷門進入，另有心腹守在北宮門外接應，他們沒有受到任何盤問，直接進入東內，一直進到含嘉門內的東宮。

他們在東宮的小角門口下車，馮小寶混在內監群中，七彎八拐，終於被帶到武后居住的合璧宮邊上的一個小閣子裡，門口的宮女掀起了珠簾，示意馮小寶進去，小寶懷著忐忑不安的心，直進到裡間，只見屋內闃然無聲，一個風流佻達、很難猜出年齡的麗人坐在胡床上。

一切都在不言中——當武后示意左右退下後，馮小寶面對絕色佳人，立刻放開了膽子，露出了貪婪的本相。他當著武后的面，迅速脫去外面的粗衣，凸現出寬闊的肩膀和一身結實的腱子肉，一道道的溝，一座座的山，如波峰浪谷，這可是力量的象徵。武后自得皇帝寵幸，富有四海的皇帝讓她在各方面都得到了最大的滿足，唯獨就在這方面不及一個普通人。

隨著馮小寶一步步地走近，她的眼睛朦朧了，意識模糊了，好像自己跌進了一個深深的黑洞，周圍全是情欲的火，在熊熊地燃燒，火光中，站著的就是夢中的情人，那可是盼望了好久好久的男人，想著，雙臂就不自覺地張開了——她雖是令天下鬚眉股顫的國母，可她也是一個血肉之軀的女人，這個女人迫切需要男人，身體一旦接觸到雄性十足的男子，還能有什麼表示——連半推半就、欲拒還迎都沒有，一開始就是驟雨狂飆，衝動、快感，這久違的兩樣寶貝，今天她終於感受到了，及身感受到了……

往事如煙，不絕於縷，一絲絲飄來，又一絲絲飄去——神武的貞觀大帝，一幸即忘，卻給媚娘留下終生的記憶，那才是做女人啊！媚娘為找回這記憶，不知做了多少回夢，夢中的貞觀大帝，一改往昔的威嚴，風流倜儻，溫柔繾綣。她終於再次得承恩澤，極盡纏綿。然而，夢中縱情，醒來懷中空空，除了長空雁唳，就是宮漏頻催，搖曳的燭光，照著自己孤伶伶的影子，該有什麼，偏沒有什麼。回望珠簾繡幕，竟引發無限的悲情。

對她這樣的女人來說，權力雖能彌補情感的真空，時間卻不能消除刻骨銘心的記憶。直到這時，她才明白，什麼樣的饑渴，都比不上色的饑渴，女人什麼都可以沒有，卻不能沒有男人。雖然在貞觀大帝之後，才年餘她便得到了當今皇上，但她與皇帝在一起，只有母親帶孩子的感覺，後來，這「孩子」也不需要她的「母愛」了，且公然合著自己的姨侄女向她挑釁。

她覺得失去的太多太久了，要補償，要報復，要追回丟失的一切。眼下，失去的終於可以從這個尚未開口交談的粗男人身上追回了，她能不抓住這難得的機遇？

眼下，哪怕是泰山壓頂，大地沉淪，她也會不顧了。懷中的馮小寶如同一頭紅眼的公牛，粗壯、獷悍、野性十足，面對美麗妖豔的皇后，先前因地位的懸殊，尚有些猶豫，一旦騰身上來，就拋開了所有的顧忌，如同在曠野中，遇上了同樣是紅眼睛的母牛，其瘋狂與放肆，是平日所從未有過的。

這情形正是她所渴望的。她是在神武的貞觀大帝面前，領教到男人的粗獷和無窮的膂力的，那只有一次，比金子不知貴重多少倍，這以後，幾十年深宮獨處，真是辜負了這一副好皮囊啊！上天創造了它，卻又讓它閒置，讓它落在一個庸人的手中，她一直在盼望著能有一次放縱，能真正做一回女人，可從二十歲盼到三十歲，從三十歲盼到四十歲，到今天，眼看就要過五了，也終於讓她盼到了。

她狠命地吞噬著，像一匹餓狼……

靜悄悄的宮苑，暖融融的椒房，事先雖做了嚴密的部署，一切都是按部就班地進行，但她又覺得稀裡糊塗，不受意識支配，像遊仙，像做夢，像自己不是身分尊貴的皇后，而是一個下賤的村婦，在做鄉村常發生的事——桑間陌上，男女偷偷地野合，一陣陣開心的浪笑，一曲曲自由的牧歌，挑逗、飛媚眼，打情罵俏，動手動腳，村婦們偷野漢子，從來就無拘無束，那是多麼愜意的事啊！

我願做村婦，我願做村婦！意念中，她大聲地叫著，幾乎就叫出聲了……

馮小寶繼續小心伺候，面對皇后那不要命似的瘋狂，做慣了面首的他，使出了平生所有的技巧，粗獷與細膩俱來，奉承與駕馭同步——不但每一個動作都恰到好處，使皇后感到從未有過的享受；且又努力克制著自己的能量，讓皇后能像魚兒暢游在水中，流水涓涓，潺潺不斷……

纏綿繾綣，意興遄飛，也不知過了多久，馮小寶都要衰竭了，皇后卻仍高潮迭起，沉浸在激情夢幻中。

馮小寶不由暗暗吃驚，身下就是天下人敬畏不已的武后娘娘，她不是讓朝廷所有男子都懼怕的女人嗎？外面傳說，自她進宮，擅專房之寵，皇帝的妃嬪，都沒有懷孕的機會了。可看今日情形，這傳說有假——她姐姐是個寡婦，可她比寡婦要饑餓得多，像從地獄放出來的餓鬼，活生生一副饞相。

這種女人他見識得多，在東西兩都，有錢而守活寡的貴婦人多的是。他生在洛陽街市，作小販。十六歲時，被高祖的小女兒千金公主看中，養作小情人。這以後，由千金公主的推介，他進過許多平常人不能去的高門大戶。

庭院深深，朱窗繡戶，在溫馨而寧靜的內室，養著許多千嬌百媚的婦人，他一旦被她們看中，便受到無比的尊寵，他和她們不但極盡風流樂事，事後且能得到她們撒手千金的賞賜，家道因此暴富。後來，他終於被韓國夫人包養了，從韓國夫人口中，她聽到關於皇后的事，韓國夫人並曾和他說起，想把他介紹給皇后。這是非同小可的事，他當時心裡怦怦然，想去，又不敢去，心想，這事若好，一生富貴不盡，不好，腦袋搬家還要滅九族。

所以，他當時猶豫著，不敢立刻答應。不久，韓國夫人死了，他以為機會失去了。不料眼下，他終於登上了只有皇帝才可以上的龍床……

也不知過了多久，馮小寶快要招架不住了，皇后那勢可燎原的野火，終於在陣陣薰風中，悄悄熄滅，慢慢地，就要化做一股輕煙。馮小寶明白，接下來，武后娘娘應該有所交代了。

「小寶，你可得意了。」武后娘娘終於開口了，且一下就能叫出他的名字。小寶不敢懈怠，小心回答說：「娘娘器重，深恩厚澤，小子沒齒不忘。」

「哼！」才叫得那麼甜的皇后，口氣突然嚴厲起來，冷笑一聲說，「你能感恩載德就好，不然，你可明白個中厲害？」

小寶趕緊穿衣，翻身跌跪在御榻前，連連磕頭說：「小子明白，就是打死我也不敢有半句胡言。」

「你起來吧。」皇后口氣又和緩了，她披衣坐在御榻上，微笑著望著他，親手將他拉起來，輕輕地撫摸著他的臂膀，說，「今天的事，你不可對任何人說，今後，沒有我的宣召，你也不能隨便進宮，當然，你也進不了宮。」

馮小寶如小雞啄米似地點頭，說：「小子明白，小子明白，娘娘是千金之軀，小子可不敢有一絲一毫的褻瀆。從此以後，謹守家門，靜候娘娘懿旨。」

武后不由點頭了。她是明白馮小寶這「謹守家門」的言外之意的，她忽然覺得他很乖巧，不由生出一絲憐愛之心，又招手讓他坐在自己身邊，婉言告訴說：「你也不必害怕，一切我都會安排好的。」

馮小寶也明白這話的份量，連連答應著，定睛望著武后，一步步退著出來，直退到門口，才轉身走了。

武后呆呆地望著他遠去的背影，竟有些悵然若失。可是，她不能不有所克制，這不是貞觀大帝的置而不御，而是為自己的命運擔著一份天大的責任。

她後來又覷空召幸過兩回馮小寶，每次都不敢過分地放縱。

41

這些日子，魏國夫人幾乎玩遍了東都的名勝。因與皇帝同遊，車駕出行，很是威風，處處都有人供奉，十分方便。這些足以滿足魏國夫人的虛榮心，她一邊恣意胡來，一邊也暗暗留意武后的反應——姨媽在西京時，居然不許她隨意出入宮禁，這讓她十分惱火。所以，她唆使皇帝東行，且天天公開和皇帝在一起，成心要氣一氣這個姨媽，姨媽越氣她越高興。

可一連幾天，不見動靜，她想，自己也該收斂一些了，不然，姨媽可真要吃自己的醋了。

皇帝一連瘋了好幾天，身體有些吃不消了，這天終於哪裡也不去。洛陽的北校場本是李密時代的練武之所，眼下沒有再作校場，卻建有一個很大的擊鞠場，陪都的好多貴族都愛去那裡擊鞠。皇帝本是最愛擊鞠的，但眼下不行了，不但身體鬧病，馬上馳騁，受不了顛簸，就是眼睛也看不清遠方。於是，他不擊鞠便鬥雞，並讓武敏之陪著去。

魏國夫人嫌雞屎臭，不願跟去。沒有地方瘋，終於想起了這些天來，一直受冷落的姨媽，該去看一看她，試探一下她對自己近日態度是否改變。

不想進得宮來，發現武后很平靜地坐在那裡，專心致志地批閱公文。記起那天姨媽朝她發火，她知道這些日子已把姨媽氣足了，想起平日姨媽對自己的好處，不由走上前來，故意咳嗽一聲。武后一驚，抬頭望她一眼，仍又低頭去批文件。魏國夫人只好上來，搖著她的肩膀說：「哎呀呀，皇后姨，你怎麼望著我像仇人似的，是還在吃我的醋嗎？」

武后雙眼緊盯著她，說：「蘇蘇，你正經一點，我正要和你談談呢。」

魏國夫人格格地笑著，說：「喲，我的皇后姨要興問罪之師了，真是醋娘子吃楊梅，酸上加酸呀！不過，可得提醒您，我與您是拉了勾的。」

武后瞥了她一眼，說：「蘇蘇，我在和你說正經的呢？你雖是一匹溜韁野馬，圓不中規，方不合矩，可皇上卻非一般人物，這麼做可是要承擔負責的。」

魏國夫人終於不鬧了，怔怔地說：「皇帝要擔什麼責任呢？」

武后冷笑一聲，翻出幾份奏章遞過來說：「你自己看吧。」

皇帝的放蕩行為，武后雖然隱忍未發，但終於有臣子看不下去了。幾天後，武后一連收到好幾份奏章，都提及當務之急是如何宣明政教、敦風化俗，文章都從遠處說起，漸漸地往皇帝個人的修養方面靠，雖不明說皇帝的放蕩，但「玩人喪德，玩物喪志」的這類話是有所指的，明眼人一看就知道說誰。

魏國夫人不明就裡，草草地在姨媽遞來的奏章上瞍了幾行，心想，眼下這班大臣，多是姨媽的心腹，他們上這樣的奏章，還不是受姨媽唆使，好用來挾制我。姨媽這樣做也是煞費苦心了，真好笑，我又不打算永遠做皇帝的情人，犯得上這麼認真嗎？心雖這麼想，面上還是裝出無限的委屈地說：「這怎麼能怪我呢，你不知道，我不過是要逗皇帝玩，這麼個沒有底氣的男人，我才不想和他長期過呢？」

武后冷笑著說：「逗皇帝玩？就這麼從西京逗到東都？」

魏國夫人說：「是呀，誰料到皇帝這麼黏黏糊糊，一旦沾上了就擺脫不了。皇后姨，皇帝背著你就是一個大孩子，好浪好浪的，什麼事都能想得出來，幹得出來，您還不清楚他有很多壞習慣？」

關於皇帝是一個大孩子，武后是深有體會的。但「大孩子」在自己面前可以，在別人面前怎麼可以呢？她目光嚴厲地瞥了姨侄女一眼，說：「什麼浪，這是用在君臣之間的字眼嗎？蘇蘇，因為你的肆無忌憚，已為皇上惹下大麻煩了，你不思悔過，居然還這樣說皇上，要知道，皇帝為天子，統治萬民，德配天地，這也等於說，皇帝是處在世人的注視下，所以，必須處處以身作則。這個樣子，如何作則？你身為官眷，卻說出這樣的話，我若認真，你可死定了。」

魏國夫人見姨媽口氣半點也沒有緩解的跡象，不由也有氣，心想，何必要在我面前裝正經呢。想到此，她望著武后詭祕地一笑，竟然說：「姨，何必故作正經呢？要知道，我這是在幫你呢。」

武后不由莫名其妙，說：「你幫我什麼？」

魏國夫人格格一笑，湊近前，悄聲說，「姨，我不是跟你說過嗎，我都可憐你，皇帝太不夠意思了，疲疲沓沓，像一條泥鰍，眼下我把泥鰍捉住了，你就可以放開手腳了。挑柴賣，買柴燒，餑餑換粉條。」

武后尚未意識過來，說：「什麼意思？」

魏國夫人索性拋開顧忌，直言不諱地說：「姨，你就不要裝正經了，你以為我不知道嗎？馮小寶可是我母親的人，那是我父親還在世時，只要有機會，他便來我家，我和他也廝混過，熟得不能再熟了，就是燒成灰也能認出來。那天我進宮時，我從龍光門進，他在德猷門那邊走，我遠遠地瞧見他，雖化了妝，可一眼就認出來了，當時我還以為是那個妃子耐不住寂寞。後來一想，不對，眼下宮中只有你說了算，哪個妃子吃了豹子膽，敢讓皇上戴綠頭巾呀？再說，領著他出宮的，是你宮裡的人，看來，是你——」

武后大吃一驚，一顆心都提到了口裡，但她立刻鎮靜下來，左右看了一眼，突然扳著臉說：「裴氏，看你都胡說些什麼？」

姨媽突然變臉，魏國夫人卻毫不在意，仍滿不在乎說：「我說些什麼，說馮，馮——怎麼啦？」

武后翻臉的一瞬間，馬上又意識到自己的失策了，但她必須馬上打住，不能再和蘇蘇糾纏下去，於是伸手摸了自己的額頭一下，若無其事地說：「沒什麼，我看奏章看多了，頭有些昏昏沉沉的，你回去吧。」

魏國夫人不知怎麼姨媽的臉色一下變得這麼難看，只好不說了，咕噥了一句，訕訕地走了出來。

風風火火的魏國夫人，是天下第一個大閒人，對世事從來都是天不管地不問的，滋滋潤潤，懵懵懂懂，一直活到現在，自然不知此番闖下了大禍——她滿以為拿住了武后的把柄，從此可為所欲為，不料這在武后心中卻引起極大的震動。此刻，武后呆呆地看著她的背影，心中有如貓兒在撓……

這事過了不兩天，魏國夫人又應皇帝的邀請去遊少室山了。因算定皇帝有幾天不會回宮，武后乃在宮中置酒，與馮小寶對酌。小寶本是酒色之徒，但他不敢放肆，才飲過三杯，便放下了杯箸。

武后有些不解，溫情默默地望著小寶，說：「怎麼，看你的外表，便知你是能豪飲之人，為什麼要縮手縮腳呢？你儘管放心，不會出任何差錯的。不過，我們見了這次，可能有很長的時間不能見面。」

小寶不解地說：「這是為什麼呢？」

武后見小寶靠上來，不由忘情地將他攬在懷中，摩挲著他的頭，撫著他的臉，又輕輕地吻著，說：「小寶，你願意剃光頭嗎，按佛家的說法，這是削去煩惱絲，六根清靜。」

馮小寶不意武后思量了半天，竟然是這麼一句話，不由莫名其妙地問道：「我這不是好好的嗎，為什麼要剃光頭，我又不做和尚呢。」

武后撲嗤一笑，說：「得了，就是要你去做和尚。願意嗎？為了我，為了我們能常常見面，我們不得不託庇於佛祖。」

馮小寶不懂她的用意，說：「為了您？為了您為什麼就要我做和尚呢，做了和尚，戒條很多，起碼就不能再和您——」

武后胸有成竹地說：「你出入宮中，雖然我做了周密的布置，但也難保被人認出來。我考慮了很久，出家做和尚是一個好辦法，只有這樣，我們才能常常見面，且可避人耳目。你聽我的吧，不要懷疑，你頭上若有佛光普照，不是可事事逢凶化吉嗎？」

眼下，只要能和皇后娘娘在一起，要他做什麼，馮小寶都是願意的。於是問道：「去哪裡做和尚，幾時去呢？」

武后遲疑地說：「你不要急，具體細節，我會安排的。」

這一回，他們極盡纏綿……

第十章 姑侄暗鬥

42

被當了皇后的妹妹貶在外面的武唯良、武懷運兄弟終於盼到了五年俸滿之時，這天，兄弟雙回到了洛陽的舊宅——洛河南岸的思順坊，這裡與武后娘家的宅第承福坊隔河相望。

這是武后的二伯父武士讓舊宅。武士讓一度出任太宗朝的太廟令，在東都置有產業。士讓膝下有三個兒子：唯良、懷道、懷運。那一回，武后終於被立為皇后，為了表示自己的公正，武氏兄弟一個個都遭到貶斥，同父異母的元慶、元爽被貶至龍州和振州，先後憂懼而死，留下兩個兒子：武承嗣和武三思，至今尚不得回京；而唯良與懷運也被貶至偏遠的地方作通判，僅留下一個武懷道，他任職右監門長史，不太顯眼，也就沒有遭貶，仍守著老宅子。

文水縣武氏本不是大族，但家資富饒，因武士彠與高祖李淵的關係，三個哥哥也一齊出仕，兄弟之間，無分彼此，這親密關係終止於榮國夫人進入武家後，起因是唯良的妻子善氏。

善氏是長媳，又是當家人，榮國夫人作為填房，嫁在武家時，家業已被長房、二房牢牢控制，至武士彠死，女兒年幼，榮國夫人要在這個侄媳婦手中討生活，母女衣食，常不周全，所以，榮國夫人最恨的便是她。

好容易二女兒入宮，「見天子庸知非福？」就武后這一句話，榮國夫人有了盼頭。後來，果然由先帝才人而被當今皇帝封為宸妃，日漸受寵，已是七十老嫗的榮國夫人，漸漸讓人刮目相看。

開始，武后不說，皇帝還有意加恩武后親人，不但同父異母的兩個哥哥：元慶、元爽皆出任要職，就是唯良等幾個堂兄弟也屢獲升遷。

那一回，榮國夫人八十五歲壽辰，連皇帝也頒發賀表，滿朝文武，皇親國戚，更是絡繹於途，戶限為穿。唯良等子侄輩出面迎賓待客，自然是分內之事，不想席間，望著滿堂賓朋，榮國夫人酒酣耳熱之餘，竟然對元慶、唯良等兄弟說：「沒有明空，爾等能有今天？」

這話確實有些得意忘形，但作為晚輩，忍忍也就過去了，因為這畢竟是事實。不想善氏卻不賣帳——這婆娘本不是省油的燈，加之以前的過結，所以，對榮國夫人的自鳴得意一直不服氣。她聽人們議論，說武后以先帝才人獲寵，已干朝廷紀綱，眼下不知收斂，反四面樹敵，一個女人怎能與這麼多人鬥？牝雞司晨，焉能長久？眼下見榮國夫人賣嘴，武家幾個男子漢都不作聲，她便忍不住了，冷笑一聲，說：「我們能有今天，是父輩疆場拚命換來的，吃的可是乾淨飯。」

她們吃的是「乾淨飯」，意即榮國夫人的飯「不乾淨」，因為武后是由先帝才人而受當今皇上之寵——這真是口惡遭罪啊，榮國夫人的臉色煞時就變白了。

此時在場的元慶、元爽或唯良、懷運等兄弟若出面呵斥善氏，榮國夫人的面子上可能好看些，就是要記仇，也只是記在善氏名下。不想他們兄弟雖不附和，卻都面帶微笑，這分明是有意慫恿。

第二天，榮國夫人進宮，見了女兒，一把鼻涕一把淚，細細道來，要女兒為母親出這口氣。武后自小在家，對哥嫂們的「德政」本是深有體會的，聽母親一說，不由新仇舊恨，一齊勾起。於是，在當上皇后之後，以避嫌為名，請求皇帝，將武氏兄弟統統貶斥。

轉眼之間，就是五年。寒暑更替，朝局翻新，身為哥哥的武氏兄弟，實在是小看了自家這個小妹——從故太子李忠到長孫無忌、褚遂良、韓瑗、上官儀，從王皇后到蕭淑妃，這以前不是金包銀裹的龍子龍孫，便是功高巍巍的朝廷柱石，可到頭來，個個死得不如一條狗，皇帝站在一邊，想救援而不敢伸手；而順從皇后的人，轉眼就能升官，李義府、許敬宗都因此位極人臣。掌控這一切的，就是我們武家的小妹。小妹雖不喜歡娘家的哥哥，但對親生父母的封賞卻是不斷，已死的武士彠封都督，應國公，母親楊氏拜封正一品榮國夫人，位在王公母妻之上。

誰說生女不如男啊！

一人得道，雞犬升天，武家雖然有人得道，兄弟中卻不但沒人升天，反而因此運交華蓋，想想能不自我反省？

唯良兄弟其實早有悔意——榮國夫人是自己的嬸娘，當時已是八十五歲高齡，作為一個長輩，在晚輩面前說說嘴，有什麼不可的呢？何況這以前善氏在她面前確實禮節有虧。

刀劍傷身尤自可，言語傷心恨不休！

他們自被貶後，便一直在埋怨善氏生事，同時只盼著如何從頭開始，在榮國夫人面前盡一盡孝心。尤其是懷運，禍是善氏闖的，他只是受株連，但他被貶至始州，始州為嶺南舊治，那裡苗、僮雜居，常常鬧事，他為此弄得焦頭爛額。

好容易任期屆滿，兄弟陸續返京，去吏部報到後，第一件事便是各自帶著厚禮，由懷道陪著去看望老嬸嬸。

看樣子，老嬸嬸好像早將往事忘卻。見面之後，完全是一家子人說話的口吻，問這問那，關懷備至；第二天，居然派孫子武敏之來回拜。

當武唯良聽說武敏之前來回拜的消息時，他只覺得一天的烏雲似乎都散去了，立刻將兩個弟弟叫出來，一同迎接這個侄子。心想：好了好了，眼下我們真是好了，老嬸嬸身為國太，名尊位崇，犯得著再記晚輩的小過嗎。

一見敏之，唯良立刻拉住他的手，上下打量著，且嘖嘖連聲地誇讚道：「想不到一別幾年，敏之竟出脫得如此風流瀟灑！」

有著夷人血統的敏之長得英俊魁偉，的確耐看，他本是武家的外甥，眼下成了本家侄子。他們當年很鄙視這個夷人，背地稱他為「野種」，可眼下他們得罪不起這個「野種」了——一到京，懷道便把這幾年京城的變化統統告訴了他，敏之不但承襲了武士彠那應國公的爵位，且是皇帝的親信，姐弟二人都與皇帝有著非同一般的親密關係。聽弟弟如此一說，唯良與懷運能不誠惶誠恐？

懷運接著說：「看來，我們武家不但後繼有人，且一代比一代強啊！」

敏之被叔叔們如此恭維，心裡高興，連連拱手遜謝，說：「小侄早就聽人說，唯良叔治儒學有成，稱得上大學者，如今秩滿晉京，皇上肯定是要大用的，看來，小侄問學也方便多了。」

唯良微笑點頭，說：「賢侄位居清要，協修國史，一定是學有所成。青雲得意之際，可不要忘了仕途蹭蹬的兩個老叔。」

懷運也乘機插話說：「提攜薦引，就全賴賢侄了。」

敏之對這話很受用。他清楚武氏兄弟與榮國夫人的過結，卻抱著與已無關的態度，眼下他們作為長輩，在自己面前恭敬有加，自然同情兩個叔叔的遭遇。聽唯良與懷運言語中有求助之意，忙說：「二叔言重了，效命奔走，自是晚輩的事，豈敢辭勞？據小侄私心揣度，當初你們外放，皇上肯定是有用意的，或者就是給你們一個建功立業的機會。此番秩滿赴京，只要奏對稱旨，外放應是觀察使，內用則迴旋餘地更多，尚書、侍郎、御史都屬正常升遷，若蒙異數殊恩，那就更是前途無限了。」

一邊的懷道也說：「敏之此言，自是正理，只是這『奏對稱旨』四字，個中奧妙甚多，你的聰明才智，可不是一般人能比的，加之皇后耳提面命，自然能深體聖心，他們的奏對，如何才能稱旨，還望你能指點一二。」

敏之已被他們的奉承話說得有些飄飄然然，見幾個叔叔都虛心請教，忙微笑著，壓低聲音說：「眼下雖說二聖並尊，可誰不清楚皇上是看皇后眼色行事？皇后呢，能不聽我祖母的話？武家人過去雖彼此有些過結，但畢竟是自家人，只要在長輩面前說幾句軟話，老人家未必就不念親情。」

話說到這份上，唯良兄弟能不明白？於是，接下來的幾天，他們除了去宮門請安，其餘時間，便天天往榮國夫人府跑，從外地帶回的土特產，只要是榮國夫人愛的，便一包接一包地往這邊府裡送。

不想這過了頭的孝敬，竟招致過了頭的報復——這天，武唯良出府拜客，才走出家門，只見侍御史索元禮帶一隊兵丁走來，把自家府第包圍了，一見唯良，立刻喝令站住……

連日的奔波，皇帝終於體力不支，這天，早上起來，盥沐之後，忽然眼前一黑，竟然摔倒在地，慌得左右宮眷亂作一團，一邊延醫入視，一邊報請武后知道。後來，御醫看過，只說是操勞過甚，只需靜心調養幾天，便無大礙。

不想就兩天空檔，皇帝沒有見著蘇蘇，第三天，竟從外面傳來魏國夫人暴斃於府中的消息，皇帝一下驚呆了。

已被架空了的皇帝，終日縱情酒色，久而久之，也有膩了的感覺。尤其是看到武后行權，但凡大臣的任免、軍國大事的處治，全由她一人作主，自己僅僅肩其虛名時，心中那一份失落感更是難遣難排。不想就在這時，蘇蘇出現了——蘇蘇不是妃嬪，皇帝和她在一起，總有「偷情」的那種快感；蘇蘇不但年輕漂亮，而且性情豪爽，不像那些妃嬪，忸忸怩怩，和他在一起時，她時不時會出一些鬼點子，玩一些惡作劇，這讓皇帝覺得新鮮。皇帝因此也覺得有蘇蘇陪伴，不但可樂而忘憂，人也要年輕幾歲。

在皇帝心中，蘇蘇已是他安度晚年的解語花兒，開心果兒，他口中雖沒有說，心裡卻已暗暗打定主意，要將蘇蘇收進宮來，納為妃嬪。他幾次想開口向蘇蘇說，可既怕武后從中作梗，又怕蘇蘇不情願，正在尋找機會時，萬萬沒有料到，豆蔻年華的蘇蘇，居然就突然夭折。

皇帝赫然震怒，馬上下旨讓侍御史索元禮會同京兆府法曹李申、右武衛軍指揮程務挺徹查，不久，死因查出來了——魏國夫人係誤食砒霜而死，而盤問死者左右，據說，她是在皇后那裡吃了武唯良、武懷運送來的零食後，回家不久，即腹中劇烈疼痛而死去的。

武唯良、武懷運不就是蘇蘇的兩個堂舅舅嗎？他們為什麼要置這個外甥女於死地？

皇帝心中存了一個大大的疑團。

蘇蘇畢竟是誥命夫人，家中有丈夫理喪，兒子捧靈，身為皇帝，是沒有去為情人送葬的規矩的，他雖想去看情人最後一眼，有武后攔在前頭，他也去不成。所以，皇帝只能在宮中發火，聽了奏報，尚有些不信。不想武后聞奏，竟然頓足捶胸，嚎啕大哭，皇帝只好上來安慰她。

「皇上，家門不幸，出此忤逆，骨肉相殘，讓外人恥笑啊！」

皇帝說：「皇后難道清楚是誰下的毒？」

武后說：「這不明擺著嗎？是我作主，外放唯良兄弟五年，去的也不算最遠最苦的地方，我原不過是一秉公心，也希望他們能為武家做出個好榜樣，想不到他們不能體會我的苦心，反懷恨在心，竟然要置我於死地。可憐的、無辜的蘇蘇，她並未得罪他們，卻糊裡糊塗地誤食了他們送來的食物，替了我的死！」

說著，便告訴皇帝，魏國夫人在她這裡吃的糖炒栗子，是前不久由武唯良和武懷運送來的，她不愛甜食，所以沒有吃，眼下這東西還有一些，可拿去驗看。

皇帝一聽，皇后宮中還有這樣的栗子，馬上命人將去與索元禮檢驗，不想這一驗，果然有毒，皇帝無話可說了，只連連頓足說可惡。一邊的武敏之卻仍搖頭，說：「皇上——這事，這事，只怕另有隱情。」

武后瞪他一眼，尚未發話。皇帝忙問道：「你可有新的證據？」

武敏之新證據是沒有，但心中有個難解的疑團。武唯良兄弟與榮國夫人的過節，作為武家的繼承人，他是清楚的，但這回唯良兄弟秩滿回來候官，卻對榮國夫人十分恭敬，對皇后更是期望殷殷，只有巴結，只有千方百計地討好，絕不會生壞念頭，為什麼會在食品中下毒呢？可眼下皇后認定的事，他也不敢反駁，只囁嚅著說：「臣這幾天也曾和武唯良兄弟有過接觸，言談中看不出他們對皇后有惡意，再說，那糖炒栗子，臣那天在武懷道府中，不是也吃了好幾顆——」

一言未了，武后竟然勃然大怒，指著敏之說：「你知道什麼，他們恨我，能讓你看出來嗎？我早已接到密報，說武唯良兄弟被貶之後，與長孫無忌、褚遂良等人書信往還密切，說不定他們是想為無忌報仇。再說，他們是奔我和皇上來的，你算什麼，他們怎麼會想到要毒死你呢？」

說著，便喝令敏之退下。待敏之一走，武后也不等皇帝表示，馬上傳令索元禮，將武唯良兄弟拿下，押送詔獄。

武唯良兄弟以謀逆罪關入詔獄後，在索元禮的嚴刑拷問下，不幾天即招出確有謀害武后的故意，原因也正是武后所說——老武家與長孫無忌是世交，被放逐後，曾有過相互提攜、榮辱與共的誓約，長孫無忌等人雖死，他們卻非報這個仇不可。

這供詞明眼人一看就受不起推敲，皇帝更是難以釋懷。只有他最清楚，眼下最恨蘇蘇、且要將她置於死地的人應該是誰。武后視自己為雞肋，既要嘲笑自己的無能，卻又不許他人染指，更怕自己將蘇蘇納入後宮，與她爭寵，那醋海從來就沒有平靜過。看來，自己的心思早已被她掌握，自己對蘇蘇的寵愛竟是害了蘇蘇。可是，他萬萬想不到，面對一個無辜的生命，且是自己親侄女，竟然下得了這樣的黑手！

由此及彼，皇帝後悔極了。

這樣一個心比蛇蠍的女人，還有什麼做不出的呢？皇帝不由想到了自己的身後，想起皇權的交接。氣血兩旺的她，生命力正處強勁之勢。一旦自己走在前頭，那麼，她會僅僅滿足於只做天后嗎？有此一想，皇帝不由多了一個心思，但有上一次教訓在先，目前他只能隱忍，他怕自己的心思再次被她猜到，從而進一步危及自己的兒子。

於是，他開始裝作若無其事，且處處迎合她。對蘇蘇的死，也不露出半點懷疑。當索元禮等人所擬的判決呈上來後，他不待武后作出表示，竟破例親自執筆劃行，全部照准。於是，武唯良兄弟被斬首，男子充軍，女子罰入掖庭為奴。

這一場骨肉相殘的慘劇，下場最慘的當是善氏，只因以前栽刺不栽花，如今算是自嘗苦果——她被沒入掖庭後，掖庭令藉口她不服管教，下令將她剝去衣裙，用皮鞭活活打死，死時背上竟然露出了骨頭。

武后餘怒未息，又傳旨將他們兄弟子孫從武氏族藉中除名，並改其姓曰：「蝮」。

一邊的皇帝看著皇后如此作踐娘家人，並不動心，他想，武家人應該統統姓這個姓才公道……

44

這事件過後不久，榮國夫人便重病纏身。不久，她終於走完了自己的人生路，享年九十二歲。

榮國夫人身為武后之母，一生極盡榮耀，她的封號經皇帝屢次加封，先是應國夫人，後又是衛國夫人，死之前早已加封為榮國夫人。此番皇帝更顯得殷勤，予這位岳母以更大的榮耀——不但輟朝一日，偕皇后親至府中弔唁，且追贈為魯國太夫人，謚忠烈，不久又加封為太原郡王妃，並令各王公大臣偕命婦去府中祭奠。

這些封贈，在外人眼中備極榮哀，武后卻仍不夠意。雖說帝后是不必為親屬服喪的，但武后為超度母親，不但請了好幾百僧人設壇為母親念經祈冥福，且許願在白馬寺建佛殿造佛像。此時，玄奘早已圓寂，法事由他的大徒弟慈恩大法師窺基主持。

武家皇后這一支，兩個同父異母的哥哥：元慶、元爽已死了，承嗣與三思兩個親侄子也待罪在外，只有周國公武敏之在家侍奉祖母。眼下因榮國夫人之喪，皇帝格外開恩，將武承嗣、武三思赦回，協助武敏之主持喪事。

按說，承嗣與三思是武家親骨血，武士彠的嫡孫，但武敏之既然承襲了周國公的爵位，喪事便以他為主，喪貼上以周國公武敏之領銜。武敏之雖熱孝在身，卻沒有半點哀毀之容，不但嘻嘻哈哈，且常在靈前聚眾作樂，有時賭博通宵達旦。

承嗣和三思看在眼中，便將這些情況報告給武后。

蘇蘇之死，武后看出敏之疑己，當時，她很生氣，本要發作的，轉念一想又忍住了——唯良兄弟伏誅，他們名下的子孫改姓了「蝮」，武家人對她已是聞風膽戰了，敏之算是最親的娘家人，總不能斬盡殺絕。可眼下武敏之竟然如此辦理祖母的喪事，她能不管？

這天，她召敏之於宮中，盤問治喪的事。敏之草草談了一些安排，她聽著心中很是不樂，扳著臉說：「敏之，聽說你在祖母靈前聚眾賭博，且召樂伎作長夜之歡，這是一個孝孫應有的作為嗎？」

敏之一怔，立刻恭敬地回答說：「天后姑姑，看您都說到哪裡去了，祖母對孫子有天高地厚之恩，尚未報答萬一，眼下祖母去了，侄子我心痛不已，這些天在靈前忙於喪事，幾夜都不曾合眼呢。」

武后道：「是嗎？但願你明白這天高地厚之恩就好。我怕你只口頭說說，轉身就忘了呢。」

敏之連說不敢。武后雙眼緊緊地盯著他，又說：「你可要想清楚，周國公的封贈下來，老武家四房兄弟二十多個子侄誰不想？按說，你不是武家人，這爵位說什麼也輪不到你頭上，是我在皇上面前力爭，才讓你承襲，可是，你心裡清楚，你做了什麼對不起我、對不起祖宗、為武氏丟臉的醜事？這事我不說破，你自己半夜三更，捫心自問，這是禽獸不如的勾當，可是要遭五雷轟的！」

武皇后這話隱隱約約，並未挑明，敏之卻心知肚明，臉上不由一下紅一下白的。可轉念一想，這怕什麼，已是死無對證了。再說，她自己昧己瞞心的事就做得少麼？姐姐蘇蘇之死，究竟是唯良兄弟誤殺，還是另有人要她的命，這人是誰？種種蛛絲馬跡，敏之了然於胸，沒想到自己才露出一點風，立刻就被她喝止。她一手遮天，連皇帝也不放在眼裡，可就不想想，蘇蘇是自己的親骨肉，真下得這個手啊！

敏之越想越不甘心。作為鮮卑人，血管裡流淌的是鮮卑人的血，鮮卑人可是桀驁不馴、無所畏懼的男子漢，就是做錯了什麼，也敢作敢當。所以，當武后提到了周國公的爵位時，他不由想，若是我姐姐不死，以她在皇帝面前所受的恩寵，以我與皇帝的特殊關係，封一個小小的國公又算什麼？我才不在乎這要改名換姓才能有的勞什子國公呢！

武后不知侄子心裡在想什麼，又說：「今日召你入宮，有事交代，你要與我聽好了，不許出差錯。」

敏之木然地說：「皇后還有什麼心事未了呢？」

武后說：「不錯，你猜中了，我確有心事未了呢。」

說著，她便向侄子說起要為榮國夫人造佛像祈冥福的事。說自己已在佛前許下願心，要在白馬寺以榮國夫人名義重建大佛殿，重塑七尊大佛，眼下工程進展順利，準備在母親九十三歲冥壽那天，再次設四部無遮大會，到時有許多佛事活動，務求完美，所以，希望敏之這些天多往白馬寺走走。

敏之平靜地聽皇后姑姑說完，微微歎息說：「祖母身後，風光大葬，隨你哪個王公國母，也不能與之相比，洛陽城中誰不羨慕？眼下您又要為祖母塑佛像祈福，這是大孝行，大功德，祖母有您這樣的女兒，已是如天之福了，普天之下，誰不羨慕我們武家人？」

武后微笑著點頭說：「那年我生李哲，因難產，身體虛弱，大和尚玄奘勸我將李哲捨入沙門，並勸佈施。於是，我答應捨李哲入沙門，李哲後來果然平安無事。可見菩薩慈悲，報應在即。眼下造佛像是大功德，你參與其事，不也有一份功德麼？你可要好好用心去做，工程上的事，一絲也不能馬虎，不然，可是罪惡。」

敏之一邊點頭，一邊說：「已做到這一步，應該適可而止。至於造佛裝金，這是沒有止境的，大肆鋪張，似沒有必要。再說，和尚們勸募，原本就多多益善，您何必認真，這因果報應之說，您未必就信？」

武后說：「你這孩子，怎麼說出這樣的話？要知道，你祖母平日在佛前最是虔誠，每日經懺，一絲不苟，早在八十歲那年，她便在佛前許過願心，要在龍門山建一座大廟，塑一尊大佛，保佑一方平安，我這是代她還願心，須知佛前許下的願心是要誠心還願的。你可要認認真真去做，不可有一絲虛假。若有一絲一毫的虛假，可是要遭孽報的。」

敏之微笑著說：「大和尚神秀那天也和侄子談玄，也說了一個故事，想想覺得有趣。」

武后正悶得慌，不由問道：「什麼故事？」

敏之說：「說的是龍升天，佛經上的。」

佛經裡的故事很多，武后一時也記不全，便說：「什麼龍升天，又與這造佛像有何關係？」

敏之說：「龍升天語出《雜譬喻經》，說有龍升天，降於大雨，雨落天宮，即成七寶；雨落人中，皆為潤澤；雨落餓鬼身上，卻變成大火，舉身燒燃。俱是一雨，而變異則很大。」

武后點頭歎道：「同為一雨，卻因所落地方不同而異，同做善事，也因所做之人不同而異，所以，眾生在六道輪迴之中，載沉載浮，是永無了期的。惡事不可做，善事要經常為。」

敏之點頭說：「所以，大和尚跟侄子說，最恨世人，不能省悟，一邊一擲千金地種福田，一邊卻又昧著良心做惡事，能有什麼結果？真要是一心向善，不種惡果，又何必去修廟塑佛呢？有道是：只怕無道，不怕無廟！」

武后聞言一怔——侄子話中分明另有所指，正要質問，不想武敏之說過，立刻躬身一揖，從容告退……

第十一章 太子之死

45

皇帝打定主意後，這以後便經常「龍體欠安」——自那次暈倒後，御醫雖說無妨，可他卻似乎是已染上了痼疾，經常嚷頭暈、頭痛，就是視力，也大不如前，據他自己說，看咫尺之外的東西已十分模糊。

聖躬違和，自然不能見臣下，每遇到這種情況，武后便獨自臨朝，軍國大事，與自己的心腹大臣議決；細微末節，更是隨心所欲，不議也決了。

帝王休閒，極盡人間之樂，幾年下來，皇帝對政務幾乎完全生疏了。

這時，邊陲噩耗頻傳——這年十月，吐蕃大軍攻陷了西域十八州，導致安西四鎮撤守；武后得知消息，派右威衛大將軍薛仁貴為邏娑道行軍大總管，大將郭待封和阿史那道真為副，率大軍三十萬攻吐蕃，不想郭待封不遵節制，因而在大非川被吐蕃殺得全軍覆沒，屬國吐谷渾淪陷。

武后聞報，與臣下計議，決定派宿將、現任司戎太常伯姜恪以同東西台三品的資格出任涼州道行軍大總管，將兵二十萬出征吐蕃，以同三品劉仁軌為洮河道行軍鎮守大使為後援。

接下來商討善後，就在這時，有永平宮內監前來稟報，說皇帝病情加劇，她只得放下手中急務，前來探視。

當她來至永平宮時，皇帝躺在裡間御榻上正嚷頭痛，一個宮女跪在皇帝身邊，為皇帝按摩頭皮，另有幾個年紀較大的宮女在為皇帝的熱敷準備手巾之類，這個上，那個下，忙得不亦樂乎。

武后進來後，揮手摒退從人，獨自走近前來，近距離細看皇帝。久病的皇帝容顏委頓，頭髮披散，淚囊腫大，眼角因沒有盥洗而有些污垢，伸在被子外的手掌像核桃殼，背上盡是皺紋——才過四十的李治，看外表似有六十歲，瑟縮在御榻上，就像一隻大馬猴。

眼下，他明知皇后進來了，卻仍閉著眼，且哼得更響。

看到皇帝這模樣，武后明白，皇帝體質本就孱弱，人到中年，不知保養，卻越加恣淫縱欲，為應付後宮眾多佳麗，不得不過量地服用春藥。焚林而獵，涸澤而漁，終於導致早衰，加之有了心事，三分病七分裝，弄成個病懨懨的樣子。想到此，她向著皇帝大聲說：「手頭事件很多，亟待處治，我是特地抽空來看你的，才兩天不見，你怎麼就病成這樣？究竟是哪裡不舒服呢？」

直到皇后發問，皇帝才故作一驚，睜開眼睛，連連乾咳幾下，然後指著額頭說：「啊啊，是你嗎，你來看，朕，朕，朕這裡都要炸開了。」

武后伸手在皇帝額頭上輕輕地撫摸著，說：「御醫都說些什麼？」

皇帝一邊哼一邊說：「那幾個混帳東西能看出什麼病，朕整日暈眩，頭痛欲裂，眼前淨冒金星，望著整座殿宇，就像要倒塌了，他們卻總說無妨。開出的方子也全是一些不關痛癢的藥，朕連服數劑，就像倒進了河中，了無痕跡。」

武后卻口氣十分輕鬆地說：「皇上放心，有我在，殿宇是不會倒塌的，那只不過是你的錯覺而已。御醫秦鳴鶴是祖傳七代的名醫，家學淵源，經驗豐富，應該不會摸不準症候，真要是脈象不好，藥石無效，他有幾顆腦袋，敢不奏聞？既然連服數劑，功效不顯，那就讓他換一換方子，要不，就另擇良醫。秦鳴鶴不行，張榜從民間挑選如何？」

皇帝卻連連搖手說：「得了吧，不要折騰了。朕自己還不明白麼？這病因開始時醫生大意，眼下早已成痼疾了，要想痊癒豈不是癡心妄想？」

武后微笑著寬慰說：「哪有這樣的事呢？皇上才過四十，春秋鼎盛，如一輪紅日當空，小病又何足道哉。再說，眼下雖國勢方張，人民安定，可四夷有待征服，紀綱有待振興，就是關中啼饑號寒的百姓，也有待救濟。皇上宜振作精神，奮發圖強，做一番光前裕後的事業，這樣才不負先帝的託付。幾年前，不是還有親征高麗的豪情麼？眼下怎麼竟說出這樣的洩氣話呢？」

皇帝苦笑著說：「雖有壯志，豈奈病何？」

武后搖頭說：「不然，我看皇上要緊的還是心病。孔夫子說得好，君子病無能焉，不病人之不己知也！」

皇帝一怔，冷冷地瞥她一眼，囁嚅半天，勉強說道：「什麼心病呢？要有，就是自慚自愧——頂著皇帝的名義，卻尸位素餐，把這麼重一副擔子全託付與你，看著你一個婦道，宵衣旰食，沒日沒夜的為國事操勞，心中實在不忍。唉，你不知道，朕眼下實處兩難之境地！」

皇帝模樣雖然委頓，但說話尚有精神，思維也很清晰，這一切越加證明了武后的猜測。於是，她又微笑著說：「這有什麼法子呢，我又不是外人，既然你經常患病，幫助你挑起這副千斤重擔，是我義不容辭的責任。我想，總不至於將擔子撂與他人，軍國大事，也聽之任之，由著臣子們去糊弄吧。」

皇帝繞了半天彎子，終於找到說話的機會了。立刻接言說：「當然，軍國大事，怎麼能聽之任之呢？總之，望著你一人獨撐全域，我心有不忍。所以，朕臥病這些日子，思考了很久，要說兩難，卻也不是沒有兩全之策——」

武后明白他已繞到節骨眼上來了，故意裝糊塗，問道：「皇上所說的兩全之策是指什麼？」

皇帝吞吞吐吐地說：「這個——當然，眼下由你主政，朕很是放心。這幾年，許多大事、棘手的事，你都應付過來了，且張弛有度，從容不迫，頗獲內外臣工稱道。要說，眼下我唐局勢，確比以往任何時候都安定，國力也比以往任何時候都強大。所以，朕要瞅個機會，當著眾臣，好好地褒獎你。」

武后說：「只要你放心就好。我一個婦道，只是處在萬般無奈之下，看在夫婦的情份上才伸手的。要說兩難，我不也是？你要知道，我以皇后出而聽政，這可是冒天下之大不韙。只求別人不背後罵陰盛陽衰、牝雞司晨，便心滿意足了，至於褒獎，大可不必。」

皇帝趕緊寬慰說：「那哪能呢，看你都想到哪裡去了！」

武后只微笑，卻不再接言。皇帝還是忍不住，囁嚅著說：「媚娘——天后，我們的弘兒今年都滿二十一歲了，賢兒二十，就是李哲，也快滿十九歲，這個年紀在民間，只怕都早完婚了。」

武后望皇帝一眼，爽朗地一笑，說：「皇上費了這麼大的力，繞了半天彎子，原來是想抱孫子啊，何不直說？」

皇帝說：「不是嗎，朕之所以沒有說，是看你事多忙不過來。其實，男大當婚，女大當嫁，你我不就是這樣過來的嗎？」

「是嗎？」武后說過這句，便不再搭理皇帝，且順手拿起案上一本書，低頭看起文章來。皇帝心中卻大起波瀾。

讓兒子早日完婚，這就是皇帝藏之於胸的、天大的心事。他明知爭不過武后，心中卻不是沒有小九九——只要自己還擔著皇帝的虛名，武后便理所當然地「二聖並尊」，且以他多病為藉口，大包大攬，將自己架空。他想，如果退而當太上皇，讓李弘繼位，這樣，武后再有能耐，也不好意思插手政務了。

這其實是一個同歸於盡的辦法，而且只能分兩步走，第一是盡早讓李弘完婚，因為按照傳統，成家立業是跟著來的，太子一旦完婚，父親多病，作為成年人，提前即位是順理成章的事，高皇帝李淵，不就是以自己多病為由，傳位於太宗嗎？眼下皇帝巴望的，就是能將江山順利地交到兒子手中，這樣，他就死也瞑目了。只是武后攬權的心思忒盛，自己這步棋她不會看不出來，且也不會輕易就範，但為了李家的江山，他不能不做這最後的努力。所以，當他說完這話後，眼睛便死死地盯著武后，看她有什麼反應。

武后見皇帝目光灼灼地望著自己，似乎是在乞求，又像是窺測。於是放下書，望他輕鬆地一笑，說：「你就安心養病好了，弘兒的婚事我會有安排的，就是姑娘也早相好了。」

皇帝一聽，如聞天外梵音，有點不相信是真的，馬上問道：「姑娘都相好了，朕怎麼沒聽說呢？」

武后說：「這事是我年初安排的，本想和你說，可你整日病懨懨的，我幾時有機會提？姑娘姓楊，出自名門，人品極好，父親楊思儉為一代儒臣，太子妃選這樣人家的女兒，算是上上人選。」

皇帝清楚，官居司衛少卿的楊思儉，係弘農楊氏，與武后的母親榮國夫人為本家，與隋朝皇室同宗不同房，這自然是名門貴族，選做太子妃自然沒有說的。皇帝一時掩飾不住喜悅之情，急忙問道：「那幾時納采，又幾時問名呢？」

武后說：「這些都不用你操心，我都安排好了，眼下已是六禮俱備，不日便會下詔讓弘兒來東都完婚。」

皇帝更加喜不自禁，雖然武后一再讓他別操心，他卻仍不嫌憚煩地問道：「你真的願意弘兒來東都完婚？」

武后不由莫名其妙，說：「怎麼就不願意呢？剛才你不是說弘兒是我們的兒子嗎，既然是我們的兒子，你怎麼就不能放心我呢？」

皇帝高興地點頭，連連說：「放心，放心，怎麼不放心呢，只是這事不能再拖了。」

武后說：「不拖，不拖，既然皇上這麼急，我回去馬上頒詔宣弘兒來東都。」

皇帝一聽這話，喜不自勝，病體一下就輕鬆起來，立刻起床，並吩咐宮女們為他梳洗，束髮。

武后在一邊默默地看著，面露微笑……

46

鑾駕東行，太子李弘為西京留守。

李弘已二十一歲了，模樣像父親，長身鵠立，清癯白皙。八歲起就任監國，陪伴在父母身邊，見習政治，世事的詭詐，人情的變幻，讓他過早地成熟，風華正茂的他，已十分練達和沉著。生在天下第一家，李弘從小感受不到幸福，在這慈父嚴母的家庭，他害怕既是母子又是君臣的關係，前面幾個哥哥的命運，已明白無誤地告訴他，母親權力之欲，勢可薰天，任何人都不能阻攔，一旦被她視為障礙，她可什麼手段都使得出來。所以，李弘名為監國，於軍國大事，一概唯母命是聽。

鑾駕東巡，各地奏報都直接送洛陽，留守的職責，只是負責西京的治安，具體的細節也用不著他操心。於是，他便天天和弟弟及一班文人學士在一起，飲酒賦詩，鬥雞走馬，日子過得快樂輕鬆。別人感覺皇城少了生氣，他卻覺得難得有這樣自由自在的好日子。

武后召他赴東都的詔命送達他手中之日，他正和弟弟李賢在東宮下棋，看過詔書，不由歎了口氣，對李賢說：「嗨，我的好日子過完了。」

李賢接過詔書看過，立刻喜形於色，說：「哥，怎麼這樣說呢，讓你去東都完婚，這是好事，我看你也應該娶親了，你再不娶親，我們可等不及了。」

李弘望弟弟微微一笑。他很喜歡這個弟弟，尤其是他那剛強而又直露的個性。皇家少親情，皇子眾多，人人都覬覦太子的位置，只往上數一代，父親李治十個兄弟之間，哪個不是胸懷叵測，只想尋對方的差錯？所以，深宮內苑，殺機是無處不在的。可李弘兄弟七個，上面三個同父異母的哥哥，都被武后一一清除，剩下他們四個，彼此都沒有機心，尤其是李賢，生性豁達，敢做敢說，就像山間一條碧綠的小溪，清澈見底，讓人感到放心，感到可以親近。此番鑾駕東行，李賢因不願跟父母去洛陽，便請求留下陪哥哥。皇帝也很喜歡李賢，知李弘一人在京，遇事無人商量，便也同意讓李賢留下，於一邊見習、贊襄政務。

眼下，李弘見弟弟催他去東都完婚，心中明白，早熟的弟弟，比自己要超脫得多，早在四年前，便聽說他跟身邊好幾個宮女有曖昧，對正式納妃，更是蠢蠢欲動，巴不得哥哥完婚後，他也跟著了卻這人生大事。想到此，李弘用調侃的語氣問道：「賢弟，你這話是說自己，還是也代表三弟和四弟？」

李賢詭祕地一笑，說：「既是說我自己，也代表他們。要知道，我們都到了成家的年齡，民間百姓家，男子一般都在十七八歲便結婚，我們倒好，你都二十出頭了，我也整整二十，李顯十九，旭輪十七，都已出閣開府，都沒有成家，就這麼拖著。你要想清楚，母親可不是民間的老太太，巴不得早日抱孫子，她不想我們早日成家，是有她的想法的。也難得她老人家今日想明白了，終於鬆口了，你可不能錯過機會，不然，哪天她又變主意了。」

李賢此說，李弘自然也有同感。他想，自己一旦結婚，病懨懨的父親肯定會退位，這事父親早在兩年前就私下向他表示過，可母親呢？她能讓自己接過權力嗎？想到此，不由歎口氣，說：「賢弟，我其實也在盼著這天，我若不完婚，有可能耽誤你們。不過，我不想去東都——」

李賢卻不以為然地說：「我清楚，你是怕母親，可你要明白，你遲早是要過這一關的。母親雖然能幹，畢竟是女流，這江山姓李，之所以二聖並尊是因為父親有病。你既然已經成人，父親有意禪位，她若仍舊賴在那個位置上，算怎麼回事呢？我看你完全不必擔心，要理直氣壯地把擔子接過來。我想，大唐自開國以來，仁愛在茲，民心所向，母親若有以武代李的念頭，那是行不通的，只要你即位，王公親貴都會支持你，大臣們也會服從你。」

李弘聽弟弟說得如此露骨，不由警惕地望左右一眼，小聲地說：「賢弟，你說話要小心，說不定我的左右也有母親的耳目，傳到母親耳中，可有麻煩。上回為你營葬大哥的事，我可沒有為你少擔心。」

李賢的封號一改再封，先是封潞王，後改封沛王，去年又改封雍王。封號雖改，性情卻不變——他只小李弘一歲，李弘體弱多病，他卻身體強健，看外表他倒像是李弘的哥哥，就是性格，也迥然不同——李賢敢說敢做，毫無畏懼。他們分府另住後，李賢在府中廣蓄賓客，與王勃、駱賓王等名士結交，鬥雞走馬，尋歡作樂。前不久，聽人說起他們的大哥、廢太子李忠被賜死後，屍骨在黔州無人營葬，李賢便大膽作主，公然派人去將李忠妥為安葬。李弘明白，這事若讓母親知道了，一定是要追究的，就是瞞也一定瞞不住，不如乾脆上奏，請父母開恩，禮葬李忠。雖是先斬後奏，但有自己擔待，這事總算了結。眼下李賢聽哥哥提到這事，不由憤憤不平地說：「哥，你清楚不？我聽人說，大哥被貶後，心中怕得要命，為防刺客，他每天只好穿婦人的衣裙，讓人認不出來。由於長期受到恐嚇，精神也變態了，整天在口中念叨，說皇后會派人來殺他，我還以為是他疑心生暗鬼，沒想到母親還真要他的命。堂堂的皇子，死時身邊連一個親人也沒有，若不是你代為奏請，至今還拋屍露骨在黔州。我不明白，母后為什麼如此薄情寡義？」

李弘見弟弟越說越出軌，而且聲音也越來越大，不由急了，他知道這個弟弟的個性，只好扭轉話題，說：「賢弟，不說了，我問你，我赴東都，你跟我同去嗎？」

李賢停頓下來，歎了一口氣，說：「太子納妃，這是何等的大事，作為親弟弟，我怎麼能不參加這慶典呢？不過，說實在話，去了東都，可就是進了牢籠了，這裡多自在呀，我真捨不得呢。」

李弘勸弟弟說：「我想，你應該去，不是說，你的那個阿紫也已隨駕去東都了嗎，去了就可天天和她相見了。」

李賢望哥哥一笑，說：「什麼阿紫，人家眼下是武敏之的紅人，武敏之已放出風來，要娶她進周國公府呢，我再和她有什麼意思？早不往來了。」

李弘一怔，說：「阿紫要和武敏之？我怎麼沒聽說呢？哎呀，這事我看你有錯，阿紫最早是和你的，可你總是見一個愛一個，愛一個又丟一個，如此見異思遷，阿紫怕你靠不住，只好和武敏之了。」

李賢嘴一癟，說：「我才不是見異思遷呢，是武敏之這鮮卑野種橫刀奪愛。他自恃有母后疼愛，什麼人也不放在眼裡，我早想收拾他了。」

李弘忙勸慰弟弟，說：「賢弟，不就是一個宮女嗎，犯不著為她去惹事的，你要知道這個武敏之可不一般，不但是母后最疼的人，還與父親有那個——呵，不說了，總之，你鬥他不過。」

李賢卻連連搖頭，且拾起開先的話題：「哼，城狐社鼠，難以下手。說句不好聽的話，母后專權，可不是好兆頭，那天我在越王宅，聽七叔說漢朝的故事，說起漢朝外戚干政，最終導致國祚轉移，我聽了心中很不是滋味，哥，你是堂堂太子，國之儲君，可要多個心思啊！」

李弘聽弟弟如此一說，不由神情懍然……

男女嫁娶，禮儀本來繁瑣，皇家自然尤為隆重——就在選定了淑女之後，正式的冊立到大婚，過程很是排場講究，有納采、問名、納吉、納徵、請期、親迎等六項大的禮節。此即儒家的「六禮」，典出《禮記‧婚義》。若是太子，這事還須由宰相或親王出面主持。六項禮節之間的時間，沒有具體規定，但一旦經過了最後的請期——也就是定下了具體親迎的日子，到時就不會再有變動了。

大婚這天，場面很是鋪張，大約有七道儀式：親迎、同牢、妃朝見、婚會、婦人禮會、饗丈夫送者、饗婦人送者——這中間，除排場有大有小，程序大抵和民間也相差無幾。

可就在洛陽行宮，上上下下在為即將舉行的皇太子的婚禮張羅時，一天清晨，從楊宅傳來一個令朝野上下，士宦庶民都感到十分震驚的消息：才色雙絕的楊阿寶、太子的未婚妻投繯自盡了。

楊思儉為此特地上了一個奏章，向二聖報告這個不幸的消息，正喜形於色準備作太上皇的李治聽了，一下驚呆了。楊思儉在這份奏章中，用詞雖然哀婉，但關於女兒的死因，語氣卻相當含混。武后看完奏章，尚在疑疑惑惑時，皇帝卻盯著武后，大聲嚷著說：「這中間莫非有鬼？」

有什麼鬼呢？皇帝沒有明說，武后卻從皇帝的眼光中讀到了什麼，且話中有話。她冷笑一聲，反問道：「有什麼鬼呢？姑娘是死於自殺，且死於家中。」

武后有質問的意思，皇帝不敢再緊盯著皇后了，口氣卻並沒有軟下來，氣咻咻地說：「李弘知書達理，風度翩翩，不但是聲名顯赫的皇太子，且是人見人愛的男子漢，姑娘能嫁作太子妃，接下來不就是皇后嗎？這是天下所有女子都巴望不到的榮譽，所以，她的自殺絕不會是抗婚。那麼，什麼事就令阿寶不顧自己的幸福，且連為家族帶來無尚榮譽和潑天富貴的機會也放棄呢？」

這就是皇帝認定中間有鬼的理由，說過，他不待武后表態，馬上吩咐下去，讓索元禮等人迅速追查。

武后見皇帝氣成這樣，白了奉召前來的索元禮一眼，示意他先退下，然後緩緩地說：「我看還是少安毋躁的好，這事若果有什麼陰謀，還怕主謀跑了不成。」

說著，她再次翻看楊思儉的奏章，自言自語地說，「皇上，難道你不能從楊思儉這欲言又止的話語中窺見到什麼嗎？」

說著，便將楊思儉的奏章，一句句念與皇帝聽。皇帝聽後仍是不明不白，說：「你窺見了什麼？楊思儉有難言之隱嗎？」

武后點點頭，胸有成竹地說：「確有難言之隱，且事關風化，楊思儉身為一代儒臣，有些話是說不出口的。不過，這事不但關係楊家的得失，且也關係到皇家的名譽，故不宜公開追查。更不能操之過急。」

皇帝一聽，火氣漸消，只徐徐言道：「太子妃歿了，弘兒的婚事辦不成了，要知道，他們兄弟早已動身，眼下快到東都了。」

武后輕鬆地一笑，說：「姑娘並未與弘兒完婚，算不得正式的太子妃，死了也就死了。至於弘兒的婚事，就不可另擇嗎？皇帝的兒子還愁找不到媳婦？放心，天下的好女子多的是，我很快就會為他物色的。」

幾天之後，李弘兄弟到達東都。眾臣子都去郊外迎接，卻誰也不提大婚的事。直到後來，三弟李顯終於背地講出了事情真相——容光煥發、正準備做新郎的李弘聽到這消息後，立刻病倒了。

此時，白馬寺重塑的佛像已竣工了，得知消息，武皇后很重視，她早把娶兒媳不成的事丟開了，覺得應該去看佛像。按規矩，這事是由侄子武敏之監修的，應該由他陪同去，不想派內監去傳武敏之，回報卻是說，武敏之去遊少室山了。

武后想了想，覺得沒有敏之在場也好。這些日子，大事頻仍，她已好久沒去看馮小寶了。馮小寶已剃度在白馬寺，法名懷義，這全是她安排的，名義上就是為榮國夫人祈冥福，他自願代皇后出家。

自懷義到了白馬寺，寺中規模擴大了許多，所有殿宇都大肆修葺，添加了不少樓台亭閣，加上武后以母親的名義在天王殿和大雄寶殿重塑了佛像，白馬寺不但規模已大大超出歷代規模，面貌也煥然一新，也因此故，懷義成了白馬寺寺主。

懷義成了寺主，武后便常以拜佛的名義，去白馬寺和懷義幽會。懷義雖然剃了光頭，但在武后眼中卻更加精神。今天，武后要親自駕臨白馬寺，她想，有武敏之陪在一邊反而礙眼，於是，不等找到敏之，便啟駕前來白馬寺。

皇后駕到，自然由懷義出迎，陪在一邊，先在大佛前燒香，接著便去看新塑尚未開光的佛像。佛像塑得十分威武高大，很有氣派。武后一一看過，很是滿意，不想回到方丈，剛坐下，懷義便倒在武后懷中，向她哭訴，說武敏之不但將武后捐與寺中的香火錢私吞了一大半，且多次藉機敲詐他，話語中，隱射他和皇后有事。

武后這下氣得一佛出世，二佛涅槃。

回到宮中，正思謀如何處治武敏之，不想就在這時，奉旨暗中調查楊阿寶一案的索元禮，終於將事情查得水落石出，並將報告送呈上來了。

原來武敏之早就垂涎楊阿寶的美麗。這以前，韓國夫人尚在世，因為喜歡阿寶，便向楊思儉提過親，一生治儒學有成的楊思儉，嫌武敏之是個粉頭惡少，不願將女兒嫁與他，再後來，阿寶便被選為太子妃了，武敏之因此懷恨在心。他們之間雖未能結親，但還有親戚這一層關係，見面的機會很多，阿寶常去龍門山或白馬寺禮佛，這正好撞在敏之的網裡——於是，他趁阿寶帶著貼身丫環在廟中隨喜時，竟強行將她請入自己在龍門山的住所，把她強姦了。

這些情節，都是索元禮私下問過楊思儉，並由阿寶的貼身丫環作證錄下的。

武后覽奏之餘，既驚且喜——導致楊思儉的女兒、也是太子未婚妻自殺的，竟然也是武敏之。心想，怪不得小雜種突然一人去遊少室山，他哪是出遊，分明是想避禍啊！於是冷笑著，把皇帝請來，將索元禮的奏章一句句念與他聽。皇帝一邊聽，一邊搖頭，說：「這，這，這，這個敏之！」

盛怒中的武后，好像這武敏之不是自家人，也不是因她的緣故才得做官並進入皇室圈子的，竟然沒好氣地搶白皇帝說：「這什麼，這是你的好男寵哩。你愛他那一張小白臉，他卻要強姦你那未過門的兒媳婦哩！」

皇帝哭喪著臉，偏過頭悶著不出聲。

武后盛怒之下，皇帝也不敢多言，他雖看重太子妃被人逼死的事，但他更想保全武敏之，蘇蘇和敏之，還有他們的母親韓國夫人，都是皇帝愛過的人，眼下母女全死了，他不能不關心敏之的命運。

這裡武后傳諭索元禮，火速逮捕武敏之，不得讓他逃脫。

皇帝抬頭望一望武后，嘴張了張，用近乎哀求的語氣說：「天后，不就是為了一個女人嗎，只要未與弘兒完婚，就算不得太子妃。再說，他是你的親侄子，周國公的傳人，楊思儉不願聲張，你何必鬧得天下盡知？」

武后不等他說完，立刻橫他一眼，說：「這種無恥之徒，喪心病狂，不但忘恩負義，目無皇上，且也目無尊長，居然──居然連我為母親祈冥福塑佛像的錢也貪污。這可是要遭孽報的！」

皇帝說：「那，那──那，說起來，那也不算什麼，你們是姑侄，你捐的，他拿回，自家拿自家的錢，算不得貪污。」

武后見皇帝有意袒護敏之，氣不打一處出，嘴張了張，遲疑地說：「你算了，別再為他遮遮掩掩了，小雜種早就死有餘辜，他是披著人皮的禽獸，不，連禽獸也不如，我早就要將他明正典刑了！」

皇帝更不解了，說：「除了那事，他還有什麼出軌的事呢？」

武后是決意要置武敏之於死地的，但她沒料到皇帝竟然連強姦自己兒媳的人，也可容忍，氣急之餘，什麼厲害也不計較了，一句話脫口而出：「哼，你要我說什麼呢，揚自己的家醜嗎？好，今天就痛快地告訴你吧，這小子不是人，是畜牲，不，比畜牲還不如，居然上烝祖母，這是我親眼發現的！」

「上烝祖母!?」皇帝幾乎不相信自己的耳朵，跌坐在御榻上，睜著雙眼，呆呆地望著武后，以為她神經有毛病。

武敏之的祖母，不就是武后已故的母親榮國夫人嗎？死時已九十二歲，武敏之才二十出頭，就以他成人時算起，那時的榮國太夫人不也已八十好幾了嗎？耋耄老嫗，怎麼可能還有那個綺念？就算有，丈夫已故世，也不可能去與十幾歲的小孫子通姦呀？

皇帝呆呆地望著自己的皇后，像看一隻怪獸。

——這真是一隻非同尋常的怪獸呵，美麗絕倫，精力旺盛，思維敏捷，心地毒辣，在朝堂一如鬚眉，縱橫捭闔、指揮倜儻；在後宮脂粉隊裡又玩盡權術、耍盡陰謀，才能、手段、機巧、殘忍，凡人不具備的她都具備，且到了極限；她信佛，卻不信報應，她孝母，卻只是一種手段，目的是為自己爭名譽。說得出，下得手，統而括之，為了目的，可不顧一切，該出手時絕不手軟，甚至包括拋出自己親生母親的名節。

這種蛇蠍一樣的女人，自己居然對她一度傾心，且言聽計從，那是多麼愚蠢的事啊！眼下明白了，又明白得太晚了。在自己手上，他是無法奈何這個女人的，眼下朝廷上下，皇城內外，左右輔弼，六部九卿，甚至包括宮門羽林軍、殿上執金吾，統統都是她的人，自己左右，也全是她的親信，自己若有舉動，念頭還才閃現，她就會知道，他能有什麼作為呢？看來，只能把希望寄託在兒子們的身上。千條萬條，眼下的皇帝只相信一條，這就是虎毒不食子。

想到此，萬念俱灰的皇帝，只能長長地歎了一口氣，說：「行了，皇后，你要如何辦就如何辦吧，索元禮等人不最聽你的話嗎？」

武后餘怒未息，當下就將索元禮宣來，吩咐將武敏之家產封存，賀蘭氏本家沒入掖庭為奴，敏之本人充軍到黔州府……

故事發展到這一步，就不是皇帝想像得出、並接續得下來的——武敏之在充軍的途中，被隨後趕來一隊軍漢用弓弦活活勒死、且分屍八塊。

這事倒不是武后的主使，而是李賢指使手下人幹的。這個粉頭惡少幹的壞事太多，李賢實在忍不下這口氣，要為阿寶，也為懦弱的哥哥報仇。

武后得知奏報，只冷笑一聲，卻沒有下旨追究。

48

皇帝身體越來越差了，據他自己說，雙眼看什麼都模糊不清，雞不能鬥，鞠更不能擊，坐在宮中，終日嘮叨的沒有別的事，就是要早日為弘兒完婚。不，不單是為太子李弘，四個兒子都可成親了，為防萬一，冊妃的事，他要親自過問，直望見他們個個結了婚之後才放心。

武后拗不過皇帝。再說，兒女們的婚姻已成了朝野關注的大事，就是她的親信大臣，也在伺機向她提出，她是再也沒有理由拒絕或拖延了。

不久，太子妃終於再次擇定——左金吾衛將軍裴居道的女兒。裴家系出山東名門，郡望為河東，這個姓就在太宗朝新編的《氏族志》上，也是位列前茅的。裴居道原藉絳州聞喜，父親一度為貞觀朝尚書左丞。

武后為太子納妃裴氏，太子卻並不樂意。武后看在眼中，就急於為太子完婚。她嫌洛陽行宮偏狹，終於駕返西京，且在麟游縣九成宮（隋仁壽宮）為太子建新宮。待新宮落成，也已是兩年之後了。六禮齊備，接下來的大婚典禮，幾乎是一氣呵成，待裴氏終於抬進九成宮，大婚的典禮奏完最後一個樂章，李弘也就完成他的人生大事了。

這時，太平公主李令月也出嫁了。公主性格開朗，舉止大方，很似母親。十五歲年紀，風姿綽約，正處婚嫁年齡，武后尚未在意。那一回，帝后坐在宮中閒談，忽見一青年將軍，身穿鎧甲，匆匆從外面進來，皇帝眼花，忙問爾是何人，為何不經通報便擅自闖宮？武后卻於一邊哈哈大笑——原來進來的便是女扮男裝的太平公主。皇帝也跟著笑起來。太平公主卸下兜鍪，在父親面前撒嬌，向父親討要那套爺爺貞觀大帝穿的、眼下已被皇帝珍藏的黃金鎖子甲。皇帝說，兒不為武官，不需要這些東西。太平公主卻說，女兒用不著，駙馬可用得著。皇帝一聽，會意地望武后一笑，夫婦都明白，應該為公主擇婿了。於是，他們選定河東大姓薛紹為李令月的夫婿。

薛紹的母親為天潢貴胄——她是太宗的女兒，封號為城陽公主。所以，他們是嫡親姑表開親。可武后卻嫌薛紹的嫂嫂蕭氏不是名門出身，說，我的女兒豈可與村婦為妯娌？於是，訂婚之後，逼薛紹的哥哥休妻。虧有人提醒，說蕭氏的祖父是開國宰相，此事才作罷論。

公主的婚禮是與太子納妃一道辦的。

兒婚女嫁，皇帝終於得了子平之願。

接著，又為李賢、李哲完婚。

李賢可不是懦弱的李弘可比的，等不到哥哥結婚，便跟宮女張氏生下了兒子李光仁。此番武后為他納妃清河房氏，房氏是房玄齡的本家，雖然出了一個要造反的房遺愛，但她們一家並未受牽連。

值得一提的是皇三子、英王李哲。他本名李顯，這個名字也是上應道讖的，為老君應世化名之一，因生時一度難產，武后受了驚恐，乃由玄奘為其剃度，受三皈依，名列僧藉。眼下李顯改名李哲，由英王改封周王，武后選定的周王妃為趙氏。

趙氏可是大有來頭的名媛，她祖父名趙綽，開國功臣之一，父親趙瑰官至左千牛將軍，出警入蹕，算是皇帝的貼身警衛，母親則更不用說了——她是高祖李淵的第七女，封號為常樂公主，論輩份，是當今皇上的姑姑，趙氏則是當今皇上的表妹，李哲與她結婚，應是與表姑母結婚，晚了一輩，但這在當時並不能成為障礙。

因是皇親，趙氏小時常隨母親來宮中走動，李哲與她經常見面；長大後，二人常一道參與皇室的慶典、筵宴或遊樂，有時也在一起讀書，因而產生愛慕之情。太子李弘看在眼中，便在父親面前提起，皇帝一聽是自己親信的女兒，又是兒子中意的人，自然喜歡，於是，立刻和武后說起，李哲的婚姻由他作主，就定趙家小姐。

不妙的是，不知什麼原因，常樂公主原來得罪過武后，此番親事雖因皇帝說定，武后不好反對，但婚後三天，周王妃去向婆婆請安時，武后尚未起床，周王妃不知，直入內寢。武后說她失儀，怒聲訓斥，周王妃才辯了兩句，武后便以忤逆為名，將她幽禁於內侍省，不准出來，每日只給飼料讓她苟延殘喘。趙瑰受女兒之累，被貶為壽州刺史，常樂公主也勒令隨行，不久，衛士發現周王妃居住的地方煙囪不冒煙了，開門進去，可憐的周王妃已不知死了多久，屍體都生了蛆蟲，在往外爬。

其時，太子正在東宮批閱奏章。雍王李賢突然走了進來，臉上留著淚痕，雙眼露出凶光。李弘一怔，說：「賢弟，怎麼啦？」

李賢瞥了左右一眼，欲言又止。李弘會意，忙揮手斥退左右，李賢這才恨恨地說：「李哲都難過死了。」

李弘還不知趙氏已被活活餓死。聽二弟一說，忙問道：「三弟怎麼啦？是心痛弟媳嗎？我一直在關心她的事呢，這事急不得，要等待時機。下個月不是母親的壽辰嗎，待母親高興時，我瞅準機會上奏母后。請准允趙氏於萬壽節時，和眾妯娌一道，來宮中跟母親拜壽。」

李賢眼一瞪，說：「還拜壽呢，人都死得生了蛆了！」

說著，他就把得到的消息向哥哥說了。李弘一聽，眼淚巴達巴達地流了下來，想起三弟與趙氏的婚姻，由自己攛掇而成，不想卻是這麼個結局，這不是成全，反是害了她們一家。想到此，不由長長地歎了一口氣，低頭不作聲。

李賢一邊敲著李弘的案桌，憤憤不平地說：「哥，外間說的『燕啄皇孫』，這句話應了呵，你不急嗎？」

李弘警惕地望了周圍一眼，小心地說：「燕啄皇孫的謠言，已在暗中流傳很久了，就連兩京的百姓也知道，母親正令索元禮在追查呢，賢弟，你可要小心，不要去自找麻煩，我們畢竟是母親的親生，有道是，虎毒不食子——」

李弘話未說完，李賢卻連連冷笑說：「虎毒不食子是人之常情，可對我們的母親能以常情衡之嗎？這以前她沒有動手，是我們還未成年，眼下可不同了，父親要退，她不肯退，她若釜底抽薪，首先要搬掉的就是你！」

李弘一怔，說：「若真是那樣，我有什麼辦法？難道像晉公子重耳那樣，亡命國外？唉，還是認命罷！」

李賢冷笑一聲說：「哥，當年高祖欲加害太宗爺爺時，太宗爺爺不是憤而起兵，發動了玄武門政變的義舉嗎？你可也是貞觀大帝的子孫啊，怎麼這麼窩囊？」

李弘聞言，如疾雷轟頂，嚇得手都抖了起來，好半天才定住神，耐心地向弟弟說：「賢弟，你怎麼說出這樣的話來呢？須知她是你的母親，你是她的親生兒子。」

李賢說：「哼，母若不母，那也就怨不得子不子了，你認命去吧，我偏不！」

說完，便怒沖沖地走了，李弘望著弟弟的背影，那顆心跳動得更厲害，好半天也平靜不下來，但又無可奈何……

49

就在武后向兒媳婦開刀後，皇帝也終於向武后攤牌了。

——這天，住在大明宮的皇帝突然又患病了，與以往不同的是，以往只是皺著眉頭嚷頭痛、暈眩，這回似乎越來越真，不但頭痛，還伴有乾咯、吐衄。據侍候他的貼身內監蘇力士說，皇上已有兩餐未進飲食。正在仁壽殿召見宰相的武后得報後，並沒有立即去探視皇帝，而是先將御醫秦鳴鶴傳來，細叩病情。

面對天后的盤問，秦鳴鶴只能實話實說：皇帝脈息平緩，舌苔鮮潤，所患之病，不過是常見的、一般的風濕之症。探其病源，主要是腎中真陰不足，不能養陽，陽無所附，導致虛陽暴烈為病，乾咯、吐衄即因此而致——這種病只要聽從醫囑，調養得宜，不足為患。

武后一聽，連連點頭。

秦鳴鶴說的，與自己的判斷沒錯，而且，她看得出來，秦鳴鶴尚有未盡之言，這就是恣淫縱欲的皇帝，不顧自己體質，盲目地、過量地服用春藥，以致肝虛腎虧，元氣銷耗，病魔得以乘虛而入。

秦鳴鶴見上頭在點頭，明白天后還是器重他，膽子也就大了些。最後大膽奏道：「天后明鑑，皇上之病，並非頑症，只須用藥物培補元氣，強壯心肺，並清心寡欲，靜心調養，便可立見好轉。歷代醫家都有一個說法，即：百病皆生於鬱。這以前之所以屢治不癒，主要是皇上日理萬機，難得清閒，以致心力交瘁，導致體質下降。」

皇帝整日在石榴裙下轉圈圈，懷中抱住這個，眼睛又盯上那個，幾時打理過國政？武后聽著就覺好笑，但也明白秦鳴鶴之所以這樣說的苦心，只好問：「御醫們都是你這個說法嗎？」

秦鳴鶴又磕了一個頭，奏道：「這正是微臣要向天后奏聞的，聖躬違和，因久治不癒，御醫中已另有說法，這就是王思哲一派人認定皇上這是頑症、是痼疾，病因是風涎深入腦中，因此，針灸藥石不能達。要想根治，得襲用華佗治曹操的方式——用利斧砍開腦袋，流盡風涎。微臣對此說很不以為然，再說，頭上試刀，僅見於古籍，並無成功的醫案可供參考。天后試想，皇上是何等樣人，這又是何等大事，做臣子的誰敢作這個主？」

武后點頭說：「你既為太醫院丞，有關龍體的大事，便應由你作主。哪怕就是有十足把握的事，也該慎之又慎，何況是沒有現成的醫案卻要在頭上動刀呢？弒君之罪，是要滅九族的。」

諄諄交代完，又褒獎了幾句，揮手讓秦鳴鶴退下，心中有底後，自己從容擺駕，來見皇帝。

「民間不是有沖喜一說嗎？據說連不治之症被喜事一沖，就能沖好。」武后進來後，眾人一齊躬身退出。她往御座上一坐，眼睛望著皇帝，用調侃的口吻說，「太子完婚，公主出嫁，這可是舉國上下都視為最隆重的大喜事，難道也沒有沖走附在你身上的病魔？」

皇帝明白話中有話，白了她一眼，呻吟著說：「天后，朕這病可不是兒戲。王思哲說，與曹操所犯的頭風病一般無二，當年華佗就主張用利斧砍開腦袋，流出風涎，曹操不聽，結果——結果，唉，朕打算信他一回。」

武后一聽，柳眉倒豎，嗔道：「胡說十三千，華佗尚在獄中，家中所藏醫書及處方便被他的妻子焚毀了，事過幾百年，眼下太醫院的郎中，誰得過他的真傳？又有誰有過成功的先例？這個王思哲，信口亂噴，有弒君之嫌，看我誅他的九族！」

皇帝忙搖手說：「別，別，別，人家王思哲還只是說說，並不硬要這麼來，他為什麼不敢？還不是因你這句話？朕就求你吧，你儘管作主好了，與其痛死，還不如讓他砍死！」

武后見皇帝說得如此決裂，不由放緩了口氣。走上來，倚皇帝坐下，用手輕輕地按摩他的頭，說：「阿治，不就是一個風濕病嗎，秦鳴鶴跟我交了底，眼下並無大礙。你就不要耍孩子氣了。你要明白，腦袋為身之元首，豈可輕試刀斧？這是誰也不敢作的主，我也不敢下旨的，你就不要難為御醫了。」

皇帝卻一個勁地嚷頭痛，且說：「他說的有道理，你為什麼攔著？你是成心要看著朕痛死嗎？」

武后說：「這怎麼可能呢？阿治，我們可是幾十年的夫妻，難道在你心中，我就這麼狠心嗎？」

皇帝沉默了好久，眼睛望著別處，終於毅然地、決然地說：「天后，朕不想當皇帝了，決心退休，效法高祖，禪位與弘兒。」

這句話，皇帝藏在心中已有好些年了，看似冒昧，其實不然。可以說，他已把武后的心看透了，若不趁自己眼下還是名義上的皇帝，將帝位禪讓與兒子，他真怕等不到那天，武后就會取而代之。開始，他還想用迂迴的法子，以自己多病為由，退居太上皇位置，可武后卻在這上面認真，竟從秦鳴鶴那裡找到了證據，將自己的謊言戳穿，既然如此，他只能直截了當。今天他終於說了出來，且如釋重負地吁了一口氣。

一邊的武后看在眼中，不由微笑著頷首，且詞意誠懇地說：「阿治，既然你誠心想當太上皇，這也是有例可循的。當年高祖武德皇帝禪位與太宗文皇帝時，不也才五十有九嗎？也算得春秋鼎盛，想退還不就退了。所以，你想退位，我也不願攔阻你，而且，這些年由我代你執政，雖說沒出大的差錯，但我畢竟是女流，這是古無先例的，所以，我每端坐朝堂，代你頒布詔令，面上雖保持安詳平和，心中卻一直惴惴不安。眼下可好了，我也可名正言順地不管不問了。你當了太上皇，我也可以陪伴在你身邊，東西兩都，還有驪山宮、翠微宮、九成宮，放著這麼多的離宮別墅，為什麼不好好地享受呢，天冷了就上驪山溫泉宮，天熱了又去九成宮、翠微宮，安度晚年，盡享天倫之樂，那是多麼愜意的事，連神仙也比不上！」

皇帝才說出禪位的話，本是擔著天大的心事的，他怕她不依，發火是小事，就怕她做出不利兒子們的舉動，不料她如此輕鬆地應允，且句句都是由衷之言，不像做假。皇帝頭上的烏雲也一下散開了，心情愉快，立刻就有了喜色，說：「當然，朕這也是不得已之舉，絕無卸責之意——自己身體不行，長年臥病，一大攤的事，全交付與你，朕心中委實不安。不在其位，不謀其政，與其長期這麼尸位素餐，不如明智一些，趁早退下。再說，弘兒也老大不小了，此兒生性仁孝，在外面的口碑很不錯，內外臣工也聽他的提調，將來一定可當個有道明君，勤政愛民，做一番光前裕後的事業。當然，這歸功於你的調教，你的以身示範。唯一的歉疚，就是這些年拖累了你，該玩的時候沒有玩，該樂的時候沒有樂，朕為此很是不安，覺得有負於你。你想安度晚年，朕一定好好地陪你，讓你天天開開心心，快快樂樂。」

武后也連聲說謝謝。接下來，氣氛便十分融洽了。二人議過具體禪位的時間和細節——如何頒詔天下，幾時告太廟；太上皇的許可權與接見外臣的儀注，這些由他們二人商定；至於禪位的日期和時辰，則交欽天監擇定；個別細節，交宰相們處理。總之，要力求圓滿，力求隆重。

一切都顯得順理成章，壓在皇帝心中最大的冰團也終於消融。接下來，皇帝興致勃勃，侃侃而談，說他早就在暗中觀察李弘，結論是此子仁孝，對幾個弟弟也很是友愛，他做皇帝，自己的另幾個兒子一定可保無虞，而且，李弘和裴氏都生就宜男之相，將來一定子孫繁衍，多子多福；就是李氏的旁支別系，也可世代昌盛，屏障皇室……

見皇帝精神振奮，越說越遠，有些不像個「兩餐未進飲食」的病人了。武后不由笑著打斷他，說：「阿治，你不是一連兩餐，粒米未進嗎？就不要說多了罷，御醫交代過，要靜心調養，怎麼調養呢？少言寡語，可以養氣；清心寡欲，可以固精。可你一高興，便把這些都忘了，我不明白，禪位與頭風，就如此關係緊密嗎？」

皇帝一怔，這才發現自己確實有些失態了……

武后直到皇帝精神振奮，起床盥洗、傳膳時才起身告辭。皇帝一直將她送出來。一步跨出玄關，只見架上籠子裡關的一隻白鸚鵡正向她撲楞著翅膀，嘴中嘰嘰叫道：「陛下陛下，皇帝陛下！」

武后吃了一驚，不由皺起了眉頭。皇帝卻笑著說：「這隻白鸚鵡是西域拂林國來進貢時，與巴兒狗一同送來的，很通人性，你若喜歡就拿去吧，今後閒著無聊，可逗一逗樂子。」

武后立刻展顏一笑，謝過皇帝，便讓躬身立在一邊的宮女阿翠將籠子取下來，提在手中，往外就走。

一行人款款婷婷，來至太液池邊，只見滿池芰荷盛開，有的花瓣舒展，有的含苞待放，怡紅快綠，煞是愛人。武后靜靜地立在池邊，望著碧綠的池水中，倒映出的自己的身影，不由長長地歎了一口氣。

以「二聖」的名義，代皇帝處理政務多年的她，已嘗到君臨天下、刑賞由心的滋味了，至高無上的皇權，那可是天下景仰啊，怡然一笑，萬眾歡呼；赫然震怒，流血千里！眼下終於要讓出了，個中滋味何如，他人豈能體味？

其實，這些年獨立朝堂，眼空無物的她，早已看出日復一日、迫在眉睫的危機，皇帝雖已是一具僵屍，但太子李弘漸漸長大，皇帝多次稱病，其用心昭然若揭。眼下，皇位的承繼，帝權的嬗替，已成為眾人注目的焦點，是按照皇帝的意願，效法堯舜的故事，和平地交接，還是母與子之間，相互爭競？

武后明白，人總是要老的，這是上天注定的，誰也無法避免，但眼下自己仍然血氣兩旺，精力充沛，怎麼就可去深宮陪伴老氣橫秋的皇帝等死呢？一想起這事，心中便隱隱不安，或乾脆說，是不甘心！

自己能將權力從容授予弘兒嗎？

皇帝雖然懦弱，卻並不糊塗。他曾有過大展雄威，大振乾綱的舉動，可到頭來只是銀樣蠟槍頭，堅持不到最後。太子李弘還才八歲時，皇帝便讓他出任監國。皇帝拿自己沒奈何，便把希望寄託在兒子的身上，因為成人的兒子做了皇帝，是毋須母后在一邊指手劃腳的。

她理解皇帝的心，可她能讓李弘平安地、輕易地走向帝座嗎？

李弘是自己的親生，這以前，她對李弘並無惡感。但就在東巡不久，奉詔留守西京的李弘，向她上了一道奏章，請將兩個公主下嫁——這讓她對兒子的好感一下從波峰跌落到低谷。

原來李弘說的，是兩個同父異母的姐姐，她們是蕭淑妃所生的義陽公主和宣城公主，自從母親獲罪，姐妹倆便被鎖禁掖庭，一晃就是二十年，雖年過三十，婚姻大事卻無人過問，就是大臣們也無人肯出頭提醒帝后。直到李弘巡視掖庭，發現了她們，才知兩個姐姐空賦桃夭，老大無郎，心中不由大為不平。於是專上一道奏章，為兩個姐姐請嫁。

奏章遞到武后案頭時，皇帝恰巧在場，他順手接過奏章看了，臉色一下變得寡白。就連目光也呆滯了。

皇帝心中是記得這兩個沒娘的孩子的，但在武后面前不敢提起，怕她多心，反害了女兒的性命。眼下，兒子終於提出。李弘真是深體父意的孝子啊，雖不在父親身邊，卻想父親之所想，說父親之不敢說。皇帝心中感激，便立刻出而呼應——裝作恍然大悟的樣子，拍著腦門子說：「是嗎，義陽和宣城都三十歲了？這日子過得也真快啊！」

其實，皇帝只是偶然碰到，有感而發，事先對李弘上疏一點也不知情。不想武后卻認定這是一對應聲蟲，不由狠狠地剜了皇帝一眼，冷笑著說：「你就不要裝糊塗罷，自己的女兒，親生骨肉，怎麼就會不記得她們的年庚生日呢？拐彎抹角來說有什麼意思，不就是該嫁人了嗎？我會安排的。」

武后說做就做，迅雷不及掩耳。第二天，果然就為兩個公主指婚了——義陽公主配權毅，宣城公主配王勖，這二人雖出身名門，但都是級別最低的翊衛。

說來也巧，那天恰好他們二人在合璧宮當值，武后抬頭便望見他們。於是，順手一指，婚姻就定了。

二人得尚公主，自是天降之喜，不久，他們同時以駙馬都尉的身分外放為刺史。但過了不到半年，即同時獲罪被殺，兩個公主仍然守寡。

李弘不知為這事已惹得母后很不高興，且也不知，再過幾個月，兩個姐姐就要守寡了。卻得寸進尺，接著又上表，竟然懇請父母開恩，下詔禮葬庶人李忠的遺骸。

其實，就在李弘上奏之前，早有人把李賢代為營葬李忠的事向她密奏了，李弘這是先斬後奏，欲蓋彌彰。所以，武后手持李弘的奏章，越看越惱火，心想，這小子竟然敢公開與我對著幹了。這奏章若讓皇帝看到，不是又要怨恨我嗎？

她後來雖也裝模作樣，正式下旨安葬李忠，這算是默認既成的事實，但母子之情，蕩然無存，且把個親子恨得牙癢癢的，直認作長孫無忌、王皇后一類的敵人。

眼下，皇帝終於向自己攤牌了，臉上笑面團團，話裡軟中帶硬。她明白，如果自己堅決不同意，還能行走的皇帝，是會出現在朝堂上，當著眾王公親貴、文武大臣，直接宣布他的決定的，那時自己反而被動了，不如先由著他。

禪位的時間、細節都已敲定了，李弘即位，幾成定局。與其說是皇帝禪位，不如說是天后讓權。

武后越想越氣憤，越想越心寒。就在這時，阿翠手中的白鸚鵡不知怎麼也煩躁起來，竟不停地撲楞著翅膀，嘴中一個勁地叫著皇帝，叫著陛下。武后回頭剜了白鸚鵡一眼，對阿翠說：「阿翠，你見過在水中游的鸚鵡嗎？」

阿翠以為天后是在逗樂子，忙應聲道：「鸚鵡不是水鳥，怎麼會游水呢？」

武后說：「會的，你把它丟在水中試試。」

阿翠說：「奴婢從沒見過會游水的鸚鵡。」

武后說：「那是沒有拔毛的原故，你若將它的毛拔了，還不一樣地在水中游。」

阿翠明白這是不可能的事，猶猶豫豫，沒有動手。不想武后突然變臉，竟然對她大喝道：「快與我拔毛，拔！」

阿翠不知天后為何突然發怒，但在她咄咄逼人的目光迫促下，只好將鸚鵡抓出來，用力將它的毛一根根地拔了。武后於一邊笑容可掬地看著，直看到鸚鵡鮮血淋漓，成了一個肉團在不停地抖動時，才下令道：「丟！」

阿翠用力將手中的肉團向池中一丟，鸚鵡只掙扎了一下，就慢慢地沉入池中……

51

禪位的吉期，看看臨近，這天，太子李弘來仁壽殿請安，武后正在讓宮人為她梳頭。兒子來了，她自然無所避忌，一邊讓宮人繼續為她梳理，一邊說：「昨天大理寺卿狄仁傑有一道奏章，你是怎麼批示的？」

原來前不久，左威衛大將軍權善才和右監門中郎將范懷義奉旨監修宮門，採伐樹木時，誤入昭陵，將陵區範圍內的一棵柏樹砍倒了。須知陵區範圍內的一草一木都是不能動的，取土更是大罪。但陵區與非陵區界線不明，這二人只是誤入，並非有意。所以，報上來後，論罪當免。不知怎麼這事傳到皇帝耳中，一向不管事的皇帝此番卻大發雷霆，要將這二人斬首。狄仁傑特為此上書指出，若為了兩株樹而殺二大臣，這是量刑過當。這道奏章呈報到太子案前，太子看後，認為狄仁傑言之有理，於是，就批了個「依議，權、范二人，罰俸三月。」

眼下武后問的就是這件事。

李弘來時，已將母親可能的提問，在心中想了一遍，見她提到這事，乃從容答道：「兒臣認為狄仁傑的奏章言之成理，所以接受了他的建議，赦免了那兩人的死罪。」

武后點點頭，卻又說：「你父親為這事發了話，說若不從嚴懲處，後世將以他為不孝之子。你以為這話對嗎？」

李弘從容奏對說：「母親，依兒臣之見，父親因臥病，記憶有所衰退，對大唐律例未免疏略。其實，狄仁傑說得好，法令是天子與天下共同尊崇的信條，天子自應率先垂範，豈能任意高下？誤伐兩棵樹就要砍頭，要是挖了陵墓的土或者盜了祭器，又將如何處理呢？無辜殺兩大臣，只能讓地下的先帝感到不安，而絕不是對先帝的孝。因此，兒臣以為，仁傑之言是也，此事當否，還望母親教誨。」

武后再次點點頭，說：「你做得對，這事不能依你父親的，他也只是一時之氣，說過之後就忘了，你不要放在心上。」

李弘見母親這樣說，心中一塊石頭總算落地。正要跪安退出，不想武后又叫住他，說：「就這些嗎？哦，我忘了，你剛才說的這個狄仁傑我清楚，出身雖不是名門，官聲卻一直不錯，在江南為官時，不畏權勢，主持搗毀了不少淫祠，深受百姓愛戴，將來你接手主政，此人是可以重用的。」說著，她便嘮叨起來，說起眼下的重臣紛紛謝世，人才青黃不接——自勳臣李勣逝世，李義府、許敬宗也相繼死去，去年姜恪又一病不起，朝中缺少能臣賢臣，宰相集團中，僅剩下劉仁軌、李敬玄輩，可他們不是身體不行，就是才具有限。我兒一旦接手政務，只怕輔弼乏人，臂助無力。

李弘聽母親說到將由自己接手政務的話，暗暗高興，母子交談，很是融洽。李弘又尋些事情向母親請示，武后都一一作答。

李弘因懼怕母親，每次請安，都是禮畢即退，就是家庭筵宴，或是什麼慶典，他也是坐得遠遠，盡量少跟母親說話。這一回，算是待在母親身邊最久的，也是母子間最融洽的。

因為待的時間較長，武后於是留李弘在宮中午宴，皇帝聽說兒子在武后這裡，母子談了一上午，他有些不放心，便也過來了，於是一道進膳。有天后和兒子陪著，一家子其樂融融，他的味口也一下好了許多。這時，兩廊奏起輕柔的細樂，宮女們送上道道佳肴，武后一邊親切地為皇帝布菜，一邊舉杯，頻頻示意，李弘也就開懷暢飲，這場面，於成人後的李弘尚不多見。

李弘回到東宮，弟弟李賢正焦急地等在府中。

雍王李賢是來尋哥哥去郊遊的，得知哥哥被母后留宴，心中很是不安。他細細盤問過筵宴的細節，見有父親在場，才略為放心。

眼下的李弘，顯得有些躊躇滿志——母親歸政的日期不遠了，大臣們更是提前把一些奏章送往東宮。母親居然也默認這事。想起以前和弟弟在一起時，還對母親產生過誤解，李弘不由又深感愧疚。

李賢也得知父親禪位的消息了，但他不信母親會如此輕易地交出權力。當他把自己的看法告知哥哥後，李弘正好也有想法要談。他用告誡的口吻說：「賢弟，看來，我們以前的猜測有些杯弓蛇影，而且，身為人子，不該懷疑自己的親生母親。」

李賢見哥哥安好，心中一塊石頭終於落地。他知道，上次自己的談話，有些突兀，哥哥可能一直橫梗於胸，產生了一些誤會，他也不願多作解釋，只漫應了幾句，便告辭而去。

十天後，皇帝和武后同時召集宰相會議，皇帝說及自己體弱多病，不堪政務操勞，所以，決定禪位於太子李弘，只等欽天監擇定吉日良辰，便要舉行正式的授受大典。

宰相們也隱隱約約聽到一些消息了，當時並未表示出大的驚奇，但每人心中，都對武后態度的轉變感到奇怪。

不想就在這時，李弘開始感覺有些不舒服——也不是什麼厲害的症候，只是不思飲食，四肢乏力。時不時發熱、微汗，時不時又怕冷、打寒噤、打噴嚏。他不想驚動父母，只召御醫前來探視。乍寒乍熱的病，御醫看得可多了，但李弘這病，御醫們看了半天，也說不出什麼原因，便按一般的傷風感冒來治。

因禪位在即，大臣們向他請示的事多起來。李弘自己也沒當回事，為表示勵精圖治，仍振作精神，照常視事。

不想幾天後，病情突然加劇，不但面色帶紫，嘴唇發烏，且大小便失禁，才過一天，又嘴角流涎，四肢抽畜，雙眼畏光怕日。這天，他逞強起床，不料下到地上，雙腿發軟，因站立不穩，竟栽倒在地，口吐白沫，昏暈過去。

太子妃裴氏趕緊派人向皇帝和武后奏報。皇帝聞報大驚，乃偕武后來東宮探視，並再次傳來御醫，在帝后的監視下會診。

望聞問切，眾御醫輪番上前，不但查看飲食，盤問睡眠，還把太子妃裴氏請出來細問一番，十分周到，十二分小心。接著，他們又湊在一起嘀嘀咕咕好半天，章法都擺盡了，卻都有些不想出面向帝后奏聞。

在皇帝連連催問下，太醫院丞秦鳴鶴只得出面回奏。他吞吞吐吐地說，臣看殿下這症候有些像癔病。

癔病就是羊癲瘋，是胎裡帶來的毛病，應該自小便發。可李弘小時體質雖弱，卻從未發過什麼羊癲瘋；又有御醫王思哲說，這是日夜操勞，心力交瘁，引起肝腎失調所致。可皇帝雖宣布禪位，卻並未舉行大典，太子勇挑重擔，歸他名下處理的事務雖突然增多，但重大的事件仍交武后審理。才稍稍接手，就累得病倒，將來又何以日機萬機？所以，王思哲尚未說完，立刻被皇帝喝止。

眾御醫議來議去，議不出一個所以然，最後，只好聯銜奏請，讓太子靜心調養，暫不攝理政務。

皇帝想來想去，也沒有更好的辦法，只好移太子於驪山溫泉宮，眼看隆冬將至，那裡氣候溫暖，是養病的最好去處。

太子移居驪山後，病勢日見沉重，輾轉床榻，不斷呻吟。清醒時，很想攜杖徐行，無奈雙腿無力，才走幾步便會跌倒，左右只得勸他回宮。

開窗遠望，驪山逶迤，時近隆冬，仍不乏青翠。此時的李弘，於霜空清潤中，感覺不到地上涵含的生機，只覺得滿眼蕭條和肅殺……

是這個冬天來得太早，還是已察覺到自己生命的遲暮？

自哥哥患病，李賢便日夜陪伴在哥哥身邊，有時還把李哲和李旭輪也叫來，兄弟倚在哥哥床頭，說說笑笑。溫泉宮環境優雅，宮監們服侍也十分周到，可李弘病情並未見緩減，有時說著話，走著路，突然倒下，口吐白沫，手腳痙攣，甚至勾連在一起，並連連發出大聲的怪叫，模樣十分痛苦。

李賢望著日漸枯槁的哥哥，氣得大罵御醫無能，甚至揮拳相向。秦鳴鶴、王思哲都吃了他的拳頭，且打得鼻青臉腫。可這一切都救不了李弘的命，不到三個月，才二十三歲的太子終於不行了。

彌留之際的李弘是清醒的，他不但明白自己得的是不治之症，而且明白自己的病源在哪裡——那一回，母子在仁壽殿親切交談，那只是母親設下的局，為了讓自己麻痺；而那一餐家庭午宴，就是一個母親為即將遠行的親子餞行！

權力，可怕的權力，它才是真正的毒藥，能使一個母親失去理智，失去親情，使世間最純真的母愛，也充滿血腥！

——李弘思前想後，左右權衡，最後，在只有太子妃在場的情形下，他緊緊地握住李賢的手，終於向弟弟說了實話：「賢弟，你，你哥不行了，我，我無，無子嗣，死後——你，你當繼為太子。你，你可要不畏艱難，把，把——把這千斤重擔挑起來。」

李賢不由放聲痛哭起來，並點頭說：「哥，你放心，我會做好的。」

李弘喘息著，艱難地說：「賢，賢弟，你，你還記得嗎，你曾要我小心，哥，哥，哥悔不該沒有聽你的話啊，反還，還怪你多，多心。眼下，該哥勸你了，你，你，你從今往後，可，可，可要十二分地，十二分地小心啊！」

李賢聽出話中有話，他也一直在懷疑李弘的病，李弘體質雖弱，畢竟年紀輕，不是死症，為什麼會突然得這怪病呢？難道仁壽殿母后的午宴是病源？若是是食品或酒中有毒，當時為什麼又沒事呢？想到此，李賢不由問道：「哥，你是說，你不該在仁壽殿午宴？」

李弘聞言，雙淚滾滾，哽咽著點頭，說：「你哥，哥，哥，一直以為，虎毒不會食子——」

李賢氣得火往上冒，立刻轉身，就要進宮去找母后算帳。李弘要去拉他，不料身子一下就滾到了地下，手卻仍向李賢揚著，示意他不能去。李賢見哥哥這個樣子，只好返回。李弘重新拉住他的手，又示意裴氏攔在門口，這才用喑啞的聲音說：「賢，賢弟，方才不是說了嗎，千，千斤重擔就落在你，你，你身上了，怎麼可以魯莽從事？不要說，你，你手上無憑無據，就是有，有，有憑據，你，你，你又怎能奈何母后，嫡嫡親親的生母呵——」

李賢怔在那裡好半天，咬牙切齒地說：「哥，我——我有辦法，我可不是你，我手下家奴不少，且個個武藝高強。再說，宮門的翊衛將軍沒有哪個我不熟的，大不了，兄弟我——」

李賢因有顧忌，欲說還休。李弘卻已猜到一些，忙急不可耐地說：「賢，賢弟，你，你說下去，你，你，你想幹什麼？」

李賢半天不作聲，被哥哥逼急了，才說：「大不了，我也像爺爺貞觀大帝一樣，來一回玄武門——」

李弘不由大驚，臉色變得更加慘白，嘴張著卻說不出一個字，只一把拖住弟弟，連連搖著頭。

因憋得慌，眼淚雙流，他便讓這無聲的眼淚一直流下去……

李賢見哥哥這個樣子，知道自己的做法哥哥不贊成，只好一個勁地解釋，說不如此母親就會對他也動手，眼下形勢是先下手為強，後下手遭殃。李弘的頭卻搖得更厲害了，且用拳頭，連連在弟弟的手臂上捶著，表示不同意弟弟的說法。

裴氏見丈夫氣成這樣，一邊示意李賢不要再說，一邊又端來平喘的湯藥，讓李弘喝下，李弘喝過，這才喘過氣來。慢慢地，平心靜氣地說服弟弟。他說，儘管母親不仁，做兒子的卻不能不孝。就說皇祖貞觀大帝發動玄武門之變，那也是迫不得已，事後且立刻為死去的太子李建成立嗣，平日每思念往事，便黯然下淚。須知骨肉相殘，史官將秉筆直書；而以子弒母，勢必為後人所不齒！

李賢心中雖不以為然，但見李弘是這個樣子，他怕加重哥哥的病症，只好說自己一定聽哥哥的話。李弘不放心，又讓李賢發誓，直到李賢拍著胸脯發過誓，李弘才滿意地點頭。

接著，李弘又千叮嚀、萬囑咐，交代弟弟好多話——他承認，父親昏懦，早已失去權力，母親篡唐之心已暴露無遺，但李唐德政已深入民心，就是朝臣中的正直之士，口中雖不說，心中還是向著李家的。所以，母親就是有篡唐之心，要做到也不會那麼容易。李賢有決斷，有魄力，敢作敢為，是他的長處，但性子急躁、魯莽，容易受人暗算，這是短處。當務之急是揚長避短，韜光養晦。只有保住了自身，才能保住大唐的江山，保住祖輩留下的基業。

後事交代未完，李弘已支撐不住了，竟然再度陷入昏迷，望著已失去知覺的哥哥，李賢不由抱住失聲痛哭。

——大唐上元二年（西元六七五年）春，皇太子李弘終於薨於倚雲殿。皇帝聽到兒子的凶信，幾乎哭得昏暈過去。但這一切都於實際無補，為了表達自己對逝去的兒子的疼愛，皇帝口授詔書，於太子身後以極大的榮哀，在詔書中，盛讚太子的美德，且直接提到自己禪位的事，詔書曰：

太子嬰沉瘵，朕須其痊復，將遜於位。弘性仁厚，既承命，因感結，疾日以加，宜申往命，諡為孝敬皇帝。

李弘是唐朝第一個死後被追認為皇帝的太子，按文人們的詮釋，慈惠愛親為孝，死不忘君為敬，李弘被諡為孝敬，倒也是適宜的。

但是，外人只看到皇帝對愛子的隆褒，又哪能體會到一個父親的苦心呢？可憐的李治，雖懦弱，卻不糊塗。世間上，糊塗之人豈少？糊塗之糊塗無所謂痛苦，痛苦的是明白而糊塗，那真是生不如死啊！

他左思右想，別無良策，只好急不可耐地召集群臣會議，先立雍王李賢為太子。

這本是理所當然的事，群臣自然一致認可。就是武后，也想不出反對的理由。於是，就在太子薨後的當年六月，雍王李賢即被立為皇太子，數月之後，又奉皇帝的詔命監國。

李賢昂首闊步地進入東宮，坐上了不久前哥哥所坐的位子。太子屬官雖一如其舊，但李賢的心思卻與李弘根本不同——他已看透母親的心，認定自己已成了母親的下一個目標，為了自保，他表面上對母親顯得十分恭敬，暗中卻加緊自己的計畫，只等著機會的到來。

第十二章 再接再厲

52

太子李弘薨後，皇帝的眼睛徹底地哭瞎了，每日枯坐宮中，出入要人扶持，加上頭痛哼哼唧唧，叫苦連天，看外表，不到五十的他，已成了一個步履蹣跚、行將就木的老人。可武后卻越來越滋潤，她已沒有李弘大婚後的那種迫促感了，為了賡續武氏香火，增強武家的門望和地位，也為了廣畜羽翼，她終於起用武家人了——本房親侄子武承嗣和武三思都被授以顯官，武承嗣且頂了武敏之的缺，承襲了他遺下的「周國公」的爵位。獲罪被殺的堂兄弟武懷運、武唯良遺下的十多個兒子，本已被開除族藉，賜姓「蝮」，眼下也陸續召回，賜還家產，恢復了本姓。

皇帝度日如年，武后萬事如意。

眼下，她要好好地享受帝王生活，於是，養一個情人薛懷義並不滿足，她又有了新男寵，這就是明崇儼。

明崇儼是朝廷官員，任職正諫大夫，諫大夫創自秦代，職掌議論，可明崇儼卻善巫術，懂醫道，且特別會配壯陽藥。這以前，他向皇帝呈獻祖傳祕方「逍遙散」，皇帝一試而靈，竟在後宮佳麗面前大逞雄風，十分興奮。於是，明崇儼由七品佐雜而升五品台諫，接連跳了幾級。

明崇儼很能迎合皇帝的心思，三分草藥，誇出十二分功效，皇帝偏聽偏信。這以後，頭風痛找明崇儼，眼睛不好也找明崇儼。其實，老人眼睛不好，多源自肝腎虧損，加之頭風的發生，兩下用藥相剋，明崇儼不去培本補原，卻妄下升騰之劑，皇帝因此常渾身熱烘烘的，燥急難耐，可又不得不讓他治。於是，他常以御醫的身分，出入禁苑；於是，他也能在普通的場合，近距離地見到身著常服而更顯風韻的皇后。

明崇儼年紀四十開外，高顴骨闊臉，千不該萬不該的是，這與貞觀大帝有些相似，且也生有很瀟灑的髭鬚。花和尚薛懷義身材魁梧，剽悍而有膂力，這都讓武后傾心，不足的是，市井小人，濫充斯文，舉手投足，時時露出粗鄙的馬腳；明崇儼不，畢竟是兩榜進士及第，接受過文學的薰陶。文人的溫文爾雅是很投合女人的心的，何況配春藥起家的明崇儼，最懂得如何討女人歡心，女人的一顰一蹙，甚至一句閒閒的問話，他都能從中體會出深意。

每次為皇帝瞧病，武后總是陪在一邊，把脈之後，他必向帝后奏明皇帝的脈象和病源病理，這都是不可或缺的，有時，還要呈上處方，讓天后審視。天后開始時是板著臉，眉宇間，有一股不怒而威的殺氣；但不久，明崇儼即發現，天后看他時換上了笑臉，有時，該問的都問到了，她還尋出一些新問題問他，甚至當著皇帝的面，誇他處方上的字寫得漂亮。

明崇儼為此便常常遐思不斷，甚至在夜晚做起了綺夢。

天氣漸漸炎熱起來，皇帝不耐，移駕翠微宮避暑，太子李賢留守，武后隨駕，所有政務小事呈報太子，大事呈報行宮，由武后批示。

皇帝來到暑宮，遠離大臣，卻離不開明崇儼。他的眼睛是徹底無望了，但頭風的困擾卻讓他整日不得安生。明崇儼其實是給他服用一種麻醉藥，它能讓皇帝暫時緩減痛苦，卻等於是給皇帝服用慢性毒藥，久而久之，劑量越來越大，皇帝也更加不能離開他。

這天，他給皇帝號過脈，開過處方，叮囑一番後，背著藥囊往外走，不想才走到含風殿外御道邊，後面忽然有人在喊他，回頭一望，是一個小內監，卻不認識。他知道這不是皇帝身邊人，等此人走近，這人才自我介紹說叫張海春，是在仁壽殿當差的，並傳皇后懿旨說，皇后身子不適，讓他瞧瞧。

明崇儼這才想起，今日為皇上看病，皇后並未在場，原來也是病了。於是，他跟著張海春，向含風殿走，七彎八拐，來到一間十分精緻的閣子前，外面站了七八名宮娥，都一齊跟他打招呼，他只好點頭作答。

張海春走到階前，立刻止步了，這時，有一名挽雙髻、穿綠裙子的宮女上前，領他入內，穿過一道長廊，來到後面的一座掛著珠簾的屋子前，宮女也不走了，卻一掀簾子，示意他自己進去。

給天后看病，於明崇儼還是頭一遭，但宮中規矩他是懂的，不說君臣有別，就是民間，孤男寡女，在一起也要避嫌，今天這安排顯然是不妥當的。但既然來了，裡面或另有貼身宮監。有此一想，他不由壯膽上前。

簾子才掀起，一股異香立刻撲面而來，明崇儼心中不由怦怦然，背著藥囊，像貓兒似的，輕輕地邁進門檻，只見四壁珠簾繡幕，彝鼎之類的珍玩皆隨意地擺放著，案上除了堆著書籍、卷軸，擺著紙筆墨硯，就是堆碼著的奏章，地上還擺著墨跡未乾的條幅，為飛白體大字，顯是武后手跡。房中除了香爐中飄出的嫋嫋輕煙，四圍靜悄悄的，連一根針掉地也能聽見。

明崇儼明白，這屋子一定是武后的書房或是處理政務的地方，密勿之地，豈能輕入？正要退出，不想就在這時，裡間傳出一個女人聲音，很是柔和：「既然進來了，怎麼又退出去？」

明崇儼立刻聽出這是武后的聲音，他不由身子一抖，肩上的藥囊，險些掉地，身子似遭了雷擊，定在那裡，進不是，退也不是。

裡面的人不耐煩了，又一次發話說：「崇儼卿，叫你進來就進來罷，怕什麼？」

就是這句話壯了明崇儼的膽，也是這句話，解開了他心中的疑團——不是嗎，她雖是權傾朝野、說一不二、壓天帝一頭的天后，卻又是風情萬種、仙姿永駐且又不甘寂寞的美人；她不怕什麼，我又怕什麼？

儘管想到了這些，他還是麻著膽子走進去的，一步一步，不像是採花郎，卻像是偷雞賊，一直進到裡間……

——然而，貌似貞觀大帝的明崇儼，能為天下第一的天后，帶來一場真正的、稱心如意的「龍戰」嗎？

53

明崇儼受到皇后的寵幸，如作遊仙之夢，事後反思，認定自己行將大用，成為天后的心腹之臣。於是，先是毛遂自薦充當耳目，爭著向她報告朝廷官員的動向，以及坊間的童言、民謠，比周興、索元禮輩更用心，漸漸地，他開始把目光盯上了奉旨擔任東都留守的太子李賢，在天后耳邊吹的，盡是不利於李賢的風。

這以前，李賢比哥哥李弘過得瀟灑，不但私下愛結交名士，且養了不少豪奴，這班人都愛為他出死力。父皇愛鬥雞，他們兄弟更是青出於藍而勝於藍——他常和周王李哲、相王李旭輪一起鬥雞，鬥得天昏地暗。

有一回，他的一隻西域名種「狸奴」被周王李哲的「鑽山鷂子」殺敗了，李賢不服，乃讓門客王勃寫了一篇《檄周王雞》的檄文，向李哲挑戰，相約來日再大鬥一場。王勃為當時名士，詩文俱佳，這一篇鬥雞賦立刻傳遍京師。專為武后打探消息的周興、索元禮都沒當一回事，結果被明崇儼搶先告到武后那裡，說任此下去，將使親兄弟之間產生隔閡。武后一怒之下，將王勃驅逐出了太子府。

李賢生活在母后的監視之下，如芒刺在背。父皇看到這情形，便設法說服皇后，讓他出任東都留守，武后雖不反對，心裡卻另有主意。

皇帝雖然將李賢遣往東都，心中卻十分思念兒子。這天，皇帝坐著步輦，興沖沖地來找武后說，李賢在東都，終於完成了對《後漢書》的注釋，眼下初稿已從洛陽寄來，奏呈父皇母后審閱，他雖看不見，卻讓常侍念了幾個章節聽了，覺得很不錯，特送來供天后審閱。

《後漢書》就是東漢史，作者為范曄。東漢一朝，創自劉秀，歷十三帝約二百餘年，其間除了光武帝劉秀和明帝劉莊有所成就，其餘都是渾渾噩噩之輩，甚至一蟹不如一蟹。於是，大權不是落入外戚手中，便是被宦官操縱，期間太后多次掌權。最初有竇太后，接著又是鄧太后、閻太后、梁太后、再竇太后，直至滅亡前的何太后——東漢的皇帝，繼位時大多年幼，所以，只能由母后扶持。太后當政，必用娘家人，於是，外戚得插手政務；待皇帝年長，便勾結宦官，殺外戚，大權又落入宦官手中；再後來，又皇帝年幼，又太后當政，又重用外戚。如此惡性循環，周而復始，劉秀辛辛苦苦打下的江山，就這麼給玩完了。

武后在李賢身邊不乏耳目，她早就得到李賢在為《後漢書》作注的消息了，且明白他注此書的用意——范曄認定東漢亡於宦官和外戚，所以，他在《後漢書》中，在抨擊宦官的同時，對太后臨朝也不乏微詞，雖較為推崇鄧太后，但仍說「雖稱尊享御，而權歸鄧氏。」又說「既云哲婦，亦唯家之索」。

「唯家之索」不就是說牝雞司晨嗎，未曾注釋的史籍多多，李賢為什麼對《後漢書》情有獨鍾？其實，像所有的獨裁者一樣，生性多疑的天后心中早已有所察覺，眼下聽皇帝說完，卻不動聲色地附和皇帝說：「有人說賢兒只會鬥雞，我從來就不信，我知道這孩子，天資聰慧，秉性剛強，只要能沉得下來，潛心著述，便會有成績的。果然，他還真不負我所望。雖說東宮屬官劉納言等人出力不少，但畢竟賴他總其成，我看，這事值得表彰。」

皇帝聽武后在誇太子，越加得意了。一邊摸索著，從立在邊上，手捧書稿的內常侍手中接過書稿，轉遞給武后看，一邊說：「弘兒已逝，不去說他了，三個兒子中，李哲是個混世魔王，幹什麼事都不上心，玩世不恭；旭輪呢，太稚嫩、太孩子氣了。就數賢兒最稱朕心，他不僅體魄比弘兒強，就是臨事也比弘兒果決，文事就更不用操心了。依朕看，你呀，也是年過半百的人了，何必要事事躬親，放著福不享呢？今後要想開些、想遠些，政務不妨放手，重擔子也讓賢兒挑挑試試。」

本是笑臉盈盈的武后，聽皇帝如此一說，面色不由凝重起來。一手推開面前的稿子，吩咐送到她處理政務的儀鸞殿去，一邊瞟皇帝一眼，冷笑著說：「皇上真是三句話不離本行，念念不忘的只有一件事。不過，我一個女流，可沒有貪戀權勢之想。早在幾年前便想放手，且已向臣下宣示過了，眼看車成馬就，皇上就要如願以償，誰知弘兒卻遭不幸。眼下賢兒監國未久，於政務還欠歷練，重擔子交與他，讓人難以放心。一旦瓜熟蒂落，我能不丟手嗎？須知這可不是小家小業，而是李家父祖血戰疆場換來的、要傳之萬代的江山，我若輕易撒手，一旦有什麼閃失，你不愧對列祖列宗嗎？你怎麼老是不能體會我這份苦心啊！」

皇帝原本是閒談的口氣，想從側面進攻，不想話才開頭，武后的口氣便不順。他明白，眼下的武后，手中的權力看得比命要緊，誰提便跟誰急。他怕弄巧成拙，只好趕緊認錯說：「得，得，朕說錯了還不行嗎？反正賢兒也是你生的，朕操心也是白操了。」

武后見皇帝雖認錯，說的話卻仍不中聽。她有的是法子擺布他，用不著公開衝突，吁了一口氣，自己轉彎說：「既然知道是我生的，為什麼老是怕我吃了他？」

皇帝癟了癟嘴，把頭別過一邊。雙方沉默著，連對方的鼻息聲都能聽到。好半晌，武后終於轉變話題：「眼下西京又鬧糧荒了，我們還是去東都吧。」

皇帝一聽她又要去東都，立刻想到了李賢。李賢留守東都已有年餘，他何嘗不想兒子能親侍左右？但李弘之死，他總覺蹊蹺，此番更怕皇后又有不利親子之舉，見皇后要去東都，忙說：「去就去，不過，讓賢兒改任西京留守。」

武后卻說：「皇上不是急於讓賢兒繼位嗎，不讓他與輔弼大臣親近，不讓他親侍左右，見習政務，就說監國多年，也始終是個生手，將來臨朝聽政，仍是一問三不知，豈不要誤大事？」

皇帝說不過皇后，只好退讓說：「中，中，中，就留他在你身邊——」

武后在皇帝面前宣布了自己的決定後，便不想再聽皇上的囉嗦了。待皇帝一走，她便作去東都的準備，並下詔向臣下宣示：鑾駕克日赴東都，調同中書門下三品劉仁軌為西京留守。

這天，她乘皇帝去慈恩寺的機會，在後宮再次召幸明崇儼，想聽一聽外間輿論對駕幸東都的反映。不想明崇儼入宮後，面帶憂色。他告訴武后，前天出宮，竟然遭到了盤問。

武后大吃一驚，忙追問個中細節。明崇儼告訴她，他本奉有皇帝特旨，無論是在皇宮或行宮，從來是直進直出，不受攔阻的。不想這回快要走出丹鳳門了，羽林軍右驍衛將軍張靜秋突然帶一隊士兵把他攔住了，像不認識似的，索要出入禁中的牙牌。他雖出示了牙牌，張靜秋卻反反覆覆，盤問不休，問他既然是為皇帝看病，皇帝住西內，應該從朱雀門出入，怎麼反走到丹鳳門來了？他不由發火了，說你可親自去問天皇，這才把他鎮住了。不過，他從張靜秋那怪異的眼神中，似看出了什麼。

「你是說，你有可能被人盯梢？」武后望著自己的新寵，似有些不相信，說；「張靜秋難道吃了豹子膽？」

明崇儼不以為然地搖頭，說：「天后，張靜秋可不是等閒之輩，此舉似是大有來頭。」

武后忙問張靜秋目的何在？明崇儼說，他找人打聽，才知此人與太子司儀郎韋德真是表兄弟。

武后心中一抖——這以前，她穩坐釣台、靜觀待變。且打算多等幾年，等待可能出現的變數，等待著名正言順的藉口。不料李賢與李弘不一樣，他一開始就是那麼咄咄逼人，分明是逼著她這個母親幹不想幹的事，眼下，她更加感到連自身的安危也無法保障了，若再退讓，一切都完了，有什麼辦法？

她眼睛向上翻了幾番，主意早已有了。

明崇儼見她不作聲，又說：「天后，臣以前曾奏明過，太子急於正位，有些不擇手段，您的左右，可能布有他的耳目，您可千萬不能大意，更不能心慈手軟。」

我心慈愛手軟嗎？武后自問。

當她的目光才與明崇儼的目光對接，立刻就警惕了，來說是非者，定是是非人。明崇儼意欲何為？再說，垂釣者，釣竿在手，水中的動靜，還用旁人來提醒嗎？看不清三尺深的水，豈能坐釣台？當然，明崇儼這是在私下，是情人式的提醒，但是，她要做的事，未做之先，是最不想被別人說破的，更不願他人來邀功，哪怕就是自己的新寵。想到此，她把李賢的事放在一邊，那雙漂亮的丹鳳眼一瞪，惡狠狠地說：「明崇儼，你不要說風就是雨，我料定這張靜秋不敢。再說，人應該有自知之明，你要清楚自己的身分，在我面前說這樣的話，是在離間皇家骨肉，要是換一個場合，十個腦袋也不夠砍！」

明崇儼不意天后突然變臉，且如此嚴厲申斥，嚇得不敢作聲。

武后望著眼前突然變得畏畏縮縮的情人，不由興味索然——去東都之前，她本想好好地放縱一回，不料明崇儼卻這麼蔫，真敗興！

明崇儼走後，武后不再想擺布李賢的事了，而是想立刻去東都，因為去了可看到懷義。她的眼前，已浮現出懷義那魁梧的身軀，就連雙臂，似也感受到了他那孔武的膂力。

明崇儼貌似貞觀大帝，可僅形似而缺神韻，之所以將他養起來，不過是一時衝動，慰情聊勝於無。而一想起和懷義在一起的日子，她的心立刻像平原跑馬，奔放不羈，恨不得立刻就將他召來。心想，懷義眼下已出家在白馬寺，每日暮鼓晨鐘，青燈黃卷，每天能否真如他自己所說，謹守佛門，持齋茹素呢？她想，西京確實太乏味了，應該去東都看看，且不說東都沒有西京這麼多的鳥規矩，就是白馬寺中這個花和尚，也不能讓他長期吃齋。

她思念懷義，情動丹田……

54

鑾駕西來，受到太子李賢的隆重接待。此時的他，在東都新建了許多宮室，端門外，那座橫跨洛河直通南市的天津橋，也維修得更漂亮更堅固了。帝后眼見東都面貌一新，都很高興。

皇帝之所以同意駕幸東都，其實是想換一個法子勸導皇后——以前將兒子遣開不是辦法。所謂逾親逾近，逾疏逾遠。母子之間有隔閡，給小人進讒創造機會；母子多見面，或許還能化解誤會。更要緊的是，自己日見衰邁，而皇后卻越活越年輕，他真怕夜長夢多。

鑾駕已至洛陽城廂，太子李賢已率屬官郊迎於道旁。皇帝還來不及詢問他事，卻趕緊下旨，讓太子先去拜謁後面的母后。

李賢於是謁母后於鞏車中，噓寒問暖，母后也簡短地慰勉幾句。待進城後，皇帝再一次讓太子去母后居住的上元宮請安並問候起居。

鑾車中的母子相見，只是一般性的禮節，但在上元宮，李賢卻陪伴在母親身邊，盤桓了許久。開始，武后喜孜孜地打量著二兒子，說他瘦多了，又說：「賢兒，我已看了你注的《後漢書》，從頭至尾，細細地讀，印象不錯，不愧為大手筆。看來，你不但知識淵博，通曉古今，且肯下功夫，做細緻事。」

李賢忙說：「母后太誇獎了。兒子能讀一點書，還不是您耳提面命的結果？記得那時您因為兒子讀書不用心，氣得不惜動用家法呢！」

武后故作一驚，說：「是嗎？你能明白母親動用家法是為了你好就好，可不要只記得挨打，卻把娘的苦心丟到東洋大海去了啊！」

李賢神情懍然，小心翼翼地說：「母后說到哪裡去了，做兒子的怎麼能忘記慈母的教導呢，尤其是我們兄弟，父皇疾病纏身，對兒子們疏於教導；就靠您循循善誘，苦口婆心，兄弟們才有今天這良好的學風，這片苦心，兒子是至死不會忘記的。」

武后笑了，誇獎說：「賢兒，才多久不見，我發現你的嘴越來越甜了，也越來越會說了，我看，一定是劉納言、韋德真他們教的，我真要好好地感謝他們這幾個人的輔導之功，那天你父親聽了你注的書，一時高興，說要賜你五千匹綾絹，五千匹只怕不夠你賞賜他們的，就一萬匹又如何？」

李賢得意了。此次進謁，可是有備而來——劉納言等東宮屬官和他細細地商量了很久。劉納言且料定天后會提到注《後漢書》的事，該如何回答，都一一想好了。眼下見母后說賞，忙離座跪倒在母親膝下，說：「謝母后的厚賞。您說到哪裡去了，兒子的秉賦，是得到了母親的傳承，嫡親血脈，受益最深；外人不過偶然在邊上指點一二，這怎能與慈母的諄諄教誨相比呢？可以說，兒子的論述，若論功勞，一半要歸功母后！」

武后忙招呼他起來，重新坐下，說：「賢兒，你別盡把好的往娘的身上推。若說傳承，有些事你就不是從娘身上得到的。比方說，娘秉性剛強，敢說敢做，卻缺少一點柔性，不會拐彎子，這個——你就做得比娘好呵。」

李賢說：「不，兒子也正是母親這性格，所以，兒子性急，口沒遮攔，連在父母面前，有時也敢違拗，這事連大哥在世時也指出過，好在母后胸懷豁達，不計較兒子的過失罷了。」

一聽提到故太子、孝敬皇帝李弘，武后一怔，立刻又點頭微笑了。略停片刻，且又閒閒點道：「你的話如此滴水不漏，看來，做母親的還真是小看你了。兒啊，你就別太自謙了罷，俗話說，知子莫若父，就說你為《後漢書》作的那注，提綱契領，條分縷析，抉其幽微，闡其奧義，十分詳盡，甚至連原作者本人范曄未必是那樣想的，你都給他補充了，發揮了，這哪是你母親能做得到的呢！賢兒，你能啊，你真能！」

李賢見母親兩次提到了自己為《後漢書》作注的事，而且句句都帶有玄機，幾乎就說到了邊邊上。不由有些心虛，忙強自鎮定地一笑，轉移話題說：「在慈母心中，兒子做的什麼事總總都是好的，哪怕就是一些幼稚的舉動，父母也會誇獎，兒子實在受之有愧。兒子聽父皇說，想去遊少室山，兒子一定好好安排，親自隨鑾駕同行。只是去嵩山的路，本是好好的，前不久卻因暴雨而突發山洪，橋樑沖毀了好幾處，山路垮塌，一下堵了幾十里，眼看馬上又要封凍了，只怕要到明年才能成行。」

武后說：「明年就明年罷，不爭在一時。你父皇外表雖然老氣橫秋，其實卻是一顆童心，永遠不老的，你也不必把他的話放在心上，事事照著他說的辦，說不定他到時反忘了呢。」

李賢於是又奏報了幾件東都的大事——這以前，武后為替榮國夫人祈福，捐了大筆錢在白馬寺修建天王殿，此事由大和尚懷義一手操持。眼下李賢說起這事，說大和尚懷義出力不少。

武后聽著高興。又交代一些該注意的要點。李賢見快到中午了，生恐母后單獨留宴，趕緊跪安退下。

皇帝得知太子見皇后，母子交談很是融洽，心中不覺略感寬慰。休息了幾天，帝后由太子陪著，同遊了少室山，訪問了處士田游巖和道士潘師正，三人同拜師正，聽他講經論道。

回來的路上，皇帝因感風寒，加上顛簸，又一次病倒了，哼哼唧唧，輾轉床榻。武后對皇帝這一套已見慣不驚，她一面宣召明崇儼為皇帝看病，一面說去白馬寺天王殿為皇帝祈福消災。

皇后蒞臨白馬寺，由大和尚懷義接駕。差不多兩年未與懷義相會了，真是久別勝新婚。為修天王殿，狠狠地撈了一大筆的花和尚見了武后，就如沙漠中的行者，遇上了一汪凜冽的清泉，那一份繾綣纏綿，其樂融融，已不是言語能形容的了……

狂歡之後，懷義仍把頭倚在武后懷中，撒嬌似地說：「天后，和尚好悔！」

武后說：「悔什麼？悔不該看見我的？」

懷義說：「不，恰好相反，和尚悔未早親聖容，早承雨露，就是眼下，要好久好久才能見一次，和尚覺得太少了。」

武后其實也有同感。可是，她有什麼好辦法得常常和懷義待在一起呢？畢竟身為皇后，行事不能不有所顧忌，想到此，她搖了搖頭，說：「花和尚，你不要想入非非了，至少在目前，這是不可能的。因為風險太大，我正處在緊要關頭，不能落把柄在別人手上。」

懷義說：「也不然，如果您以在東都建佛寺為名，多派和尚一些差事，和尚身上只要有了差事，不是可名正言順地見到您嗎？」

武后說：「這以前，你出身微賤，眼下又身在沙門，畢竟要受清規戒律限制，出入宮廷，挺招人現眼的——」武后摩挲著懷中那顆滴溜溜的光頭，像摸捏一尊羊脂白玉的佛像，沉吟良久，這才拍著光頭說，「這樣吧，你從此俗姓不要姓馮了，改姓薛，與薛家聯宗，我讓駙馬薛紹認你為乾爹，薛家可是山東的名門望族，這樣可抬高你的身分，讓人不敢小看你，再說，作為駙馬的乾爹，有公主頂在前頭，再出入宮禁，外臣也不好說什麼。」

二人商量定妥，武后才依依不捨地回宮。不料就在這時，洛陽京兆尹前來奏報：奉旨來東都為皇上治病的明崇儼，在快到達東都的新安驛時，被人刺殺了。

55

武后很是震驚。

明崇儼死了，武后並不痛心，但明崇儼之死，卻堅定了武后的決心——鑾駕西來，有人已有壓迫感，非動手不可了，明崇儼之死，就是信號。

武后不動聲色。冷靜下來之後，她當即以皇帝名義下旨：明崇儼一案，由肅政御史高智周會同京兆尹杜求仁及新安驛丞查辦此案，由太子負責督查。

兩天後，辦案官員就將案發詳情先報到太子手上：明崇儼奉旨東行，一騎一從，夜宿新安，半夜有匪徒破門而入，他和書僮被拖到驛外不遠處殺死，各身中十數刀，而所帶行李、財物，卻並未帶走。

「殺人而不搶財物，這不是明白地告訴人家，是仇殺而不是搶劫嗎？」太子正看屍單時，司儀郎韋德真進來了，他一邊瞅著屍單，一邊把頭搖得如撥浪鼓，說，「殿下，幹這事的人真蠢！」

太子也看到了這點，正為自己的處置不當而後悔。

那天就為殺不殺明崇儼，東宮的太子屬官們曾有很大的爭議。

母后在東都有情人釋懷義，在西京卻又將明崇儼納為男寵。這些情況，在西京布有耳目的李賢，其實也一樣地瞭若指掌。

只不過太子每得到有關母后私情的報告，不但看後即毀，且一再告誡送信的人，切不可再對他人說及，哪怕是左右心腹。

眼下的李賢，儘管對此深以為恥，但畢竟是自己的母親，畢竟是家醜，不但關係父皇的臉面，也關係自己的臉面。他想，只要自己掌政，把宮門的禁衛換上自己人，或許就能從根本上杜絕此事。

但母親不肯交權，且對自己防範忒嚴。他手中沒有兵符，沒有帶兵的親信大將，只能慢慢交結，收為心腹，一時還不敢動手。另外，他相信等待，相信時間。權力的競技場中，有時也是健康和生命的比拚，弱者僅憑多活幾年，就可輕易地清算強者。他年輕氣盛，體魄健壯，認定壽命是強者也無法踰越的鐵門檻——哪怕你心雄萬夫，氣吞牛斗，也奈不何衰老病喪。

可不久，他得到這樣的情報：明崇儼常在朝臣中，散布太子行為乖張、不堪儲君之選的言論，甚至連注《後漢書》的事也扯上了，說有影射之嫌。

妄行巫術，誤父皇病體支離；穢亂後宮，使母后名節不保。這些，太子統統忍了，可他離間母子，把矛頭指向了自己，危及自己的地位和生命，這還能忍嗎？

那天，正好也是韋德真在身邊，太子把密報遞到他手中，且喚著他的表字說：「延休，你看，明崇儼這個狗雜種，真是活夠了！」

韋德真把信仔細看過，說：「明崇儼竟然離間殿下母子，實在是死有餘辜。只是，城狐社鼠，不能不有所顧忌。」

李賢咬牙切齒地說：「不，這傢伙我再也不能容忍了，非殺他不可。」

太子要殺明崇儼，是內心有說不出的苦衷，對此，韋德真清清楚楚。但是，這個時候，若有這個舉動，以天后的精明，能不將幕後主使人查出來？其後果是什麼？

韋德真苦苦諍諫，一邊的劉納言卻主張先動手，說：「天后猜忌已深，值此關鍵時刻，明崇儼若再火上澆油，殿下地位堪虞。孝敬皇帝之死，能不引以為戒？」

太子還在猶豫，不料就在這時，傳來鑾駕東巡的旨意。

帝后移駕陪都，本不是什麼新鮮事，武后不喜住西京，三年兩頭常往洛陽跑，而關中一旦鬧糧荒，駕幸東都更理所當然，為的是減輕西京民食的壓力。可此番卻有些不同，啟駕之先，武后先派武衛大將軍程務挺率大軍駐防洛陽之東；接著，洛陽四城的翊衛，也統統換上了新成立的左右羽林將軍。

這情形，當然於李賢有壓迫感。所以，他去見母后時，顯得十分小心，不想接下來，武后關於《後漢書》的談話，更讓他疑竇叢生。

接下來，就發生明崇儼奉召西來的事。他想，母親將這個傢伙召來，肯定是商量對付自己。他不來老子也想弄死他，既然來了，我不圖他，他必圖我。

眼下，明崇儼是除了，殺他十幾刀，真讓人稱心快意，只是辦事人思慮不周，殺人而不劫財，讓人一下就想了陰謀。

韋德真見太子不作聲，又說：「這屍單上說了，明崇儼身上有好幾張銀票，可見所帶財物不少。如果將他的財物劫掠一空，奏報時，報個見財起意而殺人，盜賊正在追捕中，輕輕地便搪塞過去了，可眼下，唉——！」

太子沮喪地說：「這只怪我一時糊塗。事已至此，如之奈何——不如找個替死鬼，只要他承認與明崇儼有私仇，殺他以洩私憤。我許他妻兒老小一輩子富貴不盡。」

韋德真想了半天，仍一個勁搖頭，說：「案子發生地就在畿輔，太子為東都留守，有不可推卸的責任，如果查不到真凶，太子便是失職，就是交出一個所謂真凶，天后必發交詔獄，讓御史索元禮、周興等人三推六問。這班人都是有名的酷吏，嚴刑之下，哪怕你是金剛鐵漢，也會連屎都嘔出來的。」

劉納言見主意是自己出的，刺客也是自己派出的，眼下闖了禍，該自己擔當，便說：「殿下，微臣蒙殿下大恩，無以為報，這事就讓我去自首吧，就說是鄙人曾在西京與明崇儼為一個妓女爭風吃醋才下此毒手的。索元禮若動刑，我先一頭在階下撞死，以報殿下。」

太子不忍自己的親信去抵命，而且，他這一提議也不是萬安之策，因為誰都明白，劉納言是東宮親信，這事無論如何都會扯上東宮。想來想去，竟然雙手往地下一劈，狠狠地說：「事已至此，不是魚死，便是網破，我們動手吧。我在東西兩京的府中，藏了不少兵器和鎧甲，平日豢養的死士也不少，再說，皇城的左右翊衛中，我也有好些心腹。只要出其不意，一定能操勝算。舉事時，不要驚動父皇，只將母親左右親信收拾，留上元宮與她養老！這麼做，父親是會原諒的。他早有禪位之意，只是想得到做不到，我這麼做正中他的心願。高祖在玄武門政變後，不是立刻承認既成事實嗎？」

不想韋德真頭搖得如撥浪鼓，說：「天后防微杜漸，處事十分縝密。可不是高祖及李建成可比的，尤其是左右護衛，全是她的親信，東宮能調動的，只是一些家甲。力量懸殊，如何能操勝券？依鄙人看，非不得已，不要走這步棋。」

太子說：「可眼下母后將這個案子一古腦兒全交與我，我如何回覆？」

韋德真說：「殿下不如先做出積極破案的樣子，搪塞一陣再看。鄙人估計，明崇儼畢竟只是一般官員，他的死，除了天后看重，別人不會去關心。再說，天后雖然疑您，手中卻沒有確鑿證據，暫時還不能把您怎樣。」

韋德真尚有未盡之言，這就是兒子殺母親的姦夫，這情形，做母親的只能吃啞巴虧，暫時聲張不得。

太子也明白這點，別無良策，他一面作最壞的打算，一面去見母后，說盜賊出沒，行蹤不定，請寬展時日，一定能抓到主犯。

武后卻一笑置之，接過屍單及呈文等看也不看，只不當回事地放在一邊。不急不慢，不慍不火地說過一些閒話，便和太子談起了邊關大事。

原來此時又遇吐蕃寇邊，前鋒已抵河源，她已派左武衛將軍黑齒常之為河源道經略大使，克日出師，太子宜以儲君的身分，前往金城宣慰。

太子正苦於這事交不了差，一聽要他去宣慰前方將帥，喜之不美，立刻答應下來。回到東宮，與屬官們說起，大家一時也猜不出禍福。有人安慰太子說，吐蕃寇邊是事實，而以儲君的身分，去邊關巡視、宣慰，以前朝廷多有這樣的安排，看不出有什麼反常。

太家懷著靜觀事態發展的心理，於一邊說著寬心話，不想才過了三天，太子正準備動身，卻有大隊甲胄鮮明的羽林軍，刀出鞘，箭上弦，殺氣騰騰地包圍了東宮……

56

皇帝是在病榻上獲知太子謀反的消息的，因明崇儼被刺，他只好仍讓太醫院御醫為他診治。人已被明崇儼的藥吃得什麼藥都不起作用了，御醫們苦無良方，只好盡人事以聽天命——除了吃藥，便藉助針灸。

此時，頭風正在皇帝身上肆虐，三個御醫圍著御榻團團轉，皇帝頭上及雙耳好幾處穴位上，扎了約十餘根銀針。不想就在這時，內監周力士滿頭大汗地跑來，奏報說：玄武門的武衛軍和應天門的翊衛軍，奉天后旨意，已把東宮包圍得水洩不通……

說來，意外的驚恐也可治病——皇帝聞訊，手戰心搖，早把頭痛丟到爪哇國去了，不待御醫動手，自己三下五除二，就將銀針統統拔了，一把伏在周力士的肩上，令他馱著往儀鸞殿走。

皇帝不是糊塗人，長子之死，他處在深深的悲痛之中，那些日子，天天以淚洗面。一次，只李賢在場，皇帝哀歎長子英年不享，甚至連孫子也不為爺爺留下。一邊的李賢不禁長長地歎了一口冷氣，他不敢向父親表白什麼，皇帝卻從次子那欲言又止的神態中，領悟到什麼。

先只說虎毒不食子，可誰能料到，自己的床頭，卻是一個比老虎更凶猛的母夜叉，不露聲色地吃掉了三個非親生兒子，且連親生的子女也不放過——已吃掉一個，又虎視眈眈地盯著下一個。

皇帝明白，今生今世，自己是鬥不過她了，只能避其鋒芒，想方設法，保住餘下的三個兒子。他清楚，照此下去，武后是要殺盡李氏子孫的，只要保住了兒子，也就是保住了大唐的江山。皇帝不想作不孝子，更不想在九泉之下，無面見列祖列宗。

所以，此番來東都，他是抬起龍庭就太子，下定決心要禪位；所以，他的頭風也就比以往更加厲害，完全不能理事的模樣。他想，朝臣們看到這情形，一定會理解的，若有識大體的臣子，提請皇帝禪位，他一定依允，因為這樣正合他的心意。只有親手將江山交到太子手中他才放心。

可是，臣子們誰不明白武后的心？又有誰敢去虎嘴拔牙呢？

皇帝準備再次向武后提出，可他萬萬沒有料到，自己的急躁，加速了武后的食子行動，眼下，意料中的事終於發生了。

「謀反，謀反可是死罪啊！」背負著皇帝的周力士，已感覺到背上的皇帝在微微發抖……

此時，武后在儀鑾殿已徘徊許久了，她在等待著皇帝的到來。

其實，李賢的一舉一動，早落入武后眼中，身為天后，她是無須時刻去留意兒子的行動的，她的左右，自有一班專司其職的的酷吏，如索元禮、周興輩為她操心，李賢在做什麼，平日有什麼言論，武后無不一一瞭若指掌。為《後漢書》作注算什麼？她本熟讀經史，東漢的外戚與宦官惡性循環，她從中獲益良多，用人行政，處處以史為鑑。就是刺殺明崇儼，她也認為不過是代她之勞——她已開始厭惡他了，不但龍床上厭惡了他，金殿上更不能容忍他。不能用之，勢必殺之。所以，殺明崇儼她不認為殺得不該，只是不能容忍這凶案背後的主使人，不能容忍他的動機，殺母親的情人，不但是兒子向母親宣戰，更是對母親的羞辱！

這人不是李賢還有何人？幾乎是一開始，她就發覺李賢的桀驁不順。在父母面前，李賢遠不及李弘溫順；監國未久，她又發現，李賢主意多，凡事不按以往的規矩辦，膽大妄為，根本就不把自己這個攝政的母后放在眼中。這還羽毛未豐啊！武后隱忍著，甚至在皇帝面前還誇獎他，心裡卻說，多行不義必自斃，姑且待之。

到東都不久，索元禮、周興的密報更多了，不是說太子經常和心腹密謀，就是在東宮發現一個私庫，他們懷疑裡面藏有兵器。

這樣，她終於等待不下去了。

皇帝氣喘吁吁地趕來了。武后一邊將他扶到御座上坐了，一邊詫異地問道：「你不是頭痛欲裂嗎，怎麼轉眼就又不痛了？」

皇帝哭喪著臉說：「聽說賢兒出事了，朕還能安心養病嗎？」

武后不由背轉身去，癟著嘴冷笑。這動作被皇帝發現了，問她笑什麼。她說，我想起了一個典故。皇帝又問什麼典故。她說：「陳琳之檄，能醫孟德之頭風。」

面對全無心肝的皇后，皇帝不願耗下去了，這樣的唇槍舌劍，笑裡藏刀，他遠不是武后的對手，乃直奔主題，說：「天后，賢兒的事，究竟是怎麼回事？請你把來龍去脈告訴朕。」

臉上本是陰晴不定的武后，突然顏色一變，咬牙切齒地說：「逆子，梟獍！我白養了他二十多年，卻不知是生養了一隻吃父吃母的貓頭鷹！這是遭報應，這是你我都遭了報應！還有什麼說的？」

皇帝不信地搖頭，說：「你先別作定論，事情的來龍去脈究竟是怎麼樣的，你仔細說與朕聽。」

武后說：「不信嗎？哼，他雖是你的兒子，卻更是從我身上掉下的肉，按說，我比你更疼他，還能平白無辜地冤枉他？告訴你，是他自己的人出首告的變，這人就是東宮的戶奴趙道生，此人雖是奴才，可大有來頭，不但是你那好兒子的親信，且是他的孌童，此番出首，大概是良心發現吧，須知紙可包不住火！」

說著，她便將手中拿著的、趙道生的親供念了出來：李賢背地都與哪些人往來，私下又說了什麼喪心病狂的話，單言語悖逆不算，最要命的便是在東西兩京的太子府藏了不少兵甲和器械——按大唐律例，普通的刀劍雖不在禁例，但屬重點的禁兵器是不許個人私有的，平日藏於府庫，出征時才配給。法令規定，只要私藏鎧甲達三領、弩機達五張便是絞刑。昨天武后得報，發兵抄查東宮，竟然搜出大量違禁兵器，單皂甲一項，就達數百領之多。這些東西眼下已堆放在天津橋頭，供人參觀，準備事後焚毀。身為東宮太子，朝中軍國大事，自有在事大臣擔當，有你私藏兵器在府中的必要嗎？所以，索元禮這回辦的，硬是人證物證都有、誰也不能推翻的鐵案。

皇帝一邊聽，一邊搖頭歎息，聽到後來，他的手不由抖了起來，聲音顫抖著說：「天，天后，朕的媚娘，你，你，你打算怎麼處治我們的親兒子呢？」

皇帝說到後面「我們的親兒子」五字落音很重，武后自然明白這份量，可她卻冷笑一聲說：「我的陛下，為政者，最忌的莫過於捨不下私情。這話我不止說過一百遍了，可你總是感情用事。親生兒子又如何？要知道，身為人子而懷謀逆，這是天地所不能容的。越是親生罪越重，除了大義滅親，我又能如何？」

皇帝說：「那，那，那又要——那個嗎？」

須知這以前，為房遺愛謀反一案，殺的都是皇室近親，皇帝已不忍加刃於親人之頸了，已哭著向長孫無忌等大臣求過情了，這回可是自己嫡嫡親親的愛子，這「殺」或「死」兩個字皇帝怎忍心出口？所以，他只能這麼問，且立刻痛哭失聲。誰知武后毫不動心，只淡淡地說：「放心吧，不會冤枉你那寶貝兒子的。這是大案，我已令宰相薛元超、裴炎，御史高智周組庭推鞫，是殺頭還是處絞，只能等全案定讞之後，由法司說了算，我也無能為力。不能治家，何能治國？如果有大臣這麼問我，我該如何回答？你要清楚，不是我這做娘的狠心，我有我的苦衷啊！」

聽這口氣，已是毫無迴旋餘地了，皇帝哭著哭著，當著眾侍從，突然離座「撲通」一聲，跪倒在地，抖著武后石榴裙的下襬，求告道：「天后，朕的天后，我們已失去一個親子了，你就放賢兒一馬吧！」

武后不由拂衣而起，說：「你不殺他，他就殺我，你是要等到哪天，他持刀來殺親爹親媽你才省悟嗎？」

說著，便不再理睬地下跪著的皇帝，走到了台階上。皇帝見營救無望，哭著哭著，一時痰湧，一口氣轉不過來，竟然昏厥在金殿上……

皇帝這一「昏厥」，總算是保住了兒子一條命——武后指定的審判班子，為了不刺激皇帝，於李賢一案拖了整整一年，最後的判決是廢為庶人，充軍巴州。

至於東宮那班太子屬官，可就沒有這幸運了，不但一個個被押赴市曹，砍頭示眾，且被夷三族。

此時的李賢已有了三個兒子，他們是真正的龍子龍孫，金枝玉葉，自生下來，左右便百般呵護。可眼下，父親被充軍，作為親屬的他們也跟著倉皇就道。小小年紀，從金窩、銀窩中被扔進了狗窩，就像一隻隻長著絨毛的嫩雛，睜著驚恐的雙眼，望著這令人不安、不解的世界。或許，他們也曾想過要哀求皇帝爺爺，求爺爺放他們一馬，可皇帝爺爺也無能為力，免去死罪，還是爺爺以暈倒在金殿為代價的，爺爺只能做到這一步，親爺爺呵！

因家產已全部抄沒，府門被封，曾是一人之下萬人之上的李賢，能歸他名下帶走的行李已十分寒酸，甚至連冬衣棉被也沒有。他那兩個弟弟：李哲和李旭輪在送二哥遠行時，看著實在不忍。但沒有武后的旨意，他們就是有天大的膽子，也不敢私下饋贈。於是，兄弟聯銜上奏，請求母后開恩，讓這個「庶人」免凍餒之苦。

可是，已殺紅了眼睛的母后，這顆頭不過是暫寄李賢項上。眼下，十分清楚母親手段的「庶人」，最害怕的難道只是眼前的衣食嗎？

第十三章 黃台摘瓜

57

大唐永隆元年（西元六八〇年）七月，就在李賢獲譴不久，皇帝下詔立三子周王李哲為皇太子，並令監國。改明年為開耀元年，並大赦天下。

皇帝就像一個辛勤的瓜農，這些日子，一直在留意培植來年的種瓜，可他每選中一個，饕餮成性的武后便替他吃掉一個，本有七個瓜種的皇帝，只剩下兩個了，千畝良田，就這兩隻種瓜，能保得住嗎？

皇帝深感自己黔驢技窮。

李哲雖繼為太子，但皇帝早從這個兒子身上看到了自己過去的影子——他遠不及李弘內涵豐富，聰明而不外露；也遠不及李賢果決而有擔當。已二十五歲的李哲，頭上雖有豫州都督的頭銜，但既未赴任，也從未過問過朝廷政事，整日只會吃喝玩樂，是一個標準的富貴閒人。若問本領，鬥雞是他的拿手戲，在皇室成員中，每次鬥彩，他都要拔頭籌；就是擊鞠，也十分了得，不但眼明手快，且馬上功夫極好。對人對事，有禮儀，無城府，嘻嘻哈哈，沒有半點君臨天下的威嚴。皇帝明白，這種人一旦擔當大任，肩膀上是絕對擱不下四兩東西的。

然而，更令人放心不下的，是這幾年李哲徹底地變了。

自從心愛的王妃趙氏被母后活活地餓死，李哲精神大受刺激，自那以後，他變得更加放蕩不羈，雞不鬥了，鞠不擊了，卻沉湎於酒色之中，整日朱顏酡然，昏昏沉沉，無論大事小事，都不理不睬，得到了不喜，失去了不愁。如果說，善馴「獅子驄」的武后收拾李弘、李賢還須費些手段，那麼，要收拾李哲，就比拍死手中一隻蚊蠅還容易，而聽天由命、萬念俱灰的李哲，面對危險，是不會去刻意保護自己的。

四子李旭輪更不行。因是么兒，從小受溺愛，很是稚嫩。前年春間，他已是大年輕人了，天后升單于都護府為大府，令已改封相王、並領冀州大都督的旭輪為大都護，克期赴任。旭輪竟說，兒早去晚歸行嗎？皇帝說，此去單于府有兩千里，哪能輕易回來。旭輪竟然說，兩千里比東西兩京之間的距離還遠嗎？皇帝說，遠多了。旭輪竟然倒在父親懷中撒嬌，說兒子不想離開父母。於是，這事只能作罷論。

可氣的是身邊的武后，不但風華不減當年——駐顏有術的她，膚色一如青春少女那樣紅潤，那樣有光澤，那樣讓男人著迷；就是精力，也一點不遜當年，記性好，有魄力，慮事周密，處理政務也更加老到。一句話，年近花甲的武后，與三十年前毫無區別。比壽命，自己肯定是比她不過的，一旦自己撒手了，她能把江山交與李家人嗎？皇帝想。

這些日子，不斷有地方官員向朝廷具奏，報告各地出現的奇異現象，今天是朗州的雌雞化為雄雞，明天又是太白經天，而占卜的結果不是「主太子憂」，就是「主將相憂」。清平世界，朗朗乾坤，身為儲君或重臣的憂什麼？

滿朝文武大多是武后的親信，有人上奏這樣的新聞，究竟是何居心？是善意的警告，還是在有意為武后篡唐造聲勢？說到底，別人不急皇帝急。皇帝心中比誰都明白，狠毒的天后，是不會放過李哲的，而且，是毫不猶豫。

皇帝這回是真正地病倒了，他不再是哼哼，而是痛苦地緊閉雙眼，在床上翻來覆去地歎息，有時是用拳頭狠狠地捶擊床頭，顯現出無限的懊悔。

武后看到這情形，為了製造歡樂的氣氛，她下旨在宮中舉辦一些娛樂，不是讓宮女與內監拔河，就是讓皇室成員擊鞠，每次都懸有賞格，讓大家歡喜；每次都讓皇帝陪在自己身邊，看不清就解說給他聽——皇帝在縱橫捭闔、指揮倜儻的武后面前，已是一個並不礙眼的「活死人」，她從事的大事業尚未功成圓滿，還需要繼續利用這個「活死人」，為此，她倒是想方設法愉悅他的心身，並不想他很快就死去。

春天到了，氣候回暖。中嶽的封禪是放棄了，皇帝對此已毫無興趣。於是，武后陪皇帝在洛陽近郊遊了一圈，牡丹、芍藥，洛水、龍門，拜佛祖、訪道人，又帶著大隊官員和命婦遊了關陵，為死後仍身首異處的蜀漢大將關羽歎息一番。

沐浴著初春溫潤的陽光，徜徉在一片花的海洋裡，皇帝的心情似有所改變，面上也有了一些紅潤。回來的路上，武后也坐進了皇帝的金根車裡，她伴著皇帝，撫著他的肩，一如初戀情形，且輕柔地說：「阿治，我已看中了一大家閨秀，今天帶她一同來了，就坐在我的車裡。此女不但模樣端莊，且知書識禮的，很是難得。」

皇帝聽說帶來一個女子，且坐在只有皇后才能坐的鞏車中，不明白武后的意思，於是問：「天后，你想怎樣——」

武后說：「這還不明白嗎？李哲整日昏昏沉沉，以酒當飯，白天當作黑夜過，這是沒人管束的緣故。看此女言談舉止，與我又很投合，我想將她納為太子妃，這樣或許能讓李哲振作起來，再說，你不也可早日抱上皇孫嗎？」

皇帝簡直不相信自己的耳朵。雖然他早已是「抱上皇孫」的人了，可他的皇子皇孫一個個像花兒一樣，才綻開蓓蕾，便一朵朵被武后掐滅。眼下，武后又在說「早日抱上皇孫」的話了，誰知這是禍是福？但不管如何，皇帝寧願相信武后這次是說真心話，馬上接言說：「這敢情是好事，但不知是誰家的姑娘？依朕看，不要名門望族的人家，那種人家的女兒眼界高，嫁作太子妃對她來說，也不怎麼感到榮幸，而且，她不會孝奉婆母，對丈夫，也別指望她體貼。」

皇帝句句都是順著天后的意思來的。天后點點頭，閒閒報出此女的簡歷：「姑娘韋姓，京兆府萬年縣人，門戶雖不十分顯赫，但也算得關中世族，祖父韋弘表，在貞觀年間出任過曹王府典軍，父親韋玄貞眼下任普州參軍，都是佐雜官。她今年才交十五，正待字閨中。夠了嗎，你還想知道些什麼？」

皇帝點點頭說：「夠了，你相中的總是好的，自己的嫡親兒媳婦，你能不關心，能不挑最好的嗎？依朕看，哲兒既然入主東宮，怎能沒有主內政的太子妃呢？這事越早越好。」

武后嘲諷地笑著說：「喲，太上皇的癮又犯了？先讓太子監國，接著納妃，接著便禪位。阿治，你就這麼急不可耐？告訴你，李哲這個渾樣子，與李弘、李賢差得天遠地遠，這你應該看得到。他不脫胎換骨是不能繼承大統的，不但我要把著手教個三五年，他自己還得洗心革面。不然，就還不如讓我來繼續主政！」

皇帝一聽，身子不由一抖，這才知自己失言了。眼下，他怕的就是這句話，就因要當太上皇，兩個兒子已賠進去了，這裡不待自己提出，武后竟然赤裸裸地說出來，皇帝心寒，只好連連點頭，不敢再作一句附和之語，免啟天后疑竇。

當下說定，回到皇宮的次日，武后就傳旨辦這件事：先是由黃門侍郎裴炎、同中書門下三品崔知溫及周國公同中書門下三品武承嗣主婚，去韋家宣布皇帝的詔命。這三人中，前兩個為宰相。而武承嗣既是宰相又是武后的侄子、太子的表兄，這樣的安排，算是極隆重的了。接下來，六禮齊備，納采、問名等禮節一項緊接一項來，盡量不耽擱。三月之後，韋氏終於抬進了東宮。

皇帝這些日子既興奮又緊張——先前的三兒媳婦趙氏被武后活活地餓死了，這回他生恐武后心血來潮、節外生枝，又弄出什麼明堂來。所以，他是數著日子在過，頻頻地向身邊人催問進展，直到大典最後落幕，他懸著的心才算放下來。

李哲再作新郎，雖說地位改變，環境移人，可在他身上卻絲毫不見變化。酒仍然是他的命，枕頭仍然是他的伴。而且，因為新婚，他有理由睡早覺，那無可無不可的監國位置，朝會時也常常空著。

皇帝得知情形，只能一人背地歎息。好在太子妃爭氣，沒有吃皇家一天空飯，婚後的開耀二年正月，終於為李家、為皇帝產下龍孫。

再次得孫，皇帝欣喜若狂，為孫兒取名李重照，不但再次改元，將開耀二年改稱永淳元年，且大赦天下。

不想樂極生悲——早朝時因感風寒，頭風病再次發作。這回是真的病魔上身，比以往任何一次都厲害，延續的時間也比以往任何一次都長，原先是初春發作，到夏初便有好轉，這回從初春直到秋末，大半年時間，沒有半點緩減的跡象。以往針灸可緩減痛苦，此番藥石皆不起任何作用。

一天晚上，病體支離、昏昏沉沉的皇帝，忽然夢見了父親，遠不是生前那英姿勃勃的模樣，而是一臉的愁容，他嘴唇囁嚅著，遠遠地向兒子揮手，像是指斥又像是指陳什麼，皇帝走近去，想向父親訴說自己的苦衷，訴說自己的無奈，想從父親那裡得到指示，可神武的貞觀大帝已視他為路人，父子只對視了一眼，欲言又止，終於連連歎息而去。

醒來後，皇帝明白，自己的日子已無多了，父親是來接兒子的。此時，頭痛仍如錐刺，身體各部位也像有無數小蛇在咬。皇帝掙扎著坐起來，想傳旨召見大臣。此時只禮部郎中王方慶聞訊前來請安，正侍候一旁，見皇帝起床，趕緊跪倒山呼，皇帝聽見王方慶的聲音，呻吟著說：「如果朕沒記錯的話，你是叫王方慶，對嗎？」

王方慶見皇帝醒來，十分興奮，連連磕頭說：「皇上聖明，微臣的確名王方慶，在禮部任職。」

皇帝說：「你在禮部行走，朝章典故想必是十分地熟悉的了。」

王方慶又磕頭說：「是，微臣略知一二。」

皇帝想了想，說：「王方慶，你說，前不久，朕添孫子李重照，重照生有福相，朕想封他為皇太孫，這行嗎？」

王方慶想了想，說：「重照為太子的嫡長子，皇上的嫡長孫，自然就是皇太孫，這是無須另封的。」

皇帝連連擺手說：「不是，你錯會朕的意思了，朕這裡封重照為皇太孫是要有別一般的皇太孫，要為他開府設師傅，且比照中書門下尚書三省而配置僚屬，就像東宮一樣。你說，行嗎？」

王方慶終於把皇帝的意思弄明白了——皇帝是怕太子又被武后廢棄，於是，想方設法使皇太孫的地位也合法化，這樣不但可增加太子的羽翼，多一些擁護太子的官，且也可多設一道手續，增加武后篡唐的難度。但是，以武后的手段，真想要「燕啄皇孫」，一個乳臭未乾的小兒，多一層包裹，她就「啄」不著嗎？

王方慶雖體會到皇帝的苦心，但怕因此事而開啟武后的疑竇，那樣，不但使皇帝搬起石頭砸自己的腳，且連累到自己。於是勸諫道：「皇上，這是沒有先例的。再說，太子的官屬也是太孫的官屬，多設一個衙門，徒增費用卻並無實際意義。」

皇帝固執地說：「沒有先例，就不能由朕首創嗎？這叫『自我作古』。」

王方慶知道無法說服皇帝，想了想，只好說：「當然，說到體制，上古時期，三王不相承襲。皇上要開先例，這也是未嘗不可的。」

皇帝一聽王方慶說可以，立刻命王方慶去南牙傳旨，立才五個月的李重照為皇太孫，並開皇太孫府於東宮，一樣地配設官屬和師傅。

58

皇帝認為自己能做的都做了，略覺寬慰，於是，五十六歲的皇帝，靜等大限的到來。前後拖了將近一年，皇帝終於抱恨走向了人生的終點。臨終前的幾個月，他不忘加封太子的岳父、也是皇太孫的外公韋玄貞為豫州刺史。

皇帝封太孫，加恩太孫的外公。種種恩典，天后都笑著一一依從。皇帝病危後，她也一直守在皇帝居住的貞觀殿，守在皇帝身邊，親奉湯藥。

武后已從御醫口中，得知此番皇帝真的不行了。望著御榻上病體支離的皇帝，她愛恨交加。按說，阿治在活著的日子裡，便是徒有皇帝的名號了，自己不但剝奪了他所有的皇權，也侵犯了他實實在在的夫權。可她認為，只要這個阿治在世一天，她頭上總有一道鐵箍箍著，影子一樣長隨，使自己不自在。眼下這個鐵箍在漸漸滑脫，在消失，她心中卻又湧上一層莫名的悲哀——可憐的阿治，畢竟是他將自己超脫出苦海的人，沒有這塊墊腳石，自己不還在尼庵，長伴暮鼓晨鐘嗎？

想到此，武后竟然也抹下一把熱淚……

武后的抽泣，驚動了迷迷糊糊的皇帝，只聽鼻息，皇帝便明白眼前是誰。皇帝既恨且悔卻又無可奈何。幾十年來，先是親著、寵著，後是哄著、和著，到最後，他只能小心又小心地承其顏色。身為九五之尊的皇帝，幾十年中，當得如此窩囊，如此憋屈，當初自己為什麼就鬼迷心竅，將她引進宮呢？他好悔啊！

但這一切都不可挽回了。

他明白大限終於到來，絲毫也不留戀，反認為早走一步是解脫。臨死之前，他仍想向命運抗爭，想要安排後事。首相劉仁軌一直擔任西京留守，不能東來。面前的七個宰相中，以裴炎最穩重，草擬遺詔，託付後事，非他莫屬。

一邊的武后十分通達，見皇帝哀聲嘆氣，口中喃喃地念叨裴炎的名字。明白皇帝的心事，一邊代皇帝傳旨，宣裴炎進宮，一邊就自覺地避入後宮。

裴炎邁著沉穩的步履，一步步走向貞觀殿的台階，心情異常複雜。

他是絳州聞喜人，舉明經及第。當年武后搜羅人才，組成唯自己馬首是瞻的文人班底，稱「北門學士」，裴炎即北門學士之一。十餘年宦海浮沉，與時俯仰，終於位列三台——以御史、黃門侍郎同中書門下三品，去年更進拜侍中。皇帝初臥病時，裴炎奉詔和劉齊賢、郭正一輔太子監國。雖在東宮，裴炎卻一直關注著皇帝的病情，來東都已三年了，按說，皇帝病重，應該回京，可鑾駕卻沒有半點回西京的跡象。他明白，一定是皇帝病情加劇，難保路上安全。眼下欽使來召，分明是皇帝自知不起，要委託後事。

皇后大權獨攬，皇帝形同虛設。眼下皇帝病入膏肓，局中人的裴炎是不難推測出今後政局的走向的。自己若親受顧命，眾目睽睽，眾口嘖嘖，這不止是一個燙手的山芋，而是飛來的一把雙刃劍，不論從哪面接招，誰都有可能丟掉性命。是做新朝的開國功臣，還是為眼前的皇帝殉葬？可以說，兩條路裴炎都不想。

時間不容裴炎推敲，才幾步就到御榻前了。皇帝命他免跪拜，且賜座於榻前。

雖承恩命，裴炎能不拜嗎？可就在他拜舞之際，頭一抬，分明瞥見屏風架下，露出了半隻大紅繡花軟底鞋，裴炎不由心中一緊，趕緊低頭。

皇帝等了半天，不見裴炎上來，他向空中招手，讓裴炎近前，又摸索著，拉他坐下，喘息著說：「裴卿，你明白今日召你來是為什麼事嗎？」

裴炎吞吞吐吐地說：「聖躬違和，久不視朝。召臣來，一定是有大事垂詢。」

皇帝搖頭，聲音黯啞地說：「軍國大事，朕早就管不著了。今日召你來，是要託付後事，草寫遺詔。」

該來的終於來了。貞觀殿雖暖烘烘的，裴炎仍身子一抖。瞎眼的皇帝雖看不到裴炎的猶豫，可裴炎卻望著瘦骨嶙峋的皇帝，兩眼中流露出幾分哀憐的光，身為儒生，以忠君為畢生目標的裴炎，不覺流下淚來，哽咽著安慰說：「皇上不過偶染小恙，康復當不太遠，來日方長，何必就出此言？」

皇帝說：「唉，吉利的話就別說了，朕的壽算到了，眼下別無他求，只望上天能假一兩個月的時間，讓朕能回到西京——」

裴炎明白，皇帝是想死在西京。洛陽雖好，畢竟是陪都，是行在，而長安的太極宮才是天子正衙，皇帝在那裡正式登基，也應該在那裡辭世，不然，就算不得「壽終正寢」。可是，看眼下情形，年終歲末，雨雪載途，皇帝還能經受旅途的顛簸風寒，平安地回到長安城去嗎？

皇帝說著說著，頭又疼痛起來了。只見他一會用雙手拚命地敲打著包著布袱的頭，一會又怒目圓睜，把這包頭布掀起，就像它是個腦箍，是自己的對頭，猛地扯下來，一下將它丟得遠遠的。但不管如何撒氣，最終也拿這顆頭毫無辦法，只好跪下來，蹶著屁股，將頭頂在御榻的邊沿上，大聲叫著說：「來人啦，乾脆把它砍開好了！」

——秦鳴鶴後來迫於無奈，也提出一個折中的方案，認定這是風邪上逆，用出血療法以通經絡，或可有療效。於是，建議用針砭刺頭皮出血。

這建議立刻遭到武后的痛駁，認為這是秦鳴鶴對自己的背叛。她說，皇帝之頭，豈能輕下針砭？眼下，皇帝不怕針砭了，再次提出「乾脆砍開」，這是人臣所能為的嗎？

眼見皇帝痛成這樣，裴炎沒有辦法，只在一邊搓手。沒奈何，邊上的兩名內監只好走上來，一個扶起皇帝，讓他伏在自己懷中，另一個則雙手齊出，用指甲尖在他的前頂、百會、承腦、靈空等處穴位上狠狠地掐，這大概是醫生教的，略遜於針砭刺血，皇帝竟由著他們，折騰了半晌，皇帝腦袋麻木了，漸漸安靜下來。

裴炎呆呆地望著這一切，半點忙也幫不上，可皇帝不開口，他不敢離開，待了好一會兒，皇帝抬起頭，清楚裴炎仍在身邊，便沒頭沒腦地說：「準備紙筆吧，朕念你寫。」

裴炎明白皇帝要寫什麼，就自己一人嗎？裴炎想。

按常規，皇帝臨終時，必然對後事有所交代，這就是所謂遺詔。但通常是要有多個地位相當的大臣及皇室親貴在場的，有他們相互作證，這遺囑才有可信性。而有幸在場親聆遺訓者，便可稱為顧命之臣，將來便是繼任者的股肱，這是無上的光榮。可憑心而論，眼下的裴炎不想要這光榮，且不說沒有他人在場，自己所書的遺詔沒有可信度。更主要的是，那柄象徵著皇權的太阿之劍，並沒有真正掌握在皇帝手中，皇帝拿的只是一把無用的劍鞘，而劍柄則掌控在屏風後那人手上，她才是真正的皇帝。若皇帝口述的遺言有悖屏風後那人的意旨，那麼，不但自己這遺詔執筆人首先要倒大楣，而且，皇位的繼承者——自己所監護著的太子也立刻會受到威脅。像這以前的長孫無忌，既是先皇的顧命大臣，又是皇帝的元舅，可屏風後那人只略施小技，不就讓他死無葬身之地嗎？

想到這一層利害，裴炎雖遵旨鋪開了紙筆，可執筆的手立刻抖起來。

裴炎的猶豫被病體支離的皇帝體察到了，他揮了揮手，鼓勵說：「裴卿，你寫吧，朕不會讓你為難的。」

裴炎一聽，皇帝還算有自知之明，這才放下心來，且擺出了記錄的架勢。

皇帝一字一頓，口述遺詔。開頭是形式，是官樣文章，無非表示自己治國三十餘年，才德鮮薄，愧對先皇的囑託，眼下已不行了，合朝文武，要共保太子。接著，便說到太子，自己的繼承人。這是全文的關鍵，裴炎不敢懈怠，聽得仔細，且一個字一個字地照錄：

……皇太子哲，早著天人之範，夙表皇帝之器，凡王公卿佐，各竭乃誠，敬保元子，克隆大業。光朕七百之基，副斯億兆之願。既終之後，七日便殯，天下至大，宗社至重，執契承祧，不可暫曠。皇太子可於柩前即皇帝位……

聽到這裡，寫到這裡，一張紙快寫完了，皇帝仍未說到屏風後這人的安排，裴炎心裡不由慌起來，乃停下手中筆，提醒說：「皇上——」

皇帝明白裴炎要說什麼，一邊搖手制止他，一邊說，「裴卿，你先念念。」

裴炎懷著忐忑不安的心，把手中遺言念了一遍，見皇帝不作聲，又提醒道：「皇上，天后——」

皇帝長長地歎了一口氣，咬牙切齒，極不情願地念道：

……軍國大事，有不決者，兼取武后進止。

直到這十四個字從皇帝口中吐出，裴炎才終於鬆了一口氣——臨終前的皇帝，頭痛得厲害，思維卻是清晰的，他雖想將帝位完整無缺地交與兒子，但明白這是做不到的。與其自己死後「燕啄皇孫」，不如先為兒子留下退步，同時，也給執筆人裴炎有個交代。這「兼取武后進止」一句，不正好表示她仍可遙控政局嗎？所以，這一句是非要不可的，沒有這句，這遺詔縱是皇帝親口所授，也出不了宮門，就是出了宮門，也是他裴炎矯詔，罪該萬死。

皇帝口授完遺詔，終於鬆了一口氣，示意裴炎再念一遍，這才說：「好了，裴卿，一切就全仰仗你了！」

說完，他從內衣內摸出一顆平日常用的小圖章，讓裴炎用印。直到裴炎一切全照自己意思辦了，這才掙脫內監的攙扶，往御榻邊上一滾，那無言的眼淚，竟然像斷線的珠子，滾滾流到了耳邊……

裴炎還想說幾句安慰話，卻見屏風在晃動，他趕緊噤聲。這時，身著常服的天后，邁著輕盈的步履走了出來，望裴炎笑了笑，說：「裴卿，你也累了罷。」

裴炎趕緊跪倒向天后請安，天后揚手讓他起身，然後睃了小几上的遺詔一眼，說：「這道詔書先擱著罷，皇上好好的，就安排這個，不嫌晦氣嗎？」

不想這話被皇帝聽到了，他忍著巨痛，抬起頭，說：「不，不，就是它，人之將死，其言也善，你，你，好天后，你就依朕這一回吧！」

說著，竟當著宰相，再次流下兩行熱淚。

59

高宗皇帝李治終於走了，這個始終離不開女人扶持的皇帝，名義上也坐了三十三年天下，可卻沒有當過幾天家，一生政績，畫水無形，走時帶著滿腹的委屈，帶著終生的遺憾，忍看身隨名滅。

三天後，新皇帝於柩前即位。因裴炎——這個唯一的顧命宰相的奏請，謂新皇帝並未正式冊封，不便發布詔令，眼前有要事須速決者，請宣太后令於門下省。這舉措，顯然有悖大行皇帝的遺詔，使武太后毫不費力地臨朝稱制。

太后臨朝稱制，這其實也是有例可援的，漢代便經常有。所謂「制」者，便是太后懿旨，不稱詔旨而稱「制」，有別於皇帝。

臨朝稱制的太后，於政務自是滾瓜爛熟。為穩定政局，她首先予近親皇族以特大的尊榮：皇族中，高祖武德皇帝一支尚有韓王李元嘉、霍王李元軌、舒王李元名、滕王李元嬰、魯王李靈夔等五個兒子；太宗一支也還有越王李貞、紀王李慎兩個兒子，眼下他們輩份最尊，是新皇帝的叔祖或叔父，也是歷次宮廷血案中僥倖逃過屠戮的倖存者。眼下這時勢，能活下來就是福氣，此番七人皆獲贈太尉、司徒、司空、太師、太保或開府儀同三司等文官正一品上階的榮譽職銜。

接著，武太后又調整宰相班子，將太子少傅劉仁軌轉為尚書左僕射，令他仍然留守西京；侍中裴炎為中書令，黃門侍郎同平章事劉景先升為侍中；兵部侍郎岑長倩升為兵部尚書。其餘文武各階，都有升賞，並頒詔大赦天下。

雖說覃恩普敷，皆大歡喜，可眾人彈冠相慶之餘，目光卻不約而同地盯著宮中，盯著臨朝稱制的太后身上。

接著，在太后的授意下，群臣擬議，改年號為「嗣聖」。這是一個耐人尋味的詞兒，嗣者，繼承也，接續也，但用作新皇帝的年號，是指新皇帝對大行皇帝父子傳承的「嗣」，還是曾經合稱「二聖」的天后對天皇的「嗣」？

眾人都明白，大故事還得接著看。就是那七個爵位最尊的親王，也是在睜眼瞧著，生恐這個臨朝稱制的武太后，大肆封贈的後面有明堂。

果然，李哲正式登基才兩個月，朝廷政局，即發生大變——說來這也只怪他自己不爭氣。

這天，中書令裴炎正在乾元殿的偏殿裡，跟皇帝奏事。皇帝一見裴炎就皺起了眉頭，聽著聽著，突然不耐煩了，不待裴炎的事奏完，竟提筆在案上寫了一道手詔，交裴炎轉發：調豫州刺史韋玄貞為侍中。

這可不是一件小事。

須知三年前的韋玄貞，還只是曹王府典軍，這不過武職從四品下階的官，只因女兒做了太子妃，才由大行皇帝拔為豫州刺史，這不但由武改文，且已一下抬了三級。眼下刺史才做三個月，五年任期才做了二十分之一，且又沒有在中央政府裡擔任過清要官，卻一下要升門下省侍中，在三司制衡的中央政府中，門下侍中就是宰相。且不說他不熟政務，也不合任用官員的規範。

裴炎看完一驚，馬上諫道：「皇上須斟酌，此事是否可緩一步？」

皇帝瞪了裴炎一眼，大咧咧地說：「斟酌什麼？韋玄貞是誰你明白嗎？他眼下有大功於社稷，是朕最值得信賴的人，援例特進，有何不可？」

皇帝在當太子時，有時心血來潮，會做出一些讓人意想不到的事，這是身為師傅的裴炎最清楚的。可當了皇帝，依然故我，與宰相說話竟用這樣的口氣，這是從未有過的。裴炎雖無暇去計較它，但這種興之所致、信口開河的做法，身為宰相、且是顧命之臣的裴炎卻不能不爭，於是，高聲抗辯道：「皇上，特進任為閒散官可也，侍中可是位高權重的職事官，職事官須隨才錄用，這是高祖大聖光孝皇帝於武德七年定下的章程，以太宗文皇帝的英明，對先帝的制度也是循規蹈矩、亦步亦趨。皇上即位之初，一切宜照章辦理，才能穩定局勢，可不敢標新立異，紊亂祖宗法度。」

皇帝卻不聽招呼，說：「朕這麼說了，你照辦就是。什麼隨才錄用，韋玄貞的才能還不及你嗎？朕把他調到身邊，就是要他代朕處理政務，這樣，朕就放心了。」

裴炎見皇帝用這樣的口氣與自己說話，不覺深感失望。

自先皇賓天，武太后特令將宰相議事的政事堂從門下省移於中書省，裴炎身為中書令，掌握中樞出旨權，有權封駁皇帝的詔令，但若不是非常的年代，非常的事件，君臣和協，遇事商量而行，是不會出現這種情況的。因為一旦出現宰相不奉詔的事，勢必引起君臣對立，於朝廷政局將大起波瀾。想到這一層利害，裴炎一邊將皇帝手詔放回皇帝御案，一邊苦口婆心地勸道：「皇上，大行皇帝屍骨未寒，朝廷政局未定，天下臣民，無不仰望我皇上以江山社稷為重，慨然發奮，去舊圖新，用賢臣，遠小人，重振大唐萬世之基。可不能任人唯親，刑賞由心，進而敗壞制度，紊亂朝綱。微臣敬請皇上三思，收回成命。」

可皇帝已很不耐煩了。說起來，皇帝的不滿是因裴炎起的——大行皇帝臨終，裴炎是唯一的顧命宰相，遺囑中只是「軍國大事，有不決者，兼取太后進止。」可眼下卻做成太后臨朝稱制，此事追根溯源，裴炎那道奏章是始作俑者。所以，皇帝恨極了裴炎，其所以要把岳父提上來，就是對抗裴炎。眼下他見裴炎嘮嘈，且提到「大行皇帝屍骨未寒」，不由火了，竟指著裴炎的鼻尖說：「裴炎，你既知大行皇帝屍骨未寒，為什麼首先標新立異？哼，要說紊亂我朝制度，你是始作俑者。眼下朕要任命宰相，你敢不奉詔嗎？什麼任人唯親，這江山社稷算什麼？朕就送與他韋玄貞又值什麼？」

此言一出，石破天驚——不但指斥裴炎、詞連太后，且有輕棄天下之意。裴炎不由眼淚雙流，連連磕頭，大聲提醒說：「皇上失言了，皇上失言了！」

皇帝卻不為意，他收起手詔，冷笑著說：「哼，你不奉詔，朕自會另找一個奉詔的，你可以走了！」

說著起身，拂袖而去。閃下跪在地下的裴炎，一時淚眼模糊……

臨朝稱制的武太后，表面上擺出退步抽身、含飴弄孫的姿態——她隱居後宮，不再每天上朝和群臣見面，就是一般的奏章，也讓皇帝處理，其實眼睛卻一直緊緊地盯著朝堂上，凡大小政事，她無一不瞭若指掌，胸中有數。

這天，她正在合璧宮後的小花園裡散步，只見裴炎匆匆從外面進來，遠遠地望見太后的步輦，立刻朝這邊走來。她知一定是有要事奏報，於是，讓多數儀從留在原地上，只帶了兩名女官迎上來。一行在沉香亭前相遇，裴炎立刻跪倒請安，武后發現他臉上有淚痕，不由問道：「裴卿，你今天氣色很不好哇！」

若不是還有兩個女官在邊上，裴炎真想哭一場。眼下他只好忍氣吞聲，瞥了兩邊一眼，低聲說：「太后，微臣有要事啟奏。」

武后明白他的意思，說：「無妨，你儘管說吧！」

裴炎於是將剛才與皇帝的衝突細細奏明太后。

裴炎雖是武后精心栽培的「北門學士」出身，但裴炎還是先帝的顧命之臣，其實一個心思還是為了李家，為著皇帝。他之所以要奏請太后臨朝稱制，其實只是迫於形勢。皇帝在世時尚奈何不了武后，才親政的皇帝又豈能奈何母親？他的策略是韜光養晦，千方百計地保住皇帝不被廢掉，保持大局穩定，等待太后百年之後，從容收回政柄。不料皇帝不能理解他的苦心，位子尚未坐穩，便胡言亂語，要將江山交與外姓。身為天子，萬民仰望，豈能胡言亂語？須知這不是一般的口誤——自古以來，君無戲言。一個浪蕩子對祖宗留下的萬貫家財可以一擲千金，一個皇帝對江山社稷卻慷慨不得，因為這不止是關係一家一姓的小事，而是關係萬民的大事。這樣的話若傳出去，會是什麼後果呢？身為顧命之臣，他不能不稟報太后；再說，瞞也是瞞不住的，皇帝身邊，不少太后的耳目，隱瞞是最愚蠢的做法，不但維護不了皇帝，也保不了自己。

聽了裴炎流著眼淚，用顫抖的聲調說出來的經過，太后不由連連冷笑。

大行皇帝那麼煞有介事地為李哲納妃，又那麼鄭重其事地加封皇太孫、立遺囑，其用意是什麼？她當時並不阻攔，只在一邊冷笑。知子莫約父，自己親生的兒子，她還思量不出幾斤幾兩嗎？讓她略感意外的是，李哲竟然如此不耐，才做了幾十天皇帝，竟馬上得罪顧命大臣，這無異於自己作賤自己，自己結束自己。半生叱吒風雲的武太后，對強者有著與生俱來的崇拜，而凌辱弱者，也是她的嗜好，尤其是像李哲這樣沒有半點陽剛之氣的、一點也不像自己的兒子——她早已打定主意要收拾李哲，卻沒料到如此毫不費力。想到此，她面露笑容，說：「裴卿，你起來吧，這事你沒錯。對他這種行為，做宰相的，除非是個聾子瞎子才會無動於衷。」

裴炎仍未起身，只用試探的口氣說：「那，皇上——？」

太后毫無表情地說：「還有什麼皇上呢？天作孽，尤可為；自作孽，不可逭。他這是自作其孽！」

說完，她不再管仍跪在石板路上的宰相，怒氣沖沖地走向了合璧宮……

60

大行皇帝李治苦心扶持的繼承人，其實只是堆在金鑾殿上的雪菩薩，武太后這炎炎紅日一出，雪菩薩立刻化成了一灘冰水。

就在裴炎不奉詔的第二天，皇帝照樣來天子正衙的乾元殿上早朝。他私下已與韋皇后商定，眼下朝臣多為太后的心腹，自己左右輔弼乏人，要將她的父親韋玄貞召入京師，做自己的左右股肱。

一旦韋玄貞進入宰相集團，自己就可以多一條臂膀。

雖然裴炎不奉詔，但他仍然能找到別人來辦這事，這就是曾經參與注《後漢書》的張大安。自從案發，李賢左右皆受到嚴譴，張大安得以漏網，其原因是武后愛才，眼下他出任左庶子同三品，在宰相集團中，排在最末一位。

就在裴炎走後，皇帝將張大安宣來，向他說起這事。張大安不知厲害，竟然說，臣子的升黜本是皇帝的權力，只要打定了主意，皇上自可乾綱獨斷，何必非他裴炎點頭不可？皇帝對這話十分滿意，決定在早朝時，向群臣宣布自己的決定。

不想第二天早朝，他在御座上還才坐穩，只見從另一個方向，走出一隊女官，簇擁著太后走了出來。

太后虎著臉，立在殿上，目光炯炯地怒視著皇帝。皇帝不知何事，正要起身迎接，不想就在這時，只見羽林大將軍程務挺、將軍張虔勖帶著大隊羽林軍，從大殿兩邊旁門而入，直上丹階。皇帝似乎已明白了什麼，全身竟不知所以地抖起來，就是階下分兩班站立的文武百官，也一個個驚得目瞪口呆。

程務挺卻不管不顧，手一揮，立刻上來兩個徒手的羽林軍士兵，分左右挾持住皇帝，程務挺的手再次一揮，就將皇帝拖到了丹陛之下。

皇帝似乎清醒過來，大聲叫道：「朕有何罪？」

太后連連冷笑著說：「你這孽子，竟然要將天下送與韋玄貞，這罪還小嗎？」

皇帝狠狠地瞥了邊上的裴炎一眼，申辯說：「口誤，一時的口誤也不行嗎？」

武太后連連冷笑說：「哼，當母親的可以允許兒子說錯話，當太后的卻不能允許皇帝有這樣的口誤。不然，這江山社稷也就誤完了！」

說著，對程務挺說：「程將軍，還待著幹什麼？」

程務挺於是再次揮了揮手，那兩個士兵便將皇帝挾持著走了出去。

待皇帝離開，武后這才走上來，坐在皇帝的座位上，當著百官，讓裴炎把昨天皇帝對他說的話，複述一遍。

其實，裴炎昨天去太后跟前陳述，本意只是想請太后出面，制止皇帝胡來，卻沒有廢帝的想法，不想一下弄成這個局面，說出去，皇帝是在他的建議下廢了。但事已至此，夫復何言？他內心其實連腸子都悔青了，表面上只能照著太后吩咐。一五一十，把皇帝說過的話，向百官照說一遍，這一下，那班不知所措的文武百官們，只能默默地接受這既成的事實了。

武太后接著傳旨，廢皇帝為廬陵王，廢那個才一歲的皇太孫李重照為庶人，又流放廬陵王的岳父韋玄貞於欽州。

那麼，誰做皇帝呢？百官們只能盯著皇七子、二十二歲的豫王李旭輪。

李旭輪在父親故世前已奉旨改名李旦，頭上的封號，也改了不知多少次——先是封的殷王，後改豫王，後又改冀王，後又改相王，待父皇一死，武后將豫王改回來。這個嬌氣很重的么兒，頭上不但有親王的封號，兼職也有不少，什麼冀州大都督、單于大都護、右金吾衛大將軍、洛州牧等等，不一而足，但他卻一個勁耍賴，橫豎哪裡都不去，只守在宮中，因於文學有慧根，又有名師講授，所以，他於訓詁之學造詣較深；就是草書隸書，也寫得很漂亮。是個白白胖胖、笑面團團的富貴閒人，有誰能料到這個富貴閒人也得「龍飛九五」？

太后傳旨，令禮部尚書武承嗣主持，冊立豫王李旦為皇帝，立王妃劉氏為皇后。接著，李旦的長子、六歲的永平郡王李憲，被立為皇太子，且再次大赦天下，再次改年號，雖然「嗣聖」的年號只叫了兩個月，還才製成制書，出現在官方文件上。

這回的年號為「文明」。「文明」一詞，出自《易經．乾．文言》，所謂「見龍在田，天下文明。」這以前，有高宗李治在，武太后這條母龍，只能是「潛於淵」，眼下死一帝，廢一帝，「見龍在田」了——武太后不喜歡當「嗣聖」，要有大作為，「見龍在田」的下一爻，不就是「飛龍在天」嗎？

武太后以嗣皇帝不黯政務為由，加之大行皇帝的梓宮尚未奉安，所以，並未為他舉行正式的登基大典，而是自己每天親臨紫宸殿，殿前張淺紫色幃幕接見群臣。嗣皇帝李旦每日陪伴靈前，不予聞政務。

與三個哥哥不同的是，李旦的懶散比李哲更甚，李哲懶散之餘還不忘收回權力，自作聰明，想重用岳父。雖然搬起石頭砸了自己的腳，但至少還有所為。李旦卻是連任何想法都沒有。

這天，負責監視「庶人」李賢的巴州地方官上了一道密摺，敘述李賢在巴州居所的情形，內中並夾了李賢一首詩，題目是：《黃台瓜詞》。

武太后眼下正惦念著這個桀驁不馴的兒子。

憑心而論，四個親子中，只李賢身上具有叛逆的性格，敢想敢做，有些像母親。只是鋒芒太露，做事又不機密，許多把柄落在比他更精明的母親手中，就是後來鋌而走險，想效法皇祖玄武門政變的圖謀，想勾結羽林軍，包圍皇宮，威逼母親交出權力這樣的大陰謀，也被太后心腹偵知。當時，武后把這個親子恨得牙癢癢的，若不是皇帝攔在前頭，李賢是死定了。

眼下她要做真正的女皇，最不放心的就是這個逆子。所以，她派出親信一直守在李賢身邊，對他日夜監視，並要經常向她稟報李賢的動靜。今天，負責監視的官員竟然送來了李賢的詩作。她想，他不是曾經為《後漢書》作注，隱射太后專權嗎？這《黃台瓜詞》究竟要說什麼呢？於是展詩細看：

種瓜黃台下，瓜熟子離離。
一摘使瓜好，再摘令瓜稀。
三摘尚自可，摘絕抱蔓歸。

用意是明顯的，語調也很沉痛。是兒子在向母親哭訴，求她手下留情，該適可而止了。這樣的哀詞，足可讓天下的母親都能動容。可太后看著看著，眉頭一下就鎖了起來。

「說得好啊，你這蠢笨無比的大倭瓜！」武太后冷笑了，說，「乾脆說朕燕啄皇孫多好，卻要轉個彎子，說什麼黃台摘瓜，哼，朕就是要把你們都摘絕，就是籐蔓也要一把火燒了。」

說過，立刻傳旨，詔左金吾將軍丘神績赴巴州抄查李賢的住宅。丘神績一到巴州，立刻宣布太後的旨意，李賢被迫投繯自盡。

其實，「庶人」李賢自被廢被貶，衣食都不周全的他，情知鬥不過母后，已有認輸的意思了。

他想上一道謝罪的表章，請母親原諒。可監視他的官員害怕，不肯為他轉奏。百般無奈之下，他作了這首詩，意在讓母后看到後，能有所悔悟，從而赦免他，萬不料適得其反。

四個親子，只剩下眼前的李旦，這個么兒就像她膝下那條西域的拂林小犬，太溫馴了，她也嬌寵他慣了，不忍殺他，也不必殺他。

61

臨朝稱制的武太后於朝堂頒布了一系列去舊圖新的措施，先是改東都洛陽為神都，洛陽的皇宮改稱太初宮；接著，代表中樞權力的三大衙門，也統統換上了新名，門下省改稱鸞台，主官恢復了隋朝的稱謂曰：納言；中書省改稱鳳閣，主官稱內史；尚書省左右僕射改稱左右相；六部尚書改稱天、地、春、夏、秋、冬六官尚書，就是御史台也改稱肅政台。

這些都還不夠，又再次下旨改年號，這一年中，已出現兩個年號了，先「嗣聖」，後「文明」，眼下再改元「光宅」。

──武姓本出自姬姓，始祖為周王幼子，因生下時，手掌現「武」字花紋，故以武為姓，世居并州文水。這以前，已有人想恢復周朝了，北朝的宇文泰就一度改國名為「周」，可惜命短，武太后以姬姓後裔，想重建周朝，「光宅」也者，本意是安定，典出《堯典》，所謂「聰明文思，光宅天下」也。

洛陽城內，氣象一新。武太后殺太子，廢皇帝，以不流血的手段，成功地發動了一次又一次的政變。武周革命，眼下已到關鍵時候了。

「革命」這個詞，本出自《易經．乾卦》，直指商湯周武的革命，代桀紂而有天下，是上順天意下應民心的正義之舉。眼下，武太后也明顯地要「革」李唐的「命」了，可太后畢竟老矣，就算她革命成功，百年之後，大位又傳與何人呢？

有心人無不屏聲靜氣，拭目以待。處此情形之下，作為武太后娘家的親侄子、親侄孫們能不動心？

武太后的上一代，父親武士彠共四兄弟，士彠排行第四，生二子三女，二子即元慶和元爽，武三思是元慶之子，武承嗣是元爽之子，在堂兄弟排行中，承嗣雖出自二房，卻是大哥，三思雖出自長房，卻是四弟。另外，士彠上面三個哥哥，共生有八個兒子，所以，武太后同輩親兄弟、堂兄弟共十個，親侄子、堂侄子共二十個。

武家兄弟子侄這麼多，卻陰盛陽衰——幾十個男子漢加在一起也不敵武太后一女子。就因得罪了榮國夫人，武太后在毒死姨侄女時，嫁禍於武唯良和武懷運，並株連到元慶、元爽，使他們兄弟都不得好死。那時，侄子們個個氣得牙癢癢的，恨不得把這個姑母蘸鹽生吃了。可連長孫無忌那樣的社稷重臣、李忠那樣的皇帝元子都敗在她手下，武家人位卑職小，又能怎樣？

好在武后眼下不計舊惡了，她要傾全力對付的，是那些不露聲色，骨子裡卻把她恨入骨髓的李唐舊臣，為防止他們復辟，她不得不起用、重用娘家人，畢竟血濃於水，一筆難寫兩個武字。所以，待榮國夫人死後，武氏子弟便都召回京師，武承嗣和武三思更是位居顯要——一個任職春官尚書、同中書門下三品；一個任職秋官尚書。

因是太后至親，武太后無聊時，常宣召他們來宮中，或飲宴，或遊幸，他們則變著法子逗太后歡心，極盡獻媚討好之能事，巴結這個曾經將他們的父母送上不歸路、眼下又為他們帶來潑天富貴的老太太。

這天，奉令去西京的武承嗣回東都覆命——原來李哲被廢後，太后雖然發出制書，歷數李哲的過失，並明示天下，但對西京留守劉仁軌，卻不得不多一番籠絡。因為劉仁軌為三朝老臣，鑾駕東巡後，他奉旨以尚書左僕射留守西京，在宰相集團中，資歷最老，威望最高。眼下劉仁軌大概是心生疑懼，竟然稱病請辭，以他在軍政界的威望，武太后為防不測，乃令武承嗣齎旨前往西京撫慰。

武承嗣進宮時，堂弟三思也正好在宮中回事。待承嗣跪安畢，武太后道過辛苦，這才開口問道：「西京治安可好，劉仁軌氣色何如，朕為他加勳加級，他可高興？」

承嗣望三思一眼，遲疑著未開口。太后明白他的意思，說：「你大膽地說吧，三思又不是外人。」

承嗣說：「西京的治安倒是很好，糧價也早已回落，至於劉仁軌本人，臣看他氣色大不如前，說話也明顯地底氣不足。所以，據臣揣度，他稱病請辭，不為無因——不過，老傢伙口氣很狂妄，就是對太后的恩典，也不以為意。」

武太后似早已料到，並不動氣，只說：「嗯，你何不詳細說說？」

武承嗣說：「微臣一到西京，先宣讀了制書，他雖謝恩，但眾人上來恭賀時，他卻只微微一笑，一副無可無不可的樣子；後來，微臣又與他私下密談，通報朝中政局，說廢帝沉湎酒色，輕視江山社稷，身為萬乘之主，竟然在朝堂上對宰相說，要把天下讓與韋玄貞。老太后得裴炎奏報，十分震驚，不得不採取決然手段，乃仿周公輔成王故事，將其廢之。因嗣皇帝李旦年輕，不諳國務，只得應群臣之請，暫攝政務，這是上順天意而下應民心之舉，內外臣工，無不額手稱慶。因內安外撫，經緯萬端，鑾駕一時還回不了西京，老太后便將留守責任，完全交你，倚我公為長城。我臨行時，老太后千叮嚀，萬囑咐，說漢高祖曾將關中事委於蕭何，您可就是今日的蕭何。話說到這份上，至矣盡矣，夫復何言？可太后猜猜，這老傢伙如何回答？」

武太后不耐煩地說：「如何回答？你就直說，不要賣關子！」

武承嗣氣憤地說：「他見微臣說到漢高祖，竟然以話回話，說呂氏見嗤於後代，呂產、呂祿貽禍於漢朝，太后應以此為戒。」

武太后聞言，點一點頭，不露聲色。一邊的武三思卻恨得牙癢癢的，說：「好一個劉仁軌，這個老殺才，竟然比我們為諸呂，將來必有諸呂之亂，他卻想做安劉氏的周勃！」

武太后瞥了侄子一眼，仍沒有作聲。承嗣卻較三思有城府，他沉思再三，見武太后目光掃過來了，便從容說道：「不過，微臣以為，劉仁軌雖然狂悖，畢竟年過七十，加之歷年征戰，身上傷痕屢屢，故經常臥病，就是與臣飲宴時，也是淺嘗輒止，食量很少，這分明是來日無多了。再說，太后在京師及他的左右屬吏中，想必已有布置，若有風吹草動，朝廷便可得報，所以，擔心大可不必。」

武太后仍不作聲，只一會兒望望承嗣，一會兒又望望三思。承嗣尚在斟酌，武三思卻耐不住了，搶先侃侃言道：「太后，劉仁軌雖不可畏，但另一派人卻不可不防。這就是李唐子孫。眼下皇族中，高祖李淵一支尚有韓王李元嘉、霍王李元軌、舒王李元名、滕王李元嬰、魯王李靈夔等五個兒子，太宗李世民一支也還有越王李貞、紀王李慎兩個兒子，其餘旁支庶出的李姓郡王仍剩好幾個。他們都隨駕來在神都，居住皇城附近，每家的家丁護衛加起來也有幾千，一旦作亂，可是近在肘腋！」

武承嗣也深以為然，說：「太后，三思不言，臣也正要奏陳——李唐宗室，確實是肘腋之患，這班人口中雖然溫順，但對太后廢帝之舉，心存疑慮，這是人之常情，所謂兔死狐悲，物傷其類。再說，這班人雖手中無權，卻是一面旗幟，一旦內外勾結，以興唐名義起事，恐防不勝防。所以，臣請太后早做決斷，趁大行皇帝靈櫬起駕時，於靈前將李姓宗室一網打盡。」

因是姑侄密談，三思與承嗣這番話，都說得十分露骨。不想武太后只靜靜地聽，不發表任何評議，臉上更是一會兒紅，一會兒白，陰晴不定，直到承嗣說出這句話來，面色才突然一變，竟然立起身來，柳眉倒豎，指著兩個侄子大喝道：「胡說，朕蒙先帝恩寵，三十餘年來，深恩厚澤，無與倫比。眼下先帝崩逝，將重任託付於我，這是何等的信任？大行皇帝屍骨未寒，豈能做出背恩之事？皇室宗親，乃朝廷柱石，眼下嗣帝年幼，孤兒寡母，實賴他們扶持，你們竟然要無罪加誅，這不是想造反嗎？造反可是要誅九族的！」

二人不意姑母突然變臉，嚇得一下跪倒在地，磕頭如搗蒜，武承嗣並連連請罪說：「太后息怒，微臣一時失言，不知天高地厚，請恕微臣妄言之罪！」

武太后豈能輕易饒恕他們？當下狠狠地將兩個侄子痛罵了一頓，隨即下旨，將武承嗣的宰相罷去，貶往河北巡視，三思也被連降兩級……

62

朝臣們不知姑侄仨談話的內容，只知武承嗣拜相才兩個月，此番從西京回來，竟突然被罷免，就是武三思也無端受到貶斥，這在他們看來，有些不可思議。文武百官，或憂或喜，無不以忐忑的心情，注視著局勢的發展。

處此新舊交替之際，諸事紛呈，武太后卻不緊不慢，從容不迫，不久，她又下詔求諫，讓群臣直言得失，題目是：「調元氣當以何道？」

問題提出後，上書的不乏其人，大多泛泛而談，缺少新意。因無所發現，她不由怏怏，不料看到後來，陳子昂的一篇文章吸引了她。

此時的陳子昂，頭上尚未有功名，應詔言事，乃自署「梓州射洪縣草莽」，布衣言事，侃侃而談，指出所謂元氣的重要——「元氣，天地之始，萬物之祖，王政之大端也。」接下來，便以歷代興亡為例，指出國之所以興，乃是「誠信忠厚加於百姓」，故「天人方和」，而那些亡國之君之所以身死國亡，皆因「苛慝暴虐，詬黷天地，川塚沸崩，人用愁怨」。為此，他提出以「和」為中心，使朝中大政，合於百姓的喜怒哀樂，建明堂，宣政教；興太學，育人才，這樣，才能為國家培養元氣。為增加說服力，他又提出反問：「君子三年不為禮，禮必壞；三年不為樂，樂必崩，奈何為天下而輕禮樂哉？願引冑子使歸太學，國家之大務不可廢已。」

陳子昂這篇文章不但氣勢磅礡、詞藻華麗，且見解獨特、直言無忌。與朝堂上那班大臣的泛泛之論相比，確算得一篇妙文，於當今這死氣沉沉的局面，也有振聾發聵的作用。不想寫到後面，陳子昂卻筆鋒一轉，扯上了眼下一個最敏感的話題，道是：「臣願陛下為大唐建萬代之策，恢三聖之功，傳乎子孫，永作鴻業，千百年間，使繼文之主，有所守也；非甚無道，不失厥嗣，陛下可不務之哉……」

武太后看到這裡，眉頭緊鎖。這陳子昂初生之犢不怕虎，接著，在文章後面又有幾處提到要「恢大唐之鴻業。」

武太后不由放下文章，陷入深深的思索中——憑心而論，從顯慶末年大行皇帝患病，由自己代行政務，至今近三十年，自己採取各種手段，抑豪門，誅權貴，用人不拘一格。且從寬取士，廣開言路，只要言之成理，布衣也可上書，像眼前的陳子昂便是。各種德政，深受寒士們的歡迎擁戴。可儘管這樣，仍然看得出來，在這班人心中，無論新進或舊貴，心中始終抹不掉貞觀時代的影子，忘不了已名存實亡的「李唐」。開口就是「為大唐建萬代之策」，一心叨念大唐，又哪有我武周半點位置？

越想越覺喪氣，不由在殿上徘徊……

幾天後，貶斥在外的侄子武承嗣不甘心，竟然再次上書，請太后追封武氏七代先祖為王。

原來武承嗣雖然被貶，卻看出姑母這是在故伎重演——拿自己的親侄子開刀，向天下臣民示以公心。所以，侄子也學乖了，不但不怨恨，且誠懇地向姑母提出，行大事應有決斷，不能瞻前顧後，畏首畏尾，眼下滿朝公卿，心事難測，不如就追封武氏先祖事，向百官拋一塊探路之磚。

武太后看著這份奏章，立刻體會到侄子的苦心，想了想，覺得未嘗不是辦法。這天，她單獨召裴炎於乾元殿，先將這份奏章交與裴炎看，並說：「裴卿以為此事可否？」

當初武后以太后名義臨朝稱制，這是裴炎提出來的，因皇帝還在喪中，不便理事，但隨著時間推移，喪期快滿了，先帝梓宮尚未奉安，武太后卻置此而不顧，不但沒有半點歸政的跡象，卻在大刀闊斧地進行改革，一班大臣，聞風希旨，紛紛上奏，不是請修改制度，就是為古人請封典。這以前，李唐尊奉道教，在李淵時代，曾追尊先祖老子為太上元元皇帝，武太后在更改百官官名之後，接著又追封老子的母親玄妙玉女為先天太后，並配尊像於老君之廟所。明眼人一下就能看出，這分明是在為女主登基造聲勢了。

眼下，被貶斥的武承嗣竟然請立武氏七廟，追封父祖為王。裴炎想，這是登基的最後一步了，因為這是只有皇帝才有的封典——但凡改朝換代成功後，新皇帝必這麼做以示光宗耀祖，武太后這麼做，無非是投石問路，既然武氏七祖都封王，接下來，自己當然就是皇帝。看出這步棋後，裴炎諄諄諫道：「微臣以為，此事斷不可行。」

武太后說：「大行皇帝生前，就曾一再追封朕的父母，榮國夫人最後葬以王妃之禮，儀制較一般王公親貴隆重，眼下朕臨朝稱制，追王先祖，更是順理成章的事，足以展現朕的孝心，為何不可？」

裴炎說：「誠然，先帝隆褒，足可慰榮國夫人於地下。可皇太后為天下之母，以聖德臨朝，凡事應一秉公心，才能使天下臣民敬服，四海晏然。追王先祖之舉，雖是太后的孝心，可在外人看來，難免有私欲之嫌，當年呂太后就曾這麼做過，結果如何？眼下大行皇帝梓宮尚未奉安，嗣皇帝尚未親政，天下臣民，無不仰望太后，太后若採納親信之言，圖謀一己之私利，豈不讓天下人寒心？所以，微臣敬請太后下詔，明訂國是，歸政於嗣皇帝，方可安人心而定天下。不然，臣只恐天下疑懼，大亂將不旋踵而至。」

自從廢黜李哲，武太后一直以裴炎為心腹，不意此事才提，立即遭到心腹反對，且也拿漢朝的呂雉比她，拿「大亂」來壓她。這與劉仁軌之言異曲同工，顯然內外呼應。心裡不樂，不由瞪他一眼，口氣很不順地說：「裴炎卿，這話未免太危言聳聽了。要說一秉公心，朕可從來就是，此番武承嗣罷相，武三思被貶就是明證。至於追封先祖，你所說更是不倫不類。要知道，呂后是封活著的人為王，並讓他們掌權，朕不過是追王先祖，以示孝心。這一生一死，明明是兩回事。再說，大行皇帝在世時，對武家的褒獎，也不見誰有異議，為什麼朕一旦追封先祖就會天下大亂？你這不是無的放矢麼？」

裴炎見太后生氣，雖然害怕，但處此關鍵時刻，又不能不說，乃硬著頭皮頂道：「事實誠如太后所言，不過，蔓草難圖，殷鑑不遠，凡事該從源頭做起，才能防微杜漸。」

說著，便和武太后說起眼下該辦的幾件大事，最要緊的，是大行皇帝的葬禮——陵工未就之前，應移梓宮於長安，民間尚有「亡人入土為安」一說，何況是皇帝？而且，只要梓宮一日不奉安，嗣皇帝便一日不能理國政。

「嗣皇帝，嗣皇帝。」絮絮叨叨，沒完沒了。武太后一聽到這個詞就心煩，只好敷衍了幾句，便揮手斥退裴炎。

第二天，武太后終於對追封武氏先祖一事做出變通——追封武氏五代為王，並在家鄉的文水縣為武氏立祠。

然而，接下來時勢的發展，像是有意印證裴炎的預言似的——就在武太后追封武氏先人不久，江南便傳來徐敬業在揚州起兵討武的消息……

第十四章 虎頭蛇尾

63

煙花三月，揚州城柳綠桃紅。

彎彎曲曲的保障湖（瘦西湖）邊，碎石小路將人們引入一片竹林，林中伸出一根長竿，挑出一面酒旗，再走幾步，終於看見竹樓茅簷的一角。

小窗下，一案一椅，案邊擺一壺酒，中間鋪開了紙筆，一個書生正踱著方步，在苦苦地沉思，簷外斜射過來的陽光，將他那單弱的身影投在粉牆壁上。

正是春遊季節，也是瘦西湖一年中最美的時光——雨絲風片，煙波畫船，隻隻乳燕在柳浪中穿梭，隊隊仕女在長堤上漫步，笑聲謔語，聲聲傳到小屋子裡來，可身在畫中的書生，對這一切似乎全不在意，只把自己關在酒樓的閣子間裡，心，已飛到了春光同樣綺旎的洛陽……

他就是駱賓王，正冥思苦想地構思的，便是名傳後世的大作：《討武氏檄》。

就在昨天，監察御史薛仲璋到了揚州。名義上，薛仲璋到揚州是奉朝廷旨意，前來巡視的，事實上，他是受好友魏思溫的指使，利用來揚州的機會實現一個大陰謀的。這陰謀的謀主便是徐敬業。

要說，這徐敬業可是大有來頭的人物，祖父就是大名鼎鼎的英國公李勣，官至司空。他以恩蔭出身，歷官太常寺卿，襲爵英國公。當年李勣以一句「陛下家事」，助武后完成了奪嫡的美夢，有此淵源，身為英國公嫡孫的他，本應該不愁貴顯，可他卻因貪贓，被貶為柳州司馬，活活生生讓祖宗蒙羞。途中路過揚州，遇到原給事中唐之奇、盩厔（周至）尉魏思溫、詹事府司直杜求仁、長安主簿駱賓王。他們也都是坐事被貶，客居揚州。

失意政客，聚在一處，說起武太后殺太子，廢皇帝，李唐已是名存實亡，憤憤不平之餘，就有人提議，不如乘機大幹一場。這提議竟然得到一致認可。因徐敬業為功臣之後，襲爵英國公，算是有資歷、有人氣。於是，公推徐敬業為首，由魏思溫暗中通知死黨、監察御史薛仲璋，設法出巡揚州，待薛仲璋到達後，再暗中唆使人誣告揚州刺史陳敬之謀反，然後矯詔殺陳敬之，待控制了揚州城，便打開府庫，釋放囚犯，招募兵員，並找出一個貌似廢太子李賢的人出來，奉之為王，並用李賢的名義，傳檄各州縣，揭露武氏篡唐的罪惡，公開扯出興唐討武的旗幟，號召天下勤王。

昨天，薛仲璋終於到達揚州了。他一來，這陰謀也實現一半了。

大事商議已定，具體的步驟也議好了，於是，徐敬業把駱賓王邀約到避靜處，提出請他主筆草檄的要求，敬業誠懇地說：「賓王兄，凡舉大事，文宣為第一要著，不把聲勢造起來，何能使天下人感奮？所以，此番非借重老兄這如椽之筆不可，不然，名不正，言不順，天下何能回應？你要不負眾人所望才好！」

賓王面色沉穩，毫不猶豫，只連連拱手：「國公爺放心，駱某一定盡心盡力，寫一篇驚世奇文，為我們的義舉增色！」

駱賓王誇下這海口，不是沒把握的。一生鬱鬱不得志的他，其實胸中不乏錦繡，可惜不為當道所重視——他是婺州義烏人，自幼聰明，秉承江左遺風，為文綺麗；瀟灑揮毫，倚馬立就。十幾歲便馳騁文壇，享譽海內，卻因無人薦引，科場鎩羽。為餬口，只能奔走東西兩京，乞食豪門親貴，最得意時，也不過任職長安縣主簿。

小小主簿，佐雜官也，位不過從八品下階，在米珠薪桂的帝都，只能混個溫飽。不想就是這麼一個小官，還被人眼紅，被人誣陷，終於被逮下獄了。九陌紅塵，冠蓋如雲，誰能憐惜無辜的才子？「無人信高潔，誰為表予心？」一曲《在獄詠蟬》訴不盡詩人胸中的悲情。後來，冤案雖然平反，卻被貶為臨海丞。英雄失路，託足無門，激情才子，能無憤怒？

眼下，能憤怒就好，徐敬業要的就是激情和憤怒。憤怒出詩人，憤怒的詩人如有神助，筆挾風雷，字如閃電，處處都能迸裂出刀槍和火焰！

……終於，賓王進入那個奇妙的境界了——他從武氏的受寵，想到了宮廷的污垢；從王皇后的被逐被殺，想到了武氏的無恥和朝廷的黑暗；從李弘、李賢的死，想到了被扭曲的親情和母愛。他憋不住了，乃盡情地潑墨揮灑……

文章駢四驪六，詞雙句偶，歷數武氏亂倫犯奸、妒殺皇后、鴆死皇子及殺姊屠兄的種種罪行，尤其是說到武氏「包藏禍心，窺竊神器」，憤怒之情已溢於言表，接著，又旗幟鮮明地表示，徐敬業起事是「氣憤風雲，志安社稷，因天下之失望，順宇內之推心，爰舉義旗，誓清妖孽」。又號召同事，「共立勤王之師，無廢舊君之命。」最後，他響亮地高呼：「請看今日之域中，竟是誰家之天下?!」

這篇震爍古今的檄文，不久即擺上了武太后的御案。開始，武太后很是不屑。徐敬業手中無一兵一卒，倉促起兵，跟她玩的是空手道。而且，據前方報來的消息，事情才開始，徐敬業便步步失策——本來，按照軍師魏思溫事先的設想，敬業以勳臣之後，起兵勤王，匡復唐室，雖說是白手起家，卻是能獲得多數李唐親貴擁護的義舉。所以，一旦首義成功，應乘武太后驟不及防之際，迅速驅兵直指神都，可打武太后一個措手不及。

不想內部意見分歧。原來薛仲璋認為，揚州地處運河與長江之濱，為四戰之地，既不宜守也不宜攻，而金陵有王氣，加之有大江為界，天然形勝，足以自固。所以，一旦拿下揚州後，宜轉攻常州、潤州，這兩個州地方富庶，人口密集，足可圖霸，待站穩腳跟，再北進中原。

魏思溫與他爭了半天，徐敬業卻接受了薛仲璋的建議，他們假傳武太后之命，殺了揚州刺史陳敬之後，便順利地佔領揚州，這以後，卻不乘勝北上伊洛，而是讓唐之奇守揚州，自己則帶兵南渡攻潤州。

武太后開始還真有些手忙腳亂，但她得知徐敬業的班底及進兵方略後，不由寬心了。這天，她正在武成殿召集宰相集議，商量對策。君臣才議了個頭，快馬齎送的檄文便遞進來了。外面風聲很緊，武太后卻很是從容，瞥了那卷轉抄的文告一眼，輕輕地「哼」了一聲，說：「什麼檄文啊？徐敬業是門蔭出身，跟在他爺爺屁股後耍耍刀槍可以，幾時摸過筆墨，能寫出什麼狗屁文章？給朕念念！」

此時的宰相集團中，有太府卿同鳳閣鸞台三品韋弘敏、同鳳閣鸞台平章事王德真、鸞台侍郎、同鸞台門下三品劉禕之及鳳閣內史裴炎、黃門侍郎劉景先等七人。

眾人一聽是檄文，明白裡面肯定是罵太后的話，忌諱繁多，誰敢當著太后的面將它念出聲來？

裴炎望了太后一眼，只得回頭用手肘推了推身後的王德真，輕輕地說：「老兄台，只你年輕，眼睛好使。」

王德真不知個中厲害，接過檄文，開口便念出聲來：「偽臨朝武氏者——」

念完趕緊掩口，拿眼來瞧殿上的太后。太后正襟危坐，閉上眼睛正聽著呢，見王德真突然噤聲，不由睜眼說：「怎麼不念啦？既是檄文，你還指望他狗嘴裡能吐出象牙來？又不是你寫的，怕什麼？念！」

王德真有了這句話，才敢放開膽子念出聲來。

在這篇檄文裡，駱賓王選用許多惡毒的字眼，調製出一盆惡臭難聞的污水，迎面潑向了武太后。雖是事實，卻不乏誇張；應是李治也有份的，卻全加在武太后頭上，像亂倫，如果不是李治的荒淫無恥，先帝才人怎能順利地進入後宮？所謂「踐元后於翬翟，陷吾君於聚麀」——父子倆共一匹母獸，公獸無論如何是有責任的，可駱賓王卻只怪武后，一個「陷」字，把大行皇帝輕輕地出脫了。接下來，那尖刻的刀子，專揀要命的地方剜。像勁走的疾風，飛沙走石，遮雲蔽日；像射出的連弩，一陣陣如飛蝗，霹靂山崩。

殿下的宰相們一個個無不失色，殿上的太后卻能沉住氣，她端坐龍椅，以手支頤，像在欣賞宮廷的文學侍從朗誦御制詩。駢文的節奏鏗鏘，她便隨著文章的抑揚頓挫，一個勁地搖頭晃腦……

終於，王德真念到文章的結尾處了，這是在勸武周的追隨者倒戈：「公等或居漢地，或葉周親，或膺重寄於話言，或受顧命於宣室，言猶在耳，忠豈忘心！一抔之土未乾，六尺之孤何託？」

裴炎聽到這裡，不由心頭肉一顫，因為文中這「或受顧命於宣室」一句，分明是在說自己啊！他一時百感交集，不知所以。不想就在這時，殿上傳來太后一聲沉重的歎息：「嗨，真讓人揪心，此人未被朝廷所用，誠宰相之過也！」

64

君臣開始商討應對之策。

武太后以女主臨朝，畢竟未經歷過大事，外面風聲鶴唳，草木皆兵，她至少應該有些手忙腳亂，不想朝堂之上，她如坐春風之中，那從容不迫的態度，頗讓宰相們感到意外。既然女主能沉得住氣，堂堂的鬚眉男子，又驚慌什麼？

宰相們各抒己見。

其實，徐敬業倉促起事，準備很不充分——江南不是用兵之地，朝廷擺在那裡編練、徵募兵員的折衝府才六個，他能招募、能利用的現成兵力不過幾萬人，且大多為新兵；而朝廷方面，單關內、河東、河南各道所屬折衝府就有數百個之多，短期內集合二三十萬兵力可毫不費力，徐敬業想以揚州一隅，抗衡朝廷，本是以卵擊石，自蹈死地，加之舉義之後，種種措施不當，戰略上犯了致命的錯誤，單靠駱賓王這篇檄文所造出的聲勢，又焉能長久？

眼下，宰相們都指出了這點。王德真首先說，徐敬業以功臣之後，不思報效國家，卻因貪贓而被貶，這是有辱先人的行為；聚集一班失意政客，假借勤王之名，終為世人所不齒。眼下不北上伊洛而南下常潤，充分暴露出圖霸江南的野心，且弄出個假李賢，這更是欲蓋彌彰。百姓久厭刀兵，叛亂是不得人心的。所以，大兵一到，徐敬業必然失敗。

接著，劉禕之、劉景先等都表示了同樣的看法。

眾人發言踴躍，一邊的裴炎卻始終未作聲。武太后見此情形，不由搖了搖頭，又長長地歎口氣說：「諸君雖然紛紛其說，可在朕聽來，覺得都太空泛。這可能是事起倉促，你們手中掌握的情況不多，一時也說不出所以然，今天就議到這裡為止，眼下——就先退下吧。」

宰相們紛紛告退。

裴炎如蒙大赦，急忙跟著眾人往外走，不想一行人才下了石階。太后卻派身邊常侍追出來，傳達她的口諭：「太后請鳳閣內史裴相公留步。」

這是要單獨召對，裴炎不敢怠慢，向同僚們拱了拱手，自己立於原地靜待后命。不一會，果然又有內侍前來傳旨：「太后有旨，請裴老相公去含光殿。」

含光殿在東內，距此有一段距離。裴炎一邊走，一邊在思量如何應對，當他來在含光殿偏殿時，武太后已脫去朝服，換一套常服坐在那裡，裴炎進去後，重新請安，太后賜裴炎於一邊坐下，就這麼君臣面對面，玉音垂詢。

太后沉思少許，忽然望著裴炎和顏悅色地說：「裴卿，今天眾人都發言踴躍，獻計獻策，雖說老生常談，缺少新意，總也是盡其所知了，你怎麼就沉得住氣呢？」

裴炎見太后發問，便要起身答話，太后手往下按了按，示意他坐著說，裴炎謝過太后，期期艾艾地說：「這個——誠如太后所言，事起倉促，微臣有些措手不及，情況掌握不多，思慮尚不周密，泛泛之談，於大局無補，何必湊這個熱鬧。」

太后擺一擺頭，不信地說：「他們為新進，思慮不周，尚有一說，你可不同，不但對幾個叛臣熟悉，就是朝廷的兵員、倉儲及將帥情況，都胸中有數，既知彼，又知己，何況你也是經過大事的人，宏猷遠略，豈若輩能比？」

太后說完，那一雙灼灼逼人的丹鳳眼，就在近距離內逼視著裴炎。裴炎已從太后的問話及神態中，體會出太后疑己了，心中不由怦怦然。面對質問，如坐針氈，只得起身謝罪說：「太后過獎了。說起來，微臣的確在中樞時間最長，就說這徐敬業，在京與臣也有往來，此番因貪贓被貶，必心生怨恨，且其人既有野心，平日應有所流露，可微臣無知人之明，竟被他蒙混。眼下大錯終於鑄成，微臣既未能洞察奸謀於事發之初，又不能迅速定計，敉平叛亂，這實在是微臣的失職。時至今日，夫復何言？微臣只能懇請太后處分。」

太后又擺擺手，示意他坐下，笑了笑說：「裴卿，這不是實話。徐敬業頭上長有反骨，這是連朕也沒有看出的，又怎麼能怪到你身上？其實，你就說實話又何妨？朕看，你哪是失職呢，你是有心病了，而且，朕敢說，你是因那篇檄文引起的，不是嗎？那上面所說的『或膺重寄於話言，或受顧命於宣室』這分明是對你來的，是對你責以大義！身為先帝顧命之臣，想起來，你能不有愧於心，汗顏無地？」

太后閒閒一語，完全說中了裴炎的心事，裴炎再也坐不住了，撲騰一聲，跪了下來，說：「太后見微知著，微臣豈敢再有隱瞞——誠然，檄文中好些話語，明顯指向微臣，可他們這是巧施毒計，意在離間。微臣欲辯難明，實處進退兩難之境地。可微臣自蒙太后拔識，任職北門學士，屢被恩召，奔走效力。眼下身為宰輔，位極人臣，太后待臣，恩重如山。有時雖奏對難免稱旨，那純是微臣失言，可不敢存半點不臣之心，耿耿此心，天日可表！」

太后哈哈大笑，說：「裴卿，起來，地下冷著呢，快快起來罷。你這麼說，未免太小看朕了罷？你想想，朕雖誇獎這檄文寫得好，可朕能不從字裡行間看出這是徐敬業在使反間計？」

太后前後兩番話，真是左說左有理，右說理更多。裴炎始終不摸底，一顆心就仍懸著，吞吞吐吐地說：「俗話說，知子莫若父，知臣莫若君。以太后的精明，自然明察秋毫，絕不會有猜疑之事，就只怕他人未必有太后的雅量，言三語四，微臣難以自辯。故此，微臣懇請太后將臣開缺，發遣回籍，作為不能盡忠職守者誡。」

太后不由連連搖頭，說：「裴卿，算了吧，朕不疑你，他人又豈能奈你何？還是太宗皇帝說得好，『父不能知其子，則無以睦一家；君不能知其臣，則無以齊萬國。』可見君臣之間，信任為第一要著，不然，上下相欺，這國家不完了嗎。再說，你能欺騙天下人於一時，又豈能欺騙天下人於永久？就說這個徐敬業吧，他弄個假李賢出來，為什麼要這樣做呢？無非是借死人糊弄活人罷了。可朕說他錯用了心思，別人絕不會信他的。須知朕雖臨朝聽政，不過是仿周公輔成王故事，暫攝國政。就說李賢，他不謀逆，能被他父親廢黜嗎？徐敬業拿此來攻朕，說什麼六尺之孤何託？朕這個做母親的不能託，難道還要託你徐敬業嗎？朕這番苦心，真是只有天曉得啊！」

裴炎聽到這裡，終於忍不住了——他其實是有一肚子的話要說，可又有顧慮。身為唯一的顧命大臣，知遇之恩，比山還重；先帝用意之深，他能不銘記於心？可就因自己類似告密的行為，導致李哲被廢。為此，他不但受到忠於唐室的大臣們的指責，也受到自己良心的譴責。他也曾想過，要對太后提出規諫，但他自知力量太單薄了，鐵腕冰容的武太后性情難測，死在她面前的宰相已有十幾個了，他不敢以卵擊石。他想，自己若只圖固位保寵，凡事三緘其口，百年之後，有何面目見先帝呢？眼下，太后自比周公，可周公輔成王時，成王年幼，眼下的「成王」早成年了，她是否有歸政之意呢？想到此，他侃侃言道：「太后請寬心，太后仿周公故事輔佐幼子、臨朝聽政，這是流傳千古的美德，也是世人稱頌的佳話，更何況受託於先帝，天下人有目共睹，誰要不信，敢有非議，微臣便是活證，且要號召天下人共討之。」

太后點點頭，說：「當然，你是大行皇帝臨終受命之人，你的話當然可信。可徐敬業卻要迷惑世人，指朕為篡逆，一時道路傳聞，真假難辨。眼下常潤不保，江南糜爛，就說朝廷有把握平定叛亂，但百姓卻因此而流離失所，推論原始，皆因朕而起，朕問心能不有愧？」

裴炎見武后話說到這份上，自認是很投機了，不由勸道：「臣稟太后，其實，據臣看來，徐敬業之叛，乃鋌而走險之舉，實不足慮。只要太后一言之諾，叛軍便將自行瓦解，不戰而潰。」

太后詫異地說：「裴卿，原來你成竹在胸，何不早說，這一言之諾是要答應他們什麼條件？」

裴炎連連搖手道：「非也，非也。這一言之諾只是向天下承諾，並非向叛軍承諾什麼。」

太后說：「裴卿，你有話可痛痛快快地說，不要這麼吞吞吐吐，什麼承諾，又向天下人承諾什麼？」

裴炎說：「據微臣看來，徐敬業身為逐臣，左遷柳州司馬，揚州並非他的職司所在，所以，他身在揚州，猶一匹夫也。可匹夫登高一呼，竟然應者雲集，攻州陷府，來勢凶猛，其實，徐敬業並沒有什麼妙招，憑藉的便是興唐的旗號。由此可見，李唐恩澤在民，根深柢固。今外間人言藉藉，謠諑紛傳，太后不如向天下臣民宣示自己暫攝國政的苦心，並明白地告訴世人，不日將還政於皇上。這樣，謠言不攻自破，叛軍也可不戰自敗。」

裴炎這是第二次勸太后還政了，且是在這種時候，太后聞言一怔，但立刻鎮定下來，用探詢的口氣說：「你已是兩次說到這事了，其實，還政於皇帝是必然的，這以前二聖並尊，那不過是先帝盛情難卻，眼下先帝龍馭賓天，朕畢竟是女流，早已厭倦政務，加之年歲不饒人，應該退而頤養天年，只是目前皇帝年輕，又在父母身邊被驕縱慣了，不要說不熟政務，就是一些人情世故也不太明白，朕有些放心不下。」

裴炎見太后口氣已鬆動，不由說：「嗣皇帝也不年輕了，今年二十二歲，當年太宗文皇帝十六歲起兵，正是這個年紀親政，不但政務處理得井井有條，且貞觀之治，足為後世典範。臣看嗣皇帝就有乃祖遺風，舉止雖略嫌稚嫩，心中卻自有主見，絕不會耽誤政務，再說，就是退一萬步，不是還有左右輔弼，六部九卿能隨時匡助嗎？太后就放心頤養天年好了。」

武太后連連點頭，似是自言自語地說：「唉，得放手時且放手，先帝的囑託，朕也顧不得了，不然，朕反落下褒貶，裴卿，就依你的，朕決意歸政。至於嗣皇帝即位詔書，就率性麻煩你了。你可要把朕的一番苦心寫進去，寫好後，立刻公之於天下。另外，軍事方面，還是要有備無患的好，為防叛亂蔓延，朝廷於軍事應有必要的舉措。依你看，可派誰統大軍，總前敵？」

裴炎本是抱著冒死進言的主意，今見太后點頭，不由興奮，見太后提到了派誰平亂，立刻推薦了武衛將軍程務挺——也是太后的心腹。太后也點頭依允了他。

裴炎見太后既肯納諫，且把草寫歸政詔書的大事託付自己，心中不由略感寬慰。李唐舊臣，且是唯一的顧命之臣，扶佐幼主，本是他的初衷，他只恐中途有變。跪安之後，急匆匆出宮。

武太后望著匆匆出宮的裴炎，臉上不覺浮起了得意的笑容，她又想起了死去的、可憐的阿治——這樣的人，居然也託以後事，他是能完成你那神聖使命的人嗎？

65

裴炎回到南牙，濃濃地磨了一池墨，準備刻意草寫一篇文情並茂的、宣述太后還政的詔書，構思完畢，寫了三五行，只見肅政御史傅遊藝帶一隊兵丁，氣勢洶洶地闖了進來，一見裴炎，南面立定，手持文書，口稱有旨。

裴炎還未回過神來，傅遊藝手一揮，立刻有兩個如狼似虎的衛尉撲上來，牢牢揪住裴炎，一腳踢倒，取出繩索，五花大綁。

裴炎一邊由著他們折騰，一邊大聲叫著冤枉，可傅遊藝指著他的鼻尖說：「裴炎，你身為宰相，卻與逆賊通謀，還敢稱冤！」

裴炎說：「誰說我與逆賊通謀呢，太后明白，這是逆賊施的反間計！」

傅遊藝說：「太后明白？哼，我可是奉的太后口諭呢！」

裴炎不由向著含光殿方向大聲喊道：「老太后呀，老太后！微臣耿耿此心，天日可表！」

傅遊藝卻冷笑說：「裴老相公，算了吧，既然對太后耿耿忠心，眼下徐敬業叛亂，擾攘江南，人心惶惶，你偏偏於此時請太后還政？這還不算要脅？精明的太后，難道還不如糊塗的皇帝？」

裴炎這才明白，自己是上當了。可事已至此，也可說得「求仁得仁」——於家人雖是為害不淺，於先帝卻有個交代。想到此，長歎一聲，不再反駁。

裴炎被關入詔獄，接著，便是例行的抄家，抄家未抄出什麼通敵的證據，可武太后要他的命，又要什麼證據呢？

這時，大臣中有不少為裴炎辯冤的。宰相集團中，劉景先、胡元範都說裴炎絕不可能反，於是，他們也被一道抄家，且充軍邊遠之地；裴炎只被草草地審過一堂，便以與叛軍通謀罪押赴洛陽前街都亭驛處斬；最倒楣的算是程務挺，因被裴炎推薦，已被武太后認作裴炎一黨，他自己還蒙在鼓裡，當裴炎被捕後，反上表為裴炎辯冤，這無異於火上澆油，因此，一道制書下來，程務挺被削去兵權，投入詔獄，不久也被斬首。

這麼多重臣被清除，空出一大片位置，武后於是將侄子武承嗣重新召回，拜為文昌左相，又拜肅政御史騫味道為同鳳閣鸞台三品，替代裴炎；拜鸞台侍郎韋方質為鸞台納言；守右史沈君諒、著作郎崔督並為正諫大夫、同鳳閣鸞台三品，又命位不過五品的李景諶同鳳閣鸞台平章事——這以前的李景諶官不過鳳閣舍人，只因他力排眾議，作證說上司裴炎確有反情，至此算是一步登天。

這班人大多出身寒門，與山東貴族或關隴集團毫無淵源，若在以往，這些人是很難進入權力核心的，可武太后用人不拘一格，且對寒門士子，特具青眼。

朝廷政局翻新，氣象大變，武太后卻仍不放心。

宰相集團已是第三次大換血了，換上去的，多為自己一手扶持的北門學士，他們出身微賤，沒有自己的破格用人，他們一輩子也別想出人頭地。可貴寵之後，立刻反目成仇。為什麼自己拔識的人，自己待以高位的人都不能為自己所用呢？還不就因為自己是個女人嗎？

女人有什麼不如男人的？武太后越想越氣，裴炎被斬首後，她仍覺胸中怨憤難平，要好好地發洩。

第二天，她與新的宰相集團見面。這一回，地點安排在鸞儀殿。

武太后用那雙不怒而威的丹鳳眼掃視著這班相臣，面對一張張的新面孔，她顯得神采飛揚，輕輕地咳嗽一聲，用較為平緩的口氣說道：「裴炎謀逆，為叛賊作內應，今日伏誅，外間輿論若何？公等何不據實奏聞？」

眾人面面相覷，不知如何置詞。好半晌，才由武承嗣出班奏道：「臣稟太后，裴炎身為首相，位極人臣，不思感恩戴德，報效朝廷，卻與叛賊暗通消息，按律應該滅族，太后只罪他一人，算是寬宏大量了。再說，他自永隆元年拜相，至今已整整四年，於朝廷大政，了無建樹。實在是有負太后的重託，所以，此番陰謀敗露，外間無不拍手稱快，認為太后慧眼識人，英明果斷！」

眾人都用敬畏的目光，望著殿上這個喜怒難測的太后，且一齊附合武承嗣的話，稱誦武太后的盛德。太后立起身來，在殿上踱著方步，且感慨系之地向眾人說：「各位，朕奉事先帝三十餘年，也是心繫天下三十餘年，公卿的富貴，還不都是朕賜予的嗎？可就是有這麼一些人，得了好處還想好，高處更望高，以為朕只是一個女人，就沒法奈何他們，就不明白善惡到頭終有報。你們年輕，貞觀朝的事可能不清楚，朕跟你們說一件故事罷。」

接下來，武太后便向她的宰相們直言自己一度為太宗才人的往事——太宗的獅子驄，無人能馴，自己借三件器物，可將獅子驄馴得服服帖帖，所謂不能為我所用，勢必殺之。這擲地有聲的話語，一度讓慧眼識人的貞觀大帝激賞不已，說朕巾幗不讓鬚眉。今天，馴人亦如馴馬，你們是服服帖帖地在御廄享受上等草料，還是要做不為朕所用的獅子驄？

她的話不乏誇張，口氣很是得意。說完這事，又用蔑視一切、目空一切的口吻說：「這以前，論資歷，有像裴炎那樣親受遺詔，歷經大事的相臣嗎？論將門貴胄，且一下就能糾合亡命，興兵作亂像徐敬業那樣的能人嗎？有手握兵符，戰必勝、攻必克像程務挺那樣的大將嗎？可一旦變心反叛，朕都能將他們一一置於死地。你們信不信？」

眾宰相立於階下，聽太后說起往事，早佩服得五體投地，且心中惶恐不已。於是，一齊拜伏在地，齊聲說：「太后乃天人，臣等如仰泰山北斗！」

武太后這才下旨退朝。

完成內部的整頓，重組宰相集團後，回頭再安排對江南的軍事。其實，她早廟算在胸，勝券在握，當下傳諭，遣左玉鈐衛大將軍李孝逸為揚州道行軍大總管，帶兵三十萬討伐叛軍，繼派名將、左鷹揚將軍黑齒常之以江南道行軍大總管名義為聲援。限年前平定叛亂。

這邊的徐敬業的確是桿銀樣蠟槍頭，才起事便處處失算——當他率師攻拔潤州之際，李孝逸的大兵已逼近楚州了。眼看後路即將斷絕，老巢被抄，敬業首尾不能相顧，只得狼狽回師，軍次臨淮地面，與李孝逸相遇，李孝逸分兵包抄敬業的後路，各個擊破後，與敬業決戰於高郵，乘風放火，一路攻殺，敬業大敗。

這時，黑齒常之的大軍也趕到了，敬業更加不支，只得輕騎奔潤州。這時，部下紛紛倒戈相向，敬業眼見大勢已去，便攜家小準備出海投高麗，才到海陵縣，為大風所阻，於是，一家人都被倒戈的部下擒斬。

66

武太后前後只花了不到半年的時間，便迅速將叛亂平息，徐敬業等人終於敗死，那個不幸的詩人駱賓王竟於潰敗後，不知所終。

紅旗捷報之日，武太后不由喜上眉稍，當群臣一齊向她遞賀表時，她婉言謝絕了眾臣的好意，卻不忙去告慰李唐列祖列宗。

徐敬業起兵之日，李姓宗室表面上雖極力保持平靜，私下卻相互傳遞消息，尤其是越王李貞等人，更是踮起腳跟在望徐敬業獲勝。眼下，他們卻要隨著太后的鑾駕，去「告慰」祖宗。

這次拜祭李家的列祖列宗，是一次不尋常的舉動，很多人心照不宣，許多人都在暗中發問：武太后究竟是「告慰」還是「報喪」呢？

東都無太廟，但有高祖、太宗廟，太后鑾駕到時，裡面早已香煙繚繞，燈火輝煌。武太后帶著皇帝李旦，身後跟著奉旨一道前來的李唐宗室，一步步跨上台階，走進這座莊嚴的聖殿。

殿堂上，高祖孝皇帝、太宗文皇帝和大行皇帝都立於畫軸上，一個個如活人一般，正目光炯炯地望著她，尤其是太宗那一雙利眼，像是能噴射出一團烈火。她也毫無畏懼地迎著他，胸中默默地禱告說：神武的貞觀大帝啊，朕是來告別的呢，你還以為李家天下能傳之萬代，還能子孫血食、長受馨香嗎？信朕的，還是去準備討飯棍吧，快了，這日子不遠了！

正在她一人得意洋洋，上天入地、想像無窮之際，忽然，身後竟傳來輕輕的啜泣聲，很是傷心。

李唐子孫，眼下都噤若寒蟬，還有誰敢藉機哭祖廟呢？

回頭一看，皇帝李旭輪正木然地跟在自己身後磕頭，溫馴得如同小綿羊。皇帝的後面，李唐宗室也個個畢恭畢敬地跪伏在地，這啜泣聲來得較遠，她聽了好久，才聽出聲音發自後排的越王李貞，他是太宗文皇帝的第八子，當今皇帝的伯父，只見他的背一聳一聳，很是傷心——李唐氣數已盡，誰都看得出來。李貞是想學一回蜀漢哭祖廟的劉諶嗎？

不料就在當晚，她又見到了神武的貞觀大帝——每當她有不利於李唐的行動，便會夢見貞觀大帝來看她，這回也一樣。

說起來，她也無時無刻不想念這位漸行漸遠的巨人。空前的殺戮，是否於泉下的你以巨大的震撼呢？不錯，眼前所殺的，不是真正該殺之人，就因他們忠於李唐，蔑視女主，逼得我不得不亮出手中的利器，不殺人是不能成就大事業的，興一代，廢一代，哪能不殺人呢？你貞觀大帝為奪位，不是連親兄弟也不放過嗎？

她早不住太初宮，而是移到了較為暖和的上陽宮倚雲殿，這裡地處禁苑之東，背望邙山，面臨洛水，地勢高聳，空氣清新。這晚，她睡在錦帳中，料定他會來，正輾轉難寐地等待，就在這時，只見他微笑著走來了，不同的是，此番他手中還牽著一個垂髫小孩。

武太后一見到他，立刻迎上去：「啊，陛下真是守時，果然又來了，你是來為李唐宗室的死灰餘燼求免的嗎？」

貞觀大帝淒然一笑，說：「生死有命，富貴在天，又豈能為泉下人所左右？就是朕為他們求免，你又豈能放過？」

武太后得意地點點頭。的確，她已有一個一網打盡宗室的計畫，這是關係到武周能否安然建國的大事，絕不能為任何人所左右。想到此，她微笑著說：「是了，您一定是來為行將立國的武周指點方略、獻計獻策的。可朕能接受嗎？朕心中自有良謨，擘畫宏猷，用不著他人來多嘴多舌。」

說著，她不覺意興遄飛，侃侃而談：「李淳風的預言不錯啊——太白晝見，李唐三代後，女主武王代有天下。於是，繩鋸木斷，水滴石穿，螞蟻也終於掀翻了磨盤。尊敬的陛下，您知道嗎？眼下凡一個男子能做的小女子都做到了，李唐將不復存在，予智予雄的貞觀大帝，雖費盡心機，仍只傳了三代。這就是不可違抗的天意！放眼朝堂，已是大亂敉平，山河一統，朕想前人之不敢想，做前人之不敢做，拆洗乾坤，一新光景，做成光前裕後的大事業。百年之後，在史官筆下，朕一定是自盤古開天以來，最有魄力、魅力和耐力的帝王。當然，這也得益於您——偉大的天可汗能慧眼識人，愛我知我，育之扶之，為自我毀滅預埋伏線，於渾渾噩噩、撲逆迷離中點醒對方，並先將結果告訴對手，您不認為，您比歷代亡國之君更蠢嗎。試想，沒有您的誇獎，小女子甚至連想也沒有想過能做到這一步呢！」

面對如此刻毒的嘲諷和謾罵，貞觀大帝卻只報以同樣的冷笑，且用極為不屑的口吻說：「得了罷，就別說你那大事業了罷？一個淺陋的女人，你能做什麼，無非是喪心病狂，無情地殺戮罷了，無非是倒行逆施，做一些傷天害理的蠢事罷了。可你畢竟是個女人，你能篡我李唐於一時，又豈能傳之永久？我李唐氣運未衰，人心思舊，天道循環，是誰的最後還是誰的，這才是真正的、無法抗拒的天意，既然朕不能違背天意，你就能嗎？」

武太后不解地說：「您是不信小女子能成功嗎？您就不睜眼看一看，童謠說的燕啄皇孫不假——忠於唐室的臣子差不多都被殺盡了，李唐宗室僅剩下幾個孬種，還有誰敢出頭說半個不字？滅李唐、興武周，瓜熟蒂落，水到渠成，不久，小女子就要應群臣之請，正式稱帝，到時看您還有何說。」

貞觀大帝說：「哼，不要高興得太早了。有道是善不積不足以成名；惡不積不足以滅身。眼下你就是一個積大凶大惡的人，所以，你的成功之日，也就是你的敗亡之時，天道循環，能逞奸謀於一時的人，又豈能得志於永久？」

武太后說：「怎麼不能呢？九泉之下的貞觀大帝，你哭去罷！到時，朕連您那勞什子廟也拆了，泥像也毀了，讓泉下的您俎豆不享，只能拄著拐棍去乞討！」

貞觀大帝搖頭說：「不然，古人說得好，榮辱共蒂，生死同根；福兮禍所倚，禍兮福所附。你縱有掀天揭地的手段，可你終究奈何不了天意。冥冥之中，報應在即。到時，看你能不物歸原主？」

說著，竟將手中牽著的一個小孩推到她面前，說：「水中撈月，空喜一場；火內栽蓮，能不速滅？你可認清，此子才是你真正的冤家債主。」

說完，竟然抱起娃娃，哈哈大笑而去……

武太后一驚，立刻醒來，耳中似乎仍聽到貞觀大帝那爽朗的笑聲。她四下尋覓，卻只有虛空，搖曳的宮燈，照著空蕩蕩的殿角，模糊不清，不一會，洛陽城頭終於傳來清晰的鐘鼓聲，一下一下，直數到連敲三下。夜，是那麼靜寂，是那麼虛無，就像普天之下，僅剩下了她一個人似的。

她不由想起了夢中貞觀大帝的話，記起了那個孩子，圓圓臉盤，濃眉大眼，虎虎而有生氣，神態有些像貞觀大帝，面容又有些像她那可憐的丈夫阿治。她想，據貞觀大帝夢中所言，此子就是自己真正的冤家債主。皇帝是不會該人金錢的，該欠的就是江山社稷。那麼，所謂「真正的冤家債主」，不就是武周江山未來的繼承人嗎？他是誰呢？

放眼殿中，一片朦朧，此時的她，想找一個可與語者，竟成奢望。

她不由起來獨自在殿中徘徊，且記起當年的貞觀大帝，就因李淳風一道奏章，就因民間一句謠言，把個無辜的武安縣公李君羨殺了，卻偏偏放過了面前的武才人。嗜血成性的貞觀大帝，奪權時連自己的親生兄弟也不放過，卻放過了真正的敵人——最終奪得李唐江山的武才人。是貞觀大帝的狂妄輕敵，還是冥冥之中，本來就有一股不可抗拒的力量在左右呢？

天意？天意不可違，自己的成功，就說明了這點，幾十年來，竟像變戲法一般，使幾乎萬不可能的傳言，變成了活生生的事實。

冥冥中的造物主呵！

那麼，這個小娃娃竟是誰呢？她百無聊賴，繞室彷徨，殺機像小蟲子在心頭蠕動，撓得她心癢癢的。就在這時，忽聽遠處，像是東宮方向，傳來了清脆的鐵片的敲擊聲，她聽出這是在敲雲版，一連三下，是報喜訊。不一會，外面燈光晃動，伴隨著陣陣輕微的腳步聲，有人在交談，聲音很低，聽不明白。

她知有事，自己拿一件裘衣披在肩上，步出內室。睡在外間的宮女醒來了，見她出來，趕緊起身，聽候吩咐。她令宮女開門，緩緩走出來，來至大殿的台階上，正與內監竊竊私語的掖庭令見了太后，趕緊跪下道：「太后大喜，東宮德妃，為太后添了一個孫子！這是奴才剛得到的消息。」

她一驚，重複一句道：「添了一個孫子？」

掖庭令說：「千真萬確，是德妃產下的，眼下母子平安。」

她終於記起這個兒媳婦德妃，姓竇，曾祖父竇抗是隋文帝時代的大臣，妹妹雀屏選婿，嫁與高祖李淵，生下了貞觀大帝，死後謚太穆竇皇后。竇抗父子兩代皆入仕，入唐後，竇抗一度為高祖的宰相。曾孫女先是李旦的孺人，李旦作嗣皇帝後，才進位為德妃。竇家在漢朝時，曾出了三個皇后，本朝又出了一個，竇抗曾以此為榮，在高祖面前誇耀。眼下德妃又為李旦產下了龍子，想起夢中的情景，難道這中間真的藏有宇宙玄機？

武太后心中，有如電光石火在迸裂，手也不由戰抖起來，呆了半天，才傳諭道：「告訴皇帝，天明可將此子抱來，讓朕看看。」

掖庭令答了聲是，趕緊去東宮傳旨。

天明後，嗣皇帝李旦終於笑盈盈地抱著新誕的皇子進宮向母后報喜來了。武太后懷著極其複雜的心情，接過這個小孫孫看了一看，此子雖雙目緊閉，但確與夢中所見酷似，寬而闊的額頭類似曾祖父貞觀大帝，薄而彎的嘴唇又與祖父大行皇帝相仿佛。她似乎明白什麼了，一時百感交集，不由長長地歎了口氣。

一邊的嗣皇帝李旦尚懵懵懂懂的，不知母后為何歎息，竟然說：「此子生時，滿屋紅光，兒臣在外間似乎還聞到一股香味。看來，將來可成大器。」

此時的武太后，心裡似又有小蟲子在蠕動，搔得她心癢癢的，但她終於按捺下來，只點點頭，意味深長地說：「但願他不要像你——」

嗣皇帝又興致勃勃地說：「兒臣懇請母后為孫子賜名。」

武太后想了想，說：「你已有李憲、李撝了，這個兒子既然有些來歷，那就取個雙名吧，叫李隆基如何？」

李旦一聽，抱著嬰兒，連連向母親稱謝。武太后怕孫子涼著了，讓他快些離開，李旦於是歡歡喜喜地走了出去。

龍椅上的武太后默默地注視著兒子背影，長長地歎了一口冷氣——淡淡哀思，莫名惆悵，齊湧上心頭……

第十五章 和尚情夫

67

一年的擾攘紛紜，終於圓滿地劃上了句號，大行皇帝也終於入土為安——這年十月，武太后葬自己的丈夫於乾陵。謚其廟號為「高宗天皇大聖大弘孝皇帝。」

新正過後，武太后下旨改年號為垂拱。這是一個沒有多少深意的詞，原因就是光宅這一年事情太多太雜了，她幾乎累得喘不過氣來，改年號為垂拱，無非是希望天下太平，自己可垂拱而治罷了。

新年的第一道制書，便是將李姓宗室諸王都遣往外地為官，諸王中，以韓王李元嘉最著聲望，於是，他被封為絳州刺史；霍王李元軌封青州刺史；魯王李靈夔封為金州刺史；越王李貞封為豫州刺史、紀王李慎為貝州刺史。就是他們已成年的兒子們，也一個個封為郡王，且都遣往外地為官。

到六月，她再次改組中樞，才升上來的騫味道因一言不慎被貶為青州刺史，王德真被流放象州，冬官尚書蘇良嗣被拜為鸞台納言。

不久，又有宰相劉禕之案和接連來的宰相魏玄同案，他們都涉嫌復辟李唐，劉與魏都被殺，被牽連的大臣很多，不是坐死就是流放。

不斷地更換宰相，凡觸犯武太后權威的毫不留情地處死。這麼做雖過於殘酷，但也使朝廷再也不會出現反對她的聲音——自裴炎伏誅，看到昔日顯赫的宰相，竟然血淋淋地懸首西市，朝臣們誰不懍然？誰敢不唯命是從？

不久，侄子武承嗣又上了一道奏章，說徐敬業雖除，但他的黨羽遍布天下，要想根除，建議設銅匭，置於朝堂，收受天下士民的表疏——隨便什麼人，都可向朝廷上表，暢舒己見。

她覺得這個建議是通下情的最好辦法，於是，下旨鑄四個大銅匭，置於宮門，東邊一個名為「延恩」，專獻對武太后歌功頌德的文章；南邊一個名為「招諫」，專言朝政得失；西邊一個名為「伸冤」，凡有委屈的，無論官員和百姓，都可投文白冤；北邊一個名為「通玄」，專談天象災變及軍機。命四個專職官員負責管理。

這個銅匭一設，竟然廣開告密之風，凡對個人有私怨者，都乘機向匭內投寄不利於對方的文字，武太后於是根據告密的內容，下旨將人逮捕，交來俊臣、周興、索元禮等酷吏審問。

來俊臣是酷吏的後起之秀，以告密起家，以殺人為能事。這以前的索元禮創鐵籠的酷刑——將鐵籠罩住犯人的頭，再用鐵楔緊箍，至犯人腦裂而死。眼下到了來俊臣手上，鐵籠已是小巫見大巫了——他所創立的慘不忍睹的刑法達三十六種之多，多是匪夷所思，前所未有。親貴、職官，無分貴賤，一旦落到他們手中，便刑訊逼供，讓人求生不得，求死不能；又著《羅織經》等書，相互傳授刑訊逼供的經驗。一時之間，朝臣們無不膽戰心驚，更不敢對武太后發半點不滿之言，怕一旦落到這班酷吏手上，不但性命不保，且不能落個全屍。

武太后見來俊臣整人很有章法，便在皇城的麗景門邊新建制獄（詔獄），為來俊臣的辦公之所。大臣們因此稱麗景門為「例竟門」意謂凡進此門，照例無生理。

到後來，制獄人滿為患，武太后又在司刑獄置「三品院」，三品以上的大官犯法，便囚在這裡審理。

朝臣們雖都皈佛皈法了，可武太后總覺得李唐的影響仍無處不在，劉禕之一案發生不久，來俊臣又查出了幾起謀反案，也都牽涉到宗室，武太后對這些人都是毫不留情，一次竟然屠殺宗室十餘人。

然而，放眼朝堂，鐵腕冰容的武太后除了感覺到失去對手後的寂寞和空虛，又還有什麼？尤其是回到冷清清的後宮，更是難以成眠。

夜半，空空的大殿內闃然無聲，宮人們都早早地入睡了，寂寞的洛陽城頭，景陽鐘悠悠然，一下一下，就像擊打在她的心上。躺在紅綃帳內的她，數著清晰的鐘聲，望著面前晃動的幃幔，那顆心，怎麼也不能平靜——她不由又想起了貞觀大帝。

武后雖對這個前夫愛恨交加，甚至是恨多愛少，但她自己為人行事，無不亦步亦趨地模仿貞觀大帝。貞觀大帝馳騁政壇的時間不是很長，才短短的二十二年，且才交五十便撒手人寰，論富貴壽考遠遠不能與她武太后比，可就是這短短的二十二年，其文治武功，卻給中國歷史留下了光輝燦爛的篇章，以至於「天可汗」聲名遠播四夷，國家至今仍賴其遺響。她想，自己就是殺盡李唐所有的子孫，也抹殺不了貞觀大帝的存在。而這樣一個不世出的英雄，自己卻與他失之交臂——才得一夕之歡，便被他永遠地拋棄了，人世間還有什麼憾事能與之相比呢？

越想越不平靜。被冷落的強者，竟恢復了棄婦的心態——本來，因高宗不豫，她念往日情份，那放蕩的、毫無顧忌的私生活已有所收斂。眼下，新寡的太后就在為丈夫服喪之期，終於耐不住寂寞了，又祕密地把她那和尚情人薛懷義召到宮中來。

由大和尚堅實有力的雙臂摟著，六十有二的武太后，一如當年的武媚娘——政壇的得意，事業的順心，使花甲之年的老嫗，竟然煥發出無限青春，她不但更加長足了精神，面色紅潤，容光煥發，一身肌肉也似少女一般豐腴而富彈性，那秋波湧動，奪魄勾魂的眼神，也一如懷春少女一樣動人。更讓懷義驚詫的是，在情人懷中，老太后比發情的母駒還佻達，比育仔的雌豹更凶猛，縱橫馳騁，百戰不撓。眼看紅燭高燒，宮壺漏盡，她仍可興味盎然，愈戰愈有精神。

終於，武太后滿足了，躺在御榻上，眼望著大和尚健碩的身軀，喘息著說：「懷義，我們好久沒有這麼放縱過了，你說是嗎？」

懷義聽著這話，心裡暖洋洋的，說：「自高宗皇帝不豫，千斤重擔就全落在您的肩上，這以後，高宗終於撒手了，嗣皇帝又不成才，得換上一個，廢一帝、立一帝，一年之中，單年號都改了三個，能不操心？接著，又是徐敬業謀反，裴炎通賊，宰相們一個個變心反水，真是危機四伏，經緯萬端，哪有空暇之日，和尚雖然掛念，可也幫不上忙，只能待在白馬寺中為您燒高香念佛！」

太后說：「其實，高宗就是活著時，擔子也是由朕替他挑著，眼下呢，更是全部落到朕身上了。這班大臣及元勳故舊，一個個都沒有安個好心眼，以為朕只是個女流，嗣皇帝儒弱好對付，於是，張八面之網，使連環之槍，一有閃失，便著了他們的道。所以，非把整個心思用在上面不可。」

說著，她歎息了好一陣，竟轉過身，用手摩挲著和尚的禿頭，說，「這樣，自然就把大和尚給冷落了，你可要體諒啊！」

懷義再次摟住太后，說：「和尚明白，您忙，您日理萬機，事必躬親，真是眼觀六路，耳聽八方。可是，您何不想想，儘管精明，儘管有鬼神不測之機，畢竟一人單了幫，要知道，一人不如二人力，要是和尚時時在您身邊，不也能幫您分憂嗎？」

懷義這話，明顯地露出了插手政務的興趣。武太后雖欣賞和尚的膂力，覺得離不開他，但二人相處時，只說風月，不談政務，這是慣例。今天算是破例了，因為話題是自己引起的，一時不好打住，便微笑著，不屑地拍著和尚的小肚子，說：「你個莽和尚，除了這個能，還有什麼能呢？」

懷義搖頭說：「不然，和尚讀書雖不多，未見得見識也不如人。就像白馬寺的擴建吧，除了拆舊翻新，還另建天王殿、彌勒殿等，當時的白馬寺是什麼模樣，眼下又是什麼模樣？雖說錢多好辦事，可沒有和尚指陳壁畫，殫精竭慮，能有今天這格局嗎？來寺中隨喜的人，無論達官貴人，還是翰林學士，都誇這佛堂禪院造得好，都說若胸中沒有丘壑，是想不出、也建不成的。太后，您也太小瞧和尚了！」

太后一聽，一下觸動了心事——前不久，已官居麟台正字的陳子昂竟又對銅匭之設提出了諫阻。

陳子昂以布衣應詔言事，武太后愛其文才，賜官麟台正字。這不過從四品下階，可陳子昂官雖不顯，卻屢屢上書，直言朝政得失。此番設銅匭後，他看不下去了，乃上表指出，銅匭之設，開朝臣相互攻訐之端，人人自危，道路以目，這是傷天和而結人怨的弊政。

武太后看了他的奏章，不由詫異。既然人人自危，你怎麼不怕死呢？於是，她特地召見陳子昂。除向陳子昂說起自己不得已為之的苦心外，又問起長治久安之道。陳子昂慷慨陳詞，再次勸太后設學校，建明堂，廣布政教，以誠信忠厚加於百姓。

武太后自己也看得出，單憑血腥手段，只換得表面上的平安，而古來有為之君，無一不是屠刀與宣教攜手，苦艾與蜜酒齊來。所謂「雷霆雨露，皆是天恩」——這就是宣教的結果。眼下陳子昂提出建明堂，這未嘗不是廣宣政教的好機會。

原來所謂「明堂」也者，其實就是古代帝王宣明政教的地方，朝會祭祀，也於此處進行，《木蘭詩》中就有「天子坐明堂」一說。還在貞觀時代，太宗就曾想過建明堂，因大臣的反對而中止，眼下既然有臣子提出，怎麼能放過這機會？於是，她對懷義說起此事。不想懷義一聽，馬上說：「陳子昂說得好啊，和尚聽人說，古之堯舜之君，處理政務就是坐於明堂，漢朝時，不知哪個皇帝心血來潮，便也建成了，漢朝能，太后怎麼不能？眼下天下太平，而洛陽宮室過於簡陋，四夷來朝時不夠氣派。為顯示上國風範，應該在東都造一座明堂，供您布政，以示誇耀，讓那班儒生看看，您雖是女流，卻要勝過前朝任何一代鬚眉天子。」

武太后顯然被和尚說動了，但她還想得更遠些——和尚進宮，招人現眼，若給和尚一項差事，他不就可以公務名義出入禁中嗎？想到此，她說：「讓你來造固然可以，不過，明堂之說，僅見於古代典籍，究竟是個什麼樣子，書上沒有明說，也沒留下具體圖式，只知合陰陽五行而建，你就憑空想像，也能造得出來？」

懷義呵呵笑著，拍著胸脯說：「此小事，和尚能。太后若信得過和尚，和尚保證造得富麗堂皇，別具一格，讓太后滿意，讓大臣們咋舌。」

武太后一聽，不由拍著和尚的光頭，說：「行，就看看你的手段。」

68

懷義為太后建明堂。明堂本是上古的建築，具體是什麼樣子，什麼規模？今人誰也沒見過。但懷義卻胸有成竹，才幾天，他便把圖樣拿出來了——按古義，這明堂該建在皇城之外，便於百姓隨時來聆聽聖諭聖訓，向皇帝訴說民間苦樂。但武太后認為還是建在皇城為宜。

於是，懷義建議拆掉皇宮正南的第一座大殿乾元殿，在乾元殿舊址上建明堂。

按唐制，天子居曰「衙」，行曰「駕」。洛陽既為神都，乾元殿便是天子正衙。豈可輕易拆毀？眾臣悚懼，不以為然，但不敢諫阻，武太后卻點頭認可。於是，以懷義有巧思為名，任他為建明堂的工程總辦，發民夫數萬人，四處徵集木料、工匠，大張旗鼓地建造起來。

懷義自此以奉有太后手詔為名，公然穿起四品官服，天天出入宮中，有一班無恥的臣子，見面行禮，呼為「薛師」，就是武承嗣、武三思兄弟，居然也為他牽馬執轡，行晚輩之禮。

這天，武太后又與懷義相聚於合璧宮。眼下，因和懷義頻繁地接觸，太后更加放縱無忌了。為了盡興，他們也藉助藥物。宮廷中有的是祕方偏方，都是供皇帝和他的后妃們享用的滋陰壯陽之藥，於今便宜懷義這花和尚了。他睡御榻，服御藥，與太后通宵鏖戰，雲裡霧裡，不知今夕何夕。

因為日近天顏，懷義手上又承攬了皇家的大工程，太后無可避免地要與和尚議及政務，甚至連一些機要也不能迴避。

夏日到了，她帶著懷義住到了涼爽宜人的含元殿的偏殿，這裡有些類似西京的翠微宮，樹木濃蔭，殿堂高大深邃，且有寬闊的長廊相連，哪怕外面炎炎烈日，這裡總有習習涼風，讓人感到神清氣爽。

涼床上，豐腴而不乏曲線的武太后光著身子，躺在同樣光著身子的懷義的懷中，頭就枕著懷義的腿。他們相互欣賞對方的胴體，不時發出一陣陣曖昧的笑——皇太后的尊嚴，此時已蕩然無存，倒像是身在平康裡的歌姬，在和狎客調笑。

赤裸的老太后仍是那麼經看，歲月幾乎沒有在她身上留下任何痕跡，該圓的仍是圓鼓鼓的，該細長的仍是那麼修長、彎曲，皮膚一如少女那麼光鮮而富彈性，腹部也沒有多少贅肉，看得花和尚一陣一陣的心跳。

比較起來，懷義卻太不知保養了。這些年，他賴太后蔭庇，日子過得比神仙還快樂，他不知養生之道，一任自己天天酒醉飯飽。只幾年時間，他變得身軀粗壯，一身死肉。他不自知，反以為太后就愛這身死肉。

歡樂之後，太后讓懷義在她身上各部位按摩，且塗抹一種用植物汁水調製的藥末，這種能祛皮膚瘢痕且使之更加光滑、細膩的祕方，由宮廷御醫進奉，是太后美容的必需品。眼下太后一邊讓懷義為自己調理，一邊卻翻閱手邊新遞進來的奏章。懷義識字不多，她也不想迴避他，就在和尚滿是肥油的肚皮上批閱，先看題目，有重要的、需要立刻批答的，就撿出來放在一邊，待會起身一總批答。

一份接著一份，看著看著，忽然忍俊不禁，哈哈大笑起來，躺著笑不過癮，直笑得坐直了身子。

懷義不知太后笑什麼，以為是自己的臉不小心被弄髒了，忙用手去摸。太后這下笑得更厲害了，邊笑邊指著和尚的臍下說：「花和尚，不是臉，是這個——」

懷義低頭一看，下面也無異常。不由有些莫名其妙。太后卻伸手撥弄著那個小東西，說：「你這莽和尚，可要小心，眼下已有大臣上表，請旨割掉它呢！」

懷義這下吃驚不小，忙問道：「誰，誰要割它，它老老實實的，又招誰惹誰了？」

太后拚命忍住笑，將來龍去脈告訴他。

原來懷義以造明堂之名，頻繁出入宮中，已招至眾人的注目。太后在高宗還活著時便養情夫，這消息早在暗中傳播，大家對這個話題既感興趣，又不敢打聽，有知內情的，便藉故去白馬寺禮佛，爭看這個敢讓先帝「戴綠頭巾」的人。眼下這人終於出現在眾人的眼皮下了，原來先帝的「靴兄弟」只是個粗鄙的莽和尚，除了一身死肉，像一頭騷特子牯牛，再無半點斯文氣質——這種人能做出什麼明堂？

風騷的、殺人如割草的武太后，怎麼會喜歡這樣的粗人呢？

眾人只能把疑惑存在心中，不敢議論。一來是懼怕武太后的淫威；二來麼，實在太失體統，身為儒臣，豈能不尊孔聖之教，所謂非禮勿視，非禮勿言。

可眼下終於有人「視」不下去了，這就是官為翰林院拾遺的王求禮，他不參與背後議論，卻將它公開提出來。

在這份奏章中，王求禮說，僧人懷義雖有巧思，奉旨建明堂，卻也不宜出入禁苑。當年太宗時，有胡人羅黑黑善彈琵琶，經常被召入宮禁，為此，太宗下旨，將羅黑黑閹割，補為梨園給使，使教宮人。今太后若以懷義供驅使，臣請將其閹之，庶可不亂宮闈。

懷義聽太后念完這道奏章，不由氣急敗壞地說：「這個王求禮是什麼官，我也不曾招他惹他，他怎麼要害我，居然要拿我的命根子開刀？」

太后笑盈盈地介紹說：「此人是許州長社人，任翰林院左拾遺。官雖不大，可脾氣倔強得很，去年三月因下春雪，有宰相上表說是瑞雪，他偏偏出來唱反調，說宰相燮理陰陽，連這也不懂——時已季春，卻仍下雪，這分明是災雪，哪是瑞雪呢？如果這也是瑞，那冬雷就該叫瑞雷了。」

懷義又問：「後來呢？」

太后聳聳肩，笑著說：「有什麼後來呢，這不過是小事一樁，讀書人沒事找事，又沒礙著誰，難道也要朕出來說話嗎？朕就坐在御座上看他們爭，偷著樂。」

懷義見太后對王求禮並無惡感，不由急了，說：「好太后，您可不能小看這個王求禮，您試想，和尚若真讓他們給閹了，您想偷著樂可就樂不起來了。」

太后不由又哈哈大笑起來，笑畢狠狠地搖著、扯著手中的蠢物說：「把這個搗蛋鬼割掉也好呢，朕才巴不得！」

懷義不由怔怔地望著太后。

太后說歸說，對王求禮的奏章卻並沒有太認真——不作批覆便存檔。

懷義卻由此恨極了這班儒臣。

明堂終於快完工了。它高約三十丈，共三層，基宇宏開，氣象雄偉。還未完成內面的裝修，從外面也已看出它的不凡了。

太后看了很是高興，且不時當著眾大臣面誇獎懷義。懷義恃太后之寵，便有些飄飄然起來。

和尚奉召進宮，當高宗皇帝在世時，往往是坐著垂著簾幔的宮車，由太后宮中的內監開車從北門走夾城，可直接入後宮。這一路的門監及禁軍全是太后的心腹，他們不但為懷義大開方便之門，且為太后做眼線。

眼下，這些顧忌全沒有了，懷義就公然騎皇宮的廄馬入宮，若仍從北宮進，無論是龍光門還是德猷門，守門的門監見了老熟人，都會恭敬地行禮，或早早地便迎出來問候，可懷義覺得並不滿足。

這天，他竟然想走一回正門。走正門不但冠冕堂皇，而且，可與百官相遇，他要在百官面前公開自己這不凡的身分，讓他們從此閉上鳥嘴。

他令隨從牽著馬由左掖門而入，經明德門直入皇宮，這一路的門監雖覺詫異，但也都知道他是太后的情人，只相互用眼色打招呼，卻無人敢攔阻。不想路過南牙時，先是遇到下朝的文武百官，他們一見懷義，紛紛低頭閃在一邊，懷義正得意時，不想卻與後面坐著轎子出來的鸞台納言蘇良嗣相遇。

鸞台納言就是原來的門下省侍中，是地地道道的宰相。宰相下朝自然是前呼後擁，就是與百官相遇百官也要迴避的。

懷義的隨從雖不多，只一個牽馬的徒弟，前後三個護衛，見了宰相的轎子，卻成心不迴避，而是旁若無人、雄糾糾、氣昂昂地走過來。

蘇良嗣早對這個花和尚看不順眼了，很想尋個機會收拾他。今遠遠地見他騎著廄馬闖到南牙來，文武百官都為他讓路，於是吩咐手下人作好準備，待懷義走到近前，蘇良嗣突然臉一沉，喝令拿下。

這裡南牙的護衛和蘇良嗣的家丁也看不慣懷義的作派，一個個早摩拳擦掌在看主人的眼色，今有宰相撐腰，還怕什麼？聽到命令，立刻如狼似虎地撲上去，一把揪住懷義的衣襟，將他拉下馬來。蘇良嗣這時問也不問，只下令道：「打，與我狠狠地打！」

此時懷義的隨從早驚散了，懷義一見情況不妙，連稱：「是我，是我，和尚奉制而來，誰敢無禮？」

可蘇良嗣聽也不聽，連連下令痛打。於是，懷義被按在地下，褪下褲子，露出那常橫拱在御榻上的白屁股，被狠打了五十大板。可憐花和尚，竟被打得皮破肉爛，喊爹叫娘，無人理睬。

蘇良嗣出了一口惡氣，這才將懷義丟在一邊，揚長而去。

懷義待眾人走後才敢爬起來，跌跌撞撞地進宮，一見武太后，立刻哭倒在地，並褪下小衣指著傷痕讓太后看。武太后見他的屁股腫得老高，有幾處還鮮血淋漓，不由問起個中原因。待懷義說完經過，她不由皺了皺眉頭，先責備懷義說：「算了，別哭了，這事你本有錯在先。朕不是多次交代過你嗎，你進宮只能走北面的偏門，不能走別處。南牙是宰相處理政務的地方，密勿之地，你怎麼能隨便闖去呢？再說，你雖受朕寵幸，但朝廷不是宮廷，國家的禮儀、制度也不能隨意紊亂。不然，這天下不亂套了嗎？」

懷義不由一怔——他滿以為太后見了傷會要動怒，會要與他報仇，殺一個宰相又算什麼？萬沒料到反遭埋怨。不由嗚嗚地哭道：「和尚因急於見太后，雖不該抄近道，可他這不是打狗欺主嗎？」

平日，武太后見了和尚情夫，總是笑嘻嘻的。可今日卻一反常態——皇太后的尊嚴不知何時已出現在臉上，她陰沉著臉，在殿上徘徊，沉吟半晌，仍然搖頭，且對滿懷希望的懷義說：「不，蘇良嗣辦事一向認真勤勉，再說，他對朕也是忠心耿耿，打你畢竟是小事，朕不能因這些小事來處分他。」

說著，她傳來小常侍，在懷義的屁股上敷一些藥膏，卻不再說什麼安慰話。

懷義不意自己被人毒打在太后心中只是小事，很是失望。這一晚上，他就倒在太后懷中哭，可任他怎麼撒氣使性子，卻不能說動冷若冰霜的武太后。

69

懷義終於明白，自己只是專供太后洩欲的一件活玩具，半點也不被看重。他雖在奉召後，可以出入後宮，睡御榻，摟太后，肌膚相親，肉體承歡，但這只是赤裸裸的肉欲，半點情份也沒有，連野合都算不上，更不要和民間夫婦比，就像也經常在太后懷中撒歡的巴兒狗一樣，太后既可隨時抱在懷中，親它一親，也可隨意揣它一腳，甚至毫不猶豫地殺掉，只要她暫時不需要了。

懷義從此便有些灰心。太后需求旺盛，而他蒙恩被臨幸時，雖不敢拒不應詔，但不像以前那樣雄赳赳、氣昂昂，隨要隨有，且淋漓暢快。

武太后是何等精明人，能不有所察覺？

明堂終於完成了最後一道工序，在懷義的陪同下，武太后帶著嗣皇帝，也帶著朝臣們巡視這項偉大的工程。

懷義也真不負武太后之望，這所別出心裁的宮殿確實造得有新意，它的結構有別一般皇宮的對稱和四平八穩，而是按五行之說，造成向五個方向成開放式的五棟大殿，且樓高三層，高聳入雲，上層法二十四節氣，中層法十二時辰，下層象四時，上面並有露台、望塔、飛橋，層層雕飾，嵌鑲琉璃、珠玉，髹髯著金漆、朱漆。進到裡面，只覺光閃閃一片，像進了水晶宮，進了凌霄殿，讓人不辨方向，且被華麗的裝飾弄得頭暈目眩。

童心不泯的嗣皇帝首先叫好，眾大臣也跟著叫好，不想又是這個王求禮出來掃興，竟然奏道：「據臣考查典籍，明堂之設，源自上古。那時人民才離開巢居、穴居的生活，所謂房屋，只是結草為廬，就是貴為帝王，也不過乘牛車，居茅茨，哪能如此奢侈？臣看這明堂已失古意。再說，既在皇城內，且如此殿閣重門，豈是一般百姓能涉足的，太后、皇上又如何向百姓宣講聖諭、聖訓呢？」

懷義聽人介紹，終於明白此人就是要閹割自己的人，真是仇人相見，分外眼紅，不由向王求禮鼓眼睛。但這種場合，豈能輪到他說話？武太后見和尚難堪，忙攔在前頭質問說：「王卿所說，自是有典謨、有訓誥，依你的，這明堂該如何造呢？」

王求禮說：「臣聞之，明堂因五行而設，當選在國陽丙己之地，三里之外，七里之內……」

話未說完，即被宰相蘇味道給打斷了。蘇味道是繼騫味道之後新獲大拜的宰相，他為人處事極圓滑，遇有爭執，總持兩端，因此人稱「蘇模稜」，眼下「蘇模稜」見王求禮竟想與太后爭，趕緊說：「此言未免太迂。眼下太后當政，開自古未有之先河，凡事講究去舊圖新，移風易俗，沒有的都可例自我開，自我作古，又豈能事事泥古？」

王求禮是蘇味道朝堂上的老對手，見他阿附懷義，正要再爭，太后卻不耐煩了，手一揮說：「不要爭了，明堂之設，雖載在古籍，但古籍中卻語焉不詳，既未有多少文字，也無圖樣示範，所以，你們說的，還不是憑個人臆測，哪有定論？但朕胸中的明堂正是這個樣子，薛懷義的設想，雖有標新立異之嫌，但也難為他這麼肯用心思。」

有太后這一槌定音，王求禮再想置喙也不敢了。太后高興之餘，乃將明堂命名為「萬象神宮」，並於堂上祀三聖，配上帝。

接著，武太后以懷義造明堂之功，拜他為左威衛大將軍，封梁國公。又於明堂置盛宴，與群臣共飲，直鬧到起更才散。

懷義原不過洛陽城中的小販，目不識丁，能當上白馬寺這名寺古剎的住持已是讓人大感意外了，眼下居然官拜大將軍，封國公，滿朝文武百官，私下無不搖頭。

懷義自然要進宮來謝恩。

「花和尚，這下你可知足了吧？」武后一見懷義，一邊拉他，一邊笑盈盈地說，「爵至國公，官至大將軍，這已是無可復加的榮寵了。讀書人寒窗十年，就是中了狀元，也只能一步步與人論資排輩，宦海蹭蹬，你卻一步登天，能不好好地謝朕？」

懷義笑著向太后跪拜，說：「太后大恩大德，和尚永世難忘。不過，蘇良嗣之辱，和尚也不能就此算了。」

太后將和尚拉入懷中，一邊戲謔地拍打著和尚的光頭，一邊說：「這你就不對了，你以布衣闖禁地，蘇良嗣若不看在朕的面上，他可將你這顆禿頭砍了。眼下他受人牽連，被御史彈劾，朕為保全老臣，已讓他告老回鄉。而你呢，已屬特進，再騎廄馬進宮，任何人也不敢攔阻你，你還要如何？」

可懷義胸中仍然有憾——在這方圓七十餘里的洛陽城，誰敢不尊敬「薛師」？可偏偏這個蘇良嗣，竟然當眾打屁股，是可忍也，孰不可忍也？眼下聽太后這麼說，臉上雖有了笑容，但口中仍說：「不過，這大將軍只是虛銜，並非實職，要是真能帶兵，那才威風呢！」

太后一聽這話，不由沉吟。好半晌才說：「你想帶兵？這不行，你雖有好膂力，但不懂兵法，帶兵打仗可不能兒戲！」

懷義說：「太后，當初造明堂，你不是也懷疑和尚的能力嗎？可後來呢？您若讓和尚帶兵，一定為您爭氣！」

太后攬大和尚於懷中，心旌搖盪，色授魂與。口中喃喃地說：「和尚，邊陲都是沙磧荒漠，天寒地凍，將士們不但要冒危險，且要吃苦耐勞，你在朕身邊不好嗎，何苦要去吃這個苦呢？」

可懷義卻執意要做帶兵征戰的大將軍，太后有些迫不及待了，只好答應一旦邊陲有警，便讓他帶兵出征。

懷義有了這句話，這才回嗔作喜。這一回，他果然又一次拿出了真功夫，把太后服侍得熨熨貼貼。

可是，暫時的滿足，並未讓太后失去記憶，就在她高潮迭起時，怨恨也同時而生。這怨恨就來自於比較，可以說，沒有比較，便沒有落差。看來，以往的懷義明顯有敷衍行為。剛強神武的太后，說一不二的太后，能允許懷中人對她敷衍嗎？

她終於明白，懷中這個禿驢，其實也是一匹獅子驄。那麼，有朝一日，自己也能將這不馴的烈馬待以匕首嗎？

神迷意亂，思緒回頭——懷義是眼下活著的、唯一與她脫衣相見的男人，雖漸漸變成了一匹不聽調教的獅子驄，可她一時還離不開它！

她暫時把一口氣強忍下來。

蘇良嗣終於辭官歸里了。懷義心中不無遺憾。他打聽到侍御史馮思勖是蘇良嗣的外甥，於是，便想把自己受過的鳥氣，發洩在馮思勖身上。

一天，他在大街上與馮思勖相遇，馮思勖遠遠地便避於一邊，不想懷義仍不滿意，竟唆使手下徒弟，將馮思勖痛打了一頓……

第十六章 燕啄皇孫

70

明堂建成後，眾大臣都上表稱賀，武太后高興之餘，決定在明堂大宴群臣，並發出制書，召李唐皇室諸王共朝明堂，行享禮。

誰知這道旨意一經發布，等於是一個信號，立刻引出了大亂子。

——武周革命的跡象已是擺在桌面的事了。武太后一邊大殺李唐宗室，一邊又大肆起用武家子侄。武承嗣眼下以文昌左相，封魏王；另一個侄子武三思為梁王；堂侄子武攸甯為建昌王；攸宜、攸歸、攸望等十多個武姓堂侄不是封親王，就是封郡王。

值此情形之下，李家人能安枕席嗎？

皇室諸王，人人自危，可惜勢單力薄，又缺乏謀略，只能把希望寄託在韓王李元嘉和越王李貞身上。

李元嘉是諸王中資格最老、輩份最高的人，他是太宗李世民的弟弟，高宗的叔叔。貞觀大帝發動玄武門政變時，他還年幼，未黨附太子建成。太宗登基後，對這個弟弟還算寬仁，先是封他為宋王，後又改封徐王，至武后才再次徙封於韓，眼下李元嘉以太尉官絳州刺史。李貞是貞觀大帝的第八子，母親燕太妃與武太后娘家沾親，武后對他還算寬仁，眼下官豫州刺史。

這天，身在豫州的越王正在後衙與侍妾韋氏看胡人勃奴跳胡舞。忽然接到韓王元嘉的兒子、時任通州刺史的李譔的一封信。都是親信之人，越王也不迴避，當下就將這書信拆開，只見信中既無抬頭，也無落款，只寥寥數字，道是：「內人病浸重，當速療之，若至今冬，恐成痼疾。」

越王一看這信，臉上不由掠過一絲陰雲，韋氏問他的話，竟然無暇回答。只揮手讓勃奴及眾樂工退下，召豫州司馬裴守德去密室議事。

原來李譔這信，是在父親韓王授意下寫的。絳州距東都只隔著一條黃河，加之黨羽眾多，都為韓王傳遞消息，所以，洛陽略有風吹草動，韓王統統知道。前不久，他獲得消息，說武后欲藉大享明堂之機，殺盡李姓諸王。韓王於是先告訴兒子，由兒子向各王吹風，所謂「內人病浸重」，是指武太后殺盡諸王之意已決。再不動手，悔之晚矣。

越王把消息告訴裴守德，裴守德沉吟半晌，說：「武氏欲以武代李，這已是天下有目共睹的事實，有道是先下手為強，遲下手遭殃，王爺不能猶豫。」

越王憂心忡忡地說：「事實誠如卿言，只是本王手上才五百府兵，加上二百家丁，也兵不滿千，何能舉事？」

裴守德說：「不怕，王爺手上兵雖不多，但若邀約所有皇室一齊動手，只要每人能募集三五萬人，數量便很可觀了，就說武氏能幹，也奈何不了四面楚歌。」

越王也想到了這點——諸王不聯合起來，共同行動，便只有死路一條。眼下有韓王出面號召，明顯的厲害關係又擺在面前，他決定回應。於是，先給兒子，時任博州刺州的琅邪王李沖寫信，令他做好起事的準備。

李沖手下也只府兵一千五百餘人，但他是個愣頭青，敢說敢幹。自到任後，一直在招兵買馬，籌畫起事。博州地方距朝廷較遠，唐初本是竇建德、劉黑闥的地盤，民風強悍。他乘機廣布仁義，招募死士，於是，手中這一千餘人都肯替他賣力。接了父親的信，喜不自勝，趕緊照父親說的準備行動。

不久，李譔又寫信催李沖先動手。這回李譔更是加油添醋，竟偽造了一道嗣皇帝李旦的手詔，蓼蓼數字：「朕遭幽禁，請諸王發兵救朕。」

李沖接信後，又加油添醋，竟然偽造了皇帝的璽書，發與各王，他說得較詳細：「太后欲移李氏社稷以授武氏，諸王若不迅速起兵勤王，社稷危矣。」

這一來，本來還心存觀望的諸王便覺除了起兵，再無活路了。於是都答應，只要李沖起兵，他們馬上回應。

越王父子為造聲勢，又給鄰近的七姑父——壽州刺史趙瓌寫信，請求姑父出兵回應。原來這趙瓌就是廢帝盧陵王李哲原配趙妃的父親，趙妃母親就是高祖李淵最小的女兒常樂公主，與武后成為親家，本就降低了自己的輩份，可武后還不喜歡這個兒媳，竟然將她活活餓死。所以，常樂公主恨極了武太后。眼下趙瓌得信，尚未表態，常樂公主卻急不可耐，竟然對來使說，為我報越王，你們都是李家血性男兒，為報國家，此番只許進，不許退，不然，就是不孝子孫，虛生浪死，取笑後代。

李沖從越王那裡得到常樂公主口信，被她這麼一激，竟然立刻起兵。

不想這一切，全被越王的寵妾韋氏看在眼中。

原來越王年已六十，這韋氏才二十出頭，頗具姿色，深得越王的寵愛，可韋氏卻嫌越王年紀大了，心有不甘，暗中與府中樂工勃奴有姦情，只想有朝一日，雙雙跳出苦海。一個侍妾，有什麼機會？所以，她心中把個越王恨得牙癢癢的，越王還被蒙在鼓裡。就在他加緊準備起兵時，韋氏將這事告訴了勃奴，勃奴乘人不備，夤夜逃走，趕到東都，赴闕首告。

接到密告，武太后很興奮。一切全在她的預料之中，就是諸王不動手，她也要動手了。有道是：天作其孽，尤可憐之；自作其孽，不可逭也。

於是，立刻下旨，令左金吾將軍丘神勣為清平道大總管，出兵十萬直指博州，又制令各州守軍嚴陣以待。

李沖起兵其實是很倉促的，他臨時只募了三千人，加上手中一千五百骨幹，不到五千。他想渡河取濟州，取濟州得先攻武水。不料附近各州縣都不贊同他的行為，堂邑守令更是公開號召眾人說，琅邪王與國家交戰，這分明是作亂，亂臣賊子，人人得而誅之。於是，附近各州縣紛起對抗。可憐李沖連一座武水城也攻不下——武水已城門緊閉，他想採用火攻，不想風向不對，反燒了自己。眼看丘神勣的大軍開到，他只好退守博州老巢，指望諸王來救他。

不想他的行為並不為博州百姓所能容，他們紛起抵制，不待丘神勣兵到，守城的兵將就將李沖殺死。這丘神勣不愧殺人魔鬼轉世，他並不領博州百姓的情，竟然縱兵屠城，直殺得博州城屍橫遍野。

諸王事先都答應得好好的，只要李沖響頭炮，一定起兵回應。不想李沖兵起，他們卻又猶豫起來。真正搭上一把手的，還是李沖的父親——越王李貞。

李貞已察覺韋氏出賣自己的事，一怒而殺韋氏，然後起兵為兒子聲援。他平日為人謙和，且體恤百姓，因此，登高一呼，應募者居然達七千之眾。於是列五營，以王府長史裴守德為大將，統中營，其餘趙成美、閭弘道等分統諸軍，一下就攻陷了上蔡，並分掠附近州縣。但豫州府治在汝南，距博州甚遠，暫時的勝利，救不了兒子，不久，朝廷的圍剿大軍終於到了。

武太后遣左豹韜衛大將軍曲崇裕、夏官尚書岑長倩率兵十萬討李貞。下旨削越王父子本兼各職及爵位，將他們從皇族譜牒中除名而改姓「虺」。

「虺」本是指毒蛇，以當今嗣皇帝李旦的叔父，貞觀大帝的嫡派子孫，眼下居然成了毒蛇，武太后怨毒之深，可見一斑了。

可憐越王準備得並不充分，他是為救兒子才倉促起兵的，七千兵本不算多，何況濫竽充數，連書童也上了前線，這些人哪是十萬官軍的對手？但他也算硬氣，兵潰後，上吊自殺。曲崇裕於是割下他的頭顱，送神都請功。

71

武太后並不甘休，從繳獲的文件中，很容易就找到了諸王通謀的證據。這些心存觀望的王爺，果然被常樂公主說中——虛生浪死，取笑後代。事發後，他們有的主動上京請罪，有的則被逮捕，於是，被殺的被殺，賜死的賜死，死後且也追隨越王，統統成了毒蛇一族，姓了「虺」，自然，常樂公主夫婦也在數難逃。

武太后殺得人頭滾滾，李唐皇族無論高祖一支，還是太宗一支，也無論親王、郡王，全都喋血國門，懸首西市，李世民的第九子紀王李慎，與他那名字一樣，生來謹慎，雖不滿武氏，卻沒有參與其事，太后區別對待，李慎雖逃過一刀，但也姓了「虺」，後在充軍巴州時，死於檻車中。

眼下李唐無論皇室、宗室，除了武太后親生的兩個兒子，其餘大多難逃一死，「燕啄皇孫」終於成了不爭的事實。可她仍無收手之意，尤其恨的是自己的親人中，竟然也有通賊的——這就是太平公主的丈夫薛紹。

薛紹是武太后在公主成年後，親自為她選定的，他是高宗妹妹城陽公主的兒子。婚後夫婦恩愛，武后對他們也恩寵有加，可這回連薛紹也參與了皇室的謀叛——據周興奏報，他在審判要犯時，有犯人供述，身為濟州刺使的薛紹之弟薛顗，與李沖共謀，李沖起兵時，薛顗和薛紹一道，召集家丁，準備回應。幸虧官軍行動迅速，他們還來不及動手李沖便敗了，李沖兵敗時，為掩護薛家兄弟過關，乃殺死知情人，企圖蒙混過去。

武太后看了周興的密報，不由赫然震怒。心想，自己對這個女婿不薄啊，他竟然私通叛賊，這不是養了一頭白眼狼嗎？

於是，她毫不猶豫地下令，將薛紹逮捕，關入死牢。

眼見丈夫被捕，太平公主首先便想到了懷義，因為有薛紹這個乾兒子，洛陽城內的無賴馮小寶，才得攀上皇親國戚而改姓薛，懷義可是薛紹的季父，眼下乾兒子有難，季父能不一伸援手嗎？

不料太平公主來到白馬寺，大和尚似早知她會來，竟然緊閉山門。

這以前，太平公主夫婦每來白馬寺，懷義必親赴山門迎接，不但陪公主各處隨喜，且大辦齋宴款待，這回卻是另一副面孔。太平公主雖然有氣，但既然要求人家，便不得不降尊紆貴。

她先使家僮通報，繼又派婢女先導，不想兩路信使，竟然叫不開山門。待太平公主的車駕到了，懷義這才派一個徒弟出來，說師父正與東魏國寺大和尚法明在為武太后的革命造《大雲經》，公主車駕前來，恐攪擾道場，有事改日再說。

太平公主聞言，如一盆冷水兜頭潑來——母后盛怒之下，薛紹眼看就要押赴市曹，人頭落地，還能等到改日嗎？昔日的金枝玉葉，竟然遭遇一個無賴的冷淡，心中氣不打一處來，索性一不做二不休，竟然帶著兩個孩子，直闖皇宮，來見母后。

此時的太后，午夢方回，披衣半躺在合璧宮胡床上，見了女兒和外孫，立刻明白了來意，不由冷笑一聲，說：「哼，女生外向，千里隨夫。真讓人說靈了。」

太平公主跪在母親床頭，既不求情，也不哭泣，只昂著頭說：「母后，薛紹犯了死罪，那是他罪有應得，女兒也不願為他求情。不過，您應該讓人有申辯的機會，至少也要說清個來龍去脈，不然，後世史官筆下，大有文章可作！」

太平公主已是沒爹的孩子了，眼下母后震怒，她找不出什麼人可予母后警告，只好抬出後世史官，這大概是君王唯一有些忌憚的。不想太后一聽，竟然一拍胡床，說：「放肆！在朕面前，你居然敢用這樣的語氣和朕說話，你以為你真是金枝玉葉，你以為朕平日嬌著你，寵著你，你就可目無王法？」

太平公主長歎一聲說：「是的，在外人眼中，女兒確實是金枝玉葉，父親是皇帝，母親是說一不二的天后，天下還有什麼女子能與女兒比的呢？可就是這麼一個金枝玉葉，竟然連丈夫也不能保，且看著他慘死在一個酷吏手上，原因竟是事先沒有行賄，想起來能不冤嗎？」

太后說：「薛紹兄弟謀反，人馬器械都準備好了，只等虺沖殺到濟州，便要開城門接應，這是虺沖同黨的供詞，白紙黑字，還有何辯？」

說著便喋喋不休，怒斥薛紹棄親背義，其罪比徐敬業及虺貞等人更大、更可惡。

不想太平公主卻冷笑道：「您可知周興的衙署就是一座閻王殿嗎？三十六種酷刑，讓人活著比死更難熬，重刑之下，何求不得？」

太后冷笑著說：「哼，你別為他叫屈了，薛紹是一訊而供，周興尚未對他用刑，他就嘔屎一般，什麼都招了，並立刻親筆寫下認罪書。」

太平公主也冷笑著說：「他不承認行嗎，須知不認罪就要遍嘗酷刑！據女兒所知，周興審理此案時，對被捕之人諸刑用盡，堂上整日鬼哭狼嚎，撕心裂肺，用這種手段得到的口供，您能信嗎？」

太后不信地哼了一聲，說：「哪有此事！」

太平公主說：「沒有這事，女兒敢捏造嗎？自您設置銅匭，周興、來俊臣就不斷地製造冤案，他們負責每天查看那些檢舉信，凡不利於他們本人的，便暗中銷毀；他們看不順眼的、與他們有私怨的人，便奏報上來，甚至還拿著檢舉信去敲詐事主。此番可是找到好題目了，他們可要發大財！」

太后沉吟良久，斷然地說：「你不要用這些話來搪塞，薛紹犯罪，證據確鑿，周興就是有一百個膽子，也不敢誣陷朕的愛婿，不然，他就不怕掉腦袋？」

太平公主雖跪地不起，卻把頭偏過去，說：「行，我的親娘，女兒明白，拿親人開刀，向臣下示以公正，是您的慣伎，薛紹是撞上了，還有什麼說的？」

太后一聽，不由更加生氣，連連拍著床沿說：「大膽的李令月，身為叛臣親屬，朕不法辦你，你卻敢在朕面前如此無禮，你就不怕死嗎？」

太平公主又磕了一個頭，冷笑一聲，說：「女兒知道，您從來都不在乎誰的，除了自己，誰都可殺，而且，殺一個是殺，殺兩個、三個也是殺，女兒來時，就想到這一層了。可是，您就不想想，薛紹是您為女兒指婚的，女兒只是嫁雞隨雞，要說叛臣親屬，可是您硬派給女兒的！」

太后一時被噎得無話可說，只好連連拍著胡床，大聲喊道：「來人，把這個瘋子拖出去！」

躲在一邊看熱鬧的好幾個內監得旨，只好上來將太平公主挾起往外推，太平公主一邊掙扎，一邊大喊道：「我不想活了，一個女人沒了男人，活著又有什麼意思！」

武太后面前，還從沒有人敢用這種口氣說話，就是高宗晚年也不敢。太平公主平日雖然得寵，但她並不恃寵而驕，母親就朝中大事與她商討時，她也是謹言慎行，守口如瓶，今天，她真是瘋了。

想到此，太后癡癡地望著女兒的背影，不由長長地歎了一口氣……

72

武太后最後仍是下達了處死薛紹的命令——拿親人作示範既不是從薛紹始，更不會從薛紹終。

她要大開殺戒，須知不狠心砍殺是不能成就大事的，何況她是一個女人，女人要成就大事，非比男人的心更狠不可。

接著，她下旨窮究同黨，連坐者達數千餘人，太后下令統統處死。

新任豫州刺史、春官尚書狄仁傑冒死出來說話了，謂：亂河南者一越王，若株連無辜，是一越王死而百越王生也。

僅此一句，言簡意賅，如同冰水澆頭，一下將盛怒中的武太后驚醒，權衡再三，她准了仁傑之奏，但仍將死刑改為徒刑——豫州百姓，得刀下留人，因此為狄仁傑立德政碑。

殺紅了眼睛的武太后，眼下已真正感受到孤寂了，連平日常在左右的女兒也不再來宮中，朝堂之上，只有一張張諂媚的笑臉，耳中只有一句句肉麻的吹捧，她感到無聊，感到寂寞，終日無可與語者。尤其是回到後宮，尤其是到了晚間，望著死寂寂的宮闕，泥塑木雕一般的內監、宮娥，她如同跌進了一個巨大的天坑，深邃、恐怖、黑暗，處處潛藏著殺機，風吹殿簷鐵馬叮咚，也足可嚇出她一身冷汗。

「一個女人沒了男人，活著又有什麼意思？」

她想起女兒說過的話，開始在心底叫起了女兒的乳名：「阿月——」

不久，酷吏周興終於被人告發了——說他與丘神勣謀反。以告密起家的周興，終於也敗於告密。這以前，已有不少德高望重的老臣上疏指斥來俊臣、周興等人了，說他們濫用酷刑，殘害無辜。武太后眼下還離不開來俊臣，但也不得不將惡貫滿盈的周興處死而息眾怒。

這天，已奉太后密旨的來俊臣，竟然將周興邀到府中。閒談過後，來俊臣神密兮兮地閒言道：

「此番審理諸王謀反一案，仁兄深得太后之心，大刀闊斧，不留孑遺，想來不日將獲升遷，愚弟特預為之賀。」

周興以為來俊臣事先從宮中獲得什麼消息，喜不自勝，說：「仁兄過獎了，其實，諸王謀反，實賴太后高瞻遠矚，洞燭其奸，其次也賴丘神勣等人進兵神速，愚弟只不過總其成而已，豈敢居功。」

來俊臣又說：「愚弟聽說此番仁兄在神都捕獲甚多，諸王親屬及黨羽幾乎搜索盡淨，是否也有錯捕或確實無辜被冤的呢？」

周興淡淡地一笑，說：「什麼冤不冤的，這班傢伙，都是天生的賤種，被捕時，一個個無不稱冤，斬決之後，都沒有話說了。」

來俊臣一聽，不由哈哈大笑。其實，他審案時，又未嘗不是抱這種態度？二人閒聊之後，他又誠心地向周興請教，說：「愚弟手下仍有不少未決犯，其中有幾個傢伙倔強得很，用盡酷刑，就是不招，不知老兄有什麼好辦法？」

周興尚不知大禍臨頭，興致勃勃地說：「仁兄問案，手段多多，什麼樣的大案沒有經歷過？怎麼會拿犯人沒辦法呢？你只要拿人不當人，就不怕他是銅頭鐵漢！」

來俊臣說：「老兄何不試舉一二？」

周興隨口說出一個新方法：設大甕一隻，周圍燃起大火，將甕燒得滾燙，然後將犯人放進去，不怕犯人不招供。

來俊臣拍手叫絕，且迫不及待地令人當堂照辦，待大甕抬來，大火燒起，來俊臣忽然陰森森地笑起來，又對周興躬身一揖，說：「請見諒，愚弟奉太后密旨，審理仁兄謀反一案，私心揣度，仁兄絕不會輕易吐供，只得請君入甕！」

周興大吃一驚，正要強辯，可來俊臣卻不由分說，令手下將周興扛起來，欲丟入甕內，周興知此甕的厲害，只好認服……

周興後來被判流刑，充軍到黔西，才走到半途，便被人殺了。

殺掉了周興，滿朝文武都稍稍鬆了一口氣。可武太后幾次宣召女兒，太平公主卻仍託病不出，太后沒轍了，不得不擺駕公主府，去看望患病的女兒。

眼見母后已到了府門，太平公主才親自出來迎接。

丈夫的仇人終於遭到了報應，太平公主的心也漸漸平靜下來，可看到母親，她仍顯得無情無緒，半分笑臉也無。太后因大半年沒有見著女兒，顯得興致極好。寒暄過後，她喚著女兒的乳名說：「阿月，事情已過去了，娘重新為你安排後半世的生活吧。」

這不似君臣之間的口吻了，就如民間母女談婚論嫁敘家常。太平公主心中的怨氣雖已漸漸淡化，可一聽母親又關心起自己的後半世，不由反感。她長長地吁了一口氣，說：「未亡人萬念俱空，又還有什麼後半世？」

太后輕鬆地一笑，說：「阿月，你就不要說蠢話了，你不才三十出頭麼？怎麼可以就這麼過下去呢？一個女人沒了男人，活著又有什麼意思？」

太平公主狠狠地瞪母親一眼，把頭偏過去，不理睬她。武太后不以為忤，卻把女兒的胳膊拉了拉，說：「阿月，不要在為娘的面前使性子，一個李旦，一個你，都是為娘慣壞的。告訴你，娘想好了，不久前，魏王武承嗣的夫人不是歿了嗎，眼下魏王中饋乏人，娘作主將你嫁他何如？」

太平公主一聽母親要將自己嫁與武承嗣，不由大吃一驚——武承嗣只比母親小幾歲，眼下早六十挨邊了，且無論人才或學問都遠遜薛紹，自己若嫁與這樣的人，還不如獨身到老。於是，她再次惡恨恨地瞪母親一眼，說：「我的太后陛下，你就饒了女兒吧，若讓女兒嫁與武承嗣，女兒立刻就死在你面前！」

太后見女兒如此決絕，不由一怔，呆了半晌，說：「怎麼，武承嗣不好？啊，娘明白了，你嫌武承嗣年紀大了，且不英俊，那麼，讓娘仔細想想。」

太平公主不理睬母親，可太后卻待在一邊，作深沉狀，想了半天，一拍腦袋，恍然大悟地說：「有了，有了，娘為你賜婚武攸暨如何？攸暨可是我們武家的美男子，年紀也才三十出頭，與你般配。」

太平公主一聽，長長地歎口冷氣，說：「娘，硬要女兒再蘸，除了武家人，就不能嫁外姓嗎？您太健忘了，武攸暨是有妻室的，兒子都十多歲了，您讓女兒嫁他，可曾想到女兒的名份？」

太后雙眼死死地盯著女兒，說：「阿月，你聽著，我就不是皇太后也是你的親娘，是我把你生下來的，你的婚姻我還管定了。你說得很對，你還非嫁武家人不可，武攸暨有妻室怕什麼，我把他夫人殺了，再為你指婚，堂堂正正地嫁過去，你還嫌名份上有干礙嗎？」

武攸暨就是太后的堂兄武懷運的兒子，懷運和哥哥唯良都被太后殺了，唯良的妻子善氏且發配掖庭，被掖庭令用皮鞭活活打死了。可太后懷舊，後來又把唯良和懷運七個充軍邊鄙的兒子統統赦回，一個個大官做起——雷霆雨露，皆是天恩，眼下武攸暨官至右衛中郎將。念及過去，對這個刻薄寡恩的姑媽恨得要命，眼望將來，卻又對這個姑媽感激涕零，若賜婚公主，武攸暨敢說半個不字嗎？

於是，太平公主又有了新丈夫。

第十七章 誰是真主

73

轉眼就是永昌元年（西元六八九年）秋，這個季節的洛水，因源頭水量的減少，漸已露出乾枯的河床，洩綠滴翠的龍門山，也慢慢變成火燒過的顏色，暑往寒來，四時交替，秋蟲春鳥，漸失生機，自然界的代謝，更襯出人世的滄桑——李唐江山，日漸衰微，武周革命，卻如老樹新花，呈現出一片盎然春意。

先是種種祥瑞的出現——早在幾年前，各處便有雌雞化為雄雞的「祥瑞」出現，到今年，這類祥瑞已是不值一提的小事了，凡奏報上來的，都是曠古未有的大吉兆：先是所謂「瑞石」——在洛水出現，雖是一塊普通的石頭，但上面竟然有字，謂「武媚娘化佛從空來，」且「摩頂為授記，光宅四天下」。接著，長安近郊的新豐縣東南因地震，大風雨過後平地竟然湧出一座小山。大臣們紛紛上表，說這是太后「順天應人，陰陽調和所致」。於是，太后下旨改新豐縣為慶山縣；接著，東都洛陽的太原寺舍利塔下，生出一株靈芝。

靈芝為瑞草，竟生在舍利塔下，當然更不是平常之物，於是，百官掀起慶賀高潮，紛紛作文、作賦以紀其事。

鬧到後來，愈出愈奇——雍州的永安縣洛水中，竟然撈出一隻很大的似是天然的石龜，上面布滿青苔，像是在水下已有很長時間，背上不但隱隱約約有龍紋，還有「聖母臨人，永昌帝業」八個字。

上古時代，軒轅以河出龍圖為貴，堯舜以龜負洛書為尊，河圖洛書，也就成了後世聖人當出的吉兆。眼下武太后當政，竟然河圖洛書齊出，萬民能不歌之舞之，歡之慶之？

於是，百官再次掀起慶賀的高潮，他們上表說：「聖德奉天，遞為先後；神道助教，相因發明。陛下對越昭升，欽若扶揖，允塞人祇之望，實當天地之心，所以幽贊嘉兆，傍通景貺。」

武太后在高興之餘，下旨改石龜寶圖為「天授聖圖」，改洛水為「永昌洛水」，封洛水神為「顯聖侯」，又加自己的尊號為「聖母神皇」，並刻神皇三璽，親自在洛水邊主持拜洛受圖的大典。

但更出奇的，是薛懷義和東魏國寺大和尚法明所造的《大雲經》。此經中竟然說，武太后是彌勒佛轉世，當代李唐為閻浮提主。

佛教本有「七佛」之說，謂迦葉以前的佛為「過去佛」，釋迦牟尼為「當今佛」，而彌勒為「未來佛」。彌勒自兜率天下生此界，於龍華樹下成佛。常挺著大肚子，笑顏逐開，一旦降生人間，一定是風調雨順，物阜民豐。

《大雲經》還說，我佛在靈鷲山上大會，有大雲密藏菩薩提出一百問，我佛一一回答，其中就曾預言淨光天女值佛出世時，捨卻天形，以女身當國王，得轉輪王所統領處四分之一，閻浮提中所有國土悉來奉承，無敢違者。

佛經中，本有女主降生成佛的授記，懷義這裡利用經文，為太后的革命製造輿論，別看是薄薄的一本經書，卻有典謨，有訓誥，是真正宣示天機的寶典。

「天意」如斯，「民意」豈甘落後？臣子們終於代表民意上疏勸進了，始作俑者為侍御史傅遊藝，竟於九月初率領關中百姓九百餘人從西京來到神都請願，請神皇正式登基，並請改國號為「周」。神皇雖然沒有立即答覆，卻下旨將傅遊藝連升十階，拜為給事中。

這一來，眾臣紛紛上表勸進，甚至在京的四夷酋長、和尚、道士，共約萬餘人，也一齊上書神皇；勸她順應天心民意。大規模的勸進，前後一共發動了三次，最多一次達六萬餘人。

「聖母神皇」與「皇帝」究竟有什麼不同？聰明而剛強的女主自己也有些糊塗了。但她卻鼓動事態繼續發展，並真的做起了正式登基的準備。時間定在重陽日，國號、帝號、年號，都已商定，就是皇城南面的則天門，她也下旨修葺、髹髹，準備正式登基那天，在那裡舉行大典，接見神都的百姓。

形勢逼人，嗣皇帝李旦終於坐不住了，他不但跟在眾人身後勸進，且單銜上表，自請退位。這天，他又再度上表，懇請神皇，賜他改姓武。

見了兒子的表文，神皇輾轉難安——改朝換代，萬事俱備，唯一懸而未決的，就是新朝儲君的確立，新皇帝登基時，太子為誰是要同時宣布的。

太子為誰？神皇為此一直橫亙於胸，終難決斷。

聽說太子上表請改姓，魏王武承嗣立刻請見。神皇見了侄子，向他出示嗣皇帝李旦的表文，徵詢侄子的看法。

魏王武承嗣是為武周革命奔走效力最多的人。單說種種「祥瑞」的出現，就是他的傑作。承嗣是武太后的親侄子，在他心中，只要江山改姓武，他便是法定的繼承人，所以，與其說是為姑母效力，其實是為自己奔走。

神皇說：「別看李旭輪這孩子平日渾渾噩噩，到了關鍵時候，他還是知天命、識大體。」

武承嗣接過李旦的表文草草看了一下，冷笑說：「陛下，臣以為李旦之所以要上這個表文，是怕革命之後，他將被賜姓虺。」

一聽這話，神皇那雙不怒而威的丹鳳眼立刻炯炯有神地掃過來，說：「承嗣，此話從何說起？」

到了這關節時刻，武承嗣想委婉含蓄也不行了。

神皇已接連弄死了兩個親生兒子，又一口氣殺掉了所有李唐皇室，但仍留下兩個兒子及好幾個孫子。他們統統被留置東宮，神皇沒有對他們做出進一步處置。神皇究竟是怎麼想的呢？只要他們一日不死，便仍有繼承大統的希望，便仍是武承嗣的眼中釘，不殺盡不能安枕席。眼下，他見姑母問及，口氣是那麼咄咄逼人，武承嗣再也忍不住了，說：「陛下，可不要忘了，李旦雖是陛下親生，可也是李家血脈，口中雖對您畢恭畢敬，心中對帝位何嘗一日忘懷？今天這道奏章，用心昭然若揭，無非就是以退為進，以待將來。陛下可不能被他麻痺，不然，時來運至，就可復辟，陛下費盡心機，豈不水中撈月，空歡喜一場？」

神皇忽然頭一偏，用徵詢的口吻說：「依你說，朕應該如何處置旭輪？」

武承嗣立刻爬在地上磕頭，侃侃言道：「微臣以為，自古歷來，凡改朝換代，末代之君，無不死於非命，陛下可不能因小失大，因李旦是親生便心生惻隱。古人說，當斷不斷，反受其亂。陛下熟讀經史，洞鑑古今，能不清楚？」

神皇又說：「殺了旭輪，皇儲當立何人？」

武承嗣一聽此言，心臟幾乎要停止跳動了，立刻屏住呼吸，磕頭如搗蒜，且說：「陛下，既然江山姓武，皇嗣之選，自然該選武家人，陛下何不於本支親侄中，選取德才兼備、深孚眾望之人以備儲貳？」

說完，便誠惶誠恐地俯伏階下，靜聽佳音。不料神皇沉吟良久，卻在上面輕輕地歎息說：「不立旭輪，便要殺旭輪，就連李哲也不能留，皇子皇孫，斬草除根。那麼，朕豈不成了真正的孤家寡人？」

武承嗣說：「陛下，不是還有武家的侄子侄孫嗎？」

神皇喃喃地說：「唔，不錯，朕還有侄子侄孫，長房的敬真、二房的攸宜、攸歸、三房的懿宗都是，不過，他們不是本房，所謂本支，無非就是你和三思，而論才德，三思又比不上你，看來，非你莫屬？」

武承嗣喜不自禁，一邊連連磕頭，一邊幾乎是用顫抖的、哭泣的音調說：「臣愚鈍，恐有負陛下重託！」

說完這話，武承嗣自認火候已到，接下來，神皇便會有明白表示了，不想等了半天，上頭又傳來一聲沉重的歎息，說：「承嗣，此事關係重大，個中窒礙甚多，朕也不能立刻承諾什麼。俗話說得好，金簪兒掉在井裡，是你的，終歸是你的，光急又有什麼用呢？」

武承嗣一聽，煮熟的鴨子竟然要飛，且留下這句大有迴旋餘地的話，正要乘機力爭，向神皇表白忠心，神皇卻已起身離座，走入內室……

74

武承嗣當時已飄飄然然。

眼看姑母開金口，吐玉言，自己便要龍飛九五，立為皇儲。萬不料英明果決的神皇，到節骨眼上卻突然變卦，態度模稜，吞吞吐吐，似有滿腹心事，欲說還休。承嗣想，自己若追急了，過於露骨，有可能事與願違；但若不趁熱打鐵，又怕別人著了先鞭，神皇會改變主意。

他想，關鍵仍在李旦等皇子皇孫身上，不殺盡李姓諸子，姑母說不定哪天仍會傾向夫家。揚湯止沸，不如釜底抽薪。

不久，神皇收到來俊臣的密報，說尚方監裴匪躬、內常侍范雲仙竟然私自去東宮探視皇嗣李旦，三人在一起密議，不知都說了些什麼？

「啊，竟有這事？」神皇不由皺起眉頭——登基大典，即將舉行，置此關鍵時候，嗣皇帝一舉一動，關係非淺，可不能有絲毫放鬆。但她也沒有輕信，而是下旨徹查，一查果然確有其事，連李旦也不否認，不過沒有什麼密謀，只是下了一盤棋。

神皇立刻下旨，將二人逮捕，交來俊臣審問。

不想來俊臣將裴、范二人逮捕後，任酷刑用盡，他們也只承認確實是去看了皇嗣，因為二人與李旦是鬥雞的雞友，常有往來的，這天去看李旦時，見其寂寞，無心鬥雞，便陪著下了兩盤棋，至於密謀，則是絕對沒有的事。

奏報上來，女皇帝雖看不出什麼破綻，但覺得此例斷不可開。為了斷絕外人與嗣皇的聯繫，她決定殺一儆百，將裴匪躬、范雲仙腰斬於市。

不想才過兩天，又有女皇帝身邊的團兒向女皇帝告密，說劉皇后和竇妃竟然在宮中用厭勝之術，詛咒神皇。

在宮中行巫蠱，這是歷代皇帝都嚴禁的，眼下嗣皇帝身邊居然有人犯禁，神皇雖有些不信，但還是派人去東宮抄查，這一查，還果然在劉皇后與竇妃所住的院子裡，挖出了兩個桐人，上面不但畫有符咒，且有女皇帝的生辰八字。女皇帝立刻下令將二妃處死。

既然行巫蠱之術，豈能沒有同謀？而眼下出入東宮的除了一班樂工，再無外人，神皇於是下令拷問樂工。

來俊臣將這些樂工們抓來，一個個用嚴刑逼供，有樂工終於熬不過了，準備誣服。可就在這時，有一個叫安金藏的太常樂工，在堂上大叫道：「神皇上不信金藏的話，金藏只能剖出五臟六腑讓神皇看！」

說完，奪過侍衛的佩刀，突然刺向自己的心臟，這一刀下去，立刻血流滿地，腸子也垮了下來。

神皇得知這個消息，親自趕到詔獄，看到這血淋淋的場面，立刻驚呆了。一邊下旨讓御醫用桑皮線為這樂工縫合傷口，抬下去治療，一邊歎息著對奉旨趕來質對的皇嗣李旦說：「巫蠱之事，你究竟參與還是未參與，就不能自己為之剖白嗎？」

本已緊張兮兮的李旦，此刻已被這血淋淋的場面嚇得有些癡呆了，神皇問他，竟然像個木人，沒有聽見，待母親一連兩問，他才猛然回過神來，立刻撲騰跪下，連連磕頭，說：「不知，兒子一概不知，既然他們做了，可將他們全部砍頭，不，先拷問同黨，再殺，殺、殺！請母后馬上將他們都殺了！」

么兒面白如紙，說話語無倫次。神皇望著，怒氣稍斂，揮了揮手，讓他退下。

李旦一直生活在自己身邊，他的性情及為人處事，自己最清楚不過的，平日除了鬥雞，就是鑽他的訓詁之學，臨古帖，習楷書，風流名士，富貴閒人，面對風雲變幻的政局，獨能處變不驚，置身事外。這種人會行巫蠱詛咒自己嗎？

可為什麼不利於他的謠言和事件，卻屢屢在他身邊發生呢？神皇不由陷入深深的思索之中——不久，她突然決定，駕幸東宮，親自去察看李旦和幾個皇孫的動靜。

眼下的東宮，熱鬧非凡，當她的步輦還在重光門外時，遠遠地便聽到一片笙簫鼓樂之聲。她有些詫異，前不久不是還殺掉了劉皇后和竇妃麼？外面風聲鶴唳，生命已朝不保夕，么兒何來如許心情？

聞訊趕來迎接的李旦忙解釋說：「是孩子們在為祖母大享明堂的典禮排練節目！」

神皇怦然心動，急匆匆趕去觀看。

殿上果然聚集了一群孩子，年齡稍大的是李賢的兒子李守禮，他因父母雙亡，被叔叔李旦收養在身邊，其餘就是李旦自己的四子二女：太子李憲、恆王李撝、楚王李隆基、衛王李隆範及壽昌、代國兩公主。他們中，以守禮年紀較大，也不過十三歲，李憲次之，十二歲，其餘都只有五六歲。

此刻，他們在宮中舞師的指導下，合著音樂，輕盈起舞。

神皇不想打擾他們，做手勢讓隨從不要驚動，只輕輕地走攏來觀看。

此時，樂工們演奏的是一支武曲，名《蘭陵王入陣曲》，曲子演繹了一個歷史故事，說北齊的蘭陵王高長恭因貌美而不威，為使敵人畏懼，每上陣必戴一假面具。齊人因此作《蘭陵王入陣曲》，演員在舞蹈時，也必頭戴假面具，並持干戈對戰，且戰且舞。

此時，樂曲早奏響了，年方五歲的李隆範登場，他頭戴繪著青面獠牙的面具，手持鋼鞭，合著音樂，用舞步走上紅氍毹，與已在陣上的李憲對戰，而五歲的壽昌公主和四歲的代國公主，則合著音樂，於一邊歌唱伴舞。

因是武曲，應講究舞姿的剛勁和力道。皇子和公主年紀雖都不大，但教導他們的是來自西域的龜茲舞師。隆範和李憲的舞姿說不上孔武有力，卻富變化，且一招一式，很是到位；而兩個嬌小可愛的公主，就像兩個小精靈，面上塗的脂粉，怎麼也掩蓋不了那天真無邪的笑靨，笨拙的舞姿，根本說不上翩躚飄逸，但稚嫩而富童趣，口中似是在合著音樂而歌，咿咿呀呀，口吐奶香。神皇不覺近前細聽，原來她們果真是在唱讚美她的歌：

衛王入場，
祝願神皇；
神皇萬歲，
孫子成行。

神皇御極，
天下安康。
民豐物阜
萬世綿長。

神皇本是前來問罪的，不想見到這場面，聽著這童稚的讚歌，不由也感動了——青年時代，曾經親手扼殺過親生女兒的神皇；曾經大筆一揮，將皇室宗親殺得血流漂杵的神皇，那是因為利害所在，不是我死，便是他亡，別無選擇。眼下，垂暮之年的老婦，其地位已是穩如泰山。回過頭來，怕的是寂寞，要的是親情——帝王的寶座，是只能容一人立足的巔峰，除了寒風冷月，談不上溫情，那是魔鬼的生活，魔鬼就不怕寂寞嗎？他們可是自己的親生啊！眼下，這稚嫩的童音，終於喚回了她那早已逝去的母性，心中的種種惡念，也化作了節節柔腸。她默默地聽著、聽著，眼眶裡竟然也溢滿了淚水。

75

就在這時，音樂突然停了下來。原來正在指揮的龜茲舞師發現神皇駕到，立刻跪下請安，眾人一驚，不由一齊停下並也跪了下來。

神皇迅速抹去淚水，換上笑臉向他們揮手，讓他們起來，又走近前，拉著李隆範的手誇獎說：「隆範，你這蘭陵王跳得不錯嘛！」

李隆範說：「謝謝神皇奶奶的誇獎！」

神皇又向兩個公主招手，說她們也跳得好。倆孫女也連聲說謝謝奶奶。神皇笑著點頭，目光卻在人叢中逡巡，終於，她發現李隆基了，就跪在李守禮後面，頭昂著，一雙眼睛正骨碌碌地向上頭張望。神皇於是向李隆基招了招手，示意他走近前來，待走攏，她又撫著隆基的頭，問道：「隆基，他們都有節目，你怎麼沒有呢？」

比起兩個妹妹，隆基顯得要早熟。眼下，他口氣老道地說：「他們有，隆基當然也有。」

神皇說：「為什麼說當然有呢？」

隆基得意地說：「跳舞算什麼，孫兒和守禮哥哥還會演參軍戲，他們就不會。」

「參軍戲」又叫「弄參軍」，源於俳優，發展為雜劇，上場時，以參軍和蒼鶻兩個角色，作詼諧滑稽的表演或對白。神皇最愛看參軍戲，發悶時，常將俳優們召來，看他們作滑稽動作，聽精彩對白，引以為樂。眼下她一聽伶牙俐齒的李隆基能演參軍戲，不由興趣來了，忙說：「會演參軍戲的能現演現編，即興發揮，你也能嗎？」

隆基把握十足地說：「當然能。」

神皇心中高興，決定給孩子們一點甜頭。她清楚，孩子們眼下已沒有多少零食吃了——李旦雖為嗣皇帝，但被廢黜已是早晚的事，居於東宮，形同軟禁，不但屬官已全部解散，就是內廷對他的供給，也大大裁減，而跟在他身後的子侄，衣食也就談不上周全。

於是，她令人從御廚端來一大盤剛燒烤出來的鹿脯，說：「好，奶奶最愛看現編的參軍，你就和守禮現編一段給奶奶看看，演得好，賞你們吃燒烤。」

說著，先遞一塊大的給李隆基。

李隆基謝過祖母，接過鹿脯並不急著吃，而是在守禮耳邊嘀咕什麼。

李賢生有三子：光順、守禮、守義。光順已成年，父親獲罪，他也就慘死祖母刀下，守義也被嚇得鬱鬱而終，守禮算是碩果僅存。父母雙亡，寄養在叔叔這裡。眼下他膽怯地望一眼祖母，有些不願，隆基卻強拉著哥哥的手跑向後面。

不一會，二人終於化妝出來了，果然是一個參軍（副淨），一個蒼鶻（副末）。不過演參軍的隆基手中仍拿著那塊鹿脯。

須知李隆基可是梨園鼻祖，天生的滑稽演員，年紀雖小，出場就臉上有戲，一頻一笑，妙趣橫生。他一邊走，一邊沒命地啃鹿脯，一會兒噎住了，一會又硌了牙，那狼吞虎嚥的誇張動作，那故意引誘蒼鶻，欲與又止的表演，令人忍俊不禁。

跟在後面的蒼鶻李守禮，見他吃得這麼香，便上來搶，搶不著，便向他討，討也不給，糾纏了好一會，蒼鶻總總得不到，蒼鶻便問參軍，為什麼吃得這麼貪？參軍說，要趁現在奶奶還肯給我們吃時多吃一點，將來餓肚子的時候，想吃也沒有。蒼鶻囁嚅著說，你錯了，哪有奶奶作皇帝，孫子餓肚子的事？參軍卻望奶奶一眼，大聲地說，你錯了，奶奶的東西是寧願給外人，也不願給自己的親孫子的。

皇嗣李旦在祖孫對話時，見祖母喜歡孫子，還暗中高興，他清楚，在母親即將舉行的登基慶典上，隆基和守禮是準備了獻演節目的，今日正好彩排，讓祖母高興。不想二人出台，開口便不是原來預演過的，李旦的心不由怦怦然。這戲才幾個動作，幾句台詞，李旦想警告或制止都來不及，待李隆基最後一句話出口，李旦一下嚇得面無人色，立刻衝上去，甩手給了隆基一巴掌，並大喝道：「胡說，你這小東西，不想活了！」

李隆基的話出口時，全場的人先是一怔，接著便是死一般的沉寂，只齊刷刷地把眼光投向神皇，李旦更是誠惶誠恐，撲騰一下跪倒，磕頭請罪說：「神皇，母后，兒臣馬上將逆子處死！」

神皇開始也很衝動，心中已不是小蟲子在蠕動，而是像貓兒在抓撓，但她極力克制自己，不讓它爆發出來。見李旦請罪，她先伸手制止李旦的莽撞行為，說：「小孩子家的，演戲就是演戲，自古歷來，俳優就有寓諫於諷的規矩，聽的人要能容忍。你為何要打人呢？打人就是心虛！」

李旦聽神皇如此說，更加不知所措。神皇卻不再理睬他。她緩緩地轉向才六歲的隆基，和顏悅色地說：「隆基，你過來，奶奶問你，這是你現編的，還是守禮這逆種編的？」

十三歲的守禮嚇得發抖——因是李賢生的，他是奶奶最不喜歡的孫子，經常無緣無故被祖母下令棒打，可憐的孤兒身子骨已受了嚴重的內傷，一遇陰天便發痛，到了能預報天氣的地步。眼下見祖母又怪上自己，立刻磕頭如搗蒜，哭著請罪說：「神皇奶奶，不關守禮的事，不關守禮的事，是隆基編的，連孫兒的話，也是隆基教的！」

隆基卻不怕。他捂著被父親打痛的半邊臉，眼眶裡雖噙著淚花，卻沒有讓它流下來。眼下見祖母向自己招手，便慢慢地走過來，一副不肯認輸的樣子，倔強地說：「不關守禮哥哥的事，確實是孫兒隨口而出的。」

神皇又和顏悅色地問道：「好，奶奶相信你。即興發揮，且編演得這麼好，足見你天資不凡。但奶奶的好東西寧願給別人也不給你們，這話是你父親平日告訴你們的嗎？」隆基見奶奶樣子不嚇人，便昂頭頑皮地一笑，說：「這都是孫兒看得見的。」

神皇掃了跪在地下的兒子一眼，李旦委瑣懦怯，像一隻待宰的羔羊，哪像個背地使壞的樣子？回頭又死死地盯著隆基，說：「那麼說，只有你才敢恨敢說了？你為什麼這麼恨奶奶，是因為奶奶殺了你的母親嗎？」

隆基煞時收斂了笑臉，而且，淚水噴湧而出，頭低著，不發一語。神皇又提高語調說：「隆基，你母親竇氏和劉氏狼狽為奸，暗中詛咒奶奶早死，難道不該殺嗎？」

天威咫尺，索命須臾。眾人無不聳然，小娃娃隆基卻什麼也不怕，竟然把頭一昂，倔強地說：「不，這是沒有的事。孫兒只見母親每天都在為您祈禱，祝您長壽，這是孫子親眼所見，您為什麼不信親孫子的話，卻信壞人挑唆呢？」

女皇帝很是吃驚，不由暗暗喝采，說：「小傢伙，不要胡說！你母親暗中詛咒奶奶是有證據的，宮中挖出的那些東西便是。」

誰知隆基又反問道：「就說有這事，不是還有許多人在為您祈禱嗎？未必這麼多人的祈禱，也不能抵消兩個人的詛咒？」

此言一出，跪在地下的李旦更不知如何是好了，只連連磕頭說：「神皇，母后，隆基忤逆不孝，兒臣一定將他親手除之！」

要說，隆基這話是十分悖逆的，但恁心而論，責無不當，一下就將神皇噎住了。她怔在那裡，心被貓撓的感覺更甚，思之再三，終於慢慢地舉起了手，待在一邊的執金吾，也做出了捕人殺人的準備。可就在這時，她的眼神與隆基的眼神相遇了，天哪，這可是自己最熟悉的一雙眼神！

神皇一下亂了方寸——僅此一瞬間，她猶豫了，舉著的手放了下來，要往外噴火的眼睛，也收斂鋒芒，漸露祥和之色，解嘲似的笑一笑，回頭責備兒子說：「你為什麼要殺他呢？朕能容這個親孫子，你就不能容這個親兒子嗎？告訴你，只有隆基才像朕的孫子，敢想敢說，敢作敢為，將來一定有出息。」

說著，示意一邊的周常侍將整盤鹿脯端上來，賜與隆基，又轉身親切地對他說：「隆基，你說祖母好吃的只給外人吃，不給你吃，不就是區區一份燒烤嗎？祖母讓你們吃個飽！」

望著隆基接過了整盤鹿脯，她又拉住要下跪的孫兒，親切地撫著他的頭說：「隆基，今後你想母親時，就常來奶奶這裡吧，奶奶會對你好的！」

說著，擺駕回宮。

一路之上，神皇不由想起了貞觀大帝——這個在夢中一直向自己惡臉相向的前夫，那回在夢中，竟然一改往日的凶橫，牽著一個活潑可愛的小孩向自己走來，說他就是自己的冤家債主。她一直在猜測，在暗中留意，四個親生兒子中，得傳乃祖遺風的虎子只李弘、李賢，但都被自己收拾了，所剩李哲、李旦，只算得犬子豕兒，就是第三代中，像李賢的兒子守禮，李哲的兒子重潤、重福，像李旦的長子李憲，次子李撝，也個個如泥豬土狗，劣棗歪瓜，只有這個李隆基算是鶴立雞群，一枝獨秀。

他就是命中的冤家債主嗎？

一閉上眼睛，就看見面前那雙黑白分明的雙眸，她對它太熟悉了，就是這一雙眼睛，曾經在她面前爆發出電光石火，讓她意亂神迷，深深地銘記於心，一輩子也抹不掉，哪怕一步步走到了今天，她也始終覺得，背後就是這雙眼睛在瞪她，在激勵她，想不到記憶中的這雙神祕的眼睛，竟然在這孩子身上復活了。

懦怯的、毫無男子氣的嗣皇李旦，是不敢背地詛咒自己的，自己在宮中耳目密布，別人就是生有九個膽子，也不敢在背地教唆，小小的李隆基，口齒伶俐，思維敏捷，想得到，做得出，用不著別人教，這還是一個才六歲的娃娃呵！

人看髫齡馬看駒。上天決定他將來做什麼，出世時那一聲啼哭，有心人就應該聽出不凡——隆基的讖語，讓她似乎看到了造物主就在面前。她終於可以肯定了，這個伶牙俐齒的皇孫，就是自己夢中的冤家債主，他是來討債的。

那麼，面對一個將來必危及武氏皇權的對頭，難道還要姑息？

當時，她的手已經揚起來了，那是殺人的信號。她差點就要下旨，將這個才六歲的孫兒殺死，不，一旦動了刀，她有可能將遺下的幾個親骨血斬草除根，包括李旦和貶斥在外的李哲，一了百了。可手才揚起，卻怎麼也下不了這個決心——面前這一雙炯炯有神的眸子，分明是貞觀大帝再世。是曾祖父託生在曾孫子身上嗎？儒家說天意，佛家談因果，如果是這樣，那只能證明這一切全是天意，全是因果，前生既已種下，今生也要吞嚥，哪怕是苦果。自己的成功便證明了這一點。

眼下的她，已無所畏懼，唯一怕的，就是天意——當年雄猜陰狠的貞觀大帝儘管費盡心機，卻不能除掉近在肘腋的自己，終於讓自己一步步走到今天。那麼，自己又怎能除掉這個嶄露頭角的冤家債主？

殺掉一個明的，能不再來一個暗的？

「金簪兒掉到井裡，是你的終歸是你的。」她又想起這句話，但這話的前提卻是誰是金簪兒的真正主人？

……意念的流轉，終於化戾氣為祥和，頓時的領悟，讓人有海闊天空之感。她想，退一萬步說，自己這皇帝已是做定了，那是誰也無法阻擋的，只要能予泉下的貞觀大帝以羞辱，餘願已了，至於後繼何人，何必在意？

76

九月九日重陽節，神皇終於登上了洛陽則天門城樓，向萬民正式宣告武周革命，接著，下旨改國號為周，自稱「大周聖神皇帝」，改年號為載初，以明年為天授元年，並大赦天下。

三年後大周聖神皇帝又應武承嗣等臣子的請求，加自己的尊號為「金輪聖神皇帝」。又兩年，她再加自己尊號為「越古金輪聖神皇帝」。

被革了命的嗣皇帝李旦被改稱「皇嗣」，且終於奉旨改姓武，並改回原來的名字，曰：旭輪。

帝號改來改去，眾人並不在意，他們已承認女皇帝的絕對權威了，該關注的是皇帝的繼承人。「皇嗣」可不同於「嗣皇」，這是一個沒有先例的名稱，嗣皇其實比太子還更進一層，是法定的皇帝，只是沒有正式登基而已，而皇嗣從字面上看，僅僅是皇帝的子嗣，能不能繼承皇位，尚不可知也。至於原來的皇太子李憲，則依次類推為皇孫，他們兄弟和父親一道，也一律被賜姓武。

鳳閣侍郎宗秦客又新造「天、地」等十二個字，奏報上來，太后都一一採用。這以前的武太后御諱為「武明空」，眼下當了皇帝，為方便臣下避諱，她下旨改自己的名字為「曌」。而將皇帝的「詔書」改稱為「制書」，第一道「制書」就是下令在京師為武氏七祖建廟，因武姓本源自姬姓，於是，她追贈周朝的周文王姬昌為始祖文皇帝，王后姒氏為文定皇后，以此類推，從周文王直封到周安成王，再到武姓七祖，統統追封為皇帝；而李唐皇朝的太廟，則被改為享德廟，雖保存了李唐列祖列宗的畫像和神主，但已不能享受帝王一級的供奉了。

武周革命，九轉丹成，以女兒之身而登大寶，開千古未有之先河，要說雄豪，誰人比得？這足可告慰生平，讓天下男兒汗顏；也足可示威泉下，讓貞觀大帝瞠目。然而，太子未定，儲位尚虛。這成了武氏子侄們眼中一塊最大的肥肉，也成了武家人最大的心病——沒有這顆楊梅口不酸啊，何況是未來的、富有四海的天子之位呢，這可是古往今來，多少英雄好漢拚了性命都要爭的。

武承嗣已不敢再正面說了，自己的所作所為，已難保不落痕跡在姑母眼中，趙孟所貴，趙孟能賤之。自己的父親、伯父們是怎麼死的，能不記憶猶新？須知自己這不是在釣魚，而是在玩火，稍有不慎，或是性急了，不是到手的魚兒會溜，而是引火焚身，自己將不得好死。

——不久，洛陽再次發生了數百民眾請願的事。武周革命已成功了，還請什麼願？原來太子未立，儲位空虛，民眾向神皇懇請：廢皇嗣武旭輪，立魏王武承嗣為太子。領頭的便是洛陽人王慶之。

女皇帝得到奏報，立刻於萬象神宮接見王慶之。

王慶之雖是一介布衣，卻也能說會道。這以前，布衣是根本見不到天子的，眼下女皇帝開千古未有之先河，不但允許平民上書，且也允許布衣入覲。於是，王慶之得以昂首闊步地走進了明堂，三跪九叩首的大禮行過之後，女皇帝開門見山地責問道：「皇嗣武旭輪為朕親子，豈能輕易廢黜？」

王慶之跪在地上，不慌不忙地回奏說：「陛下，今日之天下，本是武姓的天下，既是武姓的天下，又豈能以李家人為嗣？有道是：神不佑非類，民不祀非族。皇嗣武旭輪雖是陛下親生，卻是李家血脈，雖賜姓武，卻是『假武』，『假武』焉能繼『真武』之業？故小人為此赴闕，愷切陳詞：請陛下一秉公心，忍痛割愛，廢武旭輪而立魏王武承嗣！」

女皇帝沉吟良久，揮了揮手，說：「立儲廢儲，國之大事，爾以布衣，豈能輕易言及？若在貞觀朝，爾項上頭顱還能保全嗎？朕今不加罪於爾，爾且退，此事容朕緩圖。」

王慶之見女皇帝和顏悅色，並沒有責怪之意，膽子大了些，於是，又磕了一個頭，朗聲奏道：「儲位空虛，萬民憂懼。小民等才冒死上此公稟，望陛下許以時限，回去後可向百姓曉諭，就是再有所見，也可隨時向陛下陳奏。」

女皇帝算是體諒王慶之的苦心，說：「爾等放心，朕百年之後，定當為百姓擇一明主，不過眼下時機尚不成熟。今朕賜爾金牌一面，往後但有所見，即可持此牌赴宮門請見，禁衛斷不敢留難。」

說著，果真賜王慶之金牌，王慶之於是拜舞殿階，謝恩而退。

不想這面金牌之賜，卻為女皇帝惹來不盡煩惱——王慶之不知進退，不識輕重，竟然持牌，隔三岔五請見，且喋喋不休地談皇太子之立，硬逼著女皇帝表態，女皇帝不由火了，乃將王慶之抓起來，交宰相李昭德審理。

事情落到李昭德手上，王慶之就有吃不盡的苦頭了。開始時，他還嘴硬，說儲位空虛，恐小人覬覦；匹夫憂國，不避鋒刃，冒死陳詞，不應罪我。

話雖官冕，李昭德哪信這套？帶到堂上，立刻令他說出背後主使人。見他不說，喝令動刑，這裡才把夾棍一扔，王慶之便一一吐供，說是受魏王武承嗣主使。

李昭德明知這是實話，卻說他這是胡攀亂咬，於是，毅然下令，將王慶之揪至端門外示眾，說：此賊以區區布衣，竟敢莠言亂政，且侈言廢立，誣攀魏王。

此時端門外聚集了不少官員和王慶之的追隨者。針對廢皇嗣的主張，昭德逐條駁斥，眾官員口說擁新，其實依然念舊，有李昭德這麼一駁，馬上同聲譴責王慶之，就連魏王武承嗣，也不好出面為他求情。

昭德於是下令，將王慶之於宮門外亂棒打死。

那班跟在後面請願的洛陽無賴見狀，嚇得一哄而散……

女皇帝原只望藉李昭德之手，將王慶之儆戒一番，不想竟被打死，她召昭德上殿，責備說：「王慶之雖然出言無狀，卻罪不至死，卿將其立斃杖下，有負朕建明堂、開言路、通天下之情的初衷。」

李昭德不慌不忙地磕頭請罪，說：「皇上欲廣開言路，通天下之情，此誠美事，王慶之以布衣上書，只宜陳奏民間隱情，百姓疾苦，豈能涉及宮闈，離間陛下骨肉？且皇儲之立，國脈所繫，這是何等大事，王慶之妄揣聖意，逢迎權貴，罪該萬死，臣奉旨審理，不能不依法而行。」

女皇帝不覺沉吟。她明白，「權貴」之所指，無非就是自己的親侄子武承嗣，他想當太子都想瘋了，當面不敢說，便再次來一回「請願」。她能答應嗎？想到此，她不由點頭說：「卿之言自是正理。不過——王慶之雖是小人，其言卻不乏可取之處。」

李昭德仔細咀嚼這話，早已明白女皇帝心裡在想什麼，他不正面回答，卻問道：「臣不明白陛下之所指？」

女皇帝說：「王慶之赴闕上書，曾說『神不佑非類，民不祀非族』。卿以為此言當否？」

李昭德早就在等女皇帝說出這話，他明白，女皇帝之所以賜王慶之金牌，就因這話確曾予女皇帝以震撼，自己要駁便要從這根本上駁起。於是，他故作一驚，說：「微臣不知王慶之還有此說。」

女皇帝急忙說：「不是嗎，他首次赴闕，見面就這麼說過，接下來，才有廢旭輪，立承嗣之請！」

李昭德不屑地一笑，說：「原來如此，看來，此賊雖也打著正本清源的旗號，卻反其意而用之，不但混淆黑白，且顛倒了親疏。」

女皇帝辯解說：「王慶之的意思是江山既然姓武，而旭輪卻是假武，不是武家血胤，所謂非類非族，蓋指此也。」

李昭德連連磕頭，說：「皇上，王賊此說大謬，請聽微臣為陛下剖析之：陛下雖為武姓，卻是高宗元后，李家嫡母，與天皇有夫婦之情，與皇嗣有骨肉之親，十月懷胎，三年哺乳，這可是血肉相連，非一般親族可比。非類非族之說，從何談起？陛下傳位於親子，方合古聖親親之正理，若傳於承嗣，臣恐陛下千秋萬歲之後，夫婦皆不得血食。」

女皇帝說：「承嗣為朕之親侄，豈能背親棄義？」

李昭德說：「皇上聖明，承嗣雖為皇上侄子，但古往今來，哪有侄子為帝，能為姑母立廟者？所以，神不佑非類，民不祀非族，其本意即在此！」

女皇帝一聽，一下呆住了。

——李昭德這番話，吹糠見米。女皇帝不是看不到，只是一想起自己苦心經營，改朝換代，卻只能及身而止，到頭仍只能轉於李姓，便難消心中塊壘。眼下聽李昭德這麼一剖析，沉吟半晌才說：「唉，李卿，此所謂世俗之常談也，朕豈不知？可個中其難其慎，朕一時難於言傳，且不是常情能體會得。卿且退，容改日再議。」

77

李昭德一走，女皇帝心潮起伏，眼前一會是武承嗣的影子，一會又是六歲的孫兒隆基，就像走馬燈似的，轉來轉去……

不想這裡李昭德回家之後，立刻又寫一道密奏，呈獻上來——這回，李昭德直言：魏王武承嗣威權自用，恐不利陛下。

這以前，狄仁傑等好幾個宰輔也說過類似的話了，女皇帝覽奏後並未在意。眼下李昭德竟然也這麼說，女皇帝那根敏感的神經立刻繃了起來。

武承嗣想當太子，如毛猴子欲吃煨山芋，饞相畢露，急不可耐，這是女皇帝看在眼中的；他背後那些小動作，女皇帝口雖不說，心知肚明。眼下一見李昭德的奏報，大有未盡之意，她急於弄明白李昭德還想說什麼，於是，當天即召見李昭德，並賜宴於偏殿。

君臣舉杯，邊飲酒邊說起過去——原來李昭德的父親李乾祐本是貞觀大帝時代有名的直臣，很受信任。至高宗初登大寶的永徽年間，李乾祐不畏權勢，曾上表彈劾褚遂良，此事成為武后翦除長孫無忌黨羽的突破口。眼下女皇念舊，且為了拉攏昭德，故舊事重提，且不勝感慨。

李昭德口中唯唯，心裡明白，女皇帝要說的話在後頭。

果然，酒過三巡，女皇帝又說：「李卿，你密奏魏王權重，且有『威權自用』的話。朕細讀奏章，似言猶未盡，今日可暢所欲言——朕御極以來，武承嗣屢遭貶斥，權重之說，從何說起？」

說著，便歷數自己有意抑制武家，武承嗣、武三思幾度被貶的事。不想李昭德卻微笑著說：「誠然，皇上對臣下控馭有方，功必賞，罪必罰，刑賞之權，從不寬假。魏王、梁王都因此一貶再貶，這都是天下有目共睹的事。不過——時勢不同，境界各異。時至今日，朝野上下就不這麼看了。」

女皇帝大感意外，說：「朝士們怎麼看？」

李昭德忙離席磕頭，且說：「稟陛下，有道是疏不間親。微臣之言，有可能遭誤解，望陛下明察。」

女皇帝忙安慰道：「朕素知汝父子忠誠，今日君臣傾心相見，要的便是直言無忌，再說，辨忠辨奸，朕自有權衡，區區一言，豈能左右？卿但說無妨，錯了也怪不到卿頭上。」

說完令李昭德起來說話。李昭德起身歸座，侃侃言道：「陛下以女主而承大統，乃上應天心而下順民意之壯舉，眼下天下歸心，四夷賓服，國運蒸蒸日上，實可喜也。雖然如此，畢竟開千古未有之先河，加之皇儲未定，朝野上下，心存疑懼，這也情在理中。魏王為陛下親侄，非分之想，已溢於言表。陛下細想，近來百姓頻頻上書請願，豈是空穴來風？皇嗣數度被誣，能不事出有因？而翻雲覆雨，製造輿論，想迷惑視聽，以圖亂中取利、捷足先登者，捨魏王、梁王又其誰也？一旦陛下有所疏忽，能不禍起蕭牆？」

女皇帝不由沉吟，好半晌，竟連連搖頭說：「卿言過矣，承嗣、三思都是朕之親侄，縱有奪嫡之心，卻無作亂之膽。」

李昭德話說到這份上，也就毫無顧忌了，連連搖頭說：「不然，不然，姑侄雖親，豈可與父子比？可古往今來，以子弒父的事豈少？更何況據臣所知，這以前，榮國夫人生前，孤兒寡母，頗遭魏王、梁王父母欺凌，個中酸楚，非人臣能忍言者。有道是：炎涼之態，富貴更甚於貧賤；權力之爭，骨肉尤狠於外人。眼下魏王以皇室宗親出為文昌左相，同三品，出旨權，行政權，皆為他一人掌控，鳳閣鸞台，以魏王一言而決，而梁王遙為聲援，其餘諸武，無不桴鼓相應，滿朝文武，誰敢不唯魏王馬首是瞻？在魏王心中，太子本是他囊中之物，而陛下卻遲遲未決；這以前，陛下兩度將他貶斥，陛下無非向天下示以公心，可以魏王的肚量，難保不心生怨恨？一旦變生肘腋，不知陛下將何以措手？」

嗜血成性的女皇帝，陰謀和權術早已是家常便飯。李昭德這話出口，最投合女皇帝的心思，尤其是「炎涼之態，富貴更甚於貧賤；權力之爭，骨肉尤狠於外人」一句，更於她以震撼。她本是敢想敢做，從不把親情放在心中的人。自己能以這種手段對付別人，別人就不能用同樣的手段對付自己？以子弒父，不要說遠了，隋楊廣就是；以弟弒兄，且壓迫親生父親，擺在面前的就有貞觀大帝。女皇帝對這些歷史爛熟於胸，只消稍一點撥，立刻恍然大悟。

想起當年母寡姊幼，同父異母的幾個哥哥對母親和自己的刻薄；想起自己得志之後，承嗣、三思的父親元慶、元爽，及堂兄懷運、懷遠一同被貶竄，而善氏被打得皮開肉綻，露出了骨頭，死於非命，不覺心虛膽寒，忙點頭說：「此言極是。李卿，若非你提醒，朕險些鑄成大錯。」

於是，就在第二天，女皇帝突然頒旨，將李憲、隆基等幾個親孫子統統封為親王、郡王，同日出閣開府——搬出東宮，在外面另賜府第，從而也結束了這班龍子龍孫們的軟禁生活。

接著，任職文昌左相的親侄子、魏王武承嗣被罷為特進。特進只是虛銜，不是職事官，位雖尊，權卻沒了。

武承嗣終於氣病了。太子未當成，卻丟了宰相的職務，而且，在面君時，女皇帝望他時，已換上了一副冷冰冰的面孔。他明白，自己被忠於李唐的大臣暗算了。細細打聽，不久就有了結果，他豈甘心？於是，將這事託付於來俊臣——他們已聯手幹了不少大事了，何況來俊臣也恨極了李昭德呢？

不久，女皇帝接來俊臣密報，說宰相岑長倩、歐陽通和格輔元多次在家中密謀，且詛咒新朝必亂。

女皇稱帝前，文武百官們紛紛發起上表勸進，卻有相當一部份人沒有參與，這三個宰相就是沉默者之一，女皇帝已給他們記上一筆帳了，眼下終於有了他們謀反的證據，於是下旨捉拿，抄家砍頭。

接著窮追，就追到了李昭德身上。女皇帝對李昭德是絕對信任的，所以，開始時，她不為所動。武承嗣親自面奏，說李昭德謀反。女皇帝說，我有昭德，可高臥無憂，他能代朕勞苦，你可遠不及他。

不想許多大臣跟著上疏，這個說李昭德專擅，那個說他參與宮中密勿，每多洩漏。女皇帝心中明白，千夫所指，無病而亡，再不遣開他，李昭德有可能會丟腦袋。

她終於下旨，貶李昭德為欽州南賓尉——算是放逐遠惡荒州了。

儘管這樣，仍不能消除武承嗣胸中惡氣。接著，又有人舉報宰相狄仁傑、裴行本、任知古及肅政御史魏元忠等七大臣謀反。

七人一齊被抓到了「例竟門」，來俊臣令魏元忠等人承認謀反，魏元忠不認，立刻受到酷刑逼供，但魏元忠除了謾罵，卻沒有口供。不想審到地官侍郎、同鳳閣鸞台三品狄仁傑時，他卻一訊即供，說：「大周革命，萬物維新。唐朝舊臣，甘從誅戮。反是實。」

這回答讓來俊臣很滿意，狄仁傑因此受到優待。他假說寫供狀，向獄中小吏討來筆墨，將自己冤情寫上，把它塞入棉衣套中，謊稱天氣已熱，請捎回家拆洗，終於將冤狀送達了兒子手中。兒子狄光遠於是持狀赴闕告變，女皇帝終於得知實情。她召見狄仁傑，說，卿既不反，又何自承反是實？仁傑說，審臣時，堂上鮮血淋漓，已打死十數人。臣若不認，即可立斃杖下，豈能來見陛下？

女皇帝是欣賞狄仁傑的，此人為了百姓，可不避斧鉞，尤其是在河南審理越王李貞謀反一案時，反對濫殺無辜，頗得百姓愛戴。當下免了仁傑等七人死罪——他們能從「例竟門」出來，算是奇蹟了。

女皇帝為了坐穩江山，利用酷吏，利用嚴刑峻法，殺李唐皇室宗親數百人；滅大臣、刺史、郎將等上百家，上萬人。

在充滿血腥的朝堂上，女皇帝自己也有些暈暈乎乎了……

第十八章 女皇新寵

78

新年過後，御苑仍一片蕭條。寒梅雖已開放，牡丹、芍藥卻沒有半點消息。兩京宮中及一班富貴人家，有採用溫室育花的，但很難成功，且數量有限。太平公主知母后最愛牡丹，乃別出心裁，令人在自己府中的後花園，用絨布和彩紙做假花，忙了幾天，居然也一朵朵掛滿枝頭。立春這天，天空中正在飛雪，她特地上表，迎母后到府中賞花。

女皇帝聽女兒說起她府中有花，不由心動，乃帶著皇嗣來到公主府中，一進後園，果然氣象萬千——園中雖白雪皚皚，但掩不住盎然春色，不但寒梅怒放，牡丹、芍藥也爭相鬥妍，加之有白雪襯托，更顯得萬紫千紅一片，雖然聞不見花香，招不來蜜蜂，卻也能賞心悅目。

武攸暨又在園中暖閣大排筵宴，敬奉皇帝一行。女皇遊過園後，欣然赴席。皇嗣武旭輪一見這別開生面的花園，為討好母后，便說回去後，也要學樣在御苑照做。女皇帝目不轉睛地盯著他，好半晌，忽然改用家人口吻，且十分親密地說：「旭輪，我不是讓你帶著隆基他們一道來嗎，怎麼就你一人來了呢？這裡是他們的姑姑家，又沒有外人。」

武旭輪全身的神經立刻繃緊了——自從那次看演參軍，隆基出言無忌，他當時只差沒有嚇昏，母親一走，他就狠狠地教訓了隆基，讓他跪了一炷香才起來。眼下的他，連樹葉掉下來也怕砸著腦袋，一聽母親又提到這個天不怕地不怕的禍根子，雙手一抖，忙掩飾說：「前天中午，他們幾個在庭院裡堆雪人，不知怎麼隆基就感冒了，今天還有些發燒，兒子不敢帶他來。」

女皇帝一聽孫子感冒了，關切地說：「小娃娃，芽花花，親娘又沒了，你這個父親應該多操點心，庭院風大，怎麼能讓他們久玩呢？這不，病了吧，回頭我讓御醫瞧瞧去。」

聽這口氣，真與民間百姓家的老太太一般無二，關心孫子，噓寒問暖，口氣之隨和，如春日陽光燦爛，不見半點陰霾。尤其是說起隆基的親娘，好像這個兒媳婦是正常死亡的，這讓武旭輪怎麼說呢？伺候這樣一個母親，和風甘露、震雷暴雨都可驟然而來，也可驟然而去，保不定陽光燦爛時，不知從哪裡會飄來一片烏雲，立刻就會狂風大作。所以，越是這樣的情況，他越不敢怠慢。忙說：「請皇上放心。隆基已服過藥了，不日就會痊癒的。」

母親仍目不轉眼地盯著他，又用嘲諷的口吻說：「眼下你不作嗣皇了，安邦治國的事你大概也不管不顧了，就放心去鬥雞、擊鞠罷？」

武旭輪聽母親說到國家大事，且有些責備之意。他覺得挺滑稽的——廢在藩邸，形同囚犯，能去安什麼邦，治什麼國？可他也不辯駁。只涎著臉皮笑著，說：「兒子的大事就是孝敬皇上，膝下承歡，每天讓龍顏歡悅。只要皇上延年益壽，兒子就可高枕無憂，又何必去想那些空事呢？」

女皇帝對兒子的表現很不滿，連連冷笑說：「哼，好個樂不思蜀的劉阿斗，朕是你的親娘，可不是司馬炎，知道嗎？李憲都大人了，李隆基也七八歲了，你該為他們做個好榜樣，朕看隆基這孩子很聰明，你可要好好地督促，發蒙讀書時，若仍天天看到你鬥雞，他們也不會安心讀書。」

劉阿斗和司馬炎，可是兩個敏感的歷史人物，尤其是放在這對母子中間，更令人覺得殺機四伏。武旭輪嚇出了一身冷汗，但不敢在面上有所流露，只唯唯諾諾地點了點頭，不再說話。女皇帝又說：「聽說你於文學大有長進，字寫得好，詩也做得不錯，今天大家都聚齊了，你何不作一首詩讓朕看看？」

武旭輪低低地說：「難得這麼多親人在一起，只合喝酒賞花，團團一樂，又何必費心思作什麼詩？」

女皇帝說：「不行，你不理事，不看書，都快成酒囊飯袋了，這不讓臣下小看嗎？今後應該多習文事，將來才能為國家社稷出力。」說著，手向前面的芍藥亭一指，說：「今天不是立春日嗎？就以此為題，那邊清靜，你可去那裡構思。作不出來，你便待在那裡，不要來見朕。」

武旭輪無奈，只好向侍立在身邊一個女官點了點頭，帶著她去了芍藥亭。

不一會，他便興致勃勃地拿著一張詩稿來交卷了，女皇帝一看，詩題正是自己出的《立春日遊苑迎春》，雖是急就之章，內容卻也清新可喜：

神都福地伊洛邑，玉台金闕九仙家。
寒光猶戀甘泉樹，涉景偏臨建始花。
彩蝶黃鶯未歌舞，梅香嫩蕊已矜誇。

迎春正啟流霞席，暫囑曦輪勿遽斜。

女皇帝輕輕地吟著，覺得這詩作得不錯，不但意境好，且也點出眼前這景色有來歷，尤其是「暫囑曦輪勿遽斜」一句，分明包含了對自己的祝願。歡喜之餘，卻又生疑，忽然望了皇嗣身邊這個女官一眼，見她不但長得亭亭玉立，且眉宇間不乏清秀之色，忙問道：「你是誰，叫什麼，朕怎麼有些眼熟？」

女官趕緊躬身回答說：「奴婢名上官婉兒，這以前在宮中崇文館校書，陛下去崇文館時，便由奴婢侍候，所以眼熟。」

女皇帝頗感詫異，喃喃地叨念著，猛然用嚴厲的口吻問道：「上官婉兒？上官儀是你的什麼人？」

婉兒說：「罪臣上官儀是奴婢的祖父。」

女皇帝不由點頭，並若有所思地說：「哦，記起來了，掖庭令曾為你上過條陳，說你聰明有慧根，能過目成誦，所以，奏請將你調入崇文館點校圖書典籍。」

婉兒趕緊點頭，說：「皇上聖明。」

女皇帝卻仍目不轉睛地看著她，又低頭看手上嗣皇帝寫的詩稿，點頭說：「看來，掖庭令沒有說假話，你出身書香門第，家學淵源，兼有慧根，所以，不但詩作得不壞，且才思敏捷，是一個好槍手。」

武旭輪一聽最後一句，臉不由紅了，口中強辯說：「母親，皇上，這詩是——確實是兒臣做的。」

女皇帝揚手制止武旭輪說下去，說：「得了，你就不要逞能了，你有幾斤幾兩，朕還不清楚嗎？」

說完，回頭對婉兒怒目而視。婉兒見狀，趕緊跪下請罪說：「陛下聖明，奴婢知罪，奴婢該死！」

武旭輪生怕母親怪罪婉兒，忙請罪說：「是兒臣錯了，請皇上降罪兒臣！」

女皇帝不理睬兒子，雙眼卻仍死死地盯著婉兒，說：「能再來一首嗎？若作得好，可免你一死！」

婉兒俯伏在地，磕頭如搗蒜，說：「請皇上命題。」

女皇帝指著滿園紙花說：「詩人無跪詠之理，你先起來，就詠眼前的紙花，既要切題，又不許有一個紙字。」

婉兒謝過皇上，立起來，面對窗口，靈動的雙眸，緊緊地盯著枝上假花，只一會兒，就脫口吟道：

密葉因裁吐，新花逐剪舒。
攀條雖不謬，摘蕊詎知虛。
春至由來發，秋還未肯疏。
借問桃將李，相亂欲何如？

眾人一邊聽，一邊把眼來瞧皇上，只見皇上邊聽邊點頭，知道婉兒過關了。正要喝采，不想女皇突然眉頭一皺，說：「裁剪二字，雖暗喻是紙花，但攀條雖不謬，摘蕊詎知虛。借問桃將李，相亂欲何如，這四句卻有影射之嫌，分明是說，假的終究是假的，不能以假亂真，是這個意思嗎？」

女皇帝心虛，未免雞蛋縫裡尋骨頭。可婉兒哪敢自辯？趕緊再次跪倒，說：「皇上聖明，奴婢就事論事，別無他意。」

女皇帝冷笑說：「哼，好個別無他意。上官儀的孽種，能不藉此譏刺時事？」

說完手一揮，令左右將婉兒押下去。身邊的武旭輪因事件是自己引起的，不敢再進言招禍，一邊跪下請罪，一邊用眼色向太平公主示意。

太平公主就坐在女皇帝左首，她今天費盡心機把母親迎到府中，可是有好事的，怎能讓這麼一件小事敗興，於是，用手輕輕拉母親一下，說：「娘，女兒待會兒還有好事向您稟告呢，何必為一小妮子擾了大家的好興致？」

女皇帝明白，女兒今日把自己請來，本是討自己喜歡的，難得她從薛紹的陰影中走出來，一家子快快樂樂，就不要搞得大家不痛快吧。想到這一層，臉上才漸漸雲開雨霽。太平公主就坡下驢，指著仍在發抖的婉兒說：「為不掃皇上的雅興，就先寄下你這顆狗頭罷。」

說著，向一邊的周力士使個眼色，周力士帶兩個內監上來，將已是待宰羔羊一般的上官婉兒押了出來……

79

宴會散後，已是掌燈時分了。武旭輪怕席間失言，便推說不勝酒力，先行回宮。女皇帝卻仍被太平公主執意挽留著，待眾人都走後，公主示意駙馬出去，卻令家人另治杯箸於密室，再陪著母親小飲。

微醺的女皇帝，很想知道女兒的「好事」，來到密室後，就在暖炕上盤腿坐了，端一隻小金盞兒，小口地啜著甜酒，且笑盈盈地喚著太平公主的乳名說：「阿月，你把他們都打發走了，獨留下你娘，一定是有什麼事，說吧！」

太平公主詭祕地一笑，說：「娘，您真是太厲害了，隨便什麼人什麼事，總總瞞不過您這一雙眼睛。」

女皇帝說：「不是嗎，像上官儀那孫女——」

太平公主急忙打斷她的話，說：「娘，您怎麼老是離不開這話題呢，四弟的文思不夠敏捷，讓宮女幫一些忙也未嘗不可。內廷筵宴，或隨鑾駕出遊，那班王公貴戚做的詩，有幾個不請槍手的？我倒是挺欣賞那小妮子的敏捷才思！算了，不談這些了，今天做女兒的可真是有正事。」

女皇帝瞪她一眼，說：「什麼正事？我早說了，女生外向，千里隨夫。女人只要有了丈夫，便一個心思放在夫家，娘家就丟到九霄雲外去了。娘還你一個美丈夫，你雖不恨娘了，可你的心也沒有放在娘身上。我猜，你一定是想為攸暨加封，他已由千乘王改封定王了，還要怎麼樣？」

太平公主沒好氣地說：「娘，看您說到哪裡去了，攸暨是您指婚的，女兒仍只是嫁雞隨雞，嫁狗隨狗。再說，他是您的侄子，他的事女兒才懶得操心呢！」

女皇帝戳著太平的臉說：「看你這張貧嘴，橫說直說總有理，且這麼鬼鬼祟祟的，一定是打什麼壞主意。」

太平公主湊近來，在母親耳邊悄聲說：「娘，您這麼疼愛女兒，女兒過去曾頂撞您，心裡一直不安，眼下只想表一表孝心呢。」

女皇帝說：「只要你不在娘跟前尋死覓活的，娘就樂意了，可不要你的什麼孝心。」

太平公主搖頭說：「娘，不見得吧，您雖貴為天子，富有四海，可天下也有錢買不到的東西，只可遇，不可求。」

說著，輕輕地咳嗽一聲，她身後那扇小門就吱呀一聲開了，只聽一陣悉悉嗦嗦的聲音，像是有人整理衣冠。女皇帝正納悶間，忽覺眼前一亮——借著面前的巨燭，只見小門內走出一個十分英俊的少年，像是從天上掉下來的，見了皇上和公主，尚未通報姓名，立刻撲地跪倒，納頭便拜。

女皇帝於炕上細看此人，長身鵠立，五官周正，雙目蕩漾秋波，一身盎然春色，更令人稱奇的，是他那一臉白裡透紅的皮膚，水汪汪的，如凝脂軟玉，勝女孩兒多多；加之舉手投足間，都顯得十分有教養，斯文氣比明崇儼有餘，而莽和尚薛懷義，更是望塵莫及了。

女皇立刻明白女兒剛才所說的孝心，此時的她，整晚的宴飲，酒已上來，滿嘴膩膩的，盡是膻腥，只想來一根爽口的、頂花帶刺的嫩黃瓜，時值初春，雖是天家富貴，又何處尋此尤物？不想這少年的出現，正投合她的心思。當下心花怒放，先伸手將少年拉上炕來，捺坐在自己左邊，捏著他的手問道：「你是誰家的孩子，今年幾歲了？」

不知這少年是緊張，還是年輕人固有的靦腆，他低著頭，面皮血紅，嘴唇囁嚅著，好半天也沒有開口。太平公主卻於一邊答話了——只要瞥一眼母親的眼色，她便明白自己沒有錯用心思，此刻趕緊回答說：「他的家世呀，說起來也算得名門望族。姓張，名昌宗，定州義豐人，因行六，人稱六郎，父親曾官太常寺卿，叔父張行成更是貞觀朝的名臣，當過宰相、刑部尚書，封北平縣公。六郎本人詩文俱佳，且以文名享譽東西兩京。」

女皇帝一聽，一雙丹鳳眼頓時露出無限的迷惘，無限的貪婪。細看少年，仍未從靦腆中掙脫出來，頭仍低著，嘴唇仍囁嚅著，卻不說話。可他越是這樣，越像是才脫殼的雛兒，也越討她的愛憐，於是，她有意地戲弄他，不但放肆地拉他，且輕輕地捏著他的臉皮說：「哎呀呀，好一張嫩臉，麵人兒一般，不知是粉捏出來的，還是玉琢成的？阿月，你說說？他使用了什麼藥物保養，才讓皮膚這般滋潤？」

太平公主喜孜孜的說：「娘，他這膚色並未用什麼藥物，而是天生成的，所謂不搽粉自然白，不塗胭脂桃紅色，是個人見人愛的少年，因討大家喜歡，大家排他一個渾號為『瓷娃六郎』。」

女皇帝搖頭說：「唔，不，這張臉一下能掐出水來，就與水中含著露珠兒的蓮花瓣一般無二。叫瓷娃還嫌粗氣，應該叫蓮花六郎。」

張昌宗被皇上和公主這麼肆無忌憚地誇著，越加不好意思了。可女皇卻不管不顧——她就喜歡這一份靦腆，這一份矜持，這一份文人特有的典雅氣質。於是，她誇過他的膚色又誇舉止，且連連讚歎說：「不錯，不錯，這麼一表人才，又有這麼文靜的舉止，一看便知是世家子弟，但不知詩文根底如何？」

太平公主說：「母親，他的才情可好呢，詩也作得不錯，女兒這裡，有他不久前做的一首五言詩，不過，是詠的男女豔情。」

女皇更加興味盎然，說：「是嗎，快快念與娘聽。」

太平公主順手從小几上抽出一張粉紅色的小箋，於燈下念起來：

淮南有小山，嬴女隱其間。
折桂芙蓉浦，吹蕭明月灣。
扇掩將雛曲，釵承墮馬鬟。
歡情本無限，莫掩洛城關。

女皇此時已有八九分酒意了。她雙唇紅色，朱顏酡然，頭歪著，瞇著眼睛聽女兒念豔詩，那一雙鳳眼，細細的，像一彎初月，在燈光襯映下，就像園中那株老梅，迎著冬雪，正綻開著花骨朵兒。

公主吟著、看著，不由回頭掃一眼六郎，剛剛打住。女皇帝立刻抬頭，微笑著望六郎一眼，口中誇道：「不錯，這詩作得很香很豔，朕只怕伊洛的淑女全被你的才色所傾倒，你，你，六郎，你可曾參加過會試？」

張昌宗這才緩過神來，趕緊又離座跪下，稟道：「微臣還才中過舉，尚未參與會試。」

太平公主馬上接言說：「你書讀得多，詩又作得這麼好，無論參與明經或詞賦的考試，都能奪魁的。再說，做官的門徑多著呢，何必要去湊那個熱鬧？」

女皇也連連點頭附和道：「這話不錯，朕用人素來只看才能，不重門第，何況你門第也不差。聰明才俊，何愁不得朕的賞識！」

張昌宗得了皇上這句話，感激涕零，不用太平公主提醒，便趴在地上，一連磕了好幾個頭，磕得地板「乒乒」直響。女皇帝見了，心痛不已，趕緊將他拉起來，再次捺在自己身邊坐下，並親手斟一杯酒敬他，說：「六郎，就憑你這才情，請滿飲此杯。」

皇上親自向六郎敬酒，這可是莫大的恩寵，六郎趕緊離席謝過女皇帝，才轉身仰臉喝下。望著六郎一杯酒下肚後，臉上飛起一朵紅雲，真如畫中人物——女皇帝頓時心醉神迷。置身於兩個年輕人中間，她只覺自己也一下年輕了許多，她連連舉杯，與六郎對飲，六郎也不知靦腆了，也頻頻向皇上和公主敬酒，還開口清唱了一支小曲，女皇帝用手為他打著拍子，顯得樂不可支。

在張昌宗及太平公主的殷殷相勸下，她竟然喝得酩酊大醉……

這時，已是三更天了，屋外雖再次飛起了霰雪，屋子裡卻仍暖烘烘的，女皇帝滿臉飛紅，額上沁出了細小的汗珠，她一邊用手絹輕輕地揩拭，一邊斜眼望著左邊的六郎，口中一個勁嚷熱。

太平公主怕她感冒，只好上來，先在額上拭了一下，見果然汗涔涔的，於是，代她脫下外衣，且鬆開了腰上的束帶。束帶一鬆，女皇感覺輕鬆了許多，她把手放在胸前按住，說：「阿月，你聽，娘的心跳得好厲害，嘣嘣直響呢，真的，六郎，你也來聽聽。」

太平公主瞥了一眼，見母親的前襟都被她自已扯開，露出了雪白的細麻布襯衣。張昌宗還是第一次這麼近距離地靠近皇上，已有些侷促不安了。太平公主於是脫鞋上來，親自挨母親坐下，一邊吩咐下人準備酸梅湯為皇上解酒，一邊又用手絹為母親擦拭。女皇帝一邊由著女兒擺布，一邊把頭歪著，嘴裡有些含混不清地說：「月，阿月，我們好，好久沒有這麼高興過了，也，也好久沒有，沒有痛飲過了，可，可不要辜負了這良宵美景啊！」

酸梅湯是早已做好了的，侍女用一個十分精緻的鑲銀瑪瑙碗裝著呈上來，太平公主親自接過，一邊喚著母親，一邊用調羹來餵母親，可才餵了幾口，女皇帝卻頭一歪，伏在矮几上睡著了。

太平公主見狀，只好放下手中的銀碗，吩咐下人，匆匆上來收拾殘局。又和張昌宗同心協力，將母親扶到榻上睡下，蓋上被子，然後向張昌宗點一下頭，悄悄地在他耳邊低語幾句，便微笑著閃身離開了……

女皇帝直到第二天中午才回宮。回宮後，立刻親自寫一道敕書，封張昌宗為雲麾將軍，行左千牛中郎將。

這以前張昌宗雖出身官宦之家，但他們張家的門蔭已由大哥承襲了，昌宗本人只是一布衣，憑什麼便平步青雲，獲此美差？宰相們心中雖然納悶，卻也不敢公開反對。

千牛中郎將官階雖不太高，卻也是正四品下階，更重要的是，這個中郎將職務是統率皇帝的親近侍從，皇帝無論上朝還是出行，他都帶刀伺立左右，有口諭下面聽不清時，便由這個中郎將大聲向臣下重複，算是口含天憲。

張昌宗的出現，一下就把薛懷義比下去了。

懷義年輕時好看，可才上三十便顯老相，又不知保養，因而越長越顯粗蠻，臉上出現一絲絲的橫肉，眼角也盡是魚尾紋，更不堪的是小腹鬆垮垮的，盡是脂肪，像一頭只知配種的牤牛，別的什麼也不會，更談不上枕上纏綿，討女人喜歡。女皇帝早對他生厭了。

前不久，有突厥犯邊跡象，因懷義想當帶兵的大將軍，女皇帝就此遣開他，乃拜懷義為新平道行軍大總管，並讓文昌右相韋待階為安息道行軍大總管，統兵二十萬討突厥。

想不到才遣開懷義居然就有了張昌宗。

張昌宗可是另一流人物，他是由女兒親自為母親選定的情郎，不但寫出來的詩香噴噴的，嬌豔無比，且氣質斯文，是一身市井氣的懷義斷不能比的，重要的是他那身材和膚色，為一般男人斷不能及。女皇帝自將他納入後宮，天天讓他施朱撲粉，還穿上滿身花繡，一顰一笑，光彩照人，除了讓人驚詫造物的神奇，便只能感歎女皇帝那難逢難遇的豔福。

張昌宗又向女皇帝引薦了自己的哥哥張易之。張易之的身材、膚色與弟弟不相上下，豔詩寫得比弟弟的還好，且多了一門功夫——他曾得人祕授房中之術，因此更得女皇帝歡心。

女皇帝初見張易之，疑為天人，高興之餘，喚易之為蓮花五郎，封官司衛少卿，分別賜與宅第、奴僕和五百段絹帛。不久，又進封昌宗為銀青光祿大夫；追贈張氏兄弟的父親為襄州刺史，母親為太夫人——只十多天光景，張氏兄弟如一顆驟然升起的新星，貴震天下。

因身邊無人，想起上官婉兒聰慧，女皇帝又下旨將待罪的上官婉兒釋放出來，讓她陪在自己身邊司文札，掌詔命。

第十九章 女生外向

80

一劃又是幾年。

越古金輪聖神皇帝的帝業，如日中天，幾年盤點，大的邊患沒有，大的災荒也不多。武周的局勢，上亂下不亂——臣民們對女皇帝的態度，終於從懷疑走向了認可。

這年元旦，因是彌勒佛的生日，女皇帝應臣民之請，再次加自己的尊號為「慈氏越古金輪聖神皇帝」。「慈氏」即梵文彌勒的意譯，女皇帝自認為是彌勒轉世，所以，該加「慈氏」尊號。

元宵之日，女皇帝在宮中作無遮大法會，十七日，宴百官於萬象神宮。皇室宗親，無論「真武」、「假武」，皆躬逢其盛。

李隆基十歲了，已受封為楚王，這是親王封號。出閣開府後，女皇帝賜這個愛孫的府第在積善坊。

積善坊在洛水南邊，為天津橋西第一坊，過天津橋即可達皇城的端門，進宮十分方便。眼下的李隆基更加嶄露頭角，小小年紀，不但長相英俊、言談不俗，奏對稱旨，且於朝廷儀制、典章，都能一一通曉、嫻熟。

李治的第三代，幾乎都是歪瓜裂棗、泥豬土狗，唯此子一枝獨秀，因此，百官無不暗中稱羨李家後繼有人，隆基為人中龍鳳。

這中間，有一人最不樂，這便是位至特進的魏王武承嗣。

武承嗣利用女皇帝對李唐舊臣的猜疑，終於逐次鏟平了通向太子寶座的所有障礙，但始終邁不過最後那道門檻。一番苦心，除了增強了女皇帝的絕對權威，自己卻連響屁也沒有撈到一個，這種所求未獲，有意難宣的苦悶，誰人能解？

罷相後，他大病一場，人也一下蒼老了許多，太醫交代，說他的身子虛弱得很，要靜心調養，不能心氣浮躁，更不能暴喜暴怒。可武承嗣如何能靜養？尤其是想起儲位至今仍空在那裡，女皇帝已年逾古稀，後繼何人？須知這不是虛位待賢，而是首鼠兩端，狐疑猶豫。眼看大限將至，卻將這等大事拖下來，閃得一邊的侄子，想伸手又不敢，想捨棄，心不甘。

不想一拖幾年，李隆基竟如一顆閃爍的新星，突然出現在眾人眼中。在諸武得意，高宗的子孫都做了縮頭烏龜的今天，他卻能毫不畏懼，且自拿身分，凡事大大咧咧，旁若無人，就在他這個炙手可熱的魏王面前，也不卑不亢，進退有據。

武承嗣早已聽說女皇帝對這個孫子十分偏愛，尤其是他演參軍戲，當面諷刺女皇，而殺人不眨眼的女皇帝，居然就容忍。聽得武承嗣心中酸酸的，很不是滋味。

這天，隆基奉旨前來參與祖母的宴會，他率領大隊儀從，從積善坊過天津橋來至端門。這時，武承嗣正好也趕到了端門，他立於端門前，遠遠地望見天津橋上，旌旗獵獵，鹵簿儀仗，很是整齊，走在前面的六名清道，朱衣革帶，更是威風凜凜。

武承嗣頗覺詫異，低聲問立於一邊的金吾將軍武懿宗：「這是何人，騶從如此顯赫？」

武懿宗是老武家三房武士逸的長孫，女皇帝的堂侄子，本是一個大草包，只會看別人眼色，平日跟武承嗣最緊，承嗣的話，句句都聽。眼下見他問起，手搭涼蓬朝前望了望，認出是楚王的旗幟，忙說：「是楚王武隆基來赴明堂之宴。」

武承嗣對這話很是反感，忙嗔道：「什麼武隆基，分明是李家孽種。眼下是我們武家的天下，還能容他抖威風？」

說著，低聲吩咐懿宗幾句。武懿宗承命，立刻喚過左右金吾衛，下達了命令。

這裡少不更事的楚王仍騎在一匹紅鬃駿馬上，前呼後擁地過來了，將近端門，只見金吾將軍武懿宗攔在前頭，大聲喝道：「這裡已是朝堂，什麼人敢如此顯擺？來人，把一班閒人趕走！」

說著手一揮，立刻上來好幾個金吾衛，揮動手中棍杖，就要驅散楚王的儀從。

隆基一見，不由大怒，放開轡繩直衝過來，手中鞭子，左右開弓，猛地抽在武懿宗的頭上，且大喝道：「這是我們家的朝堂，關你這狗雜種屁事！」

武懿宗一時沒有提防，被鞭子抽中，額上立刻出現兩道深深的血痕。他不由火了，馬上下令道：「好小子，竟然不知死活，來人啦，與老子抓起來！」

左右金吾衛都是一班狐假虎威的傢伙，仗著是皇帝禁軍，平日耀武揚威，大小官吏都不放在眼裡。可他們也是天生一雙狗眼，欺軟怕硬，見楚王如此大膽，手中一根鞭子舞動起來，像一條金蛇，在空中嘶嘶吐信，一時誰也不敢上前。

武懿宗見狀，不由破口大罵，並喝令動手，一邊的武承嗣也連連叫道：「反了反了，這小子竟敢在天街行凶，這不是要造反嗎？」

一邊罵，一邊也催著左右動手。

可隆基不吃這一套，他見對方人多勢眾，自己帶的人都待在一邊，不肯上前，知道他們畏武承嗣的權勢，也不難為他們，只飛舞鞭子，向攔在前面的金吾衛衝來。儘管有長官催督，金吾衛們卻也不敢傷害楚王，只得紛紛讓路，隆基於是策馬直奔皇城則天門……

可巧此時的女皇帝，正坐在則天門城樓遠眺，樓下發生的一幕，她看得清清楚楚，心中暗暗稱奇，匆忙擺駕下樓，正迎上走馬入朝的隆基。隆基此時也看到了祖母，不由滾鞍下馬，跪在地上，雙手抱住女皇帝的腿，口中說：「祖母要救孫兒，武懿宗欺負人！」

女皇帝彎腰拉起隆基，笑呵呵地說：「隆基，你這是惡人先告狀啊，祖母在城樓上看見是你鞭打懿宗，怎麼反說是他欺負了你？」

隆基於是依在祖母身邊，說：「祖母，孫兒奉旨前來赴宴，是武懿宗無緣無故棒打孫兒的侍從，且欲驅趕孫兒儀仗，孫兒見他人多勢眾，不得不先動手。」

這時，武承嗣、武懿宗等人都過來了，見大駕在此，忙上來請安。武承嗣並指著隆基說：「皇上，這小雜種在天街行凶，鞭打金吾大將軍，此事等同犯駕，若不從重處分，將無以整肅朝廷紀綱。」

隆基叉手立於女皇帝身後，分辨說：「奶奶可聽見，他竟敢罵孫兒是雜種，這不連奶奶也罵了？」

女皇帝瞥了武承嗣一眼，喝道：「放肆！」

武承嗣不意自己情急之下，出言犯上，一時慌了神，忙低頭請罪。

女皇帝又對武懿宗說：「懿宗，朕在城樓上看得明白，是你先動手驅趕楚王儀從，你為什麼要這麼做？」

武懿宗低頭摸著被隆基抽打的鞭痕，囁嚅半晌，說：「是，是，是因為他已走到天街上了，地處禁區，卻不解散儀從，有悖朝廷制度，微臣職掌金吾，鎮守宮門，糾儀肅紀，是臣的職分所在。」

武承嗣也說：「皇上，武懿宗所說為正理，新春佳日，且是赴內廷之宴，臣等皆是輕車簡從，楚王卻擁著大隊騶從，橫行天街，這不但逾禮違制，且是有意蔑視王法！」

女皇帝聽兩個侄子說過，並不表態，卻回過頭來看隆基，說：「隆基，你還有什麼說的？」

不想隆基立刻侃侃而談：「皇上，朝廷為弘我王法，立我國威，於禮樂儀衛，皆有定制，無論朝會、宴樂、郊祭等，都載有明文，按部就班，才不致逾禮，之所以如此，皆為了慎重，古人云：慎重則尊嚴，尊嚴則肅恭。所以，臣的儀仗鹵簿乃根據制度配備，六名清道，照定制配備，出行時，起於何地，止於何地，從來都循規蹈矩。不料武承嗣、武懿宗刻意尋釁，自己不遵儀制，卻無故驅趕臣的儀從，這不僅是辱臣，且是有意紊亂朝廷紀綱，臣請皇上主持公道！」

女皇帝聽隆基這麼一說，不覺暗暗點頭。這裡武懿宗已被駁得開不了口，可武承嗣卻不願就這麼輸在一黃口孺子手上，立刻反駁說：「楚王儀從雖未逾制，可他出言悖逆，在端門時，竟說這裡是他們家的朝堂，不關武懿宗的事，皇上，這話弦外有音，大有來頭，可不能等閒視之！」

女皇帝聞言，立刻嚴肅地瞪孫兒一眼，說：「隆基，可有這話？」

隆基頭一昂，上前搶白武承嗣說：「是的，這話是本王親口說的，難道這不是事實？皇帝是本王的祖母，祖母的朝堂，不是親孫子的，難道還是你這外姓人的？」

武承嗣連連說：「皇上可聽清了，此話可是出自娃娃之口！」

女皇帝卻手一擺，狠狠地盯承嗣一眼，說：「武承嗣，這話要說，也錯不到哪裡去。他是朕的親孫子，朕的所有，當然是他的。」

武承嗣此時如五雷轟頂，眼冒金星，上前欲細說從頭，可滿腹委屈，千言萬語，竟不知從何談起。可女皇帝已厭煩他這套了，手一揮，說：「得了，這事誰對誰錯，暫可不議，宴會就要開始了，你們先去赴宴吧！」

說著，竟然牽著隆基的手，一邊走，一邊教訓說：「隆基，今後可不許這樣說了，要知道，他二人與你父親是親姑表，是你的長輩，晚輩應該尊敬長輩！」

隆基這才說：「是，孫兒聽祖母的話。」

武承嗣本想藉這事狠狠地打擊隆基，沒有料到姑母竟然護短，當和事佬，就是自己拋出了那句最關鍵的話——朝堂是他家的，姑母居然也公開承認。殺人不眨眼的姑母，對自己的親生兒子，陰狠忮刻，且下得了毒手，卻像有鬼似的，唯獨對這個孫子百般偏愛，祖母疼孫子，隔代親是人間常見，可他們這隔代親，卻於武家有著天大的窒礙，他武承嗣可不能看著滅門之禍降臨到自己頭上啊！

——望著前面親密無間的祖孫，漸行漸遠，久病才痊的他，只覺眼前金花亂閃，一口痰壅積於胸，竟憋得滿臉通紅，武懿宗見他情況不好，上來扶他，他站立不穩，一下就倒在武懿宗懷中……

81

武承嗣被武懿宗扶回府後，不久即以養病為由，向女皇帝請長假。女皇帝覽奏，親自擺駕魏王府，探望這個為武周立極建有大功的侄子。

當法駕鹵簿停在府門口時，老武家四房老少，以三思領頭，敬宗、攸宜、懿宗等十多個侄子，延基、延義等數十個侄孫已滿滿地跪在大門外。武承嗣也抱病起來，由兩個小兒子：延光、延秀扶著，頭纏布袱，跪在二門接駕。

女皇帝沒料到老武家四房子侄全來了，她從車中下來後，由上官婉兒扶著，緩緩地朝廳中走，子侄們跟著進來，女皇帝在廳中原榮國夫人的座位上坐下後，望一眼周圍熟悉的環境——這可是娘家呵，能不睹物思情，心潮起伏？

這時，子侄們又上來磕頭請安，女皇帝忙讓他們起來，見抱病的武承嗣很吃力地跪在前頭，忙伸手扶住他，並賜坐。武承嗣雖坐下，仍然喘氣不止，面色也十分難看。她於是用家人口吻，喚著武承嗣的表字說：「繼之，你這身子骨太不行了，老是病，我看你呀，總是心事太重，稍微有什麼不順心的事，便耿耿於懷，不能釋然，加之平日不注意調養，這不，病魔就瞅著機會了。」

武承嗣聞言，不由眼睛一翻，一聲長歎——他眼下是三分身病，七分心病。他只比姑母小五歲，姑母仍如一株老松，虬枝盤結，蒼勁挺拔；自己卻如一隻病貓，奄奄待斃。他明白，就是真的當了太子，也繼不到位了，還操什麼空心？但為了武家後代免遭滅門大禍，他不得不作這最後一博。眼下聽女皇帝說起，忙回奏道：「皇上聖明，洞徹表裡，臣體質固然不硬朗，不過，此番身染重疴，究其原因，卻確實是因焦慮所致，須知戾氣鬱結於心，是最容易致病的。」

女皇帝不由體諒地說：「此言極是，古人有言：百病皆生於鬱。你既然明白這道理，為何就不能好自為之？」

武承嗣搖了搖頭，說：「道理固然明白，可一想到皇上還有大事未了，微臣便不能自安，就是獨善其身，也想得到做不到。」

女皇帝說：「還有什麼大事未了呢？」

武承嗣長長地歎了一口氣，說：「皇上當年曾告誡微臣：『外疾之苦，輕於秋毫，人知避之；內疾之害，重於泰山，而莫之避。』眼下我武周內疾已深，皇上卻仍夢夢不知，微臣以社稷重臣，心中能無耿耿？」

這話中「外疾」一句，語出北齊劉晝的《新論・防欲》，意即外來的災禍，人都注意防範，內部的隱患，卻容易忽視。女皇帝飽讀經史，高宗在世時，為表白自己，曾寫有《誡外戚》一文，並把這話引用在文中，告誡武氏子侄，要遵紀守法。不想今日卻被侄子襲用，她一邊細細玩味，一邊回望四周，子侄團團，全在看她，那眼神，都是那麼迫促，氣氛很不尋常，立刻明白了什麼，不由輕鬆地一笑，說：「大侄子，姑母跟你說：千言萬語，歸總一句，以你的身分，你的地位，只宜持盈保泰，安福尊榮，用不著你杞人憂天，更不可存份外之想——這句話，就是做親姑姑的，對你多年心事的回答。」

武承嗣聞言，不由長長地歎了一口冷氣——姑母這話，關懷中包含著無情與冷酷。他深感失望，苦笑著沒有接言，眼光卻掃了武三思一眼。武三思明白，忙說：「皇上，承嗣不但是國家重臣，且是陛下親侄，憂心國事，既是親人的本份，也是做臣子的職責，可不能看作杞人憂天。有道是國事千鈞重，頭顱一擲輕。承嗣此心，望陛下能體諒。」

女皇帝並未被感動，望三思一眼，口氣有些不順地說：「是嗎，那你們是如何理解這內疚的呢？」

武三思是個詩人，平日極善言談，在堂兄的暗示下，侃侃言道：「據臣看來：眼下河清海宴，天下承平，外疾自然是沒有，可皇上春秋已高，儲位尚虛，李唐舊臣，蠢蠢欲動，這內疾分明早在萌芽，在露頭，若不趁早芟除，可就春風葳蕤，蔓草難圖了。」

女皇帝臉色一變，不高興地說：「朕好容易回一趟父母之家，可不願聽你們又噭噭嘈嘈，就這事沒完沒了。有道是，言多必失。三思你不認為言多嗎！」

眾人見皇上動怒，嚇得一個個不敢作聲。片刻冷場，女皇帝又抬起頭，威嚴的目光在廳中的侄子、侄孫們身上逡巡——武家子弟，個個都做高官、享厚爵，起眼一望，滿堂朱紫，她不由感慨系之，放緩語氣，告誡說：「朕這裡既是安慰承嗣，也是正告你們，咱們老武家人丁興旺，眼下光親王、郡王就有一大片，沒有我你們能到這地步嗎？為什麼還不滿足，還盯著儲君的位子不放呢？」

眾子侄噤若寒蟬，武承嗣見狀，喘息著說：「皇上！武家人丁雖然興旺，子侄們也確實賴皇上恩典，個個位極人臣，這是不爭的事實。不過，恕微臣冒昧，說句不中聽的話，一旦有變，要殺盡也如割草，十分容易。」

女皇帝一怔，目光如電，立刻直射武承嗣，且口氣嚴厲地問道：「你們是朕的親侄子，誰敢殺你們，他自己就不想活了？」

武承嗣因激動，已是面皮潮紅，頭冒冷汗，可關鍵時候，他不能不一盡其言——好容易有這機會，能就此止步嗎？於是，他掙扎著，斷斷續續地說：「皇上請聽臣言。皇上革李唐之命，以周代唐，李家皇室宗親，殺得幾無孑遺。武李二家，早結下血海深仇！李唐舊人，無日不想復辟報仇，尤其是楚王隆基，此子頭上天生反骨，就是平日遇見武家人，也眼露凶光——那天他就口出狂言，說朝堂本是他家的朝堂。試想，當著您的面他都敢如此說，內心如何，可想而知。一旦您千秋萬歲之後，他將作何種表示，微臣夜半醒來，一想起此事，便不寒而慄。微臣已是殘燈冷焰，日暮途窮，他想殺臣怕是不可能了，可微臣不能不為武氏子弟著想！不能不為武氏列祖列宗的一線香煙著想！」

說著，武承嗣悲從中來，痛哭流涕，喘息半天，才哽咽著把最後一句話說了出來：「皇上——若敖氏之鬼，不其餒歟？這不是楚國令尹子文的預言嗎？微臣身為武氏子孫，若愧對祖宗，就是死也不能瞑目啊！」

哭聲一起，眾武氏子弟像得到了信號，一齊跪了下來，痛哭聲，更是一浪高過一浪，武三思又領頭說：「請皇上救救我們！請皇上為祖宗想想！」

要說，這場面確令人動心，武承嗣的話，尤其具有煽動性，女皇帝拂袖起身，徘徊良久，終於難下最後決心，只仰天長長地歎口氣說：「起來起來，你們有此想法，朕不怪你們。其實，此事朕橫梗於心，豈止一日？個中其難其慎，非爾等所能體察。你們也不必多慮，放心吧，朕總會設法周全的。」

說著，也不管眾侄子、侄孫仍在眼巴巴地望著自己，卻下旨起駕回宮。

回到後宮，張氏兄弟雙雙迎著，見女皇帝面色慘澹，不由拿出十分手段逢迎，他們先服侍女皇帝更衣，然後，便令擺上酒肴，準備陪皇上燕飲。席間，張氏兄弟盡講開心的事與皇上聽，可女皇帝卻總總樂不起來，才飲一小杯，忽然放下杯箸，眼望空中，半晌無語。六郎一邊見了，說：「皇上只不過去了一趟魏王府，為何這般悶悶不樂？臣猜，莫非是聽到一些不順心的事？」

女皇帝定睛望著自己的情郎，勉強笑了一下，說：「六郎，你既然如此會猜，那你何不說說，朕去魏王府探病，會有什麼不樂意的事發生？」

張昌宗微微一笑，似早有覺察一樣，說：「這還不好猜嗎？魏王眼下雖染沉疴，時日無多，可兄弟子侄，還有一大群，他們雖賴皇上恩典，一個個封王封爵，可人心是有止境的嗎？」

張易之也跟著說：「六弟不說，臣也猜著了，太子這位置，眼下最想的也就是他們，只是沒機會進言，好容易逮著機會，能不張八面之網，使連環之槍？」

想想剛才這場面，這麼多子侄齊來，跡近要脅，女皇帝在回宮的路上，便覺得武承嗣此舉有些過份，所以，她也不怪五郎話語刻薄，只點點頭，解嘲似地說：「也怪不得他們，只有他們才有想的資格，沒有這顆楊梅口不酸，更何況個中厲害所在——他們為朕，得罪人不少，且擔著天大的干係，到此地步，不得不爭。」

張易之卻連連搖頭說：「皇上這麼看，小臣可不這麼看。」

女皇帝不由問道：「五郎你說下去。」

張易之說：「其實，在臣看來，當務之急是正本清源。魏王、梁王雖然是陛下親侄，但畢竟是武家人，與陛下只是姑侄，這千秋大業，若傳於他們，是落到了外家，只有傳於親子，才是千古不易之正理。所以，要說想的資格，只有陛下的兩個親子才有，於魏王梁王，若存這念頭便是過份，便是成心篡逆。」

張昌宗也跟著呼應說：「小臣也這麼認為。就拿民間打比方吧，民間的老太太，關顧娘家的多。但親是親，疏是疏，內外有別。再說，姑母一心向著娘家，娘家侄子心裡有姑母的卻極少。民間與宮庭，貴賤有別，道理卻一樣！」

女皇帝不由詫異地望張氏兄弟一眼，說：「你們今天怎麼一個口氣，好像是別人教的吧？是吉頊？」

張易之首先沉不住氣，臉一下就紅了，囁嚅著說：「皇上，只要說得在理，您何必問出處？」

女皇帝微笑著點頭，說：「朕清楚，你們兄弟與吉頊走得近，這一定是他教你們這麼說的。」

女皇帝算是一語破的——張氏兄弟的臉一下就紅了。好在他們受寵，錯了女皇帝也不怪罪。

82

女皇帝的心事始終沒有化解，晚上便怪夢連連。

她雖是千古第一奇女子，畢竟生活在千古傳承的夫權社會，口中常叨念「女生外向，千里隨夫」的她，改朝換代易，移風易俗難，更何況高宗李治生前也確實待她不薄！

這天散朝後，她將狄仁傑單獨留下來。

女皇帝對狄仁傑印象較深。身邊宰相不得力，她便想起了這個無辜被貶的太原同鄉。不久前，她將狄仁傑召回，復為鸞台侍郎、同鳳閣鸞台平章事。

問過一些閒話，女皇帝忽然長長歎了一口氣，說：「狄卿，朕昨晚一個夢做得很不好，只怕要作終老還山之計了。」

狄仁傑小心回奏說：「皇上過慮了，皇上春秋雖高，卻如千年不老松，迎風挺立，百折不彎，他人都不能比，又豈能遽生歸山之念。」

女皇帝擺一擺頭，說：「不然，生死有命，富貴在天。朕今年七十有三，人生能有幾個七十？就是要死，也是壽終正寢，不過，昨晚這夢，卻確實有些蹊蹺。」

狄仁傑問道：「聖主之夢，或能預示玄機，或為大事先兆，但不知皇上究竟夢見什麼？」

女皇帝吞吞吐吐地說：「狄卿——朕這夢，很不好，夢中見一羽毛雪白的鸚鵡，卻折斷了雙翅，跌於殿上，卿說，這，預示什麼？」

狄仁傑想了想，說：「陛下為武姓，鸚鵡也者，分明是指陛下。雙翅自然是指盧陵王和皇嗣，雙翅挫折，只怕是有人欲加害二王，為此，上天特垂象示警。陛下若能親近二王，呵之護之，則陛下雙翅又奮飛矣！」

女皇帝沉吟良久，點頭說：「唉，這些年來，要說朕之心事，難解難排，莫此為甚——朕本欲將江山傳之於子，但有人獻疑說，自古天子未有以異性為嗣者。朕因此難以決斷，狄卿何不為朕解惑析疑？」

狄仁傑聽女皇帝這麼問起，真不啻天外梵音——這以前，他曾數次上表，有時直言無忌，有時怕拊逆鱗，又說得隱隱約約，都是為女皇建儲事，可不是石沉大海，就是遭到批駁，不想女皇帝今天主動向自己說起，他趕緊奏道：「皇上，此言不謬。自古歷來，確未有以異姓為嗣者。不過，陛下雖然姓武，可是高宗孝皇帝元后，廬陵王與皇嗣，皆是陛下親子，當年先帝將兩子並江山託付於陛下，陛下豈能將其轉與外人？姑侄之情，何能比母子之親？傳於子，是天下正論，傳於侄，不但使天下人失望，且有悖人倫天理！」

女皇帝死死地望著這個敢於直言的臣子，並沒有因他的話太直而發火，只微笑著說：「狄卿，你這話好多年前朕便聽李昭德說過，看來，你們都是李唐的忠臣，我武周高官厚祿，竟不能於你們有絲毫感動啊！」

狄仁傑話說到這份上，也不再存顧慮了，又引經據典，向女皇帝力爭，女皇帝在殿上徘徊良久，歎息著，自言自語地說：「唉，江流石不轉，難道不是天意？既然天意民心都是如此，朕又何必要逆天行事？」

狄仁傑仔細玩味這話，女皇帝分明已回心轉意了，只是有幾分自我見外，乃趁熱打鐵，趕緊奏道：「陛下何出此言？陛下本高宗元后，當年高宗臥病，賴陛下承其重託，宵旰憂勞，翦平叛亂，萬民賴以安定，百姓共沐皇恩，追原論始，李唐之德政，能不歸功於陛下？而今儲位尚虛，陛下若能立皇嗣旭輪為太子，陛下千秋萬歲之後，不但可安享俎豆。就是天下臣民，一定稱讚陛下有始有終，而於泉下先帝，也算是最好的交代。有道是一家人不說兩家話，陛下何必分此畛彼域？」

女皇帝說：「不怪卿言，朕其實也早有此意。只是皇嗣武旭輪生性懦懶，沒有半點挑重擔的勇氣，朕稍露立他為嗣之意，他便上表固辭。他自己不想，朕也無法強人所難。」

狄仁傑明白，武旭輪為自保，韜光養晦，視名位為鴆毒，此舉也為女皇帝作了藉口，但他立刻想起仍被流放的廬陵王李哲，他為這個因「口誤」而被廢黜的皇帝深感不平，於是說：「皇嗣既然不願挑重擔，盧陵王李哲至今不是仍待罪豫章嗎，皇上何不將他召回？」

女皇帝默默無言，好半晌終於說：「好吧，朕將還你們一個舊皇帝。」

不久，她於合璧宮再次召見狄仁傑，見面就說：「狄卿，還記得朕說過的話嗎？」

狄仁傑自那次進諫後，一直惴惴不安，在等女皇帝履行自己的承諾——若立兒子為太子，等於是將到手的江山歸還李家，那麼，武周的開國之君，等於要親自接受亡國的現實。要一個開國皇帝自覺地再當亡國之君，確實匪夷所思，難以接受。忠於李唐的狄仁傑，生恐事久多變。眼下聽女皇帝重提舊事，還有些莫名其妙，說：「皇上的意思是——？」

女皇帝卻笑容可掬地一揚手，說：「朕不是說過嗎，朕將還你們一個舊皇帝，朕可是說到做到。」

說著，便對著大殿正中的屏風喊道：「顯兒，出來吧，不用捉迷藏了！」

狄仁傑望著屏風，尚不知就裡，可闊別多年的盧陵王李哲，竟然從屏風後徐徐走了出來，且立刻拜倒在女皇帝腳下。

原來去豫章郡迎回李哲，是由女皇帝下旨，宮中派人祕密進行的。這中間，除了女皇帝有些故弄玄虛外，多半也是為李哲的安全考慮。眼下見了故主，狄仁傑雖不勝滄桑，面上卻不敢有過分的流露——既怕女皇帝怪他居功，更怕因此又變生意外。所以，當著女皇，只略寂寒溫，一揖而已。

第二天大朝，百官齊集萬象神宮，女皇帝當眾宣布，賜李哲姓武，恢復元名為武顯，並立為皇太子；皇嗣武旭輪改封相王，出閣開府；而旭輪的六個已被封為親王的兒子，統統降為郡王。其中原太子憲被封為壽春王，原楚王隆基封為臨淄王。

武憲與隆基等同赴宮中謝恩。女皇帝於眾王無所交代，卻獨將愛孫隆基留下來，問他說：「隆基，祖母將你的爵位降了一級，你一定又恨祖母了？」

須知此時的隆基，於祖母已沒有惡感了。聽祖母一說，連連磕頭說：「祖母於孫兒有天高地厚之恩，孫兒又豈在意區區爵位的升黜？」

女皇帝點點頭，說：「說這話才像個提得起放得下的男子漢。不過，隆基，話雖這麼說，祖母的深意，你可能還不曾領會得。」

隆基點點頭，說：「孫兒願聆祖母教誨？」

女皇帝說：「隆基，你平日自恃祖母寵愛，有時難免目中無人，甚至飛揚跋扈，鋒芒畢露。這是最要不得的，不知你自己可有察覺？」

隆基趕緊磕頭請罪，並說：「孫兒確實早有察覺，並曾痛下決心，可惜總難做到。今蒙祖母教誨，今後一定痛改前非。」

女皇帝點點頭，說：「隆基，你不像你那老子，庸庸懦懦，無所作為；而是聰明睿智，敢想敢做，真不愧是祖母的親孫子，祖母料定你將來一定大有作為，故於你有厚望焉。今將你爵位重新安排，不過是有意挫你鋒芒，殺你銳氣。祖母預計，將來這朝堂上仍將少不了一番爭競，誰主沉浮，不得而知。所以，祖母警告你，處此時勢，要學會藏拙，要明白，總是出頭的椽子先爛。你可要將祖母這話牢記心頭啊！」

隆基會心地連連點頭，女皇帝這才放心讓他離去……

第二十章 難破癡迷

83

魏王武承嗣終於撒手歸西了，他是在李顯（哲）被召回、且被重新立為太子後，病情突然加劇的。

女皇帝接到侄子的遺表，看也沒看，便放到了一邊。她清楚武承嗣一定不會放過這最後的機會，還要說她不願聽的話。

雖然如此，她還是予這個為自己出過死力的侄子身後以極大的哀榮：不但贈太尉、并州牧，且謚了一個「宣」字——所謂一字為褒，二字為貶，宣字算是美謚。武承嗣的長子武延基得封「繼魏王」。按說，本應該叫「嗣魏王」，只因父親名字中有個「嗣」字，為了避父親的諱便稱「繼」。

深夜無眠，想起當初武承嗣鼓吹革命，費盡心機，眼下自己又將物歸原主，女皇帝心中便難解難排這一份失落。

——世間事總做不到十全十美。螳螂捕蟬，黃雀在後；前人種樹，後人乘涼。自己好容易才到得這一步，想不到年逾古稀之後，卻仍是這麼個結局，這大概就是神武的貞觀大帝，夢中向自己微笑點頭的原因吧！

在家從父，出嫁從夫，夫死從子。這本是傳承千年的、罩在女人頭上的一道鐵箍，貞觀大帝之所以在夢中向自己微笑，就基於此，他料定自己衝破不了這樊籬，砸不破這道鐵箍，心機用盡，九轉丹成，可轉來轉去，心雄萬夫的大周聖神皇帝，仍得將這道親手砸碎了的鐵箍，重新拼攏、黏合！

「你的成功之日，就是你的敗亡之時。」夢中的貞觀大帝曾作如是說。那麼，自己就真的乖乖就範嗎？

「自我得之，自我失之，又何憾焉？」忽然，她想起了梁武帝蕭衍說過的話。心中才一寬鬆，忽然又有一個聲音在爭辯說，蕭衍說這話時，正是受侯景之亂，被困台城，無可奈何之時才說的，不這樣說，能搬起石頭去砸天嗎？眼下自己呢，可是心甘情願，拱手將江山相讓，誰也沒有逼迫我啊！

她跳不出自己設置的圈子，也無法評判這所得所失，忽覺得這樣去想真無聊。攬鏡自照，鏡中又出現了貞觀大帝的影子，而貞觀大帝臉上曾有過的那份痛苦和無奈，竟然又寫在自己臉上了。

人生的悲哀，莫此為甚！

正徘徊殿中，難解難排這份鬱悶，忽然瞥見案上放一卷鳩摩羅什譯本《金剛經》，這還是母親榮國夫人逝世後，自己為母親祈冥福時，囑高僧神秀所刻，前不久才由神秀呈獻上來。此經刻印精美，裝禎華麗，才印了一百部，是準備分賜宰相與國戚的。當時只隨便翻了翻，便擱置在那裡。此時的女皇，情無所寄，想起佛祖那「欲登彼岸，須恁般若」的話，怦然心動——「般若」也者，唐言智慧也。

佞佛的她，不由坐下，重新將此經拿起，默默地看下去……

——《金剛經》是禪宗的重要典籍，宣揚「凡所有相，皆是虛妄；離一切相，即名諸佛」。既然所有相皆是虛妄，我佛豈能排除在外？因此，禪宗南派掃佛，說佛不在外，在我心中。且創頓悟之說，謂放下屠刀，立地成佛。

女皇帝熟讀經史，兼通禪學，比較後發現，南派禪宗其實與漢魏的玄學差不多，所以，她不喜歡南宗而結緣北派，不但聘五祖弘忍時的上座神秀為國師，且派使者去見慧能——南派禪宗的六祖，索要五祖弘忍的傳法袈裟，轉而將其賜與弘忍的弟子智詵。

弘忍座下有十大弟子，女皇帝為什麼獨厚智詵？因為她愛智詵老實。那一回，她在宮中開無遮大法會，又集合五祖弘忍的門徒於上陽宮說法，女皇帝問：佛子亦有欲否？神秀、玄約、慧安、玄賾等四大高僧居然說謊，答說無欲。女皇帝見智詵默默無語，又問智詵，獨智詵答說有欲。女皇帝說，既為佛子，安得有欲？智詵說，生則有欲。

好個「生則有欲」啊！智詵這話，確實說到女皇帝心坎裡了。其實，頓悟也罷，漸悟也罷，口雖說空，行在有中——且不說眼前本是物慾橫流的世界，就說眾佛子吧，為了這一襲傳法袈裟，爭得你死我活，惠能死後，頸上還要包一道鐵箍，防後人暗算。若真的無欲無求，值得這麼爭奪不休嗎？

冰雪聰明的女皇帝，早看出了他們的自相矛盾、不能自圓其說。可自認超脫的她，不一樣迷失菩提，走火入魔嗎？既然滿腦子漿糊，縱是手捧《金剛經》，又豈能「空靈明澈」以金剛之堅韌，破癡迷之頑根？

進退無方，百無聊賴，她只能默默地看下去：

……善男子、善女人，發阿耨多羅三藐三菩提心，應如是住，如是降伏其心，唯然世尊，願樂欲聞……

她的眼前，出現了我佛說法的情景——可不是萬朵金蓮，天雨香花，而是赤腳僧袍的釋迦，在舍衛城乞討，好容易討到一餐午飯，吃得飽飽的，然後捧著圓圓的肚子，來在祇樹給孤獨園，與等在那裡的善男子、善女子說法。佛說：

……復次須菩提，菩薩於法應無所住。行於佈施，所謂不住色佈施，不住聲香味觸法佈施。須菩提，菩薩應如是佈施，不住於相。何以故？若菩薩不住相佈施，其福德不可思量……

女皇帝看著看著，只覺眼皮開始沉重起來，心中尋思，佛這不還沉浸在乞討時的境界中，口中念的仍是行乞的話。若餓著肚皮，還能說法嗎？那「阿耨多羅三藐三菩提心」若發不出來，又豈能拋諸雜念、「降伏其心」？可那麼一來，不是連人的肉體和精神全被否定了麼？就說我佛，生在西土，不事勞作，終日乞討，乞討，這不是教他人無欲，而自己卻大大的「有欲」嗎？放眼皆空，何不餓死算了？

由此及彼，她又回想到自己，想到皇位的傳承，一切的一切，難道不是在自尋煩惱——既然自己不能修成金剛不壞身，那麼，兩腳一伸，雙眼一閉，傳於子是欲，傳於侄就不是欲？可恨這「生則有欲」啊！「口雖說空，」不也是「行在有中」嗎。什麼都是空，什麼都不要，只剩下一片白茫茫的大地，不，大地也是不存在的，一切全是空靈，一切皆歸於幻滅，一切全恢復到原始的渾沌。

……金剛是利劍，可也仍是迷霧。鑽進去，出不來，輾轉反思，難證正果。她不由轉眼窗外。啊！窗外一切的存在，分明全是「有」的世界，金風送爽，丹桂飄香，朗朗秋陽，給萬物送來一片盎然生機——大自然不以人的意識而存在，不為佛的觀念而左右，它默默地調雨調露，寒暑交替，日月星晨，雷霆雨暴，一切全按照自然的規則在運轉。什麼毛囊能吞巨海，芥子可納須彌；什麼慶雲起，天雨花。這是無私的大自然才有的巨大能量，不要說佛法大於天，其實，佛根本就奈何不了天。

若說頓悟，她終於「頓悟」了——佛原來是在說車軲轆話，轉了大半天，又回到了原出發地，在「有」的面前製造迷霧，一旦金剛破去迷霧，一切「有」又活生生地呈獻在你面前。

那麼，真正的佛是什麼？應該說，佛是自然，是宇宙間看不見、摸不著，無處不在，無處不生的力量，順應這力量，萬事隨緣，才能到達佛的境界。紅牆朱戶，繡幕珠簾，孤家寡人，苦心孤詣，除了憎暑嫌寒，怨天尤人，幾時有過適意？幾時有過滿足？這其實是放縱六賊入侵，甘心讓心魔作祟，結果是遠離佛境，永墮苦海。

……女皇帝左思右想，自覺脫離了範圍。這時，人也倦了，乾脆學起了懶殘和尚：餓來吃飯困來眠——黑甜鄉中，無嗔無怒，癡頑滅盡，可證菩提。

於是，頭枕上了御案。迷糊之外，就是恍惚。就在她迷迷糊糊、恍恍惚惚之際，耳邊似聽上官婉兒在說：「皇上，薛師回朝了。」

女皇帝猛然一驚，立刻就從三千世界回到了塵俗之中——鞭敲金蹬響，人唱凱歌還。千真萬確，花和尚薛懷義確實回來了，且是得勝還朝。

突厥默啜可汗此番的行動只是試探，他們在邊界劫掠，不敢深入，見中國有備，立刻撤退。懷義率領的大軍直至單于台，也未遭遇敵人。戍邊幾年，毫無戰果可言。他不耐苦寒，就抓了幾個正常貿易的邊民作為俘虜，刻石記功而還。

女皇帝聽說舊情人還朝，在宮門外請見，面上並無喜色——她早從奏報中得知默啜退兵的消息，也明白懷義還朝就在近日。所以，一點也不驚奇，待懷義進來，跪安之後，她懶懶地道過乏，便手一揚，說：「爾且退，來日在含元殿受俘，朕為你擺慶功之宴。」

這是一句大大的官話，公事公辦，半點也不涉及私情。

懷義聞言，不由詫異，抬頭望一眼，女皇帝坐在那裡，面上神情，很是慵懶，就是四目對接時，也沒有半點挑逗，半分柔情。這以前他和她相見不是這樣的，這有些出乎自己的意料。

記得那一回，武太后陪伴高宗從東都來到洛陽，他們因很久沒有見面，在白馬寺私下相見，武太后都要瘋狂了，纏綿悱惻，如膠似膝，那一種久別勝新婚的感覺，真令人如醉如癡。

此番她就不想我嗎？

就在回京的路上，他還陶醉在即將與女皇帝極盡纏綿的遐想裡，住久了帳篷的花和尚，想起御榻的溫馨，想起女皇帝的柔情，就不由飄飄然然，昏昏欲醉。

可眼下怎麼啦？他想動問，想用目光挑逗女皇帝，金鑾殿上，眾目睽睽，君是君，臣是臣，他不敢造次，默然而退。

回到下處，懷義略事休息，便又一次宮門請見，卻遭到女皇帝的拒絕。懷義一怒之下，騎上廄馬，直闖後宮。可這回他碰壁了。那些平日一見他就笑容可掬的門監、禁軍，此番換上了一張張的冷臉，雖沒有大聲呵斥他，怒責他，卻軟中帶硬地將他攔在外面。

未奉聖旨，怎麼能私闖後宮？

花和尚不明就裡，徒弟們卻來向他報告惡耗——皇上另有新歡，是太平公主向皇上推薦的。為兩個能詩能文的小白臉。一個官司衛少卿，一個任職銀青光祿大夫。二人的父母都一再被追封。

聽徒弟們說起細節，懷義明白，自己遭太平公主暗算了。公主恨自己在薛紹危急時未伸援手，便使出了釜底抽薪之計，自己是爭不過這兩個小白臉的，論文才，不成對手，論模樣，對方是玉雕粉琢，自己是一介莽夫，畢竟歲月不饒人啊！這張往外泛豬油的老臉皮，竟被女皇帝棄之若敝履。

懷義好不懊惱。他不明白，當初為什麼會有當大將軍的癮，就此一別，自己即永久地失去了在女皇帝身邊的位置，失去了往來多年的皇帝情人。

細細回味，花和尚並不太看重和女皇帝的肌膚之親，女皇帝那無饜的追求，他已感到窮於應付；女皇帝那只能遠看而不能近玩的肌膚，那漸漸失去彈性的大腿，也實在提不起他的興趣。以眼下懷義的身分，以眼下懷義的能力，在這洛陽城，予取予求，想玩一百個千嬌百媚的少女都不是難事。但他明白，女皇帝身邊這位置的重要，沒有它，自己仍然是洛陽城內一個小販。一個巡城御史便可奈何你，若看不順眼，將你立斃杖下就如拍死一隻小螞蟻。

懷義想，自己可是有功之臣。丟開在御榻上，將渾身癱軟的女皇帝伺候得通體舒坦不說；丟開建造富麗堂皇的萬象神宮，讓女皇帝得宣先王之政教不說；自己也為大周革命立下了他人所不能及的功勞啊！

武承嗣弄那些祥瑞算什麼，什麼河出圖、洛出書，明眼人能一眼看出是作假，聰明的女皇帝能不瞧出它的破綻？可自己所造的《大雲經》，陳說符命，說太后是彌勒佛託生，當代李唐為閻浮提主，有典謨，有訓誥，是真正宣示天機的寶典。

若論為大周革命造輿論，他懷義應推首功。

可女皇革命成功，覃恩普敷，皆大歡喜，那些拍馬屁的臣子，一個個加官進爵，自己轉眼什麼也不是，眼下，連進宮伴駕的機會也沒有了。

懷義能不醋海生波？

84

又是一個深沉的夜晚。

洛水涓涓，天街寂寂，悠然的景陽鐘，在城頭震顫，蒼涼而有節奏的音符，穿過大街小巷，直送到殿閣嵯峨的皇宮，送到燭影搖紅的含光殿中。

御榻上，赤條條的女皇帝，左手搭在溫軟如玉的蓮花六郎肩上，頭卻靠在美髯公五郎懷中，那豐盈的胴體，光滑如玉，白裡透紅的臉上，那雙好看的丹鳳眼彎曲細長，像白紙上兩道墨線，十分顯眼，高高的鼻樑，鼻翼開合，正發出均勻的鼾聲。

睡夢中，她只覺四周祥雲五彩，仙樂飄飄，自己正由眾仙使簇擁著，冉冉地升入西方極樂世界，靈鷲山上，善男子、善女子、比丘僧、比丘尼，正襟危坐，悉心聽講，而自己就是足踩蓮花，手拈香花的菩薩……

就在這時，睡夢中忽然傳來一片雲板的敲擊聲，接著就是很多人的走動聲，大聲呼喝聲，她立刻驚醒，傾耳細聽，亂嘈嘈的聲音裡，都有一個詞：起火了。

身邊的張氏兄弟也醒了，一齊坐了起來披上了衣服。上官婉兒就睡在偏殿，此時不用傳呼，已披衣來到室外，大聲奏報說：「皇上，萬象神宮走水了！」

「走水」，與之相對應就是「起火」，她一聽，立刻讓張昌宗為她穿衣，眼睛則向視窗張望。只聽遠處畢畢剝剝，木材被焚燒時，發出的爆烈聲，伴著一股股的燃燒的油漆味，一陣陣傳過來，起眼望去，皇城正南方向，火光已映紅了半邊天空，且透過紗窗，直入內室，不用點燈，也照見所有的對象。

萬象神宮是在乾元殿的基礎上建起來的，當初為建這座曠古未有的明堂，花和尚懷義煞費苦心，朝廷也投入了億萬資金，單銅鏡就用了上萬。窮天下之力，美奂美侖；捨億萬之財，肯堂肯構。眼下，它作為天子正衙，但凡大的朝典，必在此殿舉行。它是女皇帝君權神授、統天布政的象徵。怎麼能毀於一旦呢？

女皇帝想，萬象神宮地處皇宮中心，防範嚴密，這以前，不但在兩廊有負專責的禁軍值夜，每晚必有巡邏的衛尉，查哨的官員，分班交接，小心謹慎，怎麼會起火呢？

女皇帝心中忽然想起了什麼。

張氏兄弟終於為她穿好了衣服，就在二張的陪同下，她坐步輦到了宮城前面，且登上明德門城樓觀看——大火仍在發瘋似地燃燒，紅紅焱焱，火苗亂竄，把洛陽城半邊天也映得通紅。幸虧沒有起風，火勢才沒有蔓延。

火光下，女皇帝看到太子武顯立在殿階上，手在指指點點，左右武衛大將軍、將軍、左右金吾大將軍正在指揮手下兵丁滅火。許多文武官員，住處距皇城較近的百姓，也都趕來了。明德門、則天門、長樂門人頭攢動，穿進湧出的是救火的軍人，大聲叱喝的是正維持秩序、嚴禁閒雜人員進入的驍騎校尉。

救火的人很賣力，無奈這明堂結構多為木質，裡面的裝飾，也盡是易燃之物，所以，只能斷火路，防止蔓延，耗資巨萬的萬象神宮，卻只能聽其燒作一塊白地。

女皇帝見此情形，在二張的勸導下，悻悻地返回來……

還在回宮的路上，她便口氣嚴厲地傳諭御史來俊臣：務必查出火災原因，不能輕易放過責任人。

第三天，來俊臣便把失火的原因找到了——這火不是天火，不是野火，而是皇上的前任情夫薛懷義燒起的一把妒火。

來俊臣與懷義本是好友，這以前，來俊臣為保富貴，並沒有少巴結這個花和尚。後來，他看出懷義終於失寵了，於是，牆倒眾人推，鼓破亂人捶，也就管不得朋友不朋友了。

女皇帝得報，不由大怒。這匹桀驁不馴的獅子驄，上等的草料供養，竟然不能惜福；金鞍銀轡配上，居然看作頑銅。眼下位至國公，爵賞等同皇室，他不思報答，竟然發起狂來，今天放火燒明堂，明天不就要弒君嗎？他敢如此藐視朕的權威，難道是朕的匕首不鋒利？

想到此，她要下旨逮捕懷義，不想早已等在邊上的女兒說話了。

其實，來俊臣得以迅速破案，正得益於太平公主。此刻太平公主走上來，在母親耳邊嘀咕說：「皇上宜慎重，公開地處治這賊禿，多有不便。」

女皇帝回過頭，盯了女兒一眼，見女兒那神祕兮兮的樣子，立刻明白了——那一回，有人告發太子通事舍人郝象賢謀反，女皇帝下旨捉拿，郝象賢先是極力反抗，好容易才將他制服，不想在押赴刑場的路上，因執行的人不力，此人竟然一路狂喊，將女皇帝亂倫犯奸的種種醜行，向路人抖落出來，引得圍觀的市民訕笑不已。

她想，花和尚懷義雖位列朝班，可說到底不過是一無賴，粗鄙無知，說得出做得出。他知道後宮的隱私太多了，且多是聞所未聞，見所未見的，若公開逮捕，勢必交法司審問，他若拒不招供，且橫下心來一嚷，那不是自暴自醜嗎？

想到此，她很是感謝地望女兒一眼，說：「月兒，你有好主意，能將這禿驢不聲不息地做了？」

太平公主胸有成竹地說：「娘，這事包在女兒身上。」

懷義終於又被女皇帝傳諭召見了。他懷著美好的幻想，騎著廄馬進宮來。他故意不走北門，而是從端門而則天門，直到後宮女皇所居的含光殿。進了頭重大門，穿過甬道，有一處不大的花園，過花園便是他平日和女皇帝幽會的寢宮。他昂首闊步地走在花園口，就在這時，只見太平公主帶著乳母，帶著好幾個健壯的僕婦，氣勢洶洶地從裡面走了出來。

懷義一見，尚未在意。按說，太平公主的前夫薛紹，是他的乾兒子，他是薛紹的季父，因這一層關係，太平公主平日叫懷義為乾爹，他也學著女皇帝的口氣，叫太平公主為「月兒」。眼下乾兒雖死，可自己是女皇帝的情夫，仍是「月兒」的乾父啊。所以，他見了太平公主，忙擠出一臉的假笑，說：「月兒，你這是——？」

不想太平公主眼一瞪，指著他的鼻尖大喝道：「大膽的賊禿，你這是在和誰說話，竟敢用這種口氣？」

懷義一怔，說：「和誰，和你啊，怎麼，薛紹一死，你就可以不認乾爹了？」

太平公主見他提到前夫，一股無名怒火，立刻從心底冒出，竟然連聲冷笑說：「乾爹？哼，你知我是誰，我可是大唐天子高宗爺的掌上明珠，大周皇帝的寶貝女兒，你是誰？你是洛陽城裡的無賴，我能認你為乾爹嗎？」

懷義見太平翻臉，情知有變，可羝羊觸藩，無可退避，也就豁出一條命，衝上來要揪太平公主，並大聲嚷嚷說：「好啊，我是洛陽無賴，你怎麼不去問問你那聖神皇帝，她躺在我懷中時，還認我是無賴嗎？」

可此時已晚了，太平公主已防到了這手，忙退後一步，向身邊的健婦們揮了揮手，只見這班身材高大的婦人，一個個都亮出了匕首，一齊衝了上來，懷義見狀，拔腿就跑，才跑到瑤光殿前大樹下，那裡又湧出一群執刀的婦人，一頓亂刀砍去，竟把懷義砍倒在地。太平公主仍不解恨，令多殺幾刀，於是十幾把小刀齊下，轉眼就將滿臉往外泛豬油的花和尚剁成了一灘肉醬……

太平公主望著懷義終於伏誅，總算出了一口惡氣。

85

女皇帝也終於鬆了一口氣。

可惜明堂被毀，向天下臣民宣講政教的地方沒了，大典朝會的地方也沒有了，她一想起這事就覺掃興，為此，她決定重建明堂，且下旨鑄九鼎。

接著又下旨，罷停自己那「慈氏越古」的尊號，只稱「天冊金輪聖神皇帝」。

彌勒轉世本是懷義舞弄出來的，懷義由情人而和尚，女皇也由皇帝而菩薩，彌勒既為未來佛，釋迦尚在西天，何來彌勒？就像天下只能有一帝一樣，西天也只能有一佛，更何況明堂被焚，懷義被殺，菩薩並不能真的保佑一方，佞佛的梁武帝都活活餓死了，女皇帝自然也不喜歡菩薩的稱號了。

不久，明堂終於重新建成，較舊明堂更漂亮。她很高興，親赴明堂行享禮，且下旨改明堂為「通天宮」，並改年號為「萬歲通天」。

繼明堂落成之後，九鼎工程也已完成。九鼎中，以蔡州鼎最高，達一丈八尺，重一千二百石，各鼎上都注有本州山川物產，由書家題銘，畫匠畫圖，而《蔡州銘》為女皇帝親撰，銘文曰：

義農首出，軒昊膺期；唐虞繼踵，湯禹乘時。
天下光宅，海內雍熙；上元降鑑，方建隆基。

當九鼎各按方位陳列於通天宮庭上時，眾臣子紛紛圍觀，可拜讀到御制的蔡州鼎銘文時，大臣們無不詫異——這篇短短的銘文，落句竟然在「隆基」二字上，「隆基」，不正是臨淄王的名字嗎？

眾大臣似乎看到了冥冥中的造物主並未睡去，而是在默默中，一如既往地主宰一切，他們也終於看到了天理循環，看到了大周的未來走向。

不久，來俊臣被人以貪贓枉法罪告發了。女皇帝開始還想保護這個為她出過死力的酷吏，可群情激憤，紛紛對他提起彈劾，列舉他的罪行，駭人聽聞，尤其是他又得罪了武姓諸王和太平公主，在他們的一再要求下，女皇帝終於難以庇護了——來俊臣被判處死刑。

對於這個酷吏，滿朝文武及洛陽的百姓，誰不對他恨之入骨？行刑之日，還在押赴西市刑場的路上，眾人不等劊子手動刀，早已奔湧上前，吐唾沫的，拳打腳踢的，石頭瓦塊齊飛，用小刀剜、用嘴咬，將他身上的肉一塊塊撕扯下來，最後，酷吏來俊臣僅剩一具白骨……

接著，又有人上表，請為武周革命以來，受來俊臣誣陷迫害的人平反昭雪，死去的也予以追封、追謚，發還部份財產。女皇帝一一照准。於是，由此及彼，連王皇后、蕭淑妃以及長孫無忌、上官儀等人也得一體昭雪，只徐敬業、越王李貞等造反有據的人除外。

聽說民間好評一片，女皇帝終於長長地吁了一口氣。

不久，女皇帝開始為武氏的孫子輩指婚，無論真武假武。

太子武顯生有八個女兒，相王武旭輪生有十一個女兒，凡未婚配的，統統由女皇帝作主，將她們指婚武氏子弟中的年紀相當者。太平公主已嫁武攸暨自不必說了。接下來，武承嗣的長子、繼魏王武延基，得娶武顯的五女兒永泰公主；武承業的長子武延暉得娶武顯的大女兒新都公主；武三思的次子武崇訓得娶武顯的女兒安樂公主——這是武顯最寵愛的一個么女，她誕生在父親被貶斥的途中。可惜安樂公主後來不喜歡這個表哥，又改嫁崇訓的堂弟、武承嗣的小兒子延秀，這當然是後話。

女皇帝的娘家侄孫子，成了女皇帝夫家的孫女婿，真武假武，攪到一起來了，對於這種政治聯姻，女皇帝很樂意看到。

這天，她大宴武氏諸王及皇太子、相王、太平公主和眾皇孫於通天宮，眾人觥籌交錯、酒酣耳熱之際，只女皇帝停杯忍箸，望著這熱鬧場面默然無語。坐得最近的太平公主首先看到了，不解地說：「皇上——」

話未說完，女皇帝手一揚，打斷了女兒的話：「不要稱我皇上，這裡擺的是家宴，都是自家人，你們就用家人口氣稱呼我得了。」

太平公主於是說：「娘，你為什麼不動杯箸呢？」

女皇帝面對女兒，顧左右而言他：「月兒，一家人聚在一起，快快樂樂，和和睦睦，你認為好嗎？」

太平公主有些莫名其妙，說：「當然好！」

女皇帝又問眾人：「你們呢，這麼快快樂樂，和和睦睦，大家認為好嗎？」

眾人也說：「當然好！」

女皇帝忽然長長地歎了一口氣，說：「但不知這『好』還能『好』多久？」

眾人更加不解了，還是太平公主善解人意，說：「娘，這麼多的子孫，沐浴您的恩典，一個個封王封爵，位極人臣，這天下第一家的名號，誰能比得？兒孫們福澤綿長，永無止境，誰不叨念您的功德？依女兒看，您不但是天上的佛，人間的帝，就是以世俗言之，也是第一個最有福氣的老太太，連王母娘娘都遠不能和您比。」

女皇帝「嗤」了一聲，搖頭說：「是嗎？我只怕大年三十晚翻曆書，好日子已到頭了呢！」

太平公主說：「娘，看您都說些什麼？」

女皇帝不理睬女兒的埋怨，自顧自說：「有道是：千里搭涼篷，無有不散的宴席。你我都是凡人，又豈能跳出範圍？且不說人人都有生老病死、天災人禍，就說我武周吧，也必定有個樂極生悲的時候。樂時，你們就說是沐我的恩典，悲時，你們不要說受我的連累嗎？」

眾人一驚，一時呆住了，梁王武三思趕忙接言。

武承嗣一死，在武氏家族中，三思以女皇帝親侄，名崇位尊，是領袖級人物。他也有當太子的野心，這以前，和堂兄武承嗣一道，竭力勸諫女皇帝，殺盡李家人。可言者諄諄，聽者邈邈，武承嗣因此鬱鬱而終，有他的教訓在前，三思不敢輕動這念頭，眼下見姑母語氣蒼涼，不知這是女皇帝高瞻遠矚、居安思危，卻看作是恨鐵不成鋼，急忙表白說：「姑母，那哪能呢？我們眼下的富貴，正是受您恩賜，得魚豈能忘筌，飲水能不思源？眼下子孫們個個循規蹈矩，都在為國盡忠，就是萬一有個什麼，或有一二個不肖子弟，觸犯了國法，那他也只會怨自己，又豈會怪上您呢？如果那樣，我們不成了畜牲嗎？」

面對侄子這驢唇不對馬嘴的應對，女皇帝不接茬，且又滿目蒼涼地回望眾人，口氣更加淒然地說：「唉，想當初，先帝聖躬違和，千斤重擔，撒手交我，我一個女流，若不看在祖宗創業艱難的份上，看在夫君寄託殷殷的份上，會接受這副重擔嗎？那時的局勢是多麼艱險啊，先帝龍馭賓天不到一月，徐敬業反於揚州，裴炎、程務挺遙相呼應，江南糜爛，神京眼看不保；接著，虺貞父子等九王叛亂，又是滿朝人心惶惶，不是我用雷霆霹靂手段，力挽狂瀾，迅速穩定局勢，這江山不是早已易手了嗎？後來我稱帝了。要說，我本是大唐聖母神皇，與皇帝有什麼兩樣，硬要圖那個虛名有什麼意義？是眾人的推戴，也是你們希圖富貴，想當開國元勳，才把我推到這位置上的，我就是不想，也騎虎難下！為此，有多少人家破人亡，有多少人熱血拋灑？官降了可以復原職，人貶了可以召回來，而人頭一旦落地，卻再也長不出來了。你們在這裡團團一樂，可知還有多少孤臣孝子抱著死者的靈牌在吞聲忍泣？多少寡婦孤兒在親人的墳前切齒含恨？唉，恩恩怨怨，總要了結，欠下別人的，終究要歸還的，你們可清楚？」

女皇帝這麼一說，眾人都有些不知所措了，一齊停杯忍箸，望著這個忽然之間，變得有些捉摸不透的老太太。女皇帝回望女兒，又問：「月兒，你能說清嗎，你是哪家人，是誰的女兒，又是誰的媳婦？」

和母親同樣冰雪聰明的太平公主，終於有些明白了，說：「娘，這還用您問嗎？我是大唐高宗孝皇帝和大周天冊金輪聖神皇帝的女兒，是——」說著，她白了身邊的駙馬武攸暨一眼，用指頭戳著攸暨的額頭，笑著說：「是駙馬都尉、定安郡王武攸暨的媳婦兒。」

眾人都笑了。女皇帝也勉強笑了笑，眼睛往太子及相王身上掃了掃。太子和相王因飲了酒，正面紅耳赤地坐在右手邊，正好也抬頭來看母親。這兩個親子，已被自己鎖禁了二十餘年，她明白，就是一隻猛虎，一頭狼，在籠子裡待了這麼多年，也早已失去了野性，連一隻小狗也可欺負它，何況他們本不是虎子狼兒呢。但這話她還是要說，於是，先回應女兒說：「只有你身上有些說不清，可他們呢，眼下雖說是武家人，其實內心都明白自己姓甚名誰。面上雖然笑臉團團，內心只怕是恨不得立刻就要吃了我！」

這一說，如空中響了個炸雷，殿中的空氣煞時緊張起來，原來的李姓個個呆若木雞，只用驚恐的眼睛望著上面的女皇帝；而武家人個個都面露殺氣，那情形，幾乎是連空氣也凝固了。

女皇帝輕輕咳嗽一聲，平伸在御案上的雙手抬起來，往下壓了壓，示意諸武稍安毋躁，又轉向諸李徐徐言道：「孩子們，這不怪你們有這個心，凡是一個平常人，又生活在這世界上，有誰不為自己？有誰不為自己的家族？可是，顯兒，旭輪兒，你們捫胸自問，處當時情形之下，你們中，哪一個能接過你父親撂下的擔子，又有哪一個能保證不受權臣的暗算？要知道，這本是個物慾橫流的世界，笑面逢迎，世情如鬼；奸詐陰險，充斥朝堂，江山若姓了武，終歸有還給你們李家的時候，若姓了別人，那就永遠地丟了！你們能領會我的苦心嗎？」

說到這一句，女皇帝不禁悲從中來，眼淚雙流，哽咽著說：「孩子們，你們要明白，母親也是憋足了一口氣，開弓沒有回頭箭呵！」

如此一說，眾人都不由動容了，武家人一個個低頭不語，原李家的也跟著哭出聲來。太子武顯再也不能沉默了。幾年的逐臣生活，幾年的顛沛流離，他已是嘗夠了苦頭。雖當過皇帝又回頭來當太子，難得的是母親能回心轉意。眼下的她，不修舊怨，反沛新恩，他已感到很滿足了。想到這裡，他誠懇地說：「母親，皇上，這以前，兒臣愚昧，說的話，實在不知天高地厚。賴母親不究既往，才有今天，這天高地厚之恩，兒臣真不知如何報答，又豈能再生怨恨？那兒子還算人嗎？」

說著，他便抓起案上割肉的小刀，要歃血起誓。

太平公主見狀，明白該自己說話了。她一邊攔住三哥，一邊對母親說：「娘，您就不要多心了，三哥眼下不好好的，且很聽您的話嗎？再說，武家與原李家已是血肉相連了，延基、崇訓、延暉都是他的女婿了，哪有岳父不親女婿的？您不放心，我們就當著燭光菩薩起個誓，無論是姓武的，還是原來姓李的，統統都來，珍重這骨肉親情，永不生仇恨，就是您千秋萬歲之後，也保證一個個心氣平和，相敬互愛。有不同此心者，必遭天譴！」

女皇帝要的就是這句話，虧女兒為她說了，但她並不滿足，而是目光如電，緊逼著太子與相王，說：「兒啊，娘豈不知你們沒有這個心，可難保娘死後，有那班希圖富貴的臣子，將往事在你們面前重提，連你們不知道的陳古萬年的事，也要翻出來，加油添醋、刻意挑唆。古往今來，這類事為娘的看得也太多了。那時，你們利器在手，無所約束，難保不生殺心。」

太子和相王都有些不知所措，他們實在無以表白，太子便真的拿起小刀，一邊挽起袖子，一邊說：「娘，皇上，月妹不是說了嗎，既然是一家人，就不要說兩家話，今後兒子若忘記了今晚說的話，必遭天譴！」

說著，就要歃血。女皇帝卻揚了揚手，說：「孩子，這事要做，便不能這麼草率，要當著神明，刑烏牛白馬起誓，且要銘之於鐵券，藏之於史館，若有違者，不但要遭天下臣民的申討，且要遭孽報！」

眾人於是一齊舉杯，酹酒於地，說：「謹遵皇上旨意！」

女皇帝的目光，又從前面一直掃到後排，掃到了臨淄王隆基的臉上，她遠遠地向隆基招了招手，示意他上來。問：「隆基，祖母想聽你怎麼說？」

隆基卻望著祖母，閃著狡黠的雙眸微笑著說：「奶奶高瞻遠矚，連千秋萬代後的事也安排好了，孫兒們敢不以長輩之命是聽？」

女皇帝這才放心地點頭……

第二十一章 神龍擺尾

86

御宇多年的女皇帝，開始對政事懈怠起來，轉而興趣大增、且孜孜以求的，是長生不老的神仙之術。

當了皇帝想神仙，這也不是自女皇帝始，從秦始皇至貞觀大帝，帝座升沉，不說昏君，就是有作為的皇帝，也不能免俗。

近兩年來，奇蹟不斷地在女皇帝身上發生，先是滿頭華髮的她，竟然漸變成青絲；更令人稱奇的是，本已掉了兩顆的左右槽牙，舊牙床上竟然在冒出新牙。她為此興奮不已，並告知臣下，下旨改年號為「長壽」。後來，年紀早逾古稀的她，又生出了重眉，成八字狀。

為此，女皇帝對長生不老之術興趣倍增——佛教重來生，道家修今世。若今生今世能成正果，與情郎同登仙界，豈不比不可知的來生更好？

道家本有採陰補陽、男女合煉雙修之說，這最投合女皇帝的味口。身邊人張易之熟讀葛洪的

《抱朴子》，自然也善煉丹術，在他的日夜薰陶下，女皇帝新設一個名「控鶴監」的衙門，這是一個崇高而清要的機構，特授時任司衛卿的張易之為控鶴監，張昌宗等寵臣襄贊左右。

聖曆三年，七十有六的女皇帝，生了一場大病，御醫所進湯藥皆無效驗，張易之乘機薦道士胡超為女皇帝療疾。胡超鶴髮童顏，自稱有數百歲，能合長生不老之藥，女皇帝服下他所進獻的金丹，輾轉床榻的她居然霍然而起。

女皇帝很感激胡超，從此對道士更有好感了。不但再次下旨，罷停自己「天冊金輪聖神皇帝」的尊號，只稱「皇帝」，且改元為「久視」，這無異向世人宣稱，俟佛的女皇帝改信道教了。

為了和張氏兄弟「合煉雙修」，女皇帝乃下旨在皇宮的東北角，新建了一片宮殿，名迎仙宮，外有迎仙門，內有集仙、仙居、長生三大殿。這以後，女皇帝便整月不與宰相見面，天天只和二張待在迎仙宮，「採陰補陽，合煉雙修」。因精力不濟，且圖省事，國家大政也與二張磋商，就是臣下的奏章，也由他們代為批閱，

後來，在武三思建議下，女皇帝駕幸嵩山，謁周靈王的太子廟。

相傳周太子姬晉，人稱王子晉，好神仙之術，成仙之後，曾與故人相會於此，然後乘鶴而去。他也是武周的祖先，女皇帝慕先祖的仙風，改王子晉名號為升仙太子，於此地立廟建碑，並親撰《升仙太子碑》於殿前。

為了效法升仙太子，女皇帝便在宮中造一隻大木鶴，讓心愛的蓮花六郎頭戴道冠，身披羽衣，扮成神仙的樣子，騎在木鶴上，吹一支長簫，木鶴由人力搖動，殿後有人力鼓風，簫聲嗚咽，衣帶當風，六郎果真飄飄欲仙……

這其實與演神仙戲差不多，女皇帝很認真、很興奮，假戲真做，又傳旨在內廷設神仙宴，皇室宗親及各大臣皆與會，酒酣之際，梁王三思即席賦詩，詠此盛事，女皇帝看後更加高興，又令眾人各和一首，由上官婉兒評判優劣，結果，以大詩人崔融的為第一，題為《和梁王眾傳張光祿是王子晉後身》，詩云：

聞有沖天客，披雲下帝畿。
三年上賓去，千載忽來歸。
昔偶浮丘伯，今同丁令威。
中郎才貌是，柱史姓名非。
祇召趨龍闕，承恩拜虎闈。
丹成金鼎獻，酒至玉杯揮。
天仗分旄節，朝容間羽衣。
舊壇何處所，新廟坐光輝。
漢主存仙要，淮南愛道機。
朝朝緱氏鶴，長向洛陽飛。

此詩一會兒比張昌宗為秦末漢初的詩人浮丘伯，一會兒又比他為神話人物丁令威，盛讚他的仙風道骨，而女皇帝也是漢武帝一流的神仙人物，所以，仙人王子晉就天天騎鶴往洛陽宮中飛——既恭維了張昌宗，結句又落在女皇帝身上，兩邊都討了好，婉兒將它列為第一，自然是為了投合女皇帝。眾人明白個中道理，也一齊恭維崔融。於是，由女皇帝下旨，賞崔融彩緞百匹。

夜色深沉，群臣紫袍朱履，抱醉而歸。酒醉醺醺的女皇帝，由張氏兄弟左右攙扶，回到後宮，由他們替她脫去袍服，換上絲綢的睡袍，渾身綿軟的女皇帝聽任他兄弟擺布，雙手摟住六郎的頸，口中只一個勁嚷渴。五郎連忙奉上蜜水，可她又一把推開，而是摟著六郎親吻……

女皇帝意氣發舒，情動丹田，不是口渴，而是心渴。自從有了張氏兄弟，她不再在夢中思念神武的貞觀大帝了，只崇拜現實中的五郎和六郎，左擁右抱，覺得比夢中的貞觀大帝更實在。

柳色黃金嫩，梨花白雪香——懷抱著才二十出頭的蓮花六郎，年已八旬的女皇帝真的比神仙還快活。

五郎和六郎是多麼完美啊，他們那膩脂似的肌膚，玉一般的面容，遠勝詩人筆下的黃金柳色、白雪蓮花。她相見恨晚，恨不能將身子與他們融化在一起。

五郎好神仙之術，六郎善房中之術，更令女皇帝癡迷的，是他們兄弟有條件——那充滿青春活力的身軀，像取之不盡的泉源，有了它的貫注，女皇帝更像風華正茂的少婦，全身的血液賁張，如地下的熱泉，在不住地向上湧動。

失去的一切，好像又回來了——她的寢宮，放了一面巨大的銅鏡，鏡子裡的她，臉上被酒的紅暈，有如少女的雙靨；伴著樂音，她乘興翩翩起舞，而此時的鏡子裡，蜿蜒舞動的不是雞皮鶴髮的老嫗，而是腰肢苗條、處處性感的少女。她和他們在一起，雲從龍，風從虎，在狂熱的性愛中，似乎找回了自信，找回了失去的、豆蔻年華的自我。青春是含苞的菡萏，衰老是落葉的枯楊；青春是奔騰不息的江河，衰老是乾涸龜裂的河床。浸潤著二張身上的青春氣息，她像逢春的枯楊，抽出了嫩綠的枝條；她像久涸的舊河床，泛起了涓涓不斷的桃花水……

展現在女皇帝身上的生命的奇觀，早引起了朝士們的注意和議論——女皇帝由一個地位低下的妃子身登九五，這在男性佔統治地位的社會，已是一個空前絕後的奇蹟了。然而，她又創造了另一個更大的奇蹟，這就是生命的奇蹟。

自那次女皇帝「聖躬違和」，臣子們都認定她活不久了，不料她竟然一天天好起來，而且，隨著時間的推移，她竟像老蛇蛻去了一層皮，露出了鮮潤的嫩肉——身上出現種種返老還童現象，而且，精力充沛，不但有年輕人才有的那種思維，也有年輕人才有的那種浪漫，那是奮發的、向上的、充滿童趣的活力，這一切，令一班儒臣們覺得不可思議。

是至高無上的權力能更新人的生命嗎？那神武的貞觀大帝為什麼才邁過五十的門檻便撒手人寰？是男女性愛的滋潤，讓生命相互採補嗎？那為什麼整日在女人堆裡廝混的高宗皇帝也沒有活到花甲？

宮中有不少先帝時代留下的老妃嬪，她們年長的也不過與女皇帝不相上下，可一個個齒髮搖落，衰頹得連走路也要人扶持，而她的生命卻在暮年元氣大增，且迅速擺脫衰邁，走向輝煌。

眾人都私下揣測，女皇帝一定有著超人的力量，而且，這祕密是來自母體。

他們想起了已故世的榮國夫人，榮國夫人晚年那不可告人的風流祕史——年近九十，竟然與嫡親外孫賀蘭敏之私通。當大家從知情人口中隱隱約約聽到這事時，無不暗暗稱奇，不知這老媼竟是何方神聖？眼下，女皇帝行將步入她母親那個年紀，而這充沛的精力，不是受益於母體，又是從何而來？

對於自己的出色，女皇帝是從不忌諱別人稱讚的。大臣們在公開的場合，在面聖時，都可面對面的恭維女皇，稱讚皇上容顏永駐，是一棵不老松。女皇帝很喜歡聽這種恭維話，洋洋自得。

這天，她又聽了許多恭維話。回到後宮，不覺意興遄飛，在銅鏡前左照右照，欣賞自己的身段，嘆服自己的容顏，且得意地告訴自己的情夫。

五郎和六郎聽了，也一個勁地稱讚她，六郎昌宗曖昧地笑著說：「其實，那班臣子只知皇上不老，哪知道皇上神武無處不在！」

女皇帝會意地撫著六郎的肩，說：「難道真的得益於合煉雙修？」

五郎說：「是的，陛下，這一切全來自採補，天地之間，玄妙無窮，而採吸男女的日精月華，得以長壽，這是古有明證的。」

女皇帝說：「既然這樣，我們一定能長壽，能成神仙？」

五郎搖頭說：「是的，一定能。不過，陛下是何等樣人，單憑我們兄弟，畢竟力量單薄，陽氣不足，陛下若想長生不老，應該廣徵博采。如果有十人、百人供您採補，您一定可以白日飛升，長生天界！」

女皇帝說：「如何廣徵博采？」

六郎說：「這很容易，宮中美女有的是，可就是美男太少，不成比例。陛下不如下旨，徵天下美少年，供奉內廷，只有那樣，玉精月華，才源源不竭。」

女皇帝一時興起，決定照辦。

徵天下美男的制書一經頒布，滿朝文武，無不駭然。

皇上不是已有兩個面首了嗎，張氏兄弟可是才二十出頭的壯男，兩個壯男供一老嫗，這無異於連環之槍，車輪之戰，然而，這個老嫗仍不能滿足，還要「選天下美男」。大臣們若不是親自看到制書，簡直就不相信自己的耳朵。

可你不信別人信。張氏兄弟平地青雲，貴寵無比，連父母兄弟都沾光。有他們的例子擺在前面，天下只要是男子漢，就都有資格動心。所以，這道旨意一下，那一班自恃雄壯的、有本錢的無恥之徒，個個奔相走告，上表自薦的竟有不少人。

先是官任尚舍奉御的柳模上表，說他兒子柳良賓生得漂亮，身材好，膚色好，堪供女皇帝臨御；接著右監門衛長史侯祥也上表自薦，他的表文更是直言不諱，令正直的讀書人不堪入目——竟說自己的陽物如何壯偉，連莽和尚薛懷義也無法比擬。言下之意，蓮花五郎或六郎都不在話下。

女皇帝覽奏後很有興趣，準備召見侯祥親試。事為官任右補闕的朱敬則得知，忍無可忍，乃上了一道表章，說：

臣聞：志不可滿，樂不可極，嗜欲之情，愚智皆同，賢者能節之不使過度，則前聖格言也。陛下內寵已有張易之、昌宗，固應足矣，近聞尚舍奉御柳模自言子良賓潔白鬚眉，右監門衛長史侯祥，自云陽道壯偉過於薛懷義，專欲自進，堪奉宸內供奉。無禮無儀，溢於朝聽。臣愚，職在諫諍，不敢不奏。

女皇帝覽奏後，心裡不由窩火。本想把這個朱敬則找來痛罵，可仔細一想，這事確實是自己有錯在先——如果召幸侯祥，且又滿意，那天下男人，凡自認陽物壯偉的都會聞風而至，且當堂比試，那神聖的朝堂豈不成了種馬場？

恣淫縱欲的女皇帝有志難伸，不由鬱鬱。不想就在這時，讓她更煩心的事在身邊發生了。

張易之與張昌宗獲寵，武氏子弟，個個都要巴結他，三思以梁王之尊，見了面也要點頭哈腰，張氏兄弟上馬，三思也要為他遞鞭子，下馬也要上前攙扶。這情形，讓少不更事的武氏晚輩不滿。

這天，太子武顯的長子武重潤與姐姐永泰公主武仙惠、姐夫武延基在宮中遊玩。他們來至迎仙門內的長生殿。此處正是女皇帝設神仙之宴的地方，殿上張昌宗扮王子晉的木鶴尚在，頑皮的武重潤於是也學著張昌宗的樣子，坐上了仙鶴，又拿起殿上現成的一竿長簫，嗚嗚地吹奏起來。

不想這簫聲並未引來鳳凰，卻把蓮花六郎張昌宗引來了。昌宗此時正躲在便殿內一間小屋子裡，和一個宮女淫亂，被外面的人亂哄哄一鬧，興趣一下就跑到九洲外國去了，他好不懊惱，循聲尋了出來，一見武重潤竟然在學自己的樣子，不由窩火，他衝上前，摑了重潤一個耳光，說：

「你知道嗎，這是什麼物件，又豈是你能動的？」

重潤被打得眼冒金星，捂著臉下來，口中說：「這有什麼，不就是一隻木鶴嗎？未必就只你騎得？」

武延基眼中除了太子，還有何人？他本來就不滿張氏兄弟，見他竟然敢打妻弟重潤，不由生氣，於一邊說：「什麼木鶴，分明是一隻呆鳥，人人都可騎得，憑什麼就你吃獨食。」

張昌宗哪把他們三人放在眼中，立刻又揮手打了重潤一拳，且說：「怎麼著，還不服嗎，嘿，這木鶴還真只有你爺爺騎得！」

永泰公主見弟弟的半邊臉被打得通紅，早已傷心，心想，你不就是憑著這張小白臉獲寵嗎，居然還稱爺爺呢，不由冷笑著說：「哼，什麼狗屁爺爺，我爺爺是堂堂正正的天子，你算什麼？你只算舐犢的小變童！」

張昌宗罵她不贏，便上來要動大手腳。永泰公主罵完不解氣，回頭對弟弟武重潤說：「重潤，你好歹也是龍子龍孫、金枝玉葉，未必就沒有手，讓他一再白打？」

重潤在姐姐和姐夫的鼓勵下，果真火冒三丈，撲上來，五指一張，朝張昌宗臉上狠狠地一摑，這一摑——乃是金龍五爪，親拭蓮花之面。尖尖的指尖，竟從張昌宗的左臉斜劃向右邊，抓得他鮮血淋漓。

武延基也衝上來，狠狠地甩了他一巴掌，罵道：「狗東西，當心你爺把你那根騷腸子割了，看你還逞能不！」

張昌宗知道自己一人單了幫，於是，捂著一張臉，怒氣沖沖地往迎仙宮來，哭訴於女皇帝面前。

在女皇帝眼中，蓮花六郎就是天賜的心肝寶貝，含在嘴裡怕化了，攥在手上怕碎了，每晚要緊緊地摟在懷中才能睡著。她愛六郎玉樹臨風的身材，更愛六郎這粉雕玉琢的臉蛋，眼下，這朵好看的蓮花竟被抓成了血葫蘆，她能不震怒？能不心疼？要知道，「蓮花似六郎」還是「六郎似蓮花」之詭，不就是在這張臉上作文章嗎！

六郎又說：「他們打臣還猶自可，更不該的，是不該罵臣是一隻呆鳥，是一個舐犲的小孌童，就憑一根騷腸子謀富貴。皇上，他們可是您的孫子輩啊，孫子能這麼說長輩？」

女皇帝看著、聽著，臉上的肉在一陣一陣地抖。

五郎張易之也憤憤不平地說：「皇上，臣兄弟一個心思為了皇上益壽延年，可公主、駙馬和邵王卻是這樣地詛咒我們，他們眼中還有您嗎？說六郎舐犲，這難道只是罵他？」

女皇帝冷笑了，這一笑，可笑出了殺孫的慘劇——女皇帝忍無可忍，一道旨意下來：武重潤、武延基、武惠仙行為乖張，出言無狀，著一併賜死。

重潤本名重照，因避女皇帝的諱才改今名，他可是高宗在世時立的皇太孫，自然也是女皇帝的嫡長孫，眼下封邵王；而繼魏王武延基就是武承嗣的長子，女皇帝娘家的嫡長孫，今天，女皇帝為了替情夫出氣，竟然將這兩個家族的嫡長孫、嫡孫女一併處死。

女皇帝為了情夫，連娘家人和夫家人都可不要！這與薛懷義被蘇良嗣打屁股時，女皇帝公私明白已是判若二人。

此事讓朝臣們再度震驚，也讓他們——無論是李唐舊臣，還是武氏家族，都徹底失望了……

88

這真是一個漫長而寒冷的冬天——自去年（長安四年）九月開始，中原地區就出現氣候反常，先是黃沙漫天，連月陰霾，接著便大風大雨接大雪，晝夜不停。運輸受阻，米珠薪桂，都中竟然有人凍餓而死。勉強過了大年，元宵過後，神都洛陽城似乎仍未從肅殺和蕭條中突圍出來，雨雪雖停，氣候卻沒有半點回暖跡象，天空仍是灰濛濛的，御道兩邊的垂楊，搖著光禿禿的枝條，在寒風中嗚咽；伊河洛水，結著薄冰，上面籠罩著騰騰霧氣……

時在武周神龍元年（七〇五）春。

有人在詛咒雨雪霏霏的鬼天氣，有人在歎息去冬有好多地方小麥無法下種，但更多的人卻似乎看到了希望——天象示警，天道循環，「天變」的後面，一定跟著「變天」，神龍擺尾，女皇末路，這日子快到了！

是的，女皇帝的對手們，早已準備就緒了，他們的謀主，便是年已八十的宰相張柬之。

女皇帝當政，幾十年中，不斷地更換宰相，殺宰相，可換到後來，殺到現在，終於把眼睛弄花了，竟然將一個對手換了上來。

張柬之本是高宗李治和劉嬪所生的第三子、許王李素節身邊的人。儀鳳三年，武后殺李素節於龍門驛，張柬之輾轉遷徙，年逾古稀，還在作小小地方官，位不過區區從六品。

那一回，女皇帝在狄仁傑面前歎股肱無人，臂助乏力，並請狄仁傑推薦人才。狄仁傑立刻推出張柬之，說荊州長史張柬之才可大用。

女皇帝於是任張柬之為洛州司馬。不久，女皇帝又與狄仁傑說起人才的事，狄仁傑再次以張柬之對，女皇帝說，朕已升他的官了。不想狄仁傑連連搖頭說，微臣向陛下推薦的不是司馬，而是宰相。張柬之老矣，陛下若再不用他，他恐怕沒機會為朝廷出力了。

女皇帝晚年雖沉湎男色，但對狄仁傑言聽計從。於是，召張柬之為司刑少卿。前年，宰相姚崇出鎮靈武，臨行，再次向女皇帝推薦張柬之，柬之終於以七十八歲高齡，進入宰相集團，任秋官侍郎同鳳閣鸞台平章事。

張柬之進入宰相集團，不顯山不露水。但誰能知道，李唐舊臣，不忘故主。就在奉召晉京前，他便動手在作顛覆武周的準備了——張柬之新任荊府長史時，與前任長史楊元琰曾江中泛舟，二人狠狠地將女皇帝痛罵了一番，並相約，只要時機成熟，一定要為復辟李唐出力。

去年張柬之拜相後，立刻向女皇帝推薦楊元琰出任右羽林將軍，負責皇城北面玄武門的守衛，楊元琰上任伊始，先來見張柬之。張柬之見他第一句話就是：將軍還記得舟中的談話否？楊元琰會意地一笑，說，國事至重，下官無時不銘刻於心。

二人同心，分頭發動，張柬之聯絡了鳳閣侍郎同鳳閣鸞台三品袁恕己、左羽林大將軍李多祚、李湛、同鳳閣鸞台三品崔玄暐、左羽林將軍桓彥範、敬暉等數十人，他們有的是德高望重的宰相，有的是手握兵符、捍衛皇宮的將軍。

張柬之又一連向女皇帝推薦了十餘名將軍，負責皇城警衛。女皇帝不察，竟全部接受了。這樣，南牙的金吾軍，北面的玄武門禁軍，幾乎全掌握在他們手中了。

正月二十二日這天，洛陽城仍寒冷得出奇，此時，女皇帝因再次染恙，臥病宮中，政務交二張打理。

夜色漸深，張易之和張昌宗不知危險正一步步向他們逼來，還在迎仙宮長生殿陪女皇帝說話。

女皇帝只是偶感風寒，服過表藥後出了一身微汗便覺病體驟減，只是渾身有些乏力，她不想老是躺著，便由兩個情夫陪她玩葉子戲。才玩了兩局，女皇帝忽然身子一麻，打了一個噴嚏，連說：

「哎呀，好像會有什麼事情發生呢！」

六郎笑了笑說：「眼下四海承平，國泰民安，會有什麼事呢？」

女皇帝心上忽然湧上一種莫名的煩躁和不安，回望心愛的蓮花六郎，憂心忡忡地說：「好個國泰民安，卿真的這麼認為嗎？」

六郎說：「怎麼不是真的呢？去年關中糧食豐收，斗米的價格都跌到跟貞觀朝一個價了。」

女皇帝不信地搖頭，說：「六郎，就不要糊弄朕了，你不覺得謊言終有被戳穿的時候？」

六郎的臉一下紅了——女皇帝愛他，他說的話，句句都聽。不意今晚女皇帝卻跟他認起真來，他一時無言可答，好在五郎立刻接言說：「因連月陰霾，神都的百姓確實出現了凍餒，但去年江南還是獲得大豐收，只要天氣回暖，春水漲上來，糧船北上，就不會再鬧糧荒了。」

女皇帝用手輕輕地在六郎臉上撫著，像逗小孫子，又長長地歎了一口氣，說：「但願真如爾等所說，不要樂極生悲！」

一言未了，忽聽外面傳來一陣雜亂的腳步聲，由遠而近，二張尚未意識到什麼，女皇帝卻一下警覺了，將手中的葉子牌一丟，對身邊的張昌宗說：「六郎，外面有人來了。」

張昌宗傾耳細聽，確有雜亂的腳步聲朝這邊走來，他不以為意地說：「一定是巡更的內監，夜深人靜，聲音傳得遠。」

女皇帝卻不以為然：「胡說，巡更的內監是穿軟底鞋，這是皮靴聲；再說，巡更應在宮門外走動，這聲音是直奔我們的寢殿。」

話未說完，果聽迎仙門鐵環連響幾下。張昌宗不得不起身查看了。他剛到集仙殿廡下，鐵環響得更急了。夜宿便殿的上官婉兒早已帶著另一名宮女起來，值宿的好幾名內監也出來了。

這時，外面已是燈火通明。婉兒似早已知情，幾名內監要頂住大門，婉兒卻不允許。正爭執時，只聽「嗖、嗖、嗖」三聲，有三個身手矯健的士兵已翻牆跳了進來，幾下就將頂門的內監打倒，依呀一聲，從裡面打開了大門，一夥手執刀劍的士兵立刻排闥直入，嚇得內監和宮女們待在一邊，不敢動彈。

張昌宗大吃一驚，但仍硬著頭皮上來喝問道：「什麼人大膽闖宮？」

火光下，一名身著金甲的將軍走了上來，先示意手下人將燈籠舉到張昌宗面前，仔細照了照，然後指著他，大喝道：「就是他！」

話音剛落，立刻上來兩個身穿皂甲的士兵，一把扭住了張昌宗的雙手，一下就反到了背後。張昌宗負痛，頭低著哇哇大叫，邊上那個將軍抽出佩刀，照定那伸出的頸根就是一刀，於是，這顆剛才還為女皇帝激賞不已的頭，就軲轆轆滾到一邊了。

這時，張易之也聞聲出來了，見勢不妙，轉身往裡就走，衝進來的這夥人哪容他逃走，立刻有兩個腿快的追上來，其中一人手舉長刀，照定他的頭，凌空劈下，張易之尚未來得及叫一聲，便被劈倒在地。

裡面的女皇帝已知有變，不待他人服侍，自己穿好了衣服，從容地走出來，剛到殿階，正碰上領著士兵往內闖的上官婉兒。婉兒一見女皇帝，立刻上來扶住她的肩，回頭向洶湧跟進的士兵大聲喝道：「皇上在此，爾等不得無禮！」

這時，湧進的士兵越來越多，已把大殿前的院子擠滿了。燈籠火把，把庭院照得如同白晝，帶隊的將軍們見女皇帝立在階上，立刻回頭揮了揮手，士兵們終於住聲了，卻沒有退讓的跡象。

女皇帝從士兵的衣甲標識上，既發現了玄武門禁軍，也發現了南牙的金吾軍，且認出為頭的這個金甲將軍是左羽林將軍李湛，不由驚訝地指著李湛怒斥道：「爾父親李義府出身寒門，朕讓他做到宰相，沒有朕的大恩，爾豈有今日，想不到爾不思報答，卻帶頭作亂，真是翻了天了。」

李湛躬身拱手，答辯說：「陛下，張易之、張昌宗兄弟謀反，臣等奉太子之令，已將其誅殺，因事關重大，不敢事先奏聞，稱兵宮禁，乃不得已之舉。」

一聽張易之兄弟被誅殺，女皇帝不由打了個冷顫。但她不願就此認輸，自己安慰自己說，李湛算什麼，自己的親侄子金吾大將軍武懿宗、右羽林大將軍武攸宜不是這班人的頭嗎，他們都是任過兵部尚書的人，在軍中很有威信，只要得知消息，立刻會帶親兵殺進來護駕。想到此，她裝出若無其事的樣子說：「反賊既已伏誅，朕也不罪爾等，都回去吧，天明論功行賞！」

正說著，只見前面的士兵忽然往兩邊閃開，讓出中間一條通道，火光下，一下閃出十多名穿緋著紫的官員。走在前面的二人，第一個便是太子武顯，他雖被兩個士兵扶著，卻仍低著頭，身子瑟瑟發抖，且不敢正眼瞧母親；另一人卻是八十高齡的秋官侍郎、同鳳閣鸞台三品張柬之，他雖也被人扶著，卻一副大義凜然的樣子；緊跟在他們身後的是：左羽林大將軍李多祚、同鳳閣鸞台三品崔玄暐、右羽林將軍桓彥範、司刑少卿袁恕己、右補闕朱敬則等。

女皇帝直到看到張柬之，心中才有些著慌，心想，既然是張柬之為首，事件就要難辦多了，可她還在盼親侄子來。不料就在這時，她竟在這群官員中發現了武攸暨。

「天啦，他不是太平公主的丈夫、自己的親侄子、親女婿嗎？既然連他都來了，那不是連所有武家人都叛過去了嗎？」

兒子反了，女婿反了，自己的侄兒、侄孫們，也躲在一邊作壁上觀了。女皇帝直到這時，才真正體會到眾叛親離的滋味，正彷徨無計，階下仗劍而立的右羽林將軍桓彥範卻接言說：「不行，臣等豈能這麼回去！」

眾人也跟著說：「是的，我們不能回去！」

眾人氣勢洶洶，不聽勸諭。女皇帝於是指著太子罵道：「顯兒，想不到你的翅膀也硬起來了，居然想造娘的反，還不帶頭滾回去！」

太子本是被自己的女婿王同皎扶抱來的，見母親斥罵，嚇得不敢開口。女皇帝見此情形，連連斥罵太子，一邊的張柬之卻走上來，大聲說：「陛下，太子怎麼能回去呢？想當初，天皇將太子託付陛下，寄望殷殷，眼下太子年長，仍居東宮，且受逆臣欺凌，皇長孫竟遭慘殺。陛下不覺得過份嗎？陛下既不念夫婦之恩，難道就不念母子之情？」

張柬之說完，崔玄暐也接著說：「貞觀大帝在位雖只二十二年，可天下人誰也不會忘記他的深仁厚澤，臣等奉太子以誅逆賊，旨在恢復李唐，報我故主。此乃上順天意、下應民情的大好事，陛下應知大勢，明進退，更不應責太子！臣請陛下下旨，傳位於太子，以順天人之望！」

此言一出，階下的士兵紛紛鼓譟起來，眾口一詞，要女皇歸政。女皇帝明白大勢已去，心一橫，也不理睬眾人，卻轉身回到內室。

大臣們見狀，並不窮追，而是擁著太子，一路歡呼，走了出去……

尾聲

天終於變過來了。

神都的百姓，盼來萬里晴空，盼來溫暖陽光，陽光碟機走了漫天陰霾，驅走了料峭春寒，上苑的梅花，綻開了笑臉，牆角的小草，換上了綠裝，田間燕子在穿梭，風中柳條在擺舞，鵝黃鴨綠，蝶舞蜂喧——造物主終於還大地以豔陽春景。

人間春風吹，百草生，女皇身上，卻陽氣洩而衰老至——攬鏡自照，才一天一晚的光景，自己就像遭了霜打的茄子，本來充實飽滿的面皮，一下就蔫蔫的、癟癟的，左右塌下來現出了空洞的眼窩；原先紅潤細膩且富彈性的肌膚，眼下又烏又青，像被水浸泡過的死豬皮，沒有半點活力；本已滿頭的青絲，才一夜功夫又變回去了，仍是白髮皤然；而最難看的是一雙疲憊的、沒有神光的眼睛，在鏡中死死地瞪著自己，像一個柱杖的老乞婆，誰看見誰害怕。

是造物的無情和勢利，還是時間還自己以本來面目？

她失望極了，習慣性地回頭去看心愛的六郎。這以前，她的生命之樹，一直靠六郎和五郎的澆灌，只要他們在，這樹就不會枯萎。可眼下，六郎和五郎全不見了，他們的位子上，只剩下羽衣和道冠。

「六郎成仙了，乘鶴走了！六郎你回來啊！」突然，她恐怖地大叫起來。叫聲召不來別人，只從角落裡走出了形單影隻的上官婉兒。

面對女皇，婉兒眼神裡不是寬恕，而是憐憫。

女皇帝心中明鏡似的——原來婉兒也是參與了密謀的。這個上官儀遺下的逆種，朕雖為她的一家平了反，可官貶了能召回來，頭掉了卻無法續接。於是，憑一個弱女子，居然也看到了仇人的末路。

眼下，女皇帝從上官婉兒的眼神裡解讀到這些，可嗜殺的她，並無歉意，只是會意地冷笑……

幾天後，軟禁中的女皇帝，終於讓上官婉兒草退位制書了，煌煌上諭，冠冕堂皇，傳位於太子顯。

其實沒有她的旨意，群臣也早已擁武顯於紫宸殿登了基——武周的革命終於被推翻。不久，武顯即下詔恢復了大唐的國名，也一併恢復了自己原來的姓氏：李顯。

李顯的復辟，先是女皇帝無奈的安排，後才是群臣無奈的選擇。然而，在物競天擇的世界裡，這樣昏懦的人，在龍椅上又能坐多久呢？

幾天後，由群臣集議，遷女皇帝於上陽宮。上陽宮地處皇宮的東南面，南臨洛水，北望邙山，亭閣樓台，夏涼冬暖，是適宜養老的所在。

安頓之後，嗣皇帝李顯率群臣前來請安，且上女皇帝的尊號曰：則天大聖皇帝。

其實，這一切於她，又有什麼意義？剛強的女皇帝，要的是實實在在的權力，愛的是風華正茂的男人，若沒有這兩樣東西，活著又有什麼意義？

不久，她再次染病，輾轉床榻，漸入膏肓。

病中的女皇帝，開始安排後事了，她令上官婉兒草制，去皇帝稱號，只稱則天大聖皇后——雖只換一個字，卻等於說，她終於同意回到李家，做高宗李治的媳婦、當今皇帝的母后了。

御榻上，暈暈糊糊的女皇帝，早已漫遊在過去的世界裡——貞觀大帝曾經嘲笑過我：螞蟻還能搬動磨盤？可我終於心想事成，搬動的不是磨盤，而是泰山。由才人而昭儀，由宸妃而皇后，直至天冊金輪聖神皇帝。男人能做的，我都做到了，只要願意，還可讓李家斷子絕孫，你貞觀大帝能奈我何？而且，我若不主動物歸原主，李家人真能憑自己的能力復辟嗎？

她心中一會如急管繁弦，電光火石；一會又如閒雲野鶴，恬淡虛無——自我得之，自我失之，又何恨焉？病榻上的她，忽然通達地微笑了。朦朧中的她，似乎又看見了貞觀大帝。邁著穩重的步履，慢慢地向她走來。媚娘燈下細看，九泉下的貞觀大帝已大異從前，那威不可犯的帝王之姿不見了，那輕裘緩帶，疏眉朗目，似神遊天外的神態，竟有幾分仙風道骨。

「這個時候，你來做什麼，是來看我的笑話嗎？幾十年來，我在金鑾殿上，面對你們李家人，如使奴婢，如驅群羊，驅而來，驅而往，什麼鬚眉男子，什麼豪傑英雄，誰敢不俯首稱臣？眼下，我也倦了。從哪裡來，又回哪裡去，我雖幾乎殺盡了你的子孫，可仍把江山慷慨地還給了你們李家。上下古今，有誰活得我這麼瀟灑，又有誰能做得我這般乾淨俐落？」

貞觀大帝微笑著點頭，對她所說似乎一一認可。望著貞觀大帝那一副慈眉善目的面孔，她不由也醉了。

他是她的第一個男人，也是內心最佩服的男人，她和他，曾有過一次不同尋常的龍戰，僅僅只一次，可那一次卻足以影響她一生！她於是伸手去拉他，可貞觀大帝卻慢慢地向後退去，且漸漸迷糊、淡化……

「龍戰於野，其血玄黃。」彌留中的女皇帝，忽然叫了起來，且手腳並用，在空中划動——她想留住夢中的情人。

這時，只上官婉兒帶著幾個宮女在陪伴她，聽到女皇帝在大聲呼喊，一個宮女問婉兒，這話是什麼意思？上官婉兒喃喃地說，這是《易經．坤卦》的爻詞，意即陰至極而陽始生。據說，此卦象徵暴虐的商紂行將滅亡。

那麼，女皇帝臨終說這話是什麼意思？

眾人問婉兒，婉兒也弄不明白。

——神龍元年的十一月二十六日，女皇帝終於病逝於仙居殿。她的兒子按照她的遺願，追認她為「大唐則天大聖皇后」，祔葬於乾陵。

這裡是高宗李治的陵寢。可憐的阿治，名隨身滅，獨自躺在這裡十八年了，他愛過的女人，都被女皇帝不知弄到哪裡去了，直到今天，才由女皇帝親自來陪他。泉下有知，他會歡迎女皇帝的到來嗎？

不過，與高宗合葬也未必是女皇帝的心願，但她的兒子們卻認為非這樣不可。人死了，由不得她了，她也就心不甘、氣不順地躺在第二個男人身邊。

這以後，大唐政局並沒有因她的逝世而安定——中宗李顯不久即被韋皇后毒死，韋皇后也想學婆婆樣當女皇，可她遠不及婆婆的手段，不久，女皇帝最疼愛的孫子隆基再次發動政變，將韋氏及女皇帝娘家所有侄子侄孫一併清除，亦如女皇帝殺李家，直殺得人頭滾滾。女皇帝的尊號也因此一改再改，直到天寶八年，李隆基才最後定這個最疼愛他的奶奶的尊號為「則天順聖皇后」。

女皇帝原名武明空，太宗父子稱她為「媚娘」，稱帝後她自己改名武曌，後人卻習慣稱她為「武則天」，其實，「則天」只是她的謚，在她生前誰也沒有這麼叫過她。

武則天／果遲著. -- 一版.-- 臺北市：大地,
2015.01
面： 公分. --（History：74）

ISBN 978-986-5800-82-6（平裝）

1.（唐）武則天 2. 傳記

624.13 103024390

武則天

作 者	果遲
發行人	吳錫清
主 編	陳玟玟
出版者	大地出版社
社 址	114台北市內湖區瑞光路358巷38弄36號4樓之2
劃撥帳號	50031946（戶名 大地出版社有限公司）
電 話	02-26277749
傳 眞	02-26270895
E-mail	vastplai@ms45.hinet.net
網 址	www.vastplain.com.tw
美術設計	普林特斯資訊股份有限公司
印刷者	普林特斯資訊股份有限公司
一版一刷	2015年1月

HISTORY 074

大地
定 價：350元